Ruediger Dahlke und Veit Lindau

OMEGA

arkana

RUEDIGER
DAHLKE
VEIT
LINDAU

OMEGA

Im inneren Reichtum ankommen

arkana

Der Verlag weist ausdrücklich darauf hin, dass im Text enthaltene externe Links nur bis zum Zeitpunkt der Buchveröffentlichung geprüft werden konnten. Auf spätere Veränderungen hat der Verlag keinerlei Einfluss. Eine Haftung ist daher ausgeschlossen.

FSC www.fsc.org
MIX
Papier aus verantwortungsvollen Quellen
FSC® C014496

Verlagsgruppe Random House FSC®N001967

1. Auflage
Originalausgabe

in der Verlagsgruppe Random House GmbH,
Neumarkter Straße 28, 81673 München
Lektorat: Mihrican Özdem
Umschlaggestaltung: Uno Werbeagentur, München
Umschlagmotiv: FinePic®, München
Satz: Satzwerk Huber, Germering
Druck und Bindung: GGP Media GmbH, Pößneck
Printed in Germany
ISBN 978-3-442-34213-6

www.arkana-verlag.de

Inhalt

Prolog

Mangel ist eine Lüge.
Wer auch immer du bist,
völlig unabhängig von deiner Herkunft, deinem Beruf, deinem Kontostand –
Reichtum ist dein Geburtsrecht.
Mangel ist nicht real.
Mangel ist ein Irrtum im Geist.
Es ist Zeit,
dich zu erinnern,
den Irrtum zu korrigieren
deinen Geist zu befreien,
deinen Reichtum – innen und außen – zu erfahren
und großzügig mit der Welt zu teilen.
Du bist kein Durstender.
Du bist die Quelle.

Das Manifest der Fülle

1. **Leben ist Fülle.** Selbst das *Nichts* ist niemals leer, sondern der Ursprung von Fülle.
2. **Reichtum ist dein Geburtsrecht.** Wenn Mangel wahrgenommen wird, liegt ein Irrtum im Geist vor. Wird der Irrtum berichtigt, offenbart sich absolute Fülle.
3. **Glaube versetzt Berge.** Der von uns innerhalb der weltlichen Dimension erfahrene Mangel sagt nichts über die vorhandene Fülle aus, aber alles über den Reifezustand unseres persönlichen und des kollektiven menschlichen Bewusstseins. Was wir sehen, spiegelt nicht die Wirklichkeit wider, sondern woran wir glauben.
4. **Lebe im Jetzt.** Reichtum kann niemals in der Zukunft erfahren werden, sondern immer nur jetzt. Mangel wiederum kann niemals in der Gegenwart erfahren werden, sondern immer nur im Vergleich.
5. **Trau dich.** Gesunde Aggression kämpft nicht *gegen*, sondern *für* das Leben. Es ist nicht einmal *dein* Kampf. Es ist der Drang der dir innewohnenden Lebenskraft, sich frei auszudrücken. Du dienst den anderen nicht, wenn du dich künstlich zurücknimmst. Im Gegenteil. Du fehlst dann. Die Fülle des Lebens kann sich nur offenbaren, wenn du bereit bist, voll zu inkarnieren. In dieses Leben und in jeden Moment!
6. **Umarme den Reichtum des Lebens auf allen Ebenen.** Der Reichtum des Lebens offenbart sich auf allen Ebenen. Auf der

geistigen genauso wie auf der materiellen. Die berührbare Welt abzulehnen ist genauso unfrei, wie sich in ihr zu verlieren. Wenn eine Quelle der Schöpfung existiert, durchdringt sie ohne Ausnahme alles. Das bedeutet: Das Wunder lebt auch in der materiellen Ebene. Es ist voll in Ordnung, diese zu genießen. Schlaf nur nicht in ihr ein!

7. **Deine Kommunikation ist Schöpfung.** Du kannst nicht *nicht* kommunizieren, und es gibt keine neutrale Kommunikation. Sie schwächt oder stärkt. Sie trennt oder verbindet. Sie erschafft Mangel oder Reichtum. Wenn du Mangel erfährst, kommunizierst du falsch – nach innen (mit dir) und nach außen (mit der Welt). Deine Kommunikation ist der Schlüssel zu deinem Glück.
8. **Reichtum hat eine männliche und eine weibliche Seite.** Eine sehr aktive und eine leise, empfangende. Eine Quelle entspringt aus dem Nichts, wird zum Strom, der sich ins Meer ergießt. Das Wasser verdunstet, steigt zum Himmel auf und fällt als Regen zurück in die Erde. Dort ruht es, bis es sich zu einer neuen Quelle verbindet. Wir können tiefes Vertrauen gewinnen, einfach, indem wir den Atem der Natur beobachten. Der Mond und die Jahreszeiten erinnern uns an die Rhythmen des Lebens. Alles kommt, und alles geht. So auch wir. Wir kommen aus dem Schoß unserer Mutter und – noch existenzieller – aus dem Schoß der allumfassenden Stille. Unser Leben hat wie der Mond seine vollen und seine kargen Phasen. Wir besteigen Gipfel und durchwandern Täler. Irgendwann kehren wir in den stillen Schoß zurück. Am besten – du lässt deinen Geist mindestens einmal in die stille Quelle eintauchen, denn wahre Kreativität wird aus den Momenten des Nichtwissens und des Nichtstun geboren.
9. **Du bist ein Kind des Lichts.** Vor 13,5 Milliarden Jahren existierte hier und überall ein für unseren Verstand unvorstellbares Nichts. Unbegreiflich dunkel. Dann war plötzlich Licht. Ein

unbeschreiblich winziger und gleichzeitig total potenter Punkt. Dieses Licht dehnt sich seitdem aus und erschafft dabei unser Universum. 100 Milliarden Galaxien und auch dich. Du bist ein Urahne dieses ersten Lichts. Niemandem ist damit gedient, wenn du dein Licht unter den Scheffel stellst. Erhebe deinen Geist und sei eine warme, gütige, selbstbewusste Sonne, die ihre Mitmenschen dazu inspiriert, sich auch zu ihrer Größe zu bekennen. Wenn du das Zentrum deines Lebens nicht voll einnimmst, werden es andere mit ihren Erwartungen tun. Lebe hell und klar aus deiner Mitte heraus.

10. **Ein aufgeräumter Geist sieht klarer.** Ein Meister des Lebens lebt – innerlich lächelnd – ein Paradox. Er kontrolliert – so gut es geht – seine Umgebung, und gleichzeitig ist ihm bewusst, dass er nie die volle Kontrolle hat. Er weiß, dass er eine aufgeräumte Start- und Landebahn braucht, um gut abheben zu können. Gleichzeitig versteht er, dass er nur fliegen kann, wenn er dem Leben mehr vertraut als seinen Vorstellungen vom Leben. Er findet immer wieder neu ein entspanntes Mittelmaß zwischen Ordnung und Freiheit, Detailtreue und lässigem Überblick. Er kennt den Unterschied zwischen freudvoller Ernsthaftigkeit und zwanghafter Verbissenheit.
11. Das **Gute, das Wahre und das Schöne ist in allem.** Wahrer Reichtum lässt sich nicht kaufen. Er ist unbezahlbar. Er offenbart sich, wenn wir uns an unsere natürliche Großzügigkeit erinnern. Wenn wir uns frei und vollständig verschenken, wird uns das Universum auf eine schier wundersame Weise beschenken. In den letzten zwanzig Minuten unseres Daseins werden wir uns sicher nicht fragen, wie viel Geld wir auf dem Konto zurücklassen, sondern wie viele Augenblicke wir die Schönheit der Existenz gefeiert haben – allein und mit unseren Liebsten. Der berechnende Verstand denkt: »Ich kann nur das lieben, was meine Liebe verdient hat.« Das Herz sagt: »Lass mich alles lieben und die verborgene

Vollkommenheit selbst im Hässlichen und Dunklen finden.« Liebe dein Herz frei.

12. **Bleib im Feuer der Wahrheit stehen, bis du weißt, wer du bist.** Deine Sterblichkeit ist der beste Ratgeber für ein reiches Leben. Wenn du dich vor dem Tod fürchtest, hast du noch nicht voll gelebt. Du kannst dich ängstlich vor dieser Frage verstecken. Dann wirst du Reichtum und Sicherheit in Geldscheinen, Versicherungen und Sandburgen suchen. Was für eine Verschwendung von Lebenszeit! Denn der Moment wird für uns alle kommen, an dem wir all dies loslassen müssen. Warum dich nicht gut auf diesen letzten Tanz vorbereiten, indem du jetzt und hier aus all den existenziellen Fragen einen Scheiterhaufen errichtest und darauf alle Halbwahrheiten verbrennst? Du stirbst. Beginne zu leben.
13. **Du wurdest geboren, um das Wunder der Schöpfung zu feiern.** Wo ziehst du die Grenze zwischen »möglich« und »unmöglich«? Bist du dir da so sicher? Wir haben nämlich alle eines gemeinsam. Wir haben noch lange nicht all unsere Möglichkeiten ausgeschöpft. Das, was du heute lebst, ist nicht das Ende, sondern immer der Beginn. Du kannst deinen Geist zu einer kleinen, verstaubten Besenkammer der Mittelmäßigkeit verkommen lassen oder ihn in eine lichtdurchflutete Kathedrale des Lebens verwandeln, in der die Grenzenlosigkeit der Schöpfung gefeiert wird. Du bist ein Wunder. Ausgestattet mit so vielen Gaben. Viele davon noch unentdeckt. Erlaube dir, immer wieder neu und noch größer zu denken,

    wer du bist,
    was du kannst
    und was du der Welt zu geben hast.

    Lass dein Leben ein Lobgesang auf den Reichtum der Schöpfung sein.

14. **Gute Dinge brauchen oft einen langen Atem.** Gedanken sind Licht. Deshalb ist eine Idee sehr schnell geboren und auch wieder zerfallen. Die Frage ist: Wie wichtig ist es dir, sie bis in dein Fühlen, Handeln und die Ebene der Dinge hineinzumanifestieren? Dafür wirst du einen langen Atem, Vertrauen und Weggefährten brauchen, die bereit sind, jeden einzelnen Tag – bei Sonne und Regen – gemeinsam mit dir auf der Übungsmatte zu erscheinen. Bist du süchtig nach dem schnellen Kick, bringst du dich um die Freude der Ernte. Das Geheimnis liegt darin, dich nicht in das Ziel, sondern in deinen Weg zu verlieben. Dann bedeutet Geduld nicht Verzicht, sondern schenkt dir eine erstaunliche Offenbarung. Du wirst wesentlich mehr erreichen, denn die Plateauphasen schrecken dich nicht mehr ab. Außerdem wirst du deinen Weg nicht mehr wie ein dummer Esel entlanghetzen, sondern in Frieden wandeln. Warum? Weil du mit deinem Pfad eins geworden und so in dir angekommen bist.
15. **Du bist viel größer als du glaubst.** Wenn du dich lange nicht mehr gewundert hast, solltest du dich fragen, ob du noch lebst. Wenn du glaubst, alles im Griff zu haben, entwickelst du dich nicht schnell genug. So bequem die Komfortzone des Bekannten ist, sie stellt immer nur einen winzigen Teller in einem riesigen Universum voller Wunder dar. Vielleicht denkst du: »Mir reicht, was ich habe.« Das ist dein gutes Recht. Doch wisse: Eine Komfortzone schrumpft oder wächst. Es gibt keinen Stillstand. Dich den Routinen deines Lebens zu überlassen bedeutet, langsam, aber sicher zu verblöden. Wenn du nicht darauf wartest, dass dich eine Krise zum Ausbruch zwingt, sondern immer wieder freiwillig ins Unbekannte trittst, verwandelt sich die alte Angst in eine neue Erregung. Es gibt zwei Wege, Sicherheit im Wandel zu suchen. Die einen versuchen, sich krampfhaft am einmal erreichten Ufer festzuhalten. Die anderen lassen los und werden zum Fluss.

16. **Alles entspringt dem Meer der Stille.** Alles beginnt im Nichts. Alles endet dort. Doch dieses Nichts ist nicht leer. Es ist Alles. Für einen Moment erhebt sich deine kleine Welle aus dem Ozean der Stille. Du sehnst, du kämpfst, du leidest, du erkennst. Irgendwann – das Universum hat gerade einmal kurz gezwinkert – kehrt die kleine Welle wieder in ihr Zuhause zurück. Was dann passiert, wer kann dies schon sicher sagen?

    Die Atheisten glauben: »Das war's!«
    Die Christen hoffen: »Dann komme ich in den Himmel.«
    Die Buddhisten denken: »Ich werde als Welle wiedergeboren.«

    Die gute Nachricht ist: Egal woran du glaubst, du kannst die glückselige Stille dieses Ozeans heute und hier erfahren. Der Zugang liegt in dir. Zu wissen, dass es ihn gibt, und regelmäßig (zum Beispiel durch Meditation) in ihn einzutauchen, hilft dir definitiv, dein Leben als kleine Welle mit einem Lächeln auf den Lippen zu meistern. Wer von dieser stillen Ekstase gekostet hat, wird die Reichtümer dieser Welt entspannter genießen und leichter loslassen können.
17. **Du bist ein unbezahlbar wertvolles Wesen.** Wenn du noch einen Beweis für den Reichtum des Lebens brauchst, stell dich vor einen Spiegel und schau dir einige Minuten still in die Augen. Du bist ein Wunder. Unglaublich kostbar. Genau so, wie du bist. Weißt du das? Es wäre gut, wenn du es weißt. Denn dieses Wissen verändert alles. Du ziehst nämlich nicht an, was du willst, sondern, was du glaubst zu sein.
18. **DU bist alles.** Der gesamte Reichtum des Lebens ist jetzt bereits in dir.

Einleitung

Warum schreiben wir beide, die schon jeder für sich erfolgreiche Bücher geschrieben haben, die viele und vieles bewegen konnten, nun zusammen? Weil das Ganze mehr ist als die Summe seiner Teile, weil wir gut zusammenpassen, uns gut ergänzen, uns viel vorgenommen haben und noch mehr bewegen wollen – im Leben und mit diesem Buch. Wir wollen und können beide (mit)teilen. Deshalb ein Buch für Menschen, denen es – wie uns – um Fülle im Leben geht. Und wir sind dabei gern in unserer eigenen Tradition, rät Christus doch ausdrücklich zu einem erfüllten Leben.

Wir teilen unter uns und mit dir – unser Wissen bezüglich Fülle. Und es geht (uns) langsam, aber sicher ums Ganze. Die ganze Welt der Lebensprinzipien umfasst das Ganze, die ganze Welt. Ein hoher Anspruch also, den wir gern mit dir teilen.

Schon vor unserem ersten gemeinsamen Tag auf der Bühne des Münchner Le Meridien entstand die Idee, unser beider Stärken zusammenzubringen. Danach die, die Welt der »Lebensprinzipien« anzugehen – der Fülle und einem erfüllten Leben zuliebe.

Es geht uns darum, *noch mehr* (von euch) *zu bewegen*, Felder zu schaffen, die Größeres in Bewegung bringen, *gutwärts*, wie es ein Freund einmal formulierte. In eine umfassende Richtung und ohne den Schatten zu vergessen. Denn wenn solche Bewegungen, wie sie uns vorschweben, scheitern, dann immer am Schatten. Fürs erste Interview mit mir wählte Veit das »Schattenprinzip«. Im Anfang liegt alles.

Warum gerade wir beide gerade dieses Thema *Geschenk der Fülle?*

Wir sind sehr verschieden, so verschieden wie Stier (Veit) und Löwe (Ruediger). Und diese Unterschiedlichkeit wollen wir zusammenbringen, ohne unsere Individualität aufzugeben. So wählen wir verschiedene Schrift-Farben, Dunkelrot für Veit und Dunkelblau für mich. Und wir werden die Kapitel unseren Stärken entsprechend schreiben, aber einer dem anderen auch in seiner Farbe *dazwischenfunken*, damit Funken sprühen und in dir Feuer fangen.

Dunkelrot und Dunkelblau ergeben zusammen Violett, die Farbe der Gegensatzvereinigung und Mitte. Das passt zu uns: Wir wollen unsere Kräfte vereinigen und unsere Unterschiedlichkeit zusammenbringen. Stier – wie Veit – steht auch für das archetypisch weibliche Erdelement, Löwe – wie Ruediger – für das archetypisch männliche Feuerelement.

Farben sind die Wunden des Lichts, sagte William Blake. Die Farben und die Buntheit der Welt faszinieren uns, aber letztlich geht es ums Ganze, das weiße Licht, das alles enthält. Wenn wir alle Farben zusammenbringen, ergibt sich die Ganzheit weißen Lichtes, wie jedes Prisma zeigt, das unsichtbares weißes Licht in alle Regenbogenfarben zerlegt.

Wir wollen gleichsam wie umgekehrte Prismen unsere Lichter zusammenbringen und das vorher unsichtbare Ganze zum Scheinen bringen, auf das ihr und eure Augen leuchten und ihr zu Leuchten werdet.

Und ganz persönlich: Als alter Fasten-, Schatten- und Urprinzipienspezialist tue ich mich sehr gern mit dem jungen mitreißenden Motivator, Coach und Business-Punk Veit zusammen. Demjenigen, der wie kein anderer – mit seiner Frau Andrea – Felder gebaut, Menschen vernetzt und zusammengebracht hat. Der prädestiniert ist, die Lebensprinzipien in die Praxis und zur Welt zu bringen. Mit seiner frechen direkten *Art* und *Weise* wird er euch berühren und anstoßen, überzeugend und *art*ig, also kunstvoll, aber auch auf witzige *Art* und (eben) *weise*. Die Fülle kann so viel Freude machen, und auch wenn sie nicht von uns ist, wollen wir sie euch schenken.

Also lass dir von mir als Fastenbegleiter beibringen, wie der Mangel in *bewusstem Fasten* zu erlösen ist. Nutz mich als Schattenspezialist, um in deinem Schatten deinen Schatz zu finden und zu heben. Lass dich von mir als Lebensprinzipienvertrauter anregen, diese bewusst in dein Leben einzuladen und sie und dich zu erlösen mit dem Ziel der Fülle auf allen Ebenen.

Hab also Freude an uns, liebe Leserin, lieber Leser, wenn du kannst, und wenn (noch) nicht, lern es mit uns …

Mir sagte vor langer Zeit ein viel älterer, sehr verehrter spiritueller Lehrer: »Wo die Freude nicht ist, ist dein Weg nicht.« Prüf das für dich und komm mit uns auf den Weg zum Geschenk der Fülle – vom Anfang (Alpha) bis zum Ende nach Omega.

Wir beide wollen Erfahrung und Wissen teilen und euch damit unterstützen. Wir schreiben für euch und das Feld der Fülle, und wir kommentieren und ergänzen uns in der Gewissheit, so mehr aus uns herauszuholen und aus euch zu machen und in der Hoffnung, zusammen ein großes Feld der Fülle wachsen zu lassen.

Und jetzt übernehme ich, Veit, das Zepter – und beginne mit ein paar Worten zu Ruediger.

Ruedigers Arbeit begleitet mich seit vielen Jahren. Er stand (mit seinem Wirken) bereits vor 25 Jahren an einer existenziellen Weggabelung meines Lebens. Ich hatte damals mein Medizinstudium geschmissen. Ich suchte und wusste nicht was. Eine dunkle und schmerzhafte Zeit. Ich stamme aus einer atheistischen Familie. Das Wort *Seele* kam uns nicht über die Lippen. Es waren unter anderem Ruedigers Bücher, die völlig neue Dimensionen des Lebens erschlossen. Sie stießen in ihrer Komplexität und Tiefe Türen zu lange verschlossenen inneren Universen auf. Sie halfen mir, in meiner damaligen Krise den tieferen Sinn zu erkennen.

Sie halfen mir, das Ringen von archetypischen Kräften in mir zu verstehen und Licht und Schatten dieses Prozesses zu integrieren.

Das zweite Mal beschenkte er mein Leben, als meine Frau und ich begannen, Fastenseminare anzuleiten. Ich würde gern wissen, wie vielen tausend, wenn nicht sogar Millionen Menschen Ruedigers profunde Sicht auf das Fasten geholfen hat, den Wert des Verzichts schätzen zu lernen und Fasten aus einem pur körperlichen Reinigungsritual in einen alchemistischen Transformationsprozess für Körper, Geist und Seele zu verwandeln.

Das dritte Mal kreuzten sich unsere Wege vor zwei Jahren, als wir ihn einluden, unsere große Life Coaching Community mit seinem Wissen zu bereichern. Seitdem sind wir Freunde und arbeiten sehr gern zusammen. Für mich ist Ruediger ein geistiger Titan mit einem inneren Zugang zu einer riesigen Bibliothek an Wissen. Sein Geist wandelt spielerisch von den alten Griechen in die Moderne und wieder zurück. Dabei deckt er verborgene Fäden einer tieferen Verbindung zwischen den Dingen auf. Er nutzt auf eine faszinierende Weise aktuelle Ereignisse, um die ewigen Kräfte des Lebens zu erklären. Wenn du ihm zuhörst, kommst du aus dem Staunen nicht mehr raus. Wahrscheinlich steht in so gut wie jedem deutschsprachigem Haushalt ein Buch von ihm. Er ist für seine provokativ-hinterfragende Sichtweise auch oft angegriffen worden. Doch er hat sich nie verbiegen lassen. Für mich besteht sein größter Beitrag darin, dass er der Wissenschaft, besonders der Medizin, die Seele zurückgegeben hat.

Als die Idee für dieses gemeinsame Projekt aufkam, habe ich nicht eine Sekunde gezögert. Erstens ist es eines meiner Lieblingsthemen. Zweitens ist es mir eine Ehre, mich mit Ruediger in diesen Dialog zu geben. Wir sind sehr verschieden. Wir sehen vieles verschieden. Doch die Basis unserer Freundschaft ist Respekt für diese Andersartigkeit und die Neugier, aus den Polen heraus eine dynamische Synthese zu finden.

Ich hoffe, dass ich Ruedigers Leserschaft, die die Lebensprinzipien bereits kennen, durch meine Sicht eine echte, frische Bereicherung bieten kann. Und ich freue mich sehr, den Lesern meiner Bücher Ruedigers Herangehensweise präsentieren zu können. Sie bringt eine Komplexität und Tiefe mit sich, die ich heutzutage in vielen Ratgeberbüchern vermisse.

Ich gebe seit vielen Jahren Seminare zum Thema Reichtum und habe mittlerweile ca. 10 000 Klienten live und online dabei begleitet, mehr gesunde Fülle in ihrem Leben zu manifestieren. Für dieses Buch bin ich ganz neu abgetaucht – in jedes einzelne Lebensprinzip. Ich habe sie zu mir sprechen lassen. Ich habe geforscht, wo und wie ich ihr Wirken in meinem Leben und dem meiner Klienten beobachten konnte. Allein beim Schreiben dieses Buches ist mir so viel klar geworden:

Über den Ursprung der Illusion des Mangels. Über die Natürlichkeit von gutem Reichtum. Über die Einzigartigkeit eines jeden menschlichen Weges durch das Leben und hinein in eine innere Fülle, nach der wir alle suchen. Über die Macht von Bewusstheit.

Du wirst staunen, wie allein das Lesen und geistige Einatmen der Prinzipien positive Veränderung in Gang setzen wird.

Ich habe beim Schreiben sehr oft dankbar gestaunt. Mir ist noch einmal viel tiefer klar geworden, wie kostbar, einzigartig und vollkommen jeder Mensch ist und dass uns ein Paradies anvertraut wurde – innen und außen –, das wir in seiner Schönheit noch nicht ansatzweise begriffen haben. Ich habe auch noch einmal kristallklar verstanden, wie bedeutsam es ist, dass wir Menschen uns wach verbinden. Gerade weil wir so verschieden sind, können wir gemeinsam so viel mehr erreichen.

Ich wünsche mir sehr, dass dieses im wahrsten Sinne alchemistische Buch dich mit dir zutiefst versöhnt, all die archetypischen Kräfte in dir sanft weckt, Licht in den Schatten bringt und dir Wege zeigt, dein natürliches Recht auf Fülle freudvoll wahrzunehmen.

Gerade eben empfinde ich ein leises Gefühl von Vorfreude, und – das mag verrückt klingen – ich glaube, es ist deine! Vor dir liegt eine spannende Entdeckungsreise in den Reichtum deines Lebens!

Danke, dass ich dich dabei begleiten darf.

Kommen wir nun zum Inhalt dieser Lektüre. Ich möchte dich zunächst an den Prolog am Anfang des Buchs erinnern. Was steht da?

»Mangel ist nicht real.
Mangel ist ein Irrtum im Geist.«

»Mangel soll nicht real sein? Der spinnt doch!« Dieser oder ein ähnlicher Gedanke könnte dir beim Lesen dieser Zeilen gekommen sein, wenn du dich selbst gerade in einer finanziell klammen Situation befindest. Oder wenn du dabei an die ca. 3 Millionen Kinder denkst, die immer noch jedes Jahr weltweit an Unterernährung sterben müssen. Angesichts solcher Statistiken oder deines eigenen Kontoauszugs mag ein Satz wie »Mangel ist nicht real« zynisch wirken.

Wir kennen uns wahrscheinlich nicht persönlich, doch nichts liegt mir ferner, als mich über die Erfahrung von Mangel lustig zu machen. Ich bin kein Fantast, der die Welt durch eine rosarote Brille sieht. Viele meiner Klienten müssen mit sehr wenig Geld zurechtkommen. Ich kenne ihre Sorgen und weiß auch aus eigener Erfahrung, wie es sich anfühlt, am Ende eines Monats zwischen zwei hoffnungslos überzogenen Konten hin- und herjonglieren zu müssen, um die Miete und andere Rechnungen bezahlen zu können. Über viele Jahre war mir die Erfahrung des Mangels und der damit verbundenen Angst vertraut, die sich wie ein bleierner Nebel auf die Brust legt und das Denken lähmt.

Ich schaue Nachrichten. Ich lese Statistiken. Ich kann mich gegenüber dem Leid auf unserer Welt nicht abschotten, selbst wenn es mir gut geht. Dennoch behaupte ich: Mangel ist nicht real. Er ist eine trügerische Illusion des menschlichen Geistes, die sich nur leider verdammt real anfühlen kann.

Leben ist in seiner Essenz Fülle. Unser Universum wurde vor 14 Milliarden Jahren aus einer unvorstellbar großen Energiequelle heraus geboren. Auch heute ist das, was wir als Nichts, als Leerraum zwischen den Objekten betrachten, angefüllt mit ruhendem Potenzial. Der renommierte Physiker Richard Feynman sagte einmal: »In einem einzigen Kubikmeter unseres Weltalls existiert genug Energie, um alle Ozeane der Welt zum Kochen zu bringen.«

Leben ist berstende Fülle. Warum erfahren wir sie dann nicht alle? Weil wir (noch) nicht vollständig erkannt haben, wer wir wirklich sind. Solange diese existenzielle Frage nicht erfüllend in dir beantwortet wird, werden Angst und Gier deinen Blick für wahren Reichtum trüben.

Vielleicht hast du nicht erwartet, in einem Buch über Reichtum mit der Frage nach deiner Identität konfrontiert zu werden. Doch Ruedigers und mein Anliegen ist es definitiv nicht, dich mit einem weiteren »Auf der Jagd nach der ersten Million«-Buch in die Irre zu führen. Keine Angst, du wirst hier auch sehr viele, praxisnahe Ansätze für die Sanierung und Vermehrung deines äußeren Reichtums vorfinden. Doch dieser wird dich auf Dauer nur glücklich machen, wenn du die Illusion des inneren Mangels heilst. Und hier setzt unser Buch an. An der Wurzel.

Wir Menschen sind schöpferische Titanen, die sich auch nach 90 000 Jahren kognitiver (R)Evolution immer noch wie kleinherzige und engstirnige Zwerge verhalten, die für ein paar anfassbare Dinge ihre kostbare Lebenszeit opfern, anstatt den Geist zu dehnen und die Gesetze des wahren Reichtums zu erforschen. Doch lass mich mit einigen sehr offensichtlichen Beispielen erläutern, warum ich Mangel für eine menschengemachte Illusion halte.

Der Mangel an Energie. Die Jagd nach und der Verbrauch von fossilen und begrenzt verfügbaren Brennstoffen hat die Erde ausgehöhlt, unsere grüne Lunge Wald und die blaue Atmosphäre annähernd vernichtet. Was wir spätestens seit der industriellen Revolution tun, gleicht einem kollektiven Selbstmord in Raten. Warum tun wir das? Brauchen wir wirklich Braunkohle und Erdöl? Oder gibt es andere Gründe – Angst und Gier –, die verhindern, dass wir alle gemeinsam das Energiegeschenk des Weltalls nutzbar machen, das uns jeden Morgen mit seinen warmen Strahlen begrüßt? Wusstest du, dass unsere Sonne in nur drei Stunden so viel Energie auf die Erde sendet, um damit den Jahresenergiebedarf der gesamten Weltbevölkerung abdecken zu können? Was würde geschehen, wenn alle führenden Politiker dieser Welt, die tausend besten Wissenschaftler und die hundert größten Konzerne beschließen würden, ein Jahr lang hoch konzentriert *gemeinsam* an der Erschließung der Sonnenenergie zu arbeiten? Nicht getrieben von Profitstreben, sondern von Hoffnung und Kreativität. Meinst du nicht, wir hätten relativ bald die Lösung? Tatsächlich haben wir sie sogar schon, nutzen sie nur nicht, und schon gar nicht in Einklang miteinander.

Der Mangel an Nahrung. Ca. 1 Milliarde Menschen werden sich heute hungrig fühlen. Allein an diesem Tag werden ca. 20 000 Kinder wegen Unterernährung sterben. Warum? Weil es an Nahrung fehlt? Natürlich nicht! Laut einer Studie des WWF könnte die globale Landwirtschaft und Nahrungsindustrie nicht nur 7, sondern 9 bis 12 Milliarden Menschen satt machen. Das eigentliche Problem ist kein Mangel, sondern Überfluss in Form sinnloser Verschwendung von Nahrungsmitteln. Nur allein bei uns in Deutschland wandern jährlich rund 18 Millionen Tonnen Nahrung in den Müll. Wir Deutschen werfen ca. 300 Kilo genießbare Nahrungsmittel weg – pro Sekunde! Von den 60 Millionen in Deutschland pro Jahr gezüchteten Schweinen werden 15 Millionen weggeworfen. Warum wird Nahrung nicht fair verteilt? Wegen Angst und Gier.

Der Mangel an Geld. Kennst du das Gefühl, nicht genug Geld zu *haben?* Wie viele wertvolle Ideen schaffen es nicht in die Verwirklichung, weil es (scheinbar) an den benötigten Finanzen fehlt? Doch ist das wirklich so? Nein. Geld ist nur sehr ungleich verteilt und wird von vielen Menschen völlig sinnlos gehortet. Laut OXFAM besitzen die 62 reichsten Menschen so viel Vermögen wie die ärmere Hälfte der Weltbevölkerung! Der Vermögensoberklasse (Netto-Geld-Vermögen von über 126.000 Euro) gehören weltweit nur 420 Millionen Menschen an (ca. 10 % der Gesamtbevölkerung), aber sie verfügen über etwa 80 % des gesamten globalen Vermögens. Das auf Sparkonten festgefahrene Privatvermögen der gesamten Weltbevölkerung würde ausreichen, um dreimal alle Staatsschulden dieser Welt zu tilgen. Warum fließt das Geld nicht frei und fair und nutzbringend zum Aufbau wundervoller Projekte? Wegen Angst und Gier.

Der Mangel an Liebe. Die Positive Psychologie macht stabile und erfüllte Beziehungen als *die* zentrale Säule eines glücklichen und gesunden Lebens aus. Freundliche Zuwendung, soziale Sicherheit, Unterstützung, anregende Gespräche, heilsame Berührung, ermutigende Komplimente – all das kostet ... nichts! Wir leben im Zeitalter der technologischen und medialen Vernetzung. Niemand von uns lebt allein. Jeder kann theoretisch jeden seiner 7,5 Milliarden Artgenossen erreichen. Doch wie viele Menschen werden heute dennoch einen Mangel an Liebe erfahren und einsam zu Bett gehen?

Kriegst du den Punkt? Mangel ist nicht real. Doch seine Illusion kann sich ohne Zweifel sehr wirklich anfühlen. Ein durch Mangel getrübtes Bewusstsein ist nicht mehr kreativ. Es verkrampft in Angst und/oder Gier. Es verleitet dich und mich und uns zu würdelosen Handlungen, die bewusst oder unbewusst unsere Würde verletzen und unsere wahre Größe vor uns selbst verschleiern.

Aus der Illusion des Mangels heraus betteln wir um Liebe,
fallen wir dem Konsumrausch zum Opfer,
rennen wir dem Geld hinterher,
gehen wir Arbeiten nach, die unsere Integrität verletzen,
werden wir geizig,
horten wir,
fühlen wir uns minderwertig,
werden wir krank,
führen wir Kriege
zwischen Mann und Frau,
arm und reich,
Völkern und Religionen.
Ein Mensch, dessen Bewusstsein durch Mangel vergiftet ist,
übersieht seinen inneren Reichtum,
kann nicht mehr groß und frei denken,
wird zum Sklaven einer ewigen Suche –
endlich »das« zu finden, was seinen Hunger stillt.

Diese Suche lässt ihn einen faulen Kompromiss nach dem anderen eingehen – um ihn doch immer wieder zu ent-täuschen. Bis er endlich, hoffentlich nicht zu spät, aufwacht aus dieser Täuschung, um sich die richtigen Fragen zu stellen. Denn die ultimative Ent-Täuschung wartet doch auf uns alle am Ende unseres Lebens – in Form einer einzigen Frage: Hast du reich gelebt, oder bist du dem Reichtum hinterhergerannt? Hast du deinen Reichtum besessen, oder warst du besessen davon?

Was ist mit uns los? Kriegen wir das wirklich nicht besser hin? Doch! Wir müssen nur aus dem Traum von Mangel erwachen und uns dann auf eine neue, lebensintelligente Weise miteinander vernetzen. Stell dir vor, deine 100 Milliarden Gehirnzellen wären über Nacht von einer rätselhaften Krankheit befallen worden. Jede von ihnen wäre plötzlich von der Angst getrieben, zu kurz zu kommen. Sie würde beginnen, wertvolle Informationen und Lebensenergie zurückzuhalten. (»Man weiß ja nie, was mal kommt und was die anderen Nervenzellen damit machen!«) Der Strom würde nicht mehr frei fließen. Zwar hätte jede einzelne noch ihr Potenzial, doch du wärest plötzlich bewegungsunfähig. Du könntest nicht mehr sprechen, essen, trinken, atmen ... du würdest sterben.

Dieses Bild fällt mir ein, wenn ich die Nachrichten schaue oder manchmal total verkrachte Teams oder Beziehungen berate. Die Menschheit laviert am Rand des Abgrunds, weil die einzelnen Zellen unseres großen kollektiven Gehirns zu viel mit sich und ihrem Defizit beschäftigt sind.

Dieses Buch ist eine Einladung an dich. Dich zu erinnern. Zu erwachen. Deine geistigen Flügel zu voller Spannweite zu erheben. Deinen inneren Reichtum voll zu erkennen und zu feiern. Guten Reichtum im Außen zu kreieren. Und dich dafür so lebensintelligent wie möglich mit uns anderen zu vernetzen. Dann werden wir einen Mythos Wirklichkeit werden lassen – das Paradies.

Ich bin kein Fantast. Ich bin ein optimistischer Realist. Seit ca. 15 Jahren studiere und praktiziere ich die in diesem Buch vorgestellten Prinzipien und Methoden des guten Reichtums selbst. Dadurch war es uns (meiner Frau und mir) möglich, mehrere sehr erfolgreiche Unternehmen aufzubauen und einen gesunden, ökonomischen Überfluss zu erschaffen, der es uns ermöglicht, immer wieder neue wertvolle Projekte aus der Taufe zu heben. Doch was mir noch viel bedeutsamer erscheint: Ich habe meinen inneren Reichtum und mein Vertrauen ins Leben wiederentdeckt.

Alles, was bei mir funktioniert, gebe ich sofort an meine Klienten weiter. Aus der Beobachtung ihrer Erfolge stammt meine Sicherheit, dass das, was ich hier mit dir teilen werde, universell – unabhängig von Alter, Berufsstand, Religion ... – wirkt. Was es von deiner Seite aus braucht, ist eine radikale Wahl. Hör auf, dich als jemanden zu betrachten, dem etwas fehlt – selbst wenn du dich hin und wieder bedürftig fühlen wirst. Verstehe und akzeptiere, dass es nicht darum geht, ein Vakuum zu füllen, sondern einen Schatz zu entdecken, auf dem du die ganze Zeit gesessen hast. Egal wie tief dein Bewusstsein in die Illusion des Mangels eingetaucht ist (und ich weiß, dass dies auch problemlos mit einem siebenstelligen Kontostand geschehen kann), hier kommt die vielleicht beste Nachricht dieses Buches:

Reichtum ist genetisch in dir angelegt. Du bist ein Wunder. Auf allen Ebenen. Dein Leben startete aus der Fülle heraus, in dem zwei ungeheuer informationsreiche Zellen aufeinandertrafen und ihr Wissen großzügig miteinander teilten. Jede weitere Zelle deines Körpers entstand durch das Wunder der Vermehrung durch Teilung (eines der wichtigsten Grundprinzipien des Reichtums). Du selbst hast lange vor jeder vielleicht noch so irreführenden Konditionierung (durch Erziehung und Gesellschaft) neun Monate lang im Mutterleib das Paradies der Fülle erfahren. Du wurdest vom Leben gehalten, getragen und ernährt – ohne etwas Besonderes beisteuern zu müssen. Gleichzeitig wurde dir das ultimative Geschenk gemacht: Du wurdest ermutigt, dich in diese Geborgenheit hinein frei zu entfalten. Das sind die zwei zentralen Geschenke des guten Reichtums: Sicherheit und Freiheit.

Egal was du gerade über dich denkst, welche Glaubenssätze deine Sicht auf das Leben trüben, du wurdest in den ersten neun Monaten deines Lebens auf Fülle geprägt. Und so möchte ich dich einladen, dieses Buch nicht als jemand zu lesen, der auf der Suche ist, sondern als jemand, der sich erinnert. Glaub mir, diese Haltung macht den Unterschied.

Du musst nicht für dein Glück kämpfen.
Du darfst es empfangen.
Du bist ein Kind des Lebens.
Reichtum ist dein Geburtsrecht.

Ich liebe es, meinen Leserinnen und Lesern, Klientinnen und Klienten das Thema »Reichtum – innen und außen« nahezubringen. Das hat sehr viel mit meiner persönlichen Geschichte zu tun.

Auf Bildern von mir aus meiner frühesten Kindheit sehe ich einen kleinen Jungen, der – ohne das bewusst in Worte fassen zu können – wusste, dass das Leben ihn liebt und dass er liebenswert ist. Und zwar, ohne etwas dafür tun zu müssen. Ich war gut. Genau wie du. Ich habe vertraut. Genau wie du. Ich war mit der Fülle in mir verbunden. Sie leuchtete aus meinen Augen. Dann ist es passiert. Den meisten von uns. Manchen ganz schnell und drastisch. Anderen fast unmerklich, im Laufe der Zeit. Wir wurden erzogen und trainiert. Wir mussten lernen, dass das Leben kein Ponyhof ist. Wir haben gelernt, was es bedeutet, die Erwartungen anderer zu erfüllen oder zu enttäuschen. Uns wurde beigebracht, was ein Fehler ist – eine Handlung außerhalb der erwarteten Norm. Wenn uns ein Fehler passierte, wurde den meisten von uns mit Gesten und Worten vermittelt, dass wir falsch sind. Wer sagte uns schon, dass jeder Fehler die Chance ist, Fehlendes zu integrieren? Wir lernten, wie sich Schuld anfühlt. Wenn wir nicht taten, was die anderen, die so wichtig für uns waren, von uns wollten, wurde uns kommuniziert, dass wir nicht gut sind. Meist wurde uns dann die Liebe entzogen. Wir haben gelernt, Dinge zu tun, um die Liebe wiederzugewinnen. Wir haben gelernt, uns für unser So-Sein zu schämen und uns selbst nicht mehr gut genug zu fühlen. Wir haben instinktiv die obere Grenze an Freude gespürt, die von unserer Umgebung (unseren Eltern, der Schule) gerade noch toleriert wird. Wir wollten dazugehören. Also haben wir uns angepasst. Wir haben unseren kreativen Freigeist so weit gedrosselt, bis wir selbst anfingen zu glauben, was die anderen uns über das Leben erzählten. Was möglich ist und was nicht. Was uns zusteht und was nicht. Schnell oder langsam haben wir tief verinnerlicht, dass mit uns etwas nicht stimmt. Dass uns etwas fehlt. Dass wir etwas tun müssen, um wieder vollständig zu sein. Unser Mangelbewusstsein wurde geboren. Wir haben Strategien entwickelt, um es zu kompensieren. Lieb sein. Rebellieren. Essen. Hungern. Uns verstecken. Uns aufdrängeln. Uns verbiegen ...

Wenn du zu diesem Buch gefunden hast, ist die Wahrscheinlichkeit sehr groß, dass auch du irgendwann im Laufe deines Lebens vergessen hast, wie wertvoll du bist. Zynisch betrachtet, verwandelt dich erst dieser Verlust zu einem gut funktionierenden Element unserer Leistungsgesellschaft. Jemand, der nicht weiß, wer er ist und ob er (einfach so) liebenswert ist, der spielt mit. Er tut viel, um belohnt zu werden. Er konsumiert fleißig, um den inneren Hunger zu stillen. Menschlich betrachtet ist es eine Tragödie. Wie viele Menschen schuften und funktionieren bis zum Ende ihres Lebens, ohne sich selbst je wieder in der Unschuld der ersten zwei Jahre zu begegnen? Ich liebe die bewusste Auseinandersetzung mit Reichtum, Erfolg und auch Geld deshalb, weil sie uns unweigerlich mit sehr existenziellen Fragen konfrontiert:

- Wie viel bin ich wert?
- Wie viel ist meine Existenz wert?
- Bin ich gut? Bin ich richtig?
- Habe ich das Recht, mich frei zu entfalten?
- Und was wird dann passieren?
- Ist das Leben vertrauenswürdig?
- Wird es mich tragen?
- Gestatte ich mir, die vorgegebenen Trampelpfade zu verlassen, um wirklich meinen Weg zu finden?
- Wird er mich ernähren?

Wenn du mich fragst, ist es relativ egal, wann genau wir unser Urvertrauen in das Leben verloren haben. Ich finde die Frage viel spannender, ob und wie wir wieder dahin zurückkehren können. Definitiv nicht, indem du dich mit dem begnügst, was dir als

Realität beigebracht worden ist, sondern indem du deiner Sehnsucht folgst – zum Beispiel nach einem reichen und erfüllten Leben. Du wirst dir wunde Knie holen, Fehler machen, allein im Regen stehen – na und! Du wirst manche Ziele erreichen. Andere nicht. Das ist nicht wichtig. Wichtig ist, was du auf dem Weg zu deinen Träumen über dich erfahren wirst.

Ich bin in einem atheistischen, sozialistisch orientierten System groß geworden. Ich habe früh gelernt, dass Kapital schlecht ist. Geld war vorhanden, doch man hat nicht darüber gesprochen. Meine Eltern haben es verpasst, mir beizubringen, wie man dieses Medium sinnvoll einsetzt. Einmal verliebte ich mich als 10-Jähriger in eine Armbrust in dem Spielzeugladen, der auf dem Weg zu meiner Schule lag. Mein Geburtstag war gerade vorbei. Tagelang grübelte ich darüber nach, wie ich mir meinen Wunsch erfüllen könnte. Ich kam auf keine bessere Idee, als heimlich mein Sparschwein zu schlachten. Ich kann heute noch den verwirrenden Gefühlsmix spüren. Für etwas zu gehen, was ich will. Angst vor einem Fehler. Die Freude beim Kauf. Das schlechte Gewissen, dafür etwas Verbotenes getan zu haben (ich sollte das Geld für »später« sparen). Als meine Aktion ans Tageslicht kam, gab es mächtig Ärger. Danach beschlossen meine Eltern, mir eine Gelegenheit zu geben, mir Geld dazuzuverdienen. Ich durfte das Leergut in den Laden zurückbringen und den Flaschenpfand behalten. Eigentlich eine gute Idee. Allerdings führte sie zu schmerzhaftem Bauchweh, weil ich begann, wie ein Irrer Milch zu trinken, um die leeren Flaschen wegbringen zu können. Kurzum, ich lernte damals nicht, intelligent mit Geld und Reichtum umzugehen.

Wahrscheinlich wäre dies nie groß aufgefallen, wenn ich wie von mir erwartet Medizin studiert hätte. Ich wäre Arzt geworden und hätte das mir zugeschriebene Gehalt kassiert. Doch als ich nach einem Jahr abbrach, stürzte ich in eine tiefe Existenzkrise. Was ist ein Mensch wert, der ein Studium »wegwirft« und nicht weiß, was er stattdessen wirklich will?

Ich hielt mich mit Jobs und Sozialhilfe mehr schlecht als recht über Wasser. Schuld war nicht ich, sondern das System. Als ich begann, Seminare und Coachings zu geben, schob ich das Geldthema meinen Klienten über den Tisch. Ich arbeitete auf Spendenbasis. So musste ich mir über den Wert meiner Arbeit keine eigenen Gedanken machen. Diese Themen waren mir auch zu profan, denn ich war ja »spirituell« unterwegs. Im Nachhinein muss ich drüber lachen. Doch damals glaubte ich tatsächlich, der allgemeinen Entwicklung voraus zu sein. In Wahrheit war ich ein unsicherer junger Mann ohne Gefühl für seinen Wert.

Es brauchte einige Weckrufe, um mich diesen Themen endlich gründlich zu stellen.

Der erste war die ängstliche Frage meiner kleinen Tochter am Ende eines wieder einmal gerade so finanzierten Monats: »Dad, können wir die Miete bezahlen, oder müssen wir ausziehen?« Das machte mich so betroffen. Ich wollte definitiv nicht, dass sie in materieller Angst groß wird. Den zweiten Aufruf spendierte mir das Finanzamt. Ich war tatsächlich so naiv zu glauben, wer ständig Schulden hat, braucht keine Steuern zu zahlen. Ha! Plötzlich standen wir mit einer Nachzahlungsforderung von 40 000 DM da. Woher nehmen, wenn nicht stehlen? Der dritte Weckruf war meine Wut über mich selbst. Ich hatte es satt, mir dabei zuzuhören, was ich in der Welt alles verändern würde, wenn ich die ökonomische Power dafür hätte. Der vierte Kick kam durch einen ehrlichen Blick in den Spiegel. Ich gestand mir irgendwann ein, dass eine der Hauptmotivationen, weltlich erfolgreiche Menschen schlechtzumachen, nicht mein Gerechtigkeitssinn, sondern ganz banal Neid war. Neid auf die Wirksamkeit, die Freiheit, den Luxus ...

Also beschloss ich, die Themen Erfolg, Geld und Reichtum bewusst anzugehen. Ich las jedes verfügbare Buch dazu. Ich versuchte, auf sehr verschiedenen Wegen schnell reich zu werden – mit so manch peinlicher bis hin zu destruktiver Erfahrung, zum

Beispiel Lotto, Escortservice, Drückerkolonne für einen Staubsauger, Börsengeschäfte mit hochriskanten Tagesgeschäften.

Nach viel Frustration war ich dann auch irgendwann bereit, das Kleingedruckte in all den schlauen Büchern zu lesen – über Disziplin, Wertschöpfung, Integrität, einen langen Atem ... Und es funktionierte! Wesentlich langsamer, dafür erfüllend und nachhaltig.

Mittlerweile habe ich mit dem, was ich liebe, so viel Geld verdient, dass ich weiß, dass es mir nie wirklich um Geld ging, sondern um die Erfahrung einer grundlegenden materiellen Sicherheit und der kreativen Freiheit, meine Visionen in die Tat umzusetzen. Doch vor allem – und deshalb schreibe ich dieses Buch so gern – haben mich diese Themen sehr viel über mich gelehrt. Über mein Licht, aber auch meinen Schatten. Nicht Geld oder Reichtum sind das Problem, sondern unsere tiefste Absicht. Wenn du glaubst, dass dir etwas fehlt, werden dich diese Themen vergiften. Wenn du sie achtsam benutzt, um dich zu erkennen, dann werden sie zu bedeutsamen Wegstationen auf deiner Reise nachhause.

Ich war gezwungen, mich auf einer sehr radikalen Ebene mit meiner Beziehung zur Existenz auseinanderzusetzen. Ich weiß jetzt (wieder), dass ich ein wertvolles Wesen bin – entsprungen und getragen von einem Universum der Fülle. Ich weiß jetzt (wieder), dass ich zutiefst gut bin und dass es meine Bestimmung ist, mich und meinen inneren Reichtum vollständig zu verschenken.

Ich weiß, dass auch du ein wertvolles Wesen bist, mit dem Anrecht auf ein Leben in Freiheit und Fülle. Ich weiß, dass du gut und richtig bist. Ich weiß, dass du dich verschenken willst und musst – um am Ende deines Lebens sagen zu können:

Ich habe mich gefunden.

Unser Mangelbewusstsein kann geheilt werden!

Der Ursprung des Mangelbewusstseins

Wir haben dieses Buch »Omega« genannt nach dem Ende des griechischen Alphabets. Wem fiele da nicht sofort Alpha, der Anfang, ein? Als Autoren dieses Projekts glauben wir nicht nur fest, sondern wissen, dass es unser Geburtsrecht ist, am Ende Fülle und sogar Erfüllung zu finden. Davon gehen auch alle Traditionen und Religionen aus, auch wenn sie den Weg dahin oft mehr erschweren als erleichtern. Alpha ist der Anfang, und auch der ist von Fülle geprägt. Tatsächlich werden wir sogar auf Fülle geprägt. Nur haben das so viele vergessen. Das wollen und müssen wir ändern.

Wie aber entwickelt sich das heute unbestreitbar herrschende Mangelbewusstsein aus einer Prägung auf Fülle, jenes Mangelbewusstsein, das zu so viel Elend und auch zu den modernen Völkerwanderungen führt, die wir als Abschlussbeispiel nehmen wollen, für das Wirken der Schicksalsgesetze, der Spielregeln des Lebens, und der 12 Ur- oder Lebensprinzipien? Menschen verlassen die Länder des Mangels, um in den Ländern vermeintlichen Überflusses eine neue Heimat zu finden. Dort sind sie aber nur sehr bedingt willkommen, stoßen auf unser Mangelbewusstsein und werden von immer mehr Einheimischen als Heimsuchung erlebt.

Das Gesetz des Anfangs, das dritte der Schicksalsgesetze – nach dem der Polarität und Resonanz –, besagt, dass alles schon im Anfang liegt, wie der ganze große Baum bereits im Samen. Und jeder Anfang prägt das weitere Geschehen in besonderem Maße, wie Konrad Lorenz für die Verhaltensforschung wissenschaftlich belegte. Es gilt weit darüber hinaus. Die berühmten Graugansjungen des Altmeisters der Verhaltensforschung blieben ein ganzes Gänseleben auf ihn geprägt und folgten ihm, wohin er ging. Bei Menschen ist diese Prägung nicht so ausgeprägt, aber sie ist ebenso vorhanden und wichtig. Was für ein großer Fortschritt, wenn heute Neugeborene mit dem ersten Blickkontakt auf die eigene Mutter und nicht mehr auf fremde Gynäkologen- oder Hebammen-Gesichter geprägt werden.

Die Natur prägt uns *natür*lich ihrem Wesen entsprechend auf Überfluss und Freigiebigkeit, und wir sind anfangs ganz Naturwesen. Mutter Natur arbeitet immer mit Überfluss. Aus Milliarden Fisch- oder Froscheiern und noch mehr Pollen entstehen vergleichsweise wenige Tiere und Pflanzen. Wir selbst werden in einem Akt aus Lust und hoffentlich überfließender Liebe gezeugt. Jedenfalls fließt der väterliche Samen über und ergießt sich großzügig mit Millionen Spermien in den mütterlichen Schoß, um ein (oder zwei oder mehr) Kinder zu zeugen. Eizelle und Samen teilen ihren Überfluss an Information untereinander. Teilen ist insofern schon zu Beginn in uns angelegt und würde unserem Wesen viel mehr entsprechen als unser Wirtschaftssystem. Als Embryo fließt uns in der Überflusswelt des Fruchtwassers alles Notwendige freigiebig durch die wundervolle Pipeline der Nabelschnur zu. Wir müssen dafür nicht arbeiten und nicht mal darum bitten. Für uns – wie für alles – ist großzügigst gesorgt. Und würden wir nicht der Natur – aus kulturellen Gründen – rauchend und schlecht essend dazwischenfunken, unser Überfluss an Energie wäre enorm. Wir benutzen laut Wissenschaft nur 10 % unseres Gehirns. Warum haben wir dann 100 %? Weil die Natur so großzügig ist.

Worauf werden wir in den 10 Monden der Fruchtwasserzeit geprägt? Schwerelos schwebend erleben wir unsere Grenzenlosigkeit. Da innen wie außen dieselbe Temperatur herrscht, können wir keine Grenze zwischen uns und außen feststellen, weshalb unsere Wahrnehmung grenzenlos ist. So fühlen wir uns eins mit unserer Mutter, die unsere ganze Welt des Anfangs darstellt. In dieser Zeit der Einheitserfahrungen wächst Urvertrauen, die Basis allen künftigen Selbstvertrauens – die wundervollste Mitgift, die unsere Mutter, unsere Eltern uns mit auf den Weg geben können.

Unser winziger Körper ist jetzt noch transparent, wie die traumhaften Bilder von Lennart Nilsson verraten, und unser Empfinden und Wahrnehmen ist transzendent, wie die Schattentherapie[1] enthüllt. Wir sind also von Anfang an und in jeder Hinsicht mit der Einheit verbunden und auf sie und ihren Überfluss geprägt.

Von Mangel kann gar keine Rede sein. Er existiert gar nicht. Wie aber kommt Mangelbewusstsein in unser Leben beziehungsweise die Illusion davon? Aus unserer oder Mutter Natur kann es jedenfalls nicht stammen. Natur ist Überfluss und Fülle. Ein erster Verdacht fällt auf die Kultur, den Gegenpol zur Natur.

Die Menschheit scheint sich nach bisheriger Forschung in der Fülle und dem Überfluss der afrikanischen Natur entwickelt zu haben – aus einer Situation, wie wir sie heute im Okawango-Delta finden, das in seinem Überfluss an den mythischen Garten Eden erinnert. Dass die meisten Religionen und auch unsere biblische mit dem Paradies einen Garten des Überflusses assoziieren, ist offensichtlich.

---

1 Ich nenne die Reinkarnationstherapie, die das Unbewusste durchlichtet und die darin verborgenen Schätze erkennbar und verfügbar macht, gern Schattentherapie.

Da kommen wir her, da streben wir hin – nach den Aussagen aller Religionen und Traditionen.

Die Fruchtwasserwelt des Mutterleibes ist (nur) ein Abbild des ursprünglichen Anfangs. Die Medizin weiß längst, dass sich Onto- und Phylogenese entsprechen, das heißt, wir die entscheidenden Schritte der Menschheitsentwicklung wiederholen (müssen). Wer je eine Geburt und damit den Wechsel von der Wasser- in die Luftwelt miterlebt hat, kann sich vorstellen, wie schwer dieser Schritt dem Leben gefallen sein mag. Trotzdem wagte es sich zur Zeit des Kambriums an Land. Wer ein Kind beobachtet, wie es sich auf seine Hinterbeine kämpft, mag ebenso ein Gefühl dafür entwickeln, was diese Aufrichtung für die Menschheit bedeutet hat.

Über die Kulturentstehung geben uns Religionsgeschichte und Evolution Aufschluss und auch einige Hinweise, wie es schon bei unseren Vorfahren zum Mangelbewusstsein kam. Eigentlich könnte uns auch schon unsere Geburt, mit der wir das Paradies verlassen haben, alles offenbaren. Die Entwicklung liegt in der Natur der Sache, die wir Leben nennen. Niemand ist schuld, wenn es im Paradies des Mutterleibes allmählich immer enger und schließlich bedrückend wird und wir da hinausmüssen. Am besten mit einem Kopfsprung in eine kalte Welt, auch wenn dazu nicht alle den Mut aufbringen. Es ist keine Frage von Schuld, sondern von Entwicklung. Das gilt es das ganze Buch über im Auge zu behalten, um nicht in die Projektionsfalle zu tappen und dem *Schattenprinzip* zum Opfer zu fallen.

So wird es auch im afrikanischen Paradies des anfänglichen Überflusses irgendwann eng geworden sein, weil sich die Vorfahren bei der Üppigkeit des Angebotes stark vermehrten. Einige Mutige wagten es dann wahrscheinlich, das Paradies zu verlassen und in andere, schwierigere Regionen auszuwandern. Dort in oft ungleich weniger paradiesischen Gegenden machten sie dann erstaunliche Fortschritte und entwickelten sich beachtlich weiter, ungleich mehr als die Zuhausegebliebenen im üppig tropischen Garten des Anfangs.

Genau das will uns offenbar auch das biblische Gleichnis vom »Verlorenen Sohn« vermitteln. Der Nesthocker bekommt am Ende kein Fest vom Vater ausgerichtet, nur der mutige »verlorene« Sohn, der sich hinaus aus dem warmen Nest in die Fremde wagte. Auch wenn er dort alles verlor, immerhin hat er das Leben gewagt und wird dafür am Ende gefeiert. Er ging den Weg von Alpha nach Omega, aus der Fülle zurück in die Fülle oder »von hier nach hier«, wie Hindus sagen. Es ist also offensichtlich unsere Aufgabe, das *natür*liche Paradies allen Anfangs zu verlassen. Allerdings ist es uns ebenfalls Aufgabe, dorthin zurückzukehren. Die Aufgabe unseres Buches sehen wir darin, dazu zu inspirieren und diesen Heimweg zu ebnen.

In Genesis wird uns beim Hinauswurf aus dem Paradies ordentlich Angst gemacht, und die sitzt tief. Eva und ihren Töchtern soll die Schlange nach der Ferse trachten, und sie sollen unter Schmerzen gebären, Adam und seine Söhne sollen im Schweiße ihres Angesichts für ihr Überleben arbeiten. Bei unserer Geburt und dem Hinauswurf – durch die Wehen der Mutter – aus dem ursprünglichen Paradies der Fruchtwasserwelt wurde uns lange Zeit ebenfalls erheblich Angst gemacht. Wir landeten abrupt aus dem körperwarmen (Frucht-)Wasser (37 Grad) kommend in ekelhaft kalter Luft (ca. 22 Grad). Unsere Nabelschnur wurde noch pulsierend durchtrennt, was zu Erstickungsgefühlen führte. An den Füßen hochgehalten, wurden wir auf den Po gehauen, in die Ferse gestochen, beim ersten Bad unserer Schutzschicht beraubt, eingewickelt und von der Mutter getrennt. Da kann und muss fast (Todes-)Angst aufkommen.

Die Angst ist letztlich die Quelle des künstlichen von Menschen erzeugten Mangelbewusstseins. Dessen Förderung und Ausbau geht anschließend in unserer Kultur weiter. Schon im Geburtskanal erlebten die meisten von uns Todesangst beim

Durchtritt des Kopfes durch den extremen Engpass, bevor wir in der Weite und Fülle der Möglichkeiten landeten.

Auch wenn wir niemanden verantwortlich machen können für die Enge und Angst, da sie naturgegeben ist, liefert sie doch die Basis für eine Kultur der Angst und des Mangels. Eigentlich ist es Anspruch der Kultur, die Natur zu überarbeiten, um die Situation von uns Menschen zu verbessern. Aber dabei wird die Kultur Opfer des *Schattenprinzips* und wir mit ihr. Besonders die aus dem Judentum hervorgehenden Religionen verbreiteten massiv Angst. Ihre Vertreter vermiesten uns die Sexualität, die sie sich selbst versagten, von der Diskriminierung des Weiblichen bis zu den Lügen der Religionslehrer, Selbstbefriedigung führe zu Blindheit oder Rückenmarkschwindsucht. Vor allem aber konnten oder wollten sie die materielle Not, die außerhalb des Paradiesgartens herrschte, nicht mildern, sondern verstärkten sie noch, indem sie sich selbst bereicherten und mit den Reichsten paktierten, um noch (einfluss)reicher zu werden. Den Armen und Ärmsten sagten sie tatsächlich die Wahrheit, nämlich es ginge sowieso nur um das Seelenheil. Sie verbanden sie mit der Unwahrheit, dass die Welt der Materie, des Mütterlichen, schlecht sei. Und da sie weniger selbstlos als -süchtig die böse Materie in ihren eigenen Schatzkammern horteten, glaubten wir ihnen immer weniger und strebten unsererseits auch mehr danach als nach Seelenheil.

Dabei wird heute immer offensichtlicher, wie künstlich der Mangel erschaffen ist. Die Erde könnte *natür*lich doppelt so viele Menschen ernähren, wie heute auf ihr leben. Es sind die Menschen mit ihrer (Un-)Kultur, die das verhindern durch ungleiche Verteilung des natürlichen Überflusses. Eine von 7 Milliarden Menschen hungert noch immer, während die Reichen unglaubliche Mengen an Nahrung vorsätzlich vernichten. Und das wird noch immer schlimmer. Selbst in Überflussländern wie Deutschland wächst der Mangel neben dem Reichtum, stöbern Arme in Abfallcontainern von Supermärkten, während Reiche ihnen selbst das noch verbieten. Firmen der Reichen graben den Armen in den ärmsten Ländern im wahrsten Sinne des Wortes das Wasser (des Lebens) ab, die Reichen kaufen den Armen die Nahrung weg, um sie an ihre Masttiere zu verfüttern. Dabei werden 90 % der Kalorien in Kot und Gülle, sprich Scheiße, verwandelt und nur 10 % in Fleisch, das dann – laut WHO – in seinen veredelten Formen den Reichen Krebs beschert. Was für ein irrsinniger Teufelskreis, der zum Schluss alle schädigt. Da ist Aufwachen angesagt.

Anfangs waren es vor allem die Religionen, die bestimmten und das Ungleichgewicht zementierten, trotz anders lautender Beteuerungen. Dabei sprach Christus sich eindeutig für Teilen aus und dafür, den Schwächeren zu helfen: »Was du dem geringsten deiner Brüder tust, hast du mir getan.« Aber sein Bodenpersonal wurde Opfer des Schattens und konterkarierte seine Lehre, indem es mit den Reichen und Mächtigen paktierte und selbst (einfluss)reicher und mächtiger wurde. So entstand eine Art Schattenreligion, die Wasser in Gestalt der Seele predigte und selbst teuren Wein als Symbol materiellen Reichtums trank. Die Schattenreligion verkaufte beim Ablasshandel sogar das Seelenheil, ohne nach dem Abkassieren liefern zu können. Dieses betrügerische Spiel rief Protestanten und Reformatoren wie Luther, Calvin, Zwingli, Hus auf den Plan, die Abhilfe versprachen, aber über kurz oder lang erst recht dem *Schattenprinzip* zum Opfer fielen. Die Geld-Welt-Religion in Gestalt des Kapitalismus, die Herrschaft des Kapitals, gedieh am besten und raschesten, wo protestantische Eiferer an die Macht gelangten und ihr den Weg bereiteten.

Dieses Doppelspiel durchschauten mit der Zeit immer mehr von uns. Schließlich emanzipierten wir uns in der Aufklärung von der kirchlichen Kultur der Angstmache und Ungerechtigkeit – und liefen zur (Natur-)Wissenschaft über. Diese wurde zur neuen Religion, an die wir uns klammerten und an die wir glaubten. Aber auch das war Schattentheater, denn Naturwissenschaft hat ihrem eigenen Anspruch gemäß mit Wissen, nicht mit Glauben zu tun. Reste der Wissenschaftsreligion finden wir heute bei den sogenannten Skeptikern, die sich an die alte Wissenschaft klammern und geradezu ketten und nicht zur Kenntnis nehmen wollen, was die neue Wissenschaft längst beweisen kann und die ursprüngliche Religion immer schon wusste: Es gibt eine Seele, und um die geht es vor allem.

Die Herrschaft der Naturwissenschaft währte also nicht lange. Sie wurde klammheimlich von der Geldkultur abgelöst bis hin zur heute herrschenden Geld-Welt-Religion, die längst die Wissenschaft gekauft und entmachtet hat, von der Religion ganz zu schweigen. Wenn heute Papst Franziskus II. allen Ernstes Anstalten macht, dem ersten Franziskus zu folgen, und sich etwa für die Natur im Hinblick auf Umweltschutz einsetzt, verweigern ihm große Teile seiner bereits zur neuen Geld-Religion konvertierten Katholiken die Gefolgschaft.

Der Aufstieg der Geld-Welt-Religion hat sich lange abgezeichnet. Schon beim Auszug aus Ägypten hatten sich die Israeliten, kaum war Moses in Gesetzesangelegenheiten unterwegs, nach den Fleischtöpfen Ägyptens zurückgesehnt und waren zum Tanz ums Goldene Kalb angetreten. Als der Altmeister mit den in Stein gehauenen Gesetzestafeln zurückkehrte, stoppte er mit harter Hand diesen Ausbruch des Materialismus noch einmal – mit Erfolg für Jahrtausende. Aber klammheimlich kam der Glaube an den Götzen Materie, der Materialismus als Schatten des Mütterlichen (lat. mater: Mutter) und des Reichtums von Mutter Natur zurück.

Christus warf dann nochmals die Geldwechsler und Vorfahren modernen Bank(st)er aus dem Tempel. Diesmal währte es aber nicht so lange, bis sie den Weg zurück an die Macht fanden. Es waren sogar die eigenen Leute in Gestalt der Templer, die mit dem ersten modernen Geld in Form von Schuldbriefen unglaublichen materiellen Reichtum anhäuften. Noch einmal, aber wohl schon eher aus Neid, zerschlug die Kirche dieses erste

Geldimperium. Das materielle Gelddenken hatte sich da aber schon tief in ihr eigenes Fleisch gefressen.

Obwohl in fast allen Religionen verboten, kamen die Bank(st)er mit ihrer Zinswirtschaft rasch zu (Einfluss)Reichtum. Sie machten das geschickt und versprachen im Rahmen ihrer Geldkultur, den Menschen zu einem besseren Leben zu verhelfen. Diese sollten mit ihrer Hilfe und ihren Krediten ein Leben voller Kultur und Annehmlichkeiten bekommen. Die Banker gaben vor, an die Menschen und ihre Pläne zu glauben, denn das meint Kredit geben. Anfangs ließ sich das auch nett an, und sie finanzierten Häuser und Autos und was immer den zu Materialisten konvertierten Kunden am Herzen lag. Kaum aber war die Macht der Geldgeber gefestigt, begannen sie vor allem, sich selbst und ihresgleichen als Priester der Geld-Welt-Religion zu dienen, und erfanden Dinge wie Basel II (Eigenkapitalvorschriften). Damit können sie uns bis heute anlocken, viel versprechen und vorgeben, an uns zu glauben und uns Kredit zu geben, um uns dann die in Aussicht gestellten Häuser nach kurzer (Vor-)Freude wieder abzuluchsen. Wir zahlen ihnen unsere Häuser inzwischen nicht nur einmal, sondern mehrfach und bekommen sie oft zum Schluss nicht. Mehrfach bezahlt, fallen sie oft zum einfachen Preis an die Bank(st)er zurück, die sie dann nochmals verkaufen.

Aber wir müssen da heute gar nicht mitmachen, wir haben die Wahl im Gegensatz zu unseren in schweren Zeiten der Evolution gebeutelten Ahnen. Die Priester der Geldreligion brachten mit der suggerierten Knappheit den Mangelgedanken bewusst ins Spiel des Lebens und förderten ihn nach Kräften. Sie malten ihr Schreckgespenst, die (Todes-)Angst zu verhungern und jedenfalls nicht genug zu bekommen, sondern am Mangel zugrunde zu gehen, an jede Wand.

Dagegen haben wir uns über die Zeiten durch Zusammenschluss in Familien, Sippen und Gruppen gewehrt und erfolgreich gewappnet. Immer wenn wir von Mensch zu Mensch zusammenhielten und uns als Subjekte erkannten und verhielten und nicht als Objekte missbrauchten, ging es uns viel besser. Das aber war den Hohen Priestern des Angst- und Mangelbewusstseins und ihrer entsprechenden Wirtschaft immer ein Dorn im Auge. Als etwa deutsche, französische und englische Landser an Weihnachten im Ersten Weltkrieg die Waffen niederlegten und spontan miteinander Christi Geburt feierten und anschließend partout nicht mehr gegeneinander kämpfen wollten, waren die Sanktionen der Obrigkeit brutal. Diese wollte den längst – für alle anderen überdeutlich – sinnlos gewordenen Krieg weiterführen. Sinnlos war er natürlich für die Betroffenen von Anfang an. Tatsächlich fanden die Machthaber genug angst- und mangelgesteuerte Untertanen, die sich mit ihnen gegen die neue Menschlichkeit der zu Freunden und Verbündeten gewordenen Feinde instrumentalisieren ließen. Und direkt bezogen auf unser Thema: In Österreich dürfen Privatleute anderen Privatleuten kein Geld leihen, um ihnen zu helfen, ihre Firma zu retten. Das ist Privileg der offiziellen Bank(st)er. Nur haben die schon längst ganz andere Absichten.

Wäre es nicht heute Zeit, diesen Versuch aus dem Ersten Weltkrieg Wirklichkeit werden zu lassen und sich als Menschen Europas und der Welt zu verbünden, auch wenn die Angst- und Mangelpriester von EU und USA dagegen sind?

Unsere Felder wie der *Human Trust* setzen – nomen est omen – menschliches Vertrauen gegen das Mangelbewusstsein der Wirtschaftstrusts, und Ähnliches gilt für unsere LebensWandelSchule. Beide wollen wirklich etwas wandeln, nämlich uns. Und selbstverständlich haben Pharmabosse kein Interesse an (m)einem »Feld ansteckender Gesundheit«, und natürlich wird das Feld der Trustees die Mächtigen irgendwann und hoffentlich bald erschrecken und aufrütteln und vielleicht sogar zurückbringen auf einen für alle besseren Weg.

So wie sich Menschen schon immer gegen die Härten der Natur zusammengetan haben, um ihr Überleben zu sichern, können wir das jetzt auch. Schon unsere Ahnen haben sich in Gemeinschaften zusammengefunden, die ihr Leben erleichterten und überhaupt erst ermöglichten. Ganz konkret wärmten sie sich durch physische Nähe in den kalten Höhlen des Anfangs. Durch menschliche Wärme können wir es uns heute seelisch so viel besser gehen lassen. So erleben wir manch Wundervolles wie die Geborgenheit in der Familie, die Entwicklung von Freundschaften und die Zugehörigkeit zu Gemeinschaften, Vereinen und Bewusstseinsfeldern.

Aber diese Bollwerke möglichen Wohlgefühls gegen die Bedrohung des Mangelbewusstseins und des Nicht-genug-Bekommens zerfallen heute zusehends. Die meisten Männer haben nicht mal mehr einen besten Freund, was sich tragisch offenbart, wenn sie zu Burnout-Opfern werden. Aus den Sippen wurden Großfamilien, die mit der Zeit immer mehr schrumpften. Daraus entwickelte sich die Ein-Kind-Familie, und dann übernahmen die Dinks (*d*ouble *i*ncome, *n*o *k*ids – doppeltes Einkommen, keine Kinder). Bis heute ist dieser Trend ungebrochen und führt in eine Single-Gesellschaft mit der Hoffnung auf One-Night-Stands, die oft noch nicht mal eine Nacht halten, sondern am selben Abend enden. So versinken wir in diesen Zeiten der Postmoderne zunehmend in Narzissmus und Vereinzelung, in Egoismus und einem kontraproduktiven Gegen- statt Miteinander. Statt zu teilen, teilen wir aus. Das kostet uns den Schutz von Freundschaft(en) und Gemeinschaft(en). Allein und auf uns selbst gestellt, sind wir aber der Geldreligion und ihren Härten noch viel mehr ausgeliefert. Objektiv wird ein Single-Leben auch finanziell nicht günstiger, denn jede(r) braucht Wohnung, Auto, Heizung usw. Für einen zu kochen kostet fast genauso viel Strom oder Gas wie für zwei und fünf. Vor allem aber kostet es uns die seelische Geborgenheit und beschert uns Mangel an Wärme und die Gefahr, seelisch zu verhungern.

So fürchten sich heute immer mehr Menschen mitten in materiellem Überfluss unterschwellig ständig vor dem Aus, dem

Hungertod. Wir sind aber vielmehr in Gefahr, geistig-seelisch zu verhungern. Schon den Eltern fehlen Zeit und Muße, den Kinder(seele)n die Märchen als Seelennahrung zu vermitteln. Dafür werden sie und wir ständig berieselt mit minderwertiger Musik und lächerlichen Bildern. Sie hängen am Fernseher, dem längst mit Abstand wichtigsten Babysitter, oder über dem Smartphone und damit im Zwischennetz, wodurch nach Professor Spitzer die digitale Verblödung ihren Lauf nimmt, ganz abgesehen von den Gefahren der damit einhergehenden speziellen elektromagnetischen Felder. Es könnte durchaus sein, dass die Generation, die darin und damit aufwächst, die erste ist, die ihre Eltern nicht überlebt.

Dabei ist gerade das Internet heute unsere Chance, wieder zusammenzufinden, uns näherzukommen und uns miteinander zu verbinden. Es ist längst die mit Abstand effektivste Partnerbörse und könnte das Medium unseres Erwachens werden, wenn wir es bewusst und konstruktiv nutzen.

Was für eine absurde Situation. Das von den Priestern der Geld-Welt-Religion künstlich geförderte Mangelbewusstsein hat die alten Todsünden der christlichen Tradition wie Habgier und Neid zu bis dato unvorstellbarer Blüte gebracht.

Tatsächlich sind einerseits materielle Gier nach Besitz und die daraus folgende Besessenheit in Bezug auf Reichtum und andererseits Eifersucht, die Besessenheit, den Partner seelisch zu besitzen, die beiden gefährlichsten modernen Mangelkrankheiten. Schon Hildegard von Bingen erkannte Habsucht und Eifersucht als die schwersten unter den 35 ihr bekannten Lastern.

Moderne Menschen haben fast ständig Angst, nicht genug zu bekommen, nicht genug Geld vor allem, nicht genug Haus, nicht genug Auto, und selbst noch in der Gesundlebe-Szene nicht genug von den wichtigsten Nahrungsbestandteilen. Letztlich aber geht es immer um den Mangel an Liebe.

Einsame Rufer in der Wüste des eingebildeten Mangels wie Hildegard von Bingen gab es immer, inzwischen finden sie aber zunehmend mehr Gehör. Bereits Mahatma Gandhi beschwor uns, dass es zwar genug für alle gäbe, aber nie für die Gier aller. Denken wir etwa an Marianne Williamsons berührende Worte, die Nelson Mandela unsterblich machte, dass wir die Angst aufgeben mögen, um zu unserem Genie und seinen Möglichkeiten zu finden und zu stehen. Von wissenschaftlicher Seite beschwört uns Professor Gerald Hüther, das Genie unserer Kinder zu bewahren, statt sie in der Schule der Mittelmäßigkeit zu verheizen. Seine wichtigste Aufforderung lautet für mich aufzuhören, uns wie Objekte behandeln zu lassen und wieder zu Subjekten in unserem eigenen Leben zu werden und andere auch so zu sehen und zu behandeln. Also wieder aufzuwachen für unsere wahren menschlichen Möglichkeiten.

Wir hätten heute alle Chancen, alle im Überfluss zu leben, denn es ist bei weitem genug für alle da, wie die Wissenschaft belegt. Jetzt geht es uns, Veit und mir, um den Aufbau eines so großen Feldes von Bewusstheit, dass wir den Tipping Point, den springenden Punkt, und die kollektive Umkehr schaffen. Dazu müssen wir die kritische Masse erreichen, um die unkritische Masse in Bewegung zu bringen, wie es ein Freund so treffend formulierte.

Es ist die von der Geld-Welt-Religion inszenierte ungerechte Verteilung der von Mutter Natur im Überfluss geschenkten Nahrung und Schätze, die unser Mangelbewusstsein zementiert. Das zu erkennen und auch dass der größte Schatz im Schatten liegt, ist unsere große Chance. Sobald das durchschaut und der eigene Schatten durchlichtet ist, kann es schon losgehen mit der einen neuen Welt, die Eckhart Tolle bereits so bewegend (herauf)beschworen hat.

Geht uns in diesem Sinne ein Licht auf, haben wir alle Chancen, in den Überfluss des Anfangs, auf den wir geprägt sind, auf höherer Ebene zurückzukehren. Das ist unser Geburtsrecht. Paradies und Schlaraffenland sind viel näher, als die meisten glauben.

Aber im Schatten verharrend, ist auch der Abgrund nahe, auf den uns die moderne Inszenierung der Mangelpropheten der Geld-Welt-Religion ausrichtet.

Im Augenblick noch weitgehend geprägt von diesem Mangel, müssten wir (nur) die Schatten durchschauen, um den Blick frei für die Fülle zu bekommen. Und das geht weit über ein Buch hinaus, weswegen wir unser Buchkind mit einer großen Aktion auf die Welt bringen, aus der ein Feld werden soll. Wir fangen gleichsam mit einem Erlösungsprojekt des Schattens an, einem kollektiven Fasten. Dabei transformieren wir den bewusst gewählten Mangel in Freiheit und Fülle, wie wir es beide schon so oft mit unseren Kursteilnehmern erlebt haben. Wir tun uns zusammen und bringen euch zusammen und können es gemeinsam schaffen. Walther Lechler, ein Freund und Felderbauer, sagte es so deutlich in Bezug auf Süchtige, und irgendwie sind alle Mangelwesen süchtig nach Materie: »Nur du allein kannst es schaffen, aber du kannst es nicht allein schaffen.« Wir alle zusammen können, werden und müssen es schaffen, sonst wird uns das Mangelbewusstsein schaffen.

Wir haben doch schon alles!

Ein Mensch, der sich unvollständig fühlt, ist anfällig für Angst, Gier, Neid und Eifersucht. Er wird häufig erleben, um sein Glück kämpfen zu müssen. Hat er einen »Sieg« errungen, wird er ihn nicht wirklich genießen können. Er ist leicht von außen manipulierbar, denn er wird von dem unbestimmten Gefühl angetrieben, dass gerade etwas fehlt. Alle seine Versuche, das Fehlende zu ersetzen – durch Geld, Dinge, Menschen –, werden scheitern, denn sie dringen nicht zum Kern des Problems vor – der Illusion seiner Unvollständigkeit.

Wie entsteht Mangelbewusstsein? Dazu gibt es viele Theorien. Zum Beispiel die Theorie, dass die gefühlten Defizite auf unsere

Erfahrungen in der Kindheit zurückzuführen sind. Oder auf die Erfahrungen in der letzten Inkarnation oder … Dagegen sprechen für mich Begegnungen – zum einen mit Menschen, die in ihrer Kindheit alles hatten (auch emotionale Zuwendung) und dennoch von einem starken inneren Hunger angetrieben wurden, und auch jenen, denen Schreckliches widerfahren ist und die dennoch aus einer unerschütterlichen inneren Quelle herauszustrahlen scheinen.

Ich glaube: Ein Mensch, der nicht weiß, wer er wirklich ist, ist anfällig für Mangelbewusstsein.

Unser Verständnis davon, wer wir in Wahrheit sind, definiert auch unseren Glauben, was wir brauchen. Kulturen, die von einer geistigen Essenz, nennen wir sie Seele, des Menschen überzeugt waren, hatten sicher eine andere Vorstellung von Reichtum als die meisten heutzutage. Wohlgemerkt, hier geht es darum, woran wir wirklich in der Tiefe glauben, und nicht, was wir uns an der Oberfläche versuchen weiszumachen. Den Zugang zur eigenen Essenz zu kennen und immer wieder tiefer in sie einzutauchen ist etwas anderes, als von ihr bei einer netten Yogasession zu reden.

Wir leben seit der Aufklärung in einer stark säkular geprägten Kultur. Es zählt, was messbar und berührbar ist. Die Seele ist das nicht. Der Körper schon. Ich sage damit nicht: Es gibt die Seele. Das musst du für dich selbst herausfinden. Ich möchte dich jedoch einladen, einmal gründlich zu überlegen, was es für Konsequenzen hat, wenn wir uns nur noch als ein Fleischklöpschen definieren.

Unser Körper hat Hunger und kann – ohne Zweifel – an Mangel sterben. Er kann krank werden, Schmerzen empfinden, altern und … sterben. Ob er selbst ein Problem mit all diesen Phänomenen hat, wissen wir nicht. Wahrscheinlich würde er sie genauso instinktiv und gegenwärtig durchleben wie ein Tier. Jetzt ist jetzt.

Doch was, wenn wir diesen Körper mit einem Geist paaren, der nicht weiß, wer er wirklich ist, sich deshalb ausschließlich mit dem Körper identifiziert und der nicht mehr nur hier in der

Gegenwart ist, sondern in seiner Vorstellung in die Zukunft reisen kann? Dann haben wir den perfekten Nährboden für Mangelbewusstsein und die daraus resultierenden »Ursünden« des menschlichen Daseins.

Wenn ich denke, nur mein Körper zu sein, empfinde ich Angst. Vor Schmerz. Verlust. Tod. Wenn ich denke, nur mein Körper zu sein, empfinde ich Gier. Ich versuche, mein existenzielles Vakuum durch das Anhäufen und Konsumieren von Dingen zu füllen. Ich empfinde hin und wieder Stolz und Hochmut, wenn mein Fleischklöpschen schneller läuft, mehr Dinge anhäuft, weniger wiegt ... als deines. Ich empfinde hin und wieder Eifersucht und Neid, zum Beispiel, wenn dein Fleischklöpschen in einem größeren Pool badet als meines oder mit einem anderen Fleischklöpschen kuschelt, was ich eigentlich als *meinen* Besitz ansehe. Erschwerend kommen der Leistungsduktus und die Individualisierung unserer Gesellschaft hinzu. Wir brauchen nach meiner Erfahrung ein Grundlevel an Sicherheit und Entspannung, um den richtigen Fragen tief genug lauschen zu können. Vielen Menschen fehlt jedoch der Rückhalt einer Gemeinschaft, die uns erlaubt, auch einmal loslassen zu können.

Ich bin meiner Frau zum Beispiel unendlich dankbar, dass sie mich vor ca. zwölf Jahren aktiv darin unterstützte, mich meiner Existenzangst radikal zu stellen. Wir waren nach Baden-Baden umgezogen und hatten dafür ein großes Netzwerk aufgegeben. Hier, im Süden Deutschlands, kannte uns niemand. Die Seminare liefen nicht mehr. Das Geld ging zur Neige, und ich fiel auch noch in eine starke Sinnkrise. Ich war von dem, was ich tat, nicht mehr überzeugt. Und es war kein wahrer, frischer, neuer Impuls in Sicht. Alles, was ich begann, fühlte sich leer und angstgetrieben an. Diese Zeit zog sich über Monate hin und war schrecklich. Ich pendelte zwischen Frust, Angst und Leere.

Eines Morgens saßen wir gemeinsam am Frühstückstisch und erforschten mein Problem genauer. Dabei brach eine schmerzhafte Wunde auf. Ich erkannte, dass ich in meinem Leben sehr, sehr viel nicht aus Freude und Freiheit heraus entwickelt hatte, sondern aus Angst. Der Angst, was passieren würde, wenn ich mich nicht mehr anstrenge. Der Angst, nicht gut genug zu sein, wenn ich nicht performe. Ich hatte bis dahin bewusst und unbewusst zum großen Teil Erwartungen erfüllt. Aus dem Gefühl heraus, mir meinen Platz und meinen Wert verdienen zu müssen. Doch an diesem Morgen wurde mir meine ambivalente Beziehung der Existenz gegenüber bewusst. Ich misstraute dem Leben und sehnte mich gleichzeitig so sehr danach, die Erfahrung zu machen, dass es mich trägt, wenn ich einfach bin, wie ich bin.

Ich hatte viel zu lange von außen nach innen gelebt, und jetzt war ich müde und leer. Ich erklärte Andrea, dass ich am liebsten alle Projekte beenden und mich ins Bett legen würde. Um erst wieder aufzustehen, wenn ich einen authentischen Impuls dafür aus mir heraus spüre. Sie fragte mich, was mich davon abhält. Ich sagte ihr: »Es ist der Druck, unsere Familie zu versorgen und am Ende des Monats die Miete zahlen zu können.« Für ihre Antwort bin ich ihr heute noch sehr dankbar: »Weißt du, Schatz, wenn du nicht da wärest, würden Leona und ich auch ohne dich zurechtkommen. So, wie du jetzt gerade drauf bist, nutzt du uns gar nichts. Ich mach dir einen Vorschlag. Ich übernehme volle Verantwortung für unseren materiellen Unterhalt. Du legst dich ins Bett und wartest, bis Gott dich wieder von der Wäscheleine holt!«

Gesagt. Getan. Ich legte mich hin und ließ los. Es war eine solche Erleichterung, mir zum ersten Mal bewusst die Freiheit zu nehmen, auf einen authentischen Impuls des Lebens – von innen nach außen – warten zu dürfen.

Es dauerte gerade einmal drei Tage, da empfing ich eine klare Vision für die nächsten anstehenden Schritte und sprang voller Tatendrang aus dem Bett. Seitdem folge ich immer radikaler meiner inneren Wahrheit, und interessanterweise schwindet seitdem auch mehr und mehr das Mangelbewusstsein.

Ich kenne Menschen, die haben diese Krisen mit sich allein ausgemacht. Doch definitiv hilft uns ein liebevolles Umfeld dabei, schneller loszulassen und die richtigen Fragen stellen zu können. Menschen im Stress verhalten sich wie gestresste Tiere. Sie verteidigen sich und rennen bis zum letzten Atemzug weiter, anstatt anzuhalten und nach innen zu lauschen.

Was Andrea und ich damals erfuhren, haben wir nicht nur in unserer Familie, sondern auch in unserer Arbeit kultiviert. Wir geben einander die Freiheit, schwach sein zu dürfen, Angst zu spüren und auch einmal alles infrage stellen zu können. Wir haben die Erfahrung gemacht, wenn ein Mensch dies immer wieder für einen Tag oder auch eine Woche tun kann, muss es nicht zu Burnout oder Depression kommen. Unser Kurs kann so viel eher und sanfter neu justiert werden.

Mit diesem Beispiel will ich nicht sagen, dass es immer so schnell geht. Doch ich weiß seitdem, wonach wir alle suchen: nach unserem Urvertrauen in die Existenz. Nach der Erfahrung, genau so, wie wir sind, geliebt und getragen zu werden.

Wenn wir ein Sicherheitsnetz niemals testen, werden wir nie wissen, ob es uns gehalten hätte. Verstehst du, was ich meine? Wie viele Dinge in deinem Leben tust du nur, weil du nicht ausreichend vertraust? Wie viele wertvolle Ideen gehst du nicht an, weil du nicht ausreichend vertraust?

In meinem Repertoire an Seminaren gibt es eines, das eigentlich kein Seminar ist. Es gibt keinen Input. Kein Training. Die Teilnehmenden wissen im Vorfeld auch nicht, was auf sie zukommt. Sie werden neun Tage lang mit überraschenden Situationen konfrontiert und aufgefordert, schnell darauf zu antworten. Irgendwann schafft es das kontrollierende Erwachsenen-Ich nicht mehr, die einzelnen Stationen wie gewohnt »abzuarbeiten«. Was mich daran am stärksten berührt, ist, denselben Konflikt in allen teilnehmenden Menschen zu beobachten: den Konflikt zwischen der starken Sehnsucht, endlich einmal ganz loszulassen und dem natürlichen Leben voll vertrauen zu können, und der Angst zu versagen, alleingelassen zu werden, ausgenutzt zu werden ... Eine Quelle meines unerschütterlichen Optimismus in uns Menschen ist die Explosion an Potenzialentfaltung, die wir in diesen Tagen immer und immer wieder beobachten, wenn der Einzelne und die Gruppe endlich loslässt und das Leben auf seine Tragfähigkeit testet.

Es gibt einen Zusammenhang zwischen unserem Mangelbewusstsein und unserer gestörten Beziehung zur Existenz. Leider lädt uns unsere materialistische Kultur massiv dazu ein, diese Wunde zu ignorieren, anstatt sie aufzudecken und zu heilen. Mehr arbeiten, mehr saufen, mehr Botox, mehr Kohle machen ... nur nicht innehalten.

Doch der Weg in deinen wahren Reichtum führt eben nicht aus der Angst heraus, sondern mitten in sie hinein. Sie kommt in Wellen. Sie will von dir wahrgenommen und gefühlt werden. Wenn dir dies gelingt, wirst du dich danach freier und reicher fühlen. Du wirst den bestehenden Reichtum deines Lebens viel intensiver genießen können, wenn du dir der existenziellen Themen deines Lebens bewusst wirst und dich mit ihnen regelmäßig auseinandersetzt.

Ich vermittle meinen Klienten deshalb Themen wie Erfolg, Business und Finanzen primär als einen wertvollen Weg der Selbsterkenntnis, der auch zu einem angenehmeren weltlichen Leben führt. Natürlich kannst du die Gesetze des Reichwerdens auch auf einem oberflächlicheren Level spielen. Vielleicht ist es im Augenblick noch attraktiver zu *haben*, als zu *sein*. Vielleicht ist es gerade wichtig für dich, die erste Million zu machen, mit deiner Rolex anzugeben und Bilder von deinem Ferrari zu posten. Ich bin nicht hier, um das zu bewerten. Doch nach meiner Erfahrung ist auf dieser Spielebene keine letztendliche Auflösung des Mangelbewusstseins möglich.

Ich bin hier, um dich einzuladen, immer wieder frisch und mutig zu hinterfragen, ob deine Definition von Reichtum noch aktuell ist. Die hier vorgestellten Prinzipien funktionieren auf verschiedenen Entwicklungsebenen, machen aber nicht auf jeder Ebene glücklich.

Deshalb tu dir selbst den Gefallen und schau dir mindestens einmal pro Tag – am besten am Abend – in einem Spiegel in deine Augen und frage dich:

Was bedeutet Reichtum für mich, und habe ich ihn heute gelebt?

Umsetzungsimpulse

- Schaffe möglichst täglich eine Lücke in Zeit und Raum. 15 bis 30 Minuten, in denen du an einem dir angenehmen Platz einfach nichts tust. Entweder meditierst du, oder du lauschst einfach deinem Inneren. Welche Gedanken und Gefühle tauchen auf? Was bewegt deine Seele? Gib deiner Sehnsucht Raum. Drück sie nicht weg. Notiere deine Erkenntnisse in ein Tagebuch.
- Führe regelmäßig längere Retreats durch, um dich den existenziellen Fragen deines Lebens zu stellen. Ich empfehle dir mindestens einmal pro Jahr eine solch kostbare Auszeit zu gönnen. Das kann ein verlängertes Wochenende am Meer, ein Initiationsseminar (Beispiel: www.one-experience.de) oder ein Retreat in einem Kloster sein – ganz nach deinem Wunsch oder Möglichkeiten. Tipp: Du findest sowohl auf Ruedigers (www.dahlke.at) als auch meiner Webseite (www.veitlindau.com) unsere Angebote für so einen Rückzug.
- Du kannst in Absprache mit deinem Arzt Fastenwochen durchführen. An den Tagen, an denen du nichts isst, widmest du dich den Fragen nach Verzicht, Konsum, dem Sinn deines Lebens.
- Lies regelmäßig Bücher, die dich in die tieferen Dimensionen deines Lebens einladen. Siehe Buchempfehlungen im Anhang.
- Finde nicht nur Freunde, mit denen du dein weltliches Leben meistern kannst, sondern auch Gefährten, mit denen du die existenziellen Ebenen erforschen kannst.

- Führe die geführte Meditation »Angstlösungsritual« aus Ruedigers Buch *Angstfrei leben*[2] aus.

Auf dem Weg der Heilung

Eine Philosophie der Ganzheit

Von Anfang an auf Fülle geprägt von Mutter Natur, erinnern uns alle Weisheitslehrer und alle Religionsstifter dieser Welt, dass es gilt, im Laufe unserer Entwicklung in die Fülle und letztlich zu Erfüllung zurückzukehren und ganz, das heißt mit allem eins zu werden. Von Pythagoras bis Goethe lässt sich dieser Bogen spannen. Ersterer lehrte den inneren Kreis seiner Schule (esoteros), *die Idee hinter jedem Ding* zu erfassen und über die Ebene der Ideen das Ganze zu erkennen. Letzerer ging davon aus, dass *alles Geschaffene ein Gleichnis* sei, ein Gleichnis für unsere Aufgabe, wieder eins mit allem zu werden. Dazu ist es notwendig, wieder zurück zum Bewusstsein der Einheit zu finden, das wir ganz zu Beginn im Mutterleib erleben durften, als wir mit grenzenloser Wahrnehmung im körperwarmen Fruchtwasser schwebten.

Zu allen Zeiten haben Meister wie Laotse und Buddha, Christus und viele andere dazu aufgerufen, uns selbst zu lieben und alle anderen. Unsere christlichen Kernsätze »Liebe deinen Nächsten wie dich selbst« und »Liebet eure Feinde« laufen tatsächlich auf dasselbe hinaus wie das noch weitergehende hinduistische »Tat twam asi« – »Ich bin das und das und alles«, was nicht nur alle fühlenden Wesen, sondern auch die ganze Welt der Dinge mit umfasst. Wer sich in allem erkennt und jeden und alle liebt, sogar seine Feinde, wird eins mit allem, indem er die Einheit

2 Ruediger Dahlke (2014). Angstfrei leben: Ein Selbstheilungsprogramm – Praxiskurs mit CD. Arkana

hinter allem erkennt, allen Wesen und sogar allen Dingen. Heute belegt sogar die moderne Physik diese (Welt-)Sicht des Zusammenhangs von allen mit allem als einzig stimmig.

Als uns Astro- und Kosmonauten – aus den Luken ihrer Raumkapseln blickend – daran erinnerten, was für eine wundervolle Erde wir beleben dürfen und wie sehr sie unseres Schutzes bedarf, konnte James Lovelock aus ihren Bildern und Eindrücken die Gaia-Hypothese entwerfen. Er schrieb uns die Erkenntnis ins wissenschaftliche und spirituelle Stammbuch, dass Mutter Erde ein wundervolles Lebewesen ist, auf dessen Oberfläche wir leben dürfen und das es zu schützen, zu bewahren und zu hüten gilt.

Heute in Zeiten vorherrschenden Mangelbewusstseins dürften wir uns für dieses große runde wunderschöne kosmische Lebewesen allerdings wie Krätzemilben auf ihrer Haut anfühlen, die sich immer schmerzhafter immer tiefer bohren und ihre Oberfläche verunstalten und vergiften. In Wirklichkeit kratzen wir die Erde wohl weniger, als wir glauben, sonst hätte sie uns schon abgeschüttelt. Allerdings sollten wir sie nicht weiter provozieren. Immerhin rührt sie sich schon in zunehmenden Naturkatastrophen wachsenden Ausmaßes. Auf dieser wundervollen Erdkugel so eine schreckliche (Menschen-)Welt des Mangelbewusstseins zu inszenieren kann nicht unser Ziel sein.

Stattdessen könnten wir auf den Spuren der alten Meister den leuchtenden Wegweisern der Moderne wie Nelson Mandela und Eckart Tolle folgen und auf ihr ein Paradies und in uns das Genie ins Auge fassen. Dass der Mikrokosmos Mensch dem Makrokosmos Erde entspricht, hat schon Paracelsus, der Ahnherr der ganzheitlichen Medizin, formuliert.

Therapeuten wie Marianne Williamson erinnern uns inzwischen mächtig an unser Genie, das in jedem von uns steckt. Malcolm Gladwell belegt in seinem Buch »Überflieger« auf wissenschaftlicher Basis, wie leicht es zu verwirklichen ist. Nur Fleiß und Disziplin trennen uns tatsächlich von dem in jedem von uns schlummernden Genius. Der Neurowissenschaftler Gerald Hüther sagt sehr deutlich, 98 % der Kinder hätten bei der Einschulung das Zeug zum Genie, und beim Verlassen der Schule seien davon nur noch 2 % übrig. Es ist Zeit aufzuhören, unsere natürliche Anlage zu Genie, Größe und Fülle zu ruinieren.

Und es ist auch die Zeit zu erkennen, dass Zeit eine Illusion ist. Herrmann Hesse hat es schon so wunderbar in seiner Erzählung *Klein und Wagner* beschrieben, als er diese Erkenntnis in seinem Helden Klein im Moment des Eintauchens in den Augenblick aufblitzen lässt. Der bis dato vom Leben gequälte Held erkennt in dieser Stern- und Sterbestunde, dass alles eins ist und er nie getrennt davon war, dass ihn einzig Zeit von dieser Sicht getrennt hat und diese Illusion sei. Er sagt es ausdrücklich: »Plötzlich gab es keine Frau, ohne die man nicht hätte leben, und keine, mit der man nicht hätte leben können.« Alles ist eins in diesem Moment. Und alles ist möglich in ihm.

Nicht zufällig nähern sich auch die Filme Hollywoods, ein obendrein unterhaltsames Anzeigeinstrument der jeweiligen Zeitqualität, zunehmend diesem Thema. In *Und ewig grüßt das Murmeltier* muss Bill Murray die Illusion der Zeit erkennen. Er bleibt so lange beim selben Tag hängen und muss ihn wiederholen, bis er ihm einmal wirklich ganz gelingt. Dann findet er – frei von Zynismus geworden – die Liebe und darf weiter im Augenblick leben. In *Der seltsame Fall des Benjamin Button* muss Brad Pitt die Umkehrung der Zeit durchleben. Uralt geboren, muss er die christliche Aufgabe, *wieder zu werden wie die Kinder,* physisch erleben. Und auch er darf dabei die Liebe finden und erkennen, wie gut der natürliche Lauf der Zeit ist. In *Always Adeline* darf die Hauptdarstellerin den Traum vieler Menschen verwirklichen, nicht zu altern, und erlebt, was für ein Alptraum das in dieser Welt ist. Wir erleben mit ihr die Freude über das erste graue Haar und die Erleichterung, endlich in den Kreislauf des Lebens zurückkehren zu können. Die Krönung schließlich ist *Alles eine*

Frage der Zeit (*About time*), wo der noch jugendliche Held von seinem Vater in die Familientradition eingeweiht wird, die Zeit zurückdrehen zu können. Seine erste Liebesnacht muss er dreimal wiederholen, bis sie seinen und ihren Ansprüchen genügt. Aber mit der Zeit lernt er von der Zeit, worum es im Leben wirklich geht, nämlich so zu leben, dass er nichts wiederholen muss, sondern immer im Augenblick aufgehend in diesem glücklich wird und andere dabei glücklich macht. Filme sind die modernen Märchen und beschreiben himmlisch unsere (Lebens-)Chancen, und nicht nur diejenigen, die aus dem Durchschauen der Illusion der Zeit erwachsen. Allerdings natürlich nur die guten, und heute hat sich da ein erheblicher Schattenbereich entwickelt, der bei weitem nicht nur Horrorfilme umfasst, die sich dem Schattenreich wenigstens vorsätzlich widmen. In dem Buch »Spiel-Film-Therapie« machen wir das deutlich, in dem wir wichtige Filme deuten und *deut*lich machen, was für eine spannende und bewegende Psychotherapie sich daraus ergeben kann.

Die Grimm'schen Haus- und Königsmärchen hätten uns das natürlich auch schon lehren können. Sie laufen fast alle darauf hinaus, dass der Held ganz und mit allem eins wird. Die längste Zeit muss er seine Prinzessin suchen und erobern. Der Volksmund nennt sie »die bessere Hälfte«, C. G. Jung nannte sie die Anima, die Spanier sprechen von »la media naranja«, der anderen Hälfte der Orange, und die Türken von »elmanın yarısı«, der anderen Hälfte des Apfels.

Damit kommen Spanier und Türken dem antiken Gleichnis von den Kugelmenschen sehr nahe, das davon erzählt, wie die kugelrunden vollkommenen Menschen von Apollon mit dem Schwert in der Mitte durchgeschlagen wurden, um anschließend ein Leben lang ihre bessere Hälfte zu suchen. Das Märchen beschreibt das erreichte Ziel mit dem bekannten Satz »Und wenn sie nicht gestorben sind, leben sie heute noch«. Ganz werdend können wir das unsterbliche Muster in uns verwirklichen und weiterleben lassen. Märchen und Filme und noch früher die Legenden, das zu Lesende, können uns das Muster des Lebens vermitteln, sodass auch wir uns mit unserem Schatten vereinigen und eins mit der Welt und dem Leben werden.

Heute haben wir die wundervolle, ja einmalige Chance, unsere Verbundenheit mit allem zu durchschauen und zu erkennen, wie nahe wir diesem letzten großen Ziel die ganze Zeit über waren und weiterhin sind. Allein die Tatsache, dass immer wieder Einzelne Befreiung und Erleuchtung erlangen und zu Leuchten auf diesem Weg wurden, kann es uns enthüllen.

Und heute kommt uns auch noch die moderne Wissenschaft zu Hilfe. Die Kombination des Versuchs von Konrad Lorenz mit der Prägung der Graugansjungen mit unseren neuen modernen Mitteln kann uns ein Licht aufgehen lassen, nämlich dass unsere Verbundenheit nicht auf die Welt der fühlenden Wesen beschränkt ist, sondern auch die sogenannte tote Materie umfasst.

US-Forscher bewiesen das im folgenden folgenschweren Experiment: Sie prägten Graugansjungen nicht auf einen Menschen, sondern auf einen Roboter. Wir könnten uns einen dieser Rasenmäher-Roboter vorstellen, die so lange über ein mittels Induktionsschleifen definiertes Rasenstück fahren, bis alles gemäht ist. Das machen sie verlässlich und gleichmäßig und ohne ein Rasenareal zu bevorzugen und ein anderes zu vernachlässigen, wie sich leicht belegen lässt. Nun stellten die US-Forscher aber einen kleinen Stall mit den Graugansjungen, die auf diesen Roboter geprägt waren, an die Außenseite eines rechtwinkligen Rasenstückes. Und siehe da, der Roboter hielt sich entgegen allen Regeln der Statistik und seinen bisherigen »Gewohnheiten« näher und länger bei den Graugansjungen auf. Dieses Experiment wurde immer wieder wiederholt und erbrachte immer das bahn- und weltbildbrechende Ergebnis. Wir haben keine Ahnung, wie und womit die Gänsejungen das zuwege bringen, aber sie tun es, oder besser noch: Es geschieht.

Und uns bleibt nur der Schluss, dass unsere Allverbundenheit auch angeblich tote Materie umfasst. Diese ist offenbar nicht so tot, wie es uns lange und seit Descartes erschien. Letzterer zementierte die Trennung in Subjekt und Objekt so nachhaltig, dass sogar Menschen einander zu Objekten verkamen. Es ist diese Verwechslung von Subjekt und Objekt, die Gerald Hüther heute als entscheidende Wurzel unserer zwischenmenschlichen Probleme erkennt. Wir sind in Wahrheit Subjekte, selbstbestimmte Wesen, mit jedem und allen und allem anderen ständig verbunden. Die anderen sollten wir – zu unser aller Gewinn – auch als Subjekte betrachten und behandeln.

Die (Geistes-)Haltung, die daraus erwachsen würde, beschreibt – für mich – am schönsten der amerikanische Anthropologe Carlos Castaneda beziehungsweise dessen Lehrer Don Juan. Er teilt die Menschen in drei Entwicklungsstufen ein:

1. Diejenigen, die wie das Wild gleichsam automatisch funktionieren und vorgegebenen Trampelfaden folgen und höchstens ein ganz klein bisschen Bewusstheit haben.
2. Diejenigen, die als Jäger schon deutlich wacher sind und dem Wild auflauern und es übervorteilen können.
3. Die Krieger: Sie sind so mächtig, dass sie sich vor niemandem beugen, und so demütig, dass sie niemandem erlauben, sich vor ihnen zu beugen.

Warum auch sollte jemand, der erkannt hat, dass er eins mit allem ist, sich vor irgendjemandem beugen, oder diesem, der ja auch mit allem eins ist, erlauben, sich vor ihm zu beugen?

Ein Krieger, der heimgekehrt ist in die All-Einheit, erkennt natürlich sein Genie, und er hat Zugang zu allen Wesen und Achtung und Respekt vor ihnen, weil er zumindest den Keim der Verwirklichung in ihnen allen sieht. Er hat alle Ur- oder Lebensprinzipien in sich erkannt und zur Blüte gebracht, das heißt, sie von der unerlösten destruktiven zur erlösten konstruktiven Ausdrucksform entwickelt. Diesen Weg wollen wir ebenfalls wählen, um uns zu Fülle und Erfüllung zu bringen.

Von Anfang an auf die Einheit und ihren Überfluss geprägt, entsprechen wir als Mikrokosmos Mensch dem Makrokosmos Erde. Diese Verbundenheit schließt alles ein, die ganze Welt mit all ihren Wesen und Dingen.

Askese als Gegenwelt zur Fülle

Als Fastenarzt seit bald 40 Jahren, der schweigende Zen-Kurse in strenger Sitz-Meditation gibt, bin ich mit dem, was der Westen Askese nennt, vertraut: die absolute Reduktion aufs Wesentliche nach dem Motto weniger ist mehr, und nichts ist oft genug. Im Osten aber bedeutet Askese Kunst des Lebens, und darum geht es tatsächlich. Die Kunst des Lebens in seiner Ganzheit zu erfassen. Da liegen die Schwerpunkte auf Achtsamkeit und Bewusstheit. Zusammen mit der Reduktion aufs Nötigste und Wesentliche und dem Rückzug auf sich selbst ermöglichen sie erst die Entdeckung der inneren Fülle.

Mangelbewusstsein ist der Gegenpol zur Kunst des Lebens. Es führt zu einem reduzierten Leben, das sich und anderen nichts gönnt. Askese als Kunst des Lebens führt dagegen über bewusste Einfachheit und völligen Rückzug auf sich selbst zum Erfassen der Fülle der inneren Möglichkeiten des Lebens, die die äußeren spiegeln. So verstanden wird Askese gleichsam zum Schlüssel für ein erfülltes Leben. Ähnlich wie eine Fastenzeit oft erst die Augen für die tatsächlich angebotene Fülle der Essensmöglichkeiten öffnet. Die aber ist nicht nur in Rückzug und Retreat möglich, sondern, wie unsere frühjährlichen und herbstlichen Online-Fasten-Kurse zeigen, für uns Moderne auch zuhause in sicherer Verbindung über das Internet.

Insofern ist der Start dieses Buches nicht zufällig mit einer Herausforderung, neudeutsch einer Challenge, verbunden, nämlich aus einer großen gemeinsamen Fastenzeit in eine Zeit der Fülle aufzubrechen, für die dieses Buch Wegweiser und Anleitung ist. Fasten ist gleichsam unser Alpha und das Fest der Fülle das Omega, und dieses gleichnamige Buch führt diesen Weg bis zum OMEGA, dem Erreichen des Zieles des Weges der Fülle in der Erfüllung.

Askese als Selbstzweck kann der Fülle des Lebens nicht gerecht werden, denn sie zementiert und überbewertet einen Aspekt von 12 Lebensprinzipien, nämlich den saturninen der Reduktion (das Saturnprinzip wird im zweiten Kapitel näher behandelt). Obendrein tut sie sich schwer, dieses zu erlösen, weil Einseitigkeit so leicht zu Ausschließlichkeit führt. Wer sich aber auf Ausschließen verlegt, wird dem Ganzen – schon sprachlich – nicht gerecht. Um das Ganze in seiner Fülle zu erfassen, ist es im Gegenteil notwendig, alles einzuschließen, kennen und annehmen zu lernen, also Integration.

Da taucht sogleich die Frage auf, gibt es überhaupt einen Weg für alle? In Wahrheit gibt es wohl eher so viele Wege wie Menschen. Jeder ist überaus individuell auf seinem ureigenen persönlichen Weg. Aber andererseits liegen viele gemeinsame Wege auf gleichen Strecken, wie die vielen Staus auf modernen (Auto-)Bahnen verraten. Alle wollen am Abend woanders hin, nämlich zu sich ganz persönlich nachhause, aber dazu müssen sie über lange Zeit die gleichen Strecken benutzen. Das ist ein Urmuster in so vielen Bereichen. Wir sollten uns gesund ernähren, und da gelten übereinstimmende Regeln, aber ganz zum Schluss sollte jeder seine zu seinem individuellen Typ passenden persönlichen Lieblingsgerichte finden. Wir sollten auch alle genug gutes reifes Quellwasser trinken, aber jeder sollte schlussendlich seine Lieblingsquelle wählen können.

Und ganz zum Schluss laufen wieder alle menschlichen Wege der Individuation auf dasselbe Ziel hinaus, die Einheit. Mithilfe des Entwicklungskreises des Urprinzipien- oder Lebensprinzipiensystems (siehe Kapitel 2) lässt es sich sogar noch klarer fassen. Wir alle als lebende und fühlende Wesen haben mit allen 12 Lebensprinzipien dieses Kreises zu tun, ähnlich wie alle Materie auf diesem Planeten mit den gut 100 Elementen des Periodensystems der Elemente nach Mendelejew. Das haben Urprinzipiensysteme so an sich, es ist ihre Basis und Definition.

Askese als Kunst des Lebens muss sich also gerade nicht nur einem Prinzip widmen, sondern allen, wenn auch nicht gleichermaßen, sondern nach der eigenen individuellen Lebensaufgabe. Und unser gemeinsames Entwicklungsziel ist es, alle 12 Lebensprinzipien von der destruktiven unentwickelten zur konstruktiv entwickelten Ebene oder von der unerlösten zur erlösten zu transformieren. Aber wir können auch die Gegenpoligkeit der Lebensprinzipien, die sich 180 Grad gegenüberliegen, wie das Aggressions- und das Liebesprinzip, Krieg und Frieden oder in göttlich antiker Gestalt Mars und Venus, zur Entwicklung nutzen.

Außerdem lassen sich nebeneinanderliegende Lebensprinzipien, die ebenfalls immer konträr sind wie Reduktion (Saturnprinzip) und Fülle (Jupiterprinzip), zu unserer Entwicklung nutzen. Was für ein Segen, würde das in der Schulmedizin geschehen, und der Reduktionismus, der nur noch »die Niere auf Zimmer 14«. sieht, würde deren Probleme bis ins Detail erfassen, dann aber wieder die Kurve zur Fülle des ganzen Menschen nehmen, der dort im Bett liegt.

Wir wollen das mit diesem Buch, das vielmehr integraler Bestandteil eines Feldes, einer großen Herausforderung oder Challenge ist, genauso machen. Es bietet die Chance, ergänzt durch das Standardwerk »Die Lebensprinzipien«, zur Basis eines erfüllten Lebens zu werden.

Wir fasten bewusst und können anschließend das Essen ganz anders und viel bewusster genießen. Wird Quantität, soweit es geht, zurückgenommen, beim Fasten eben ganz, kann sich anschließend die Qualität des Essens und Lebens so wesentlich erhöhen. Grundsätzlich ist es sinnvoll und hilfreich, sich weit in einen Pol zu wagen, um sich den Gegenpol zu erschließen. »Seid heiß oder kalt, die Lauwarmen will ich ausspeien«, rät uns Christus. Beim Werfen eines Balles lehnen wir uns auch erst weit in die Gegenrichtung zurück, um Schwung zu holen, um dann noch viel weiter in die angestrebte Richtung zu werfen.

Wenn wir den Mangel erlösen, fällt uns die Fülle wie von selbst zu, und Mangelbewusstsein löst sich in Wohlgefallen auf.

Dieser Zusammenhang gilt für jedes Ur- oder Lebensprinzip. Wer das Saturnprinzip, zu dem neben Mangelbewusstsein auch Armut und Not, Härte und Leid gehören, bis in seine tiefsten Tiefen erlebt und erlöst, kann mit der dadurch erworbenen Struktur und Klarheit, Disziplin und Konsequenz die anschließende Fülle ganz anders genießen und auch nutzen. Erlösen ist dabei im Sinne von sich gänzlich mit ihm aussöhnen gemeint und von den destruktiven zu den konstruktiven Aspekten des Lebensprinzips zu gelangen.

Wer etwa die Kampfkunst bis in ihre letzten Tiefen verwirklicht wie der Samurai der klassischen japanischen Zeit, wird Frieden finden und nicht mehr kämpfen müssen. Er hat das Aggressionsprinzip erlöst und damit dessen konstruktive Ausdrucksformen wie Mut und Entscheidungsfähigkeit, Konfrontationsbereitschaft und Courage auf seiner Seite. So fällt ihm das im Entwicklungskreis gegenüberliegende Prinzip des Friedens und der Liebe, der Versöhnung und des Ausgleichs (Venus) wie von selbst zu. Ein Film wie *Karate Kid I* macht das anschaulich und obendrein spannend deutlich. Letztlich müssen wir allen 12 Lebensprinzipien gerecht werden, das heißt sie erleben und erlösen, um Ganzheit zu verwirklichen, Fülle zu erleben und eins mit allem zu werden.

Füllebewusstsein – der Weg in den inneren und äußeren Reichtum

Wir haben nun ausführlich die existenzielle Ursache des Mangelbewusstseins und seine Begleiterscheinungen beschrieben: Unruhe, Getriebensein, mangelnder Selbstwert, Angst, Gier, Neid, Stolz ... Und Ruediger hat erörtert, wie wir mit Ganzheitsbewusstsein und Askese ins Füllebewusstsein gelangen können. Nun kommt mein Part zu dieser Frage.

Wie bereits in der Einführung erklärt, gehe ich davon aus, dass die Erfahrung der Fülle genetisch und seelisch in dir angelegt ist. Das ist eine wagemutige und einflussreiche These! Denn noch gehen viele eher skeptisch gesinnte Experten verschiedenster Wissenschaftsgebiete davon aus, dass der Mensch nicht mehr als ein vernunftbegabtes Tier ist – unbewusst doch nur durch relativ primitive Triebe gesteuert. Letztendlich ist sich dann doch jeder nur der Nächste und Altruismus nur eine unbedeutende Stilblüte der Evolution.

Doch wir finden in zahlreichen Kulturkreisen auch Mythen und Philosophien, die den Glauben an das Gute, das Schöne und Wahre im Menschen emporhalten. Auch die Positive Psychologie und die Glücksforschung haben in den letzten Jahrzehnten durch zahlreiche Untersuchungen bestätigt, dass Großzügigkeit sehr wohl in uns angelegt ist und uns auch auf vielen Ebenen guttut. Sie entspannt uns, fördert unser Selbstbewusstsein, schenkt uns Sinn im Leben, nährt unsere Beziehungen, stärkt unser Immunsystem und dient letztendlich auch – langfristig und nachhaltig betrachtet – unserem Erfolg im Leben.

Eine Brücke zwischen den eher skeptischen und den optimistischen Lagern schlagen für mich jene entwicklungspsychologischen Ansätze wie die Bedürfnispyramide nach Maslow oder Spiral Dynamics von Don Beck, die davon ausgehen, dass der Mensch seine Reise egozentrisch und somit relativ mangelorientiert startet, jedoch sehr wohl in ein weiteres und auch großzügigeres Bewusstsein hineinreifen kann. Aus dieser Perspektive geht es darum, jene unbewusste Fülleerfahrung der ersten neun Monate im Mutterleib nun bewusst und reif wiederzuerschaffen.

Ich persönlich gehe sehr pragmatisch an die Sache heran. Egal wer recht hat (und wahrscheinlich hat das keiner ganz und alle zum Teil), schaue ich auf unsere Welt und denke: »So kann es einfach nicht weitergehen! Es ist zu einfach, den Kopf zynisch oder ängstlich in den Sand zu stecken. Lass es uns versuchen!« Ich glaube, jeder von uns hat schon einmal die Erfahrung gemacht, plötzlich zu viel mehr fähig zu sein, wenn er an sich glaubt und – besser noch – wenn dies andere auch tun. Glaube versetzt Berge. Oder, wie der Hirnforscher Professor Gerald Hüther sagt: »Um die Entfaltung noch schlummernder Potenziale anzuregen, bedarf es dreier Komponenten: Einladung – Ermutigung – Inspiration.«

Das gilt für unsere Beziehung zueinander. Menschen öffnen sich, wenn sie eingeladen (anstatt gezwungen), ermutigt (anstatt angezweifelt) und durch gute Vorbilder inspiriert werden. Das war und ist das Geheimnis all der alten Mythen: Sie laden ein, an etwas Größeres zu glauben. Sie ermutigen und inspirieren uns. Stell dir eine Welt vor, in der Kinder von Geburt täglich dieselbe Botschaft von ehrlichen und wachen Eltern empfangen: »Du bist gut. Du bist reich. Du kannst das. Ich vertraue dir.« Dasselbe in der Schule: »Du bist gut. Du bist reich. Du kannst das. Ich vertraue dir.« Und dann so weiter in ihren Liebes- und Arbeitsbeziehungen: »Du bist gut. Du bist reich. Du kannst das. Ich vertraue dir.«

Wir haben – solange unser Erziehungssystem eher begrenzt als ermächtigt – doch gar keine Ahnung, wer wir individuell und persönlich sein können. Lass es uns herausfinden.

Ja, im Augenblick mag dies noch wie Utopie klingen. Na und! Fing es doch immer so an. Mit einer einzigen verrückenden Idee. Für mich – in Bezug auf unser Thema – lautet die:

Menschen sind vom Potenzial her großzügige, vertrauende und liebevolle Wesen. Da Mangel eine Illusion ist, können wir sie durchschauen und gemeinsam eine Welt der Fülle erschaffen.

Wenn du mich fragst, ich scheitere lieber an einem großartigen Entwurf, als mich mit vorgegebenem Mittelmaß zufriedenzugeben. Ich rufe dir mit diesem Buch einladend zu: »Du bist gut. Du bist reich. Du kannst das. Ich vertraue dir.« Ich ermutige dich, deiner Sehnsucht zu folgen und dich bewusst von leuchtenden Beispielen groß denkender und mutig handelnder Menschen inspirieren zu lassen.

Lass uns die Meckerer und Zyniker einladen. Und wenn sie nicht wollen, auch fein. Irgendwann wird das Spiel der Fülle kollektiv interessanter werden als die engstirnigen, trennenden Konflikte der heutigen Zeit.

Hier kommt meine Einladung: Egal woran du bisher geglaubt hast, lass uns – zumindest – für den Zeitraum der Lektüre – von dem Punkt kommen:

Mangel ist eine Illusion.
Trennung ist eine Illusion.
Jede Illusion kann im Geist berichtigt werden.
Fülle ist real.
Liebe ist real.
Fülle und Liebe können durch Glauben und konkrete Handlungen verstärkt in diese Welt gebracht werden.
Reichtum ist unser aller Geburtsrecht.

Klingt dies verrückt? Hoffentlich! Denn alles wirklich Neue beginnt verrückt. Der erste Mensch, der zum Himmel geschaut und gedacht hat: »Ich möchte auch fliegen können«, ist sicher für verrückt erklärt worden. Andere, die so etwas Verrücktes äußerten wie »Das Königreich liegt in dir«, haben wir gleich vor Schreck ans Kreuz genagelt. (Keine Angst, da landen wir nicht. :-))

Ja, ich möchte mit dir ver-rückt werden. Verrückt in der Perspektive, im Fühlen und Handeln. Ich wünsche mir, dass uns dieses Buch auf die Seele küsst und uns weitet. Im Geist und im Herzen.

Vielleicht habe ich all den Weltpessimisten gegenüber einen Vorteil. Ich habe durch meine Arbeit täglich mit Menschen zu tun, die an das »Unmögliche« glauben und es dadurch möglich machen. Deshalb brenne ich für die Vision einer großen, aufrechten, generösen Menschheit.

Alles beginnt mit einer kühnen, ja angesichts der aktuellen Umstände fast frechen Wahl:

Wähle, reich zu sein.
Und das Leben wird dir deinen Reichtum offenbaren.
Wähle, großzügig zu sein.
Und das Leben wird dich beschenken.
Wähle, die Vollkommenheit in allem zu entdecken.
Und du wirst staunen.

Radikal betrachtet, könnte das Buch hier enden. Denn ich weiß, dass diese Wahl – einmal entschlossen getroffen – *den* Unterschied macht. Es gibt ein Leben vor und eines nach dieser Wahl. Diese Wahl katapultiert dich in ein anderes Universum, und wenn du dort ankommst, verstehst du das folgende Zitat aus dem Kurs in Wundern: »Wenn du gerettet bist, ist die ganze Welt gerettet.«

Diese Wahl legt den Schalter in deinem Geist um und lässt ihn ab jetzt
Chancen erkennen, wo du davor über Probleme geklagt hast,
offene Türen, wo Mauern standen,
Wunder im Dreck,
Licht im Dunklen,
Fülle im Nichts.

Mehr braucht es (eigentlich) nicht. Es gibt aus meiner Sicht dennoch zwei gewichtige Gründe für den weiteren Teil des Buches:

1. Wahrheit ist (erschreckend) einfach. Deshalb gab mir einer meiner Lehrer den Rat: »Veit, nimm die eine Sache, die alles verändert, und erzähle sie auf Dutzend verschiedene Weisen. Bis sie gehört wird.«
2. Unsere Essenz gleicht einem Diamanten. Dieser hat mindestens zwölf verschiedene Facetten. Evolution liebt Vielfalt. Deshalb sind bei dir sehr wahrscheinlich andere Facetten geschliffen als bei mir. Deine »Spezialität« in einigen der zwölf Prinzipien wiederzufinden mag dir helfen, den ganzen Diamanten zu erkennen.

Der nun folgende, größte Abschnitt dieses Buches wird sich also deiner Erinnerung an das und gleichzeitig der bewussten Neuentdeckung des Füllebewusstseins in dir widmen.

Dich erwarten Betrachtungen, Meditationen und konkrete Umsetzungsimpulse, die dir helfen werden, deinen inneren Reichtum bewusster zu erfahren und einen äußeren Reichtum zu manifestieren, der dir ein angemessenes Milieu für deine Entfaltung und dein Glück bietet.

Um diesen Abschnitt zu strukturieren, haben wir uns absichtlich für die 12 Lebensprinzipien entschieden. Sie repräsentieren die Komplexität und Ganzheit der menschlichen Psyche. Eine ausgewogene Beziehung zum Reichtum berücksichtigt alle 12 Qualitäten.

Wir konzentrieren uns auf unseren Wegen häufig nur auf einige (uns vertraute) Prinzipien. Die anderen ziehen sich dann in unseren Schatten (unser Unbewusstes) zurück. Entweder sie entwickeln dann in uns ihre zerstörerischen Qualitäten oder werden uns vom Leben beharrlich in der Gestalt anderer Menschen unter die Nase gerieben.

Jedes der 12 Prinzipien repräsentiert einen bedeutsamen Aspekt eines erfüllten Lebens. Sie gleichen den Facetten eines geschliffenen Diamanten. Wir müssen nicht jedes selbst voll ausleben. Es geht um Bewusstwerdung und Wertschätzung. In unseren Beziehungsberatungen taucht Geld regelmäßig als eines der heißesten Streithemen auf. Warum?

Weil wir, wenn wir unbewusst sind, dazu tendieren, die Lebensprinzipien polar zu verteilen. So lebt der eine Partner vielleicht die grenzenlose Verschwendung, während der andere eher auf dem asketischen Prinzip des Verzichts beharrt. Anstatt gegeneinander zu kämpfen, sollten sich beide als ein System betrachten und den Beitrag des anderen anerkennen. So entsteht gerade durch die scheinbare Gegensätzlichkeit eine neue, alle bereichernde Synthese.

Lass uns also die Fülle deines Lebens aus zwölf verschiedenen Blickwinkeln betrachten. Lass dir für jeden ausreichend Zeit. Achte auf auffällige Reaktionen – mental, emotional und körperlich. Unser Schatten kann sich auf allen Ebenen äußern. Vielleicht zieht dich ein Prinzip besonders an oder stößt dich massiv ab. Vielleicht bist du versucht, eines auszublenden, weil du es für langweilig hältst.

Noch einmal: Es geht nicht darum, alle gleichermaßen zu leben, sondern sie alle ins Licht deines Bewusstseins zu holen. Du findest am Ende jedes Kapitels Fragen zur Selbstreflexion und konkrete Impulse, um dieses Prinzip stärker zu entwickeln. Ich wünsche dir erleuchtende Erkenntnisse und positive Ergebnisse bei dieser Reise durch die 12 Qualitäten deines Reichtums.

Die Lebensprinzipien – eintauchen ins Füllebewusstsein

Wer Fülle will, muss aufs Ganze gehen. Wer das Ganze er- und umfasst, wird Erfüllung finden. Die Konsequenz ist wundervoll und kann in Großzügigkeit auf allen Ebenen übergehen. Denn wer alles hat, kann auch alles geben und (an-)nehmen. Er wird freizügig und offen, in innerem Frieden erfüllt leben und sein.

Dazu bräuchte er zuerst einmal grundsätzliches Wissen von allem. Es war tatsächlich immer ein Traum der Menschen, alles zu wissen, um alles erfassen zu können und keine Angst mehr haben zu müssen vor dem unbekannten Bedrohlichen, aber vor allem nicht vor Mangel. Bis heute in dieser Überflussgesellschaft ist unser Denken noch von Mangel und Angst davor geprägt: Dass das Essen nicht über den Winter reiche und dass uns eine Seuche ereile, war früher. Heute grassiert die Angst vor Krieg, vor Zerstörung der Erde, der Vergiftung durch Lebensmittel, die längst keine mehr sind, die Angst auch, dass wir weniger haben als die Nachbarn.

In Mitteleuropa, wo uns die Erfahrung von zwei Weltkriegen im Nacken und gleichsam epigenetisch in den Knochen sitzt, entwickelten wir ein geradezu kulturell verankertes Mangelbewusstsein. So (ver-)erben wir weiterhin Misstrauen ins Leben, eine kollektive Habt-Acht-Stellung und Erbsenzähler-Mentalität.

Aus der Angst der Vorfahren, der Winter könnte hart werden, ist die vor einer harten Zukunft geworden, was kollektiv in ein geducktes Grundgefühl mündet, das uns allen schadet und eigentlich gar nicht mehr zu uns passt. Wo sich diese dauerhafte Habt-Acht-Haltung mit Hab-Gier verbindet, verkaufen wir uns entsetzlich weit unter unserem wirklichen, heute so gut erkennbaren Wert.

Unser Buch will ein Manifest der Befreiung aus dieser lebensfeindlichen Grundstimmung und -haltung sein und insofern eine Anleitung zu Fülle und Großzügigkeit. Wir wollen uns anschauen, was wirkliche Fülle bedeutet, und daraus Übungen für Vertrauen ins Leben entwickeln, die uns die Mangelkrankheiten Neid, Missgunst und Geiz überwinden lassen, die viele (noch) suchtähnlich im Griff halten und so viel(e) Leben vergiften. Übungen und geführte Meditationen bis hin zu *Trance-Formationen*, die helfen, sogar in Momenten echten Mangels Füllebewusstsein zu aktivieren. Die helfen, die Freude am Geben und Schenken zu entdecken und zu entwickeln. Übungen, die uns helfen, Mangelmuster positiv zu überschreiben. Letztlich geht es um einen großen Schritt hinaus aus der bisherigen alles dominierenden Angst- und Mangelwelt in eine der Anerkennung der vorhandenen Fülle, um daraus Großzügigkeit zu entwickeln. Sobald wir Großzügigkeit als die Tugend der Fülle entdecken, fällt uns eine Art »Wunderformel« für epidemisch wirkendes Glück zu.

Was aber ist wirkliche Fülle? Schon unsere Vorfahren suchten Systeme, um das Ganze zu erfassen und in den Griff zu bekommen. Ihr Ursystem war wahrscheinlich recht einfach. Die Frau, der Mann, das Kind, die Familie, die Sippe umfassten das ganze Menschsein, und draußen war die unübersichtliche Welt. Die Sippe ließ sich wieder auf Familien zurückführen und die Kinder nach ihrem Geschlecht dem Weiblichen oder Männlichen zuteilen. So landeten unsere Ahnen wohl schon sehr früh bei einer Yin-Yang-Einteilung. Aber damit konnten sie offensichtlich nicht allem gerecht werden. Die Pole lagen zu weit auseinander, und es gab zu viel Wirklichkeit dazwischen. Das Zweiersystem ist noch zu wenig differenziert, um der Welt mit ihrer Vielfalt gerecht zu werden.

So unterteilten sie das Yin in die beiden weiblichen Elemente Wasser und Erde und das männliche Yang in Feuer und Luft – jedenfalls in unserem Kulturkreis. Aber auch mit diesen vier Elementen ließ sich noch nicht alles ausreichend beschreiben, wenn auch manches schon besser.

Also unterschieden sie jedes der vier Elemente weiter in drei Entwicklungsstufen: Beim Wasserelement fanden sie als erste Entwicklungsstufe das Frucht(bare)wasser, das der Teiche und Tümpel, der Bäche, Flüsse und Seen. Als zweite Stufe galt ihnen das dunkle und damit auch gefährliche Wasser der Moore und Sümpfe, mit seiner verschlingenden und verwandelnden Kraft. Zur dritten Stufe wurde das weite Meer mit seiner Unendlichkeit, was Tiefe und Ausdehnung anging.

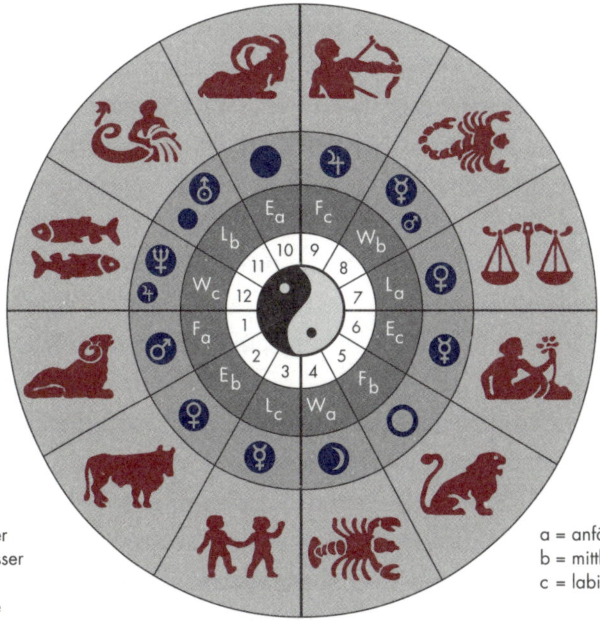

Abbildung 1: Die Lebensprinzipien

Beim Feuerelement machten sie es ebenso und unterschieden das lodernde Feuer des Anfangs vom strahlenden Feuer der Sonne und Mitte und der inneren Glut der Begeisterung und der Sinnfindung. Genauso geschah es mit Erd- und Luftelement. So ergaben sich vier Elemente in jeweils drei Entwicklungsstufen und damit insgesamt 12 (Lebens-)Prinzipien. Mit ihnen lässt sich die Ganzheit gut beschreiben und begreifen.

Die Natur-Wissenschaft entwickelte ein ähnliches System, um alles zu erfassen, was sie interessierte: die materielle Welt. In Mendelejews allgemein anerkanntem Periodensystem der Elemente sind etwas über 100 Atomarten erfasst. Aus ihnen besteht alle Materie in diesem Kosmos. Dieses Periodensystem belegt, dass hier kein Chaos herrscht, sondern ein Kosmos entstanden ist.

Das Ordnungssystem der spirituellen Philosophie umfasst ebenfalls alles, was auf dieser Ebene interessiert: also alles, einschließlich der seelischen und geistigen Welten. Inklusive der Welt der Ideen und Symbole lässt sich hier alles integrieren. Wann immer wir ein Problem tatsächlich in seiner Ganzheit verstehen und erfassen wollen, sollten wir es unter diesen 12 Gesichtspunkten beziehungsweise Lebensprinzipien betrachten. Anderenfalls fehlt etwas zur Ganzheit und damit auch zur Vollkommenheit, und wir werden keine erfüllende Lösung erreichen.

Allerdings ist bei alldem immer auch »das Schattenprinzip« mit im Spiel. Dazu Literaturnobelpreisträgerin Pearl S. Buck: »Das Streben nach Vollkommenheit macht manche Menschen vollkommen unerträglich.« Das sollten wir auf diesem unserem Weg immer im Hinterkopf behalten.

Leben meint ständig integrieren und wachsen. Schon das Leben eines einzelnen Menschen ist von der Kindheit bis ins Alter von Integrations- und Wachstumsanforderungen erfüllt mit dem Ziel, zum Schluss alles integriert zu haben und Vollkommenheit zu erreichen. So sehen es jedenfalls Religionen und spirituelle

Traditionen, aber selbst westlicher wissenschaftlicher Psychologie und Medizin fällt nichts anderes dazu ein. Es ist auch zu offensichtlich: Zu Beginn muss das Kind körperlich wachsen und ständig Neues lernen, sprich integrieren. Mit zunehmendem Lebensalter verlagert sich der Schwerpunkt vom körperlichen auf seelisches, soziales und geistiges Wachstum und Verarbeiten und Integrieren. Dazu sind unser Organismus und unser Bewusstsein ausgelegt. Selbst die Nervenzellen wollen ständig weiter wachsen, was sie durchaus können, wie wir seit einiger Zeit wissen und nach Gerald Hüther Neuroplastizität nennen. Wird dieses geistige Wachstum aus irgendeinem Grund eingestellt und hört auf, kann es auf körperliche Ebenen zurückfallen. Dann entsteht – im Sinne von »Krankheit als Symbol« – Wachstum auf Gewebeebene oder eben Tumorwachstum. Es kann aber auch zur Degeneration kommen, etwa wenn das Nervenwachstum im Hypothalamus nicht nur aufhört, sondern die Neuronen zugrunde gehen. Dann sprechen wir von Demenz und Alzheimer. Dem entspricht ein Stopp in der seelischen Entwicklung: Statt *wieder zu werden wie die Kinder*, werden Betroffene kindisch. Es gibt für die Einzelnen als Alternative zum Wachstum also nur Stagnation, die sich als Krankheit manifestiert. Der Druck in Richtung Entwicklung und folglich Integration und Fülle ist also sehr stark.

Kommen wir zurück zu den 12 Lebensprinzipien. Sie sind selbstverständlich alle gleich wichtig, aber nicht für jeden und jede Gesellschaft, sondern gemessen am Ziel der Fülle und Erfüllung. Wir werden hier die Fülle des ausgebreiteten Materials nicht nach der Polarität von Yin und Yang gewichten, sondern von der Bedeutung für unser Thema her.

Jeder hat mit allen Lebensprinzipien zu tun, allerdings mehr oder weniger ausgeprägt. Um sie vom unerlösten zum erlösten Pol zu wandeln, müssen wir sie natürlich (er-)kennen lernen, und dafür werden wir besonders Themen auswählen, die mit Fülle und Reichtum zu tun haben und mit Integration. Denn wer letzte

Fülle anstrebt, muss sich mit allem verbinden und auch alles integrieren (lernen). Natürlich im Idealfall die erlöste Variante des jeweiligen Lebensprinzips, beziehungsweise wir müssen die destruktive in die konstruktive wandeln.

Das Lebensprinzipien- oder Archetypensystem entstammt der hermetischen Philosophie und liegt all deren Disziplinen, aber auch der Krankheitsbilder-Deutung von »Krankheit als Symbol« zugrunde. Geradezu selbstverständlich lässt sich damit auch unser Umgang mit Geld und Reichtum durchschauen. Praktisch jeder kennt sein Sternzeichen und kann schon von diesem auf seine Beziehung zur Materie schließen und damit einen für diese Gesellschaft zentralen (arche-)typischen Aspekt der Sehnsucht nach (materieller) Fülle erkennen. Allerdings besteht unsere Wirklichkeit immer aus einer Mischung der 12 Prinzipien. Wer sie in aller Ausführlichkeit erfassen will, sei auf das Buch »Lebensprinzipien«[3] verwiesen.

Um wirkliche Fülle und letzten Reichtum zu *erreichen, müssen wir alle 12 Archetypen erlösen.* Das heißt, auch alle etwaigen destruktiven Ausbildungen sind zum konstruktiven Pol hin zu entwickeln. Und natürlich hat jedes Lebensprinzip Beziehung zu allen Themen unserer Wirklichkeit. Aber da wir sowieso irgendwo anfangen müssen, holen wir uns ab, wo wir mehrheitlich festhängen, beim Thema der materiellen Fülle, das sich am deutlichsten beim Geld verkörpert. Jedes Thema wird an den beiden Extremen von destruktiv zu konstruktiv, also anhand der Polarität deutlich gemacht. Diese bestimmt als wichtigstes der Schicksalsgesetze unser ganzes Leben, umso mehr, je weniger wir es durchschauen.

Im Entwicklungskreis folgt dementsprechend jeweils ein archetypisch weibliches auf ein archetypisch männliches Prinzip, was hier der Deutlichkeit zuliebe auch am Geschlecht der symbolisch

---

3 Ruediger Dahlke, Margit Dahlke (2011). *»Die Lebensprinzipien: Wege zu Selbsterkenntnis, Vorbeugung und Heilung«*. Arkana Verlag.

dargestellten Figur klargemacht wird. Aber selbstverständlich sind beim 1. Lebensprinzip, dem des Mars, auch Frauen angesprochen und beim 2. Lebensprinzip, der Stier-Venus, auch Männer usw.

Die Lernaufgabe liegt jeweils zuerst darin, dieses Lebensprinzip beziehungsweise dieses Thema zu erlösen und dann besonders das Gegenüber im Kreis, den sogenannten Gegenpol. Letztlich sind aber natürlich auch alle 12 Urprinzipien Lernaufgaben, die es von der unerlösten zur erlösten Ebene zu entwickeln gilt.

1. Das Mars-Widder-Prinzip: Aggression und Aufbruch

Licht	**Schatten**
Lebenskraft	Deiner Wut ausgeliefert sein
Aggression (gestaltend und zum Selbstschutz)	Mit Gewalt Grenzen überschreiten
Neuland suchen und finden	Aggression unbewusst ausleben: Streit, Zerstörung, Krieg
Risikobereitschaft	Einschüchterung durch aggressive Dominanz
Verteidigung des Guten	Unterdrückung
Geburt	Übertrieben hohe Risiken eingehen
Geld als Mittel zum guten Zweck	Die Natur ausbeuten und zerstören
Sich für eine Sache engagieren	Zu viel erobern und zu wenig aufbauen
Zivilcourage	Geld als Beute verstehen und es nicht sinnvoll nutzen
Mut	
Begeisterungsfähigkeit	

Das Zeichen dieses archetypisch sehr *männlichen* Lebensprinzips ist nicht zufällig auch Symbol für *das Männliche* schlechthin: der Kreis mit dem nach rechts oben *zielenden Pfeil*. Hier will dynamische Kraft den Geist bewegen, und zwar zur archetypisch männlichen rechten Seite. Bei diesem Aggressionsprinzip, auch nach dem antiken Kriegsgott Ares-Mars benannt, ist uns die unerlöste Seite heute näher als die erlöste. Viele assoziieren beim Wort Aggression inzwischen nur noch Negatives, was mit der generellen Abwertung zu tun hat, die archetypisch Männliches heute erfährt. So denken wir hier zuerst an K(r)ampf und Krieg, Mord und Totschlag, Schlacht(en) und Blut(rünstigkeit), Ver*gewalt*igung und überhaupt Gewalt. Im unerlösten Sinn *herr*schen hier auch *Brutalität* und *Gewalt* im Zuge *rücksichtsloser Durchsetzung*. Rücksicht kann es hier (noch) nicht geben, weil es beim *ersten* Prinzip gar kein »davor« gibt, keine Geschichte, insofern auch keine Angst. Denn die setzt Vorerfahrungen und Fantasie voraus. Tatsächlich liegt *Mut* oft ein Mangel an Fantasie zugrunde.

Aber natürlich hat Mars wie jedes Prinzip auch eine erlöste Seite. In diesem Sinn sind hier bei der *Durchsetzung* berechtigter Interessen *Mut, Entscheidungsfähigkeit* und *Energie* im Spiel. Es ist das Prinzip des *(Neu-)Anfangs*, des *Aufbruchs* in *Neuland*, des *ersten Schrittes* und in dieser Hinsicht auch der *Start-up-Unternehmen*, die heute wie Pilze aus dem Boden *schießen*. Positive Aufgabe ist hier, das eigene Leben *mutig in Angriff* zu *nehmen*, seine *heißen Eisen anzupacken* und sich an *neue Herausforderungen heranzuwagen*, irdisches und seelisches *Neuland* gilt es *offensiv* zu *erschließen*.

Hier ist der Archetyp des *Eroberers* zuhause, der *mutig* nimmt, was er *will* und seinem *Willen unterwirft*. *Krieger* und *Jäger beherrschen* hier das *(Schlacht-)Feld*, für die Geld *Beute* bedeutet und Geldverdienen weniger mit Dienen als mit dem *Reiz des Beutemachens* und *Eroberns* verbunden ist. Be*sitz* ist nicht so wichtig, denn Sitzen ist viel zu statisch für dieses *bewegte, kämpferische* und *hochenergetische* Prinzip. *Konkurrenz* ist dagegen angesagt. Und auch wenn ihm das Honorar an sich nicht wichtig ist, reagiert er *wütend* und *verletzt*, wenn es unter dem von *Konkurrenten* liegt. Hier hat wohl auch die Eskalation des Boni-Unwesens der Bank(st)er ihre Wurzeln. Und fast alle männlichen Wesen werden als Konkurrenz empfunden. Und die sind zahlreich und in der marsischen Welt gut *bewaffnet*. Keinesfalls empfindet er sie als Mitbewerber, wie heute oft beschönigend gesagt wird, denn er *kämpft* lieber, als zu werben.

Das Jahr beginnt *natür*lich im urprinzipiellen Sinn auch mit diesem Aggressionsprinzip, während unser chrono-logisches *Neu*jahr in die Zeit von Chronos Saturn fällt. Marszeit ist die der *ersten Frühlingsboten*, wenn *heiße* Sonnenstrahlen die Erde *beleben, spitze Keime* sie *durchbohren*, Knospen ihre *Hüllen sprengen*, Säfte *steigen*, Bäume *ausschlagen*, der Salat sogar *schießt* und sich bei den Menschen *Frühlingsgefühle* einstellen, oft verbunden mit *frischem Mut zum Neuanfang*, zum *Aufbruch zu neuen Ufern, neuen* Erfahrungen und *Herausforderungen*. Gefahren liegen hier in *Ungeduld* und darin, heillos über das Ziel hinauszu*schießen*. Dass wir dieses Marsprinzip zur Ganzheit brauchen, liegt auf der Hand, denn sonst könnte nichts Neues beginnen, nicht mal das Jahr. Ohne die *Bereitschaft zur Konfrontation* und dem *Leben die Stirn* zu *bieten*, es mit all seinen *Herausforderungen* zu *konfrontieren*, hätten unsere Vorfahren, jedenfalls in unseren europäischen Gegenden, gar nicht gegen die *Gefahren* bestehen und überleben können. Tatsächlich brauchen wir auch die *Marskraft*, um *uns* dem ganzen Spektrum aller Lebensprinzipien zu *stellen*.

Geld ist hier lediglich Mittel, um sich und seinen *Willen* durchzusetzen, so wie *Feldherren* früher Gold brauchten, um *Söldner*, die für Sold *kämpften*, für sich und ihre Interessen *Krieg führen* zu lassen. Mit solchen Strategien gehen auch manchmal moderne Manager zu Werke, als würden sie *in den Krieg ziehen*. »Wie sind wir aufgestellt?«, fragte der *Spitzen*manager eines großen Verlages und meinte damit offensichtlich seine *Armeen*. *Manager* sind zwar *Macher*, was alles gut zum Aggressionsprinzip passt, aber sie sollten auch Strategien haben, und das bedeutet, sich Gedanken zu machen, und geht schon über diesen Archetyp hinaus. Der Verlags-*Feldherr* im *Manager*gewand fuhr diesen Konzern mit seiner *hirnlosen Kriegstaktik* denn auch fast gegen die Wand, bevor er gerade noch rechtzeitig *gechasst* oder *abgeschossen* wurde. Er durfte dann noch weitere Konzerne ruinieren, bis er im eigenen Ruin landete. Vor allem wer seine *offensiv* gestellten Millionenforderungen bedenkt, die er für die von ihm angerichteten Desaster *mutig* in Rechnung stellte, könnte sich an die Könige Midas und Krösus erinnert fühlen. Vorausdenken oder gar Vorhersehen ist einfach beim *Aggressionsprinzip* nicht angesagt.

Straferschwerend kommt noch der ausgeprägte *Unwille* hinzu, sich anderen unterzuordnen. Insofern ist Geld wichtig, bietet es doch die Chance, seine *Eigenständigkeit* um jeden Preis zu wahren, das Leben ausschließlich nach dem *eigenen Willen* zu gestalten und den eigenen (Dick-)Kopf durchzusetzen, das heißt, *mit dem Kopf durch die Wand* zu *bewegen*. Sich selbst in »fremden Revieren« nicht anpassen oder gar unterordnen zu müssen, ist ihm *entscheidend* wichtig. *Ent-scheidungen* fallen ihm natürlich leicht und fallen *rasch*. Sein *Schwert* kommt so *schnell* aus der Scheide wie sein *Knüppel aus dem Sack*. »Dann *kauf* ich eben das Hotel und *schmeiß* Sie *raus*«, wäre so ein (arche-)typischer Satz bei *Wut* über einen Angestellten, der sich nicht sofort allen Forderungen und Zumutungen *unterwirft*. Dazu passt ein Ausspruch Arthur Schopenhauers, der diese *Hirnlosigkeit* ausdrückt: »*Manche bezahlen für Geld jeden Preis.*«

Im destruktiven Problemfall kann hier also Geld zum *Treibstoff* einer *egoistisch-aggressiven* materieorientierten Lebensunart werden. Besonders wenn jeder Ausgleich durch die menschliche Gemeinschaft fehlt. Immerhin ist der Mensch ein Zoon politikon, ein politisches oder Gemeinschaftslebewesen.

Aber natürlich sind *Eigenständigkeit* und die Bereitschaft zu *schnellen Entscheidungen* auch oft förderlich, etwa bei *Chirurgen*, die mit ihren *aggressiv scharfen Skalpellen, Bohrern* und *Kanülen* Menschenleben retten (können). Hier zeigen sich auch die positiven Qualitäten dieses Prinzips, würden doch stumpfe *Skalpelle* und *Kanülen* den Patienten ungleich mehr *Schmerzen* zufügen und *entscheidende Schnitte gefährlich* verzögern.

Und auch *Strafverteidiger* brauchen diese Eigenschaften gepaart noch mit *Schlagfertigkeit*, sollen sie sich doch für ihre Klienten *kämpfend einsetzen* und sie *heraushauen, -pauken* oder *-boxen.* Auf Partnersuche kann *offensive Schlagfertigkeit* manchmal ebenfalls hilfreich sein und zu Erfolgen führen, besonders wenn das Gegenüber ähnlich gepolt ist. Die Anfrage »Darf ich bitten, oder wollen Sie vorher tanzen?« kann natürlich *ins Auge gehen*, aber auch ins Bett (ver-)führen. »Gehen wir zu mir oder zu dir?«, fragt der Marstyp. »Wenn das schon so kompliziert beginnt, lassen wir es lieber gleich«, antwortet die Frau des gleichen Prinzips. Denn natürlich gibt es auch *Amazonen*, die gnadenlos *direkt* und *kampfstark* sind, wie deren Königin *Penthesilea*, die sich die rechte Brust *abschnitt*, weil sie beim *Bogenschießen* störte. Gynäkologen, die heute »prophylaktisch« Brüste *amputieren*, folgen *mutig* und übergriffig diesen Spuren, besonders wenn man bedenkt, dass Organe, die auch bei Männern vorkommen, praktisch nie so bereitwillig und *schnell weggeschnitten* werden.

Im Finanzbereich sind Investment-Banker mit diesen marsischen Eigenschaften und guten Nerven gefragt. Sie müssen *mutig* wagen und oft *vorpreschen*. Geld ist diesem Prinzip allerdings nie Selbstzweck, sondern Mittel zum Zweck, was ihm als Rolle eigentlich entspricht, wie wir beim dritten Prinzip Zwilling-Merkur noch sehen werden.

Die erlösten Formen des Aggressionsprinzips wie *(Helden-)Mut* und *Zivilcourage, Entscheidungsfähigkeit* und *schnelle Entschlossenheit*, wenn auch *schmerzende, so doch mutige Konfrontationsbereitschaft* kommen heute jedenfalls oft zu kurz und fehlen uns sehr. Und selbst im spirituellen Bereich ist die Wichtigkeit dieses Prinzips in den Traditionen bekannt. Von den vier Grundforderungen in der Freimaurerei handeln gleich zwei davon, und schon die erste lautet: *Wolle* als des Werkes *Anfang*, und die dritte: *Wage* alles für das Edle.

Lernaufgabe und *Herausforderung* des Aggressionsprinzips zeigt sich – wie immer – im Entwicklungskreis gegenüber, hier also beim 7. Prinzip der Liebesgöttin Venus-Waage. So wie nach Heraklit der *Krieg* beziehungsweise der *Kampf* der Vater aller Dinge ist, brauchen sie auch eine Mutter, die Liebe.

In diesen Achsen, die als Gegenüber jeweils Ausdruck der Polarität sind, finden sich die größten Lernaufgaben und oft auch Schattenaspekte, die es zu (er-)lösen gilt. Hier begegnet der Marstyp also dem Du und der verbindenden Liebe zu seinen Mitmenschen. Sie und ihre Grenzen muss er nicht nur respektieren lernen, sondern mit ihnen sogar schließlich teilen, wenn er in sich Fülle verwirklichen und schließlich sogar Erfüllung finden will.

Fragen an mich selbst

- Bin ich bereit, für mein Anliegen alles zu *wagen* und mich dafür einzusetzen?
- *Trau* ich mich, mich mit meinen Schattenseiten zu *konfrontieren*?
- Auf wie viel *Mut* und *Zivilcourage* kann ich mich verlassen?
- Fällt es mir leicht, mich *durchzusetzen*?
- Tendiere ich *ungeduldig* dazu, *mit dem Kopf durch die Wand* zu *wollen*?
- Kann ich mich auf einen *starken Willen* verlassen?
- Wie *mutig* bin ich im Umgang mit Geld? Wie leicht kann ich es loslassen und es für meine Ziele einsetzen?
- Was will ich mit Geld erreichen? Inwieweit dient es der Durchsetzung meines Willens?
- Wage ich es, alles (Geld) auf eine Karte zu setzen?
- Folge ich bei Gelddingen meinem ersten Impuls?
- Wofür brauche ich es? Was will ich damit bewegen?

Entwicklungsstufen

1. Mord/Trieb
2. Konkurrenz/Rivalität
3. Tatendrang/Pioniere
4. Ehrlichkeit/Zivilcourage
5. Mission und edler Kampf (Samurai)
6. Genuss an der freien, absichtsfrei fließenden Energie; der Energie dienen
7. Selbstloses Handeln im Einklang mit den Gesetzen des Lebens

Es ist kein Zufall, dass wir die Reise durch die 12 Prinzipien mit Mars beginnen. Denn ein erfülltes Leben braucht zuallererst ein herzhaftes »Ja, ich will!«.

Das Wort Aggression hat für die meisten Menschen einen negativen Beigeschmack. Verständlich, leben wir doch in Zeiten, in denen sich jene mit weniger Empathie und Skrupel immer noch gern auf Kosten vieler bereichern. Ruediger beschreibt in seinen Entwicklungsstufen treffend, was geschieht, wenn das Eisenfeuer des Mars unbewusst gelebt wird – Konkurrenz, das Recht des Stärkeren, Ausbeutung – verbrannte Erde im wahrsten Sinne des Wortes.

Leider erlebe ich, dass sich viele gutgesinnte, idealistische Menschen im Gegenpol regelrecht eingenistet haben. Sie leiden an einer Aggressionshemmung, die gern mit psychospirituellen Floskeln schöngeredet wird: »Ich brauch das nicht. Ich vertrau auf das Leben. Ich kann mich nicht festlegen, weil ich multitalentiert bin. Die Welt ist zu hart für einen hochsensiblen Menschen wie mich.[4]« Das Ergebnis: Keine klaren Ziele. Kein trainierter Wille. Keine Bereitschaft, aufs Spielfeld zu gehen und sich dreckig zu machen.

4 Wenn du diese Formulierungen gerade doof fandest, wurden sie vielleicht genau für dich geschrieben. ;-)

Stattdessen wird der Platz den »anderen«, zum Beispiel den gierigen Bankern überlassen. Es wird gejammert und davon geträumt, was wäre wenn ...

Ich bedaure das sehr, denn diese Welt braucht wesentlich mehr Menschen, die Bewusstheit, klare Werte *und* eine gesunde Aggression miteinander vereinen.

Aggression bedeutet nicht per se, etwas zu zerstören, sondern gezielt auf etwas zuzugehen. Bewusste Aggression bedeutet für mich, bewusste Schöpfungsimpulse zu setzen (in Form konkreter Ziele), das, was man als richtig erachtet, zu fokussieren und dafür entschlossen einzutreten.

Wenn du noch kein wahrer Heiliger bist, der (wirklich) nichts mehr will, hör auf, dir das einzureden. Steh aufrecht und klar für deine Bedürfnisse ein. Zeig dich. Mit deinen Wünschen und auch mit deinen Grenzen.

Aggressionsgehemmte Menschen sitzen oft auf der Ersatzbank des Lebens. Sie schauen neidisch auf die Spielmacher und machen sie schlecht oder sie werden zum Spielball der Pläne anderer.

Mars macht dich sichtbar. Plötzlich stehst du selbst auf dem Platz. Du hast deine Position eingenommen. Erst jetzt kann *dein* Spiel beginnen. Erst jetzt können dich die anderen wirklich sehen. Manche werden dich ablehnen, andere lieben. Erst jetzt können die Kräfte der Manifestation voll greifen. Du wirst Fehler machen. Du wirst hinfallen. Du wirst manchmal vielleicht zu weit gehen. Doch du wirst auch viel schneller lernen. Dein Selbstvertrauen wächst nicht durch das Lesen eines Buches, sondern durch deine Erfahrungen auf dem Spielfeld.

Einer der führenden Experten der Bedürfnisforschung, Professor Hans-Georg Häusel, hat *Dominanz* als eines der drei essenziellen Bedürfnisse jedes lebendigen Systems ausgemacht. Auch ein schüchterner Mensch möchte wirken, möchte mit seinen Reichtümern gesehen und wertgeschätzt werden. Vielleicht wird er seine gesunde Aggression nie laut ausleben, sondern eher leise, dezent.

Doch wenn du nicht lernst, aktiv auf das zuzugehen, was du willst, darfst du dich nicht beklagen, wenn es dir auch nicht entgegenkommt.

Als ich bei Ruediger von den Entwicklungsstufen las, fühlte ich mich an meine verschiedenen Phasen im Umgang mit Mars erinnert. Diese Kraft wurde mir in meiner Kindheit gut aberzogen. Ich ging mit dem Selbstbild eines netten Jungen in die Welt. Ich habe mir die Nummer selbst abgekauft. Bis ich von Freunden wieder und wieder auf meine unterdrückte Wut hingewiesen wurde. Ich habe lange Zeit versucht, sie mit spirituellen Konzepten und Meditation »wegzutransformieren«. Ich habe mir eingeredet, dass es nichts bringt, mich voll auf das weltliche Spiel einzulassen, da ja am Ende alles eine Illusion ist. Also redete ich mir geistigen Frieden ein und wertete alle ab, die ohne Beißhemmung spielten. In Wahrheit war ich so neidisch! Ich fühlte mich wie ein Fahrer mit einem Ferrari unter dem Hintern, den einen Fuß auf dem Gaspedal, den anderen auf der Bremse, mit 20 Stundenkilometern immer wieder denselben Kreisverkehr abzuckelnd.

Dann las ich die Bhagavadgita. Die Geschichte des Königssohnes Arjuna, der sich weigert, in die Schlacht zu gehen, weil ja letztendlich alles eine Illusion ist. Sein Wagenlenker entpuppt sich als der Gott Krishna. Dieser hält die Schlacht an und gibt Arjuna eine Lektion. In Kurzform: Ja, es ist eine Illusion, und dennoch hat jeder von uns seinen Part darin zu spielen.

Das war der Punkt, an dem ich begriff, warum ich so verdammt wütend war. Mein Frust richtete sich nicht gegen das System, wie ich lange Zeit dachte, sondern gegen mich selbst. Ich war zornig, weil ich mich nicht von der Leine ließ.

Ich begann damals, gezielt meine unterdrückte Aggression zu befreien, unter anderem durch Sport, Bioenergetik und Trance-Tanz. Und ich erlaubte mir endlich, all meinen Bedürfnissen

Raum zu geben. Ich würde jetzt gern behaupten, dass ich dies immer fair tat, doch das wäre gelogen. Wenn du Lebenskraft lange unterdrückst und dann den Deckel abhebst, bricht sie oft ungestüm hervor. Ich habe in dieser Zeit Menschen verletzt, bin zu ehrgeizig für meine Ziele gegangen, habe Konkurrenzkämpfe ausgefochten, meine eigenen Werte verletzt, zu viel *gegen* etwas anstatt *für* etwas gekämpft. Wahrscheinlich hätte ich so manches Ziel wesentlich schneller erreichen können, wenn ich weniger aggressiv vorgegangen wäre. Ich bin auf vieles nicht stolz, was ich in meinem ungestümen Vorwärtsdrang getan habe. Rückblickend ist man immer schlauer. Dennoch bin ich dankbar. Denn der Frieden, den ich mittlerweile immer öfter empfinde, fühlt sich im Gegensatz zu damals echt an. Die marsische Kraft hat mir geholfen, aus etlichen Komfortzonen auszubrechen und *meine* Spur zu finden. Ich lerne, sie gezielter und angemessener einzusetzen. Ich empfinde sie immer seltener als egoistische Wut, sondern als pure Lebenskraft (Shakti), die mich benutzt, um sich für lebenswerte Positionen starkzumachen.

In jedem von uns ruht ein wunderschöner, vielschichtiger Schatz des Lebens. Es braucht ein Mindestmaß an marsischer Energie von deiner Seite, um den Deckel deiner Schatztruhe so weit zu öffnen, dass du und andere ihn wirklich sehen können, deinen Schatz.

Es braucht weise und fokussiert eingesetzte Aggression, um deine Grenzen gesund zu verteidigen. Es braucht das Feuer deiner entschlossenen Willenskraft, um auch im Außen eine gute Fülle zu manifestieren. Gerade wenn du dich für einen wohlgesinnten Menschen hältst: Überlass das Spielfeld nicht den anderen. Steh auf. Tritt aus deiner Komfortzone. Bekenne dich zu deinen kühnsten Träumen und spiel dann das beste Spiel deines Lebens.

Vielleicht hast du aber auch beim Lesen dieses Kapitels erkannt, dass du deine marsischen Kräfte bis hierher eher zerstörerisch missbraucht hast. Indem du Reichtum auf Kosten anderer erschaffen hast. Indem du deine Gesundheit, deinen Seelenfrieden oder deine Beziehungen für deinen Ehrgeiz geopfert hast. Indem du dir zwar noble Ziele auf deine Fahne geschrieben hast, jedoch insgeheim ständig *gegen* etwas gekämpft hast.

Dann möchte ich dich von Herzen einladen, in deinem Spiel innezuhalten und dich aufmerksam umzuschauen. Was ist wahrer Reichtum? Turnt dich dein Spiel nur an, oder erfüllt es dich auch? Sind deine Freunde noch da? Geht es deinen Liebsten gut? Nutzt du sie aus, oder förderst du sie? Was hast du aufgebaut? Und was hast du zerstört? Wirst du jemand sein, der seinen Nachfahren eine schönere Welt hinterlässt?

Es ist wichtig und gut,
den Krieger, die Kriegerin in dir wach zu begrüßen.
Doch was ist deine wahre Mission?
Aggression ist gut, wenn du weißt, wofür.
Vielleicht ist heute ein guter Tag,
um das Spiel zu drehen.

Umsetzungsimpulse

- Führe die geführte Meditation »Der Krieger in dir[5]« durch.
- Du regst das Marsprinzip bereits an, wenn du dir erlaubst, für dich klar zu formulieren, was du willst und was nicht. Nimm dir das Recht heraus, Grenzen und Ziele festzulegen.
- Erlaube dir, deine Grenzen und Ziele auch nach außen eindeutig zu formulieren.

---

5 Du findest alle zwölf geführten Meditationen zur Selbsterforschung und Stärkung der Prinzipien auf der folgenden Webseite: www.omega.guter-reichtum.de. Das Passwort lautet: »ichbinjetztreich«. Die Meditationen sind ein Geschenk von Ruediger und Veit an dich.

- Wenn du mit deinen Mitmenschen sprichst, mache klare Ansagen, statt beschwichtigende Worte wie »eventuell«, »vielleicht« zu gebrauchen. Bleibe freundlich dabei.
- Höre dir immer wieder einmal Marsch- oder Kampfmusik an.
- Setz dich in Bewegung. Jeder dynamische Sport ist gut.
- Begib dich in Trance-Tanz. Schau, ob es an deinem Wohnort entsprechende Kurse gibt, oder initiiere gleich selbst einen solchen Kurs. Auf meiner Seite (www.veitlindau.com) findest du Terminhinweise für unsere Trance-Tanz-Events.
- Wenn du deine marsische Energie als geblockt erlebst, empfehle ich dir, es mit Boxen oder einem anderen Kampfsport zu versuchen. Diese sind hervorragend geeignet, die Energie zu wecken und gleichzeitig kontrollieren zu lernen.
- Leg dir einen Boxsack zu. Tut gut!
- Gibt es Räume, in denen du schreien und wüten kannst?
- Mache Atemarbeit. Bewusstes (verbundenes) Atmen konfrontiert dich mit deiner Lebenskraft.
- Sehr gute Therapiemethode, um Wut zu befreien und abzubauen: Bioenergetik nach Wilhelm Reich.
- Krafttraining ist eine wunderbare Methode, um Energien zu kanalisieren.
- Trau dich mal, eine Zeitlang Dynamische Meditation nach Bhagwan-Osho zu machen.
- Unterschätze nicht den Wert des Sex für das gesunde Ausleben des Aggressionstriebs. Achte auf ein ausgewogenes Sexleben. Finde einen sexuellen Partner, dem du vertraust und mit dem du ehrlich über Grenzen sprechen und sie verspielt erobern kannst.
- Filmtipps: Superheldenfilme wie *Iron Man*, aber auch die *Stirb langsam*-Serie oder Eroberungsfilme strahlen viel Mars aus. Sie zu schauen hilft dir zu erkennen, wo du deinen eigenen Mars blockierst bzw. zu tief darin schwelgst.

2. Das Venus-Stier-Prinzip: Selbstwert, Verwurzelung, Sinnenfreude

Licht	**Schatten**
Fruchtbarkeit	Haben wird wichtiger als Sein
Stabilität	Festhalten an Besitz
Produktion, Erschaffen von Dingen	Einschlafen im Schlaraffenland
Die Früchte solider Arbeit, Nachhaltigkeit	Klammern an scheinbarer Sicherheit
Eigentum als angemessene Basis weltlicher Sicherheit	Kompensation von Existenzangst durch Haben
Beständigkeit, Durchhaltevermögen, Entschlossenheit	Stur, schwerfällig
Mütterlichkeit, Nahrung	Antriebslos, bequem
Gemeinschaft, Wärme, Geborgenheit	Zwanghaft auf Wachstumsraten fixiert
Genuss, vor allem auf körperlicher, sinnlicher Ebene	Kauf- und Konsumrausch
Verwalten und Erhalten von Besitz	Übersättigung, hedonistische Falle (Lustfalle, Gier)
Pragmatisch, konkret, bodenständig, vernunftorientiert	Individualität geht im Herdenbewusstsein verloren
Gestaltungskraft	Erdrückende Mütterlichkeit
	Genusssucht

Auf das urmännliche Marsprinzip folgt mit der urweiblichen Stier-Venus eines der beiden Venusprinzipien (das andere ist das Waage-Venus-Prinzip). Das Venussymbol für beide ist der Kreis über dem Kreuz, der Geist steht also über der Materie. Das ist aber vor allem das Symbol der luftigen Waage-Venus. Bei der erdigen Stier-Venus steht die Materie mehr im Mittelpunkt, die weiblich fruchtbare Kuh auch mehr als der männlich wütende Stier.

Hier treffen wir auf den weiblichen Archetyp der *Sammlerin,* die ganz am Anfang der Menschheitsgeschichte den Ton angab, schon weil sie für die *Nahrung* sorgte. *Natür*lich liegt es in ihrer Natur zu *horten* und *anzusammeln,* denn die Menge war immer ihr Problem, weil es die ganze Entwicklungsgeschichte über fast nie *genug* gab. Was *genug* ist, wird für den, der immer gegen den Mangel *angesammelt* und *gehortet* hat, allmählich Thema und oft Problem.

Messies sind notorische *Sammler* und leben die unerlöste Version dieses Lebensprinzips, können sie doch fast gar *nichts mehr wegwerfen* und *loslassen.* Ihre *Sammlungen* von fast allem beengen das Leben und drohen, sie zum Schluss in der (Über-)Fülle des Überflüssigen zu ersticken.

War meine Oma aber schon ein *Messie,* weil sie nach dem zweiten großen Krieg, den sie ertragen musste, alle Behältnisse für möglicherweise kommende schlechte Zeiten *aufbewahrte* und auf die Aktion *Eichhörnchen* setzte? Diese ergab sich für sie völlig logisch aus ihrer Geschichte. Für uns Enkel aber war sie fast schwachsinnig, führte sie doch dazu, dass wir ständig altes Zeug aßen. Oma kaufte von allen Grundnahrungsmitteln große Mengen, weil es die gerade gab und man ja nicht wisse, was käme. Für diese Nahrungsmengen brauchte sie all die Behältnisse und verstaute alles darin, um es im Keller zu *horten.* Kaum drohte etwas abzulaufen oder schlecht zu werden, wurde es noch schnell (von uns) verspeist, um dann neues Frisches im Keller *einzulagern.* Ein

Wahnsinnskonzept, besonders aus meiner heutigen Sicht von »Geheimnis der Lebensenergie«, wo Frische das A und O gesunder Kost ist. Es ging uns schon als Kindern auf die Nerven – weil uns die Erfahrungen der Großmutter fehlten. Mein Vater versuchte mit seiner Hungererfahrung aus der Gefangenschaft zwischen den Generationen zu vermitteln, was nur ansatzweise gelang, zu verschieden waren die Vorerfahrungen. Uns fehlte da tatsächlich etwas, meine Oma hatte es, aber es war nicht erlöst bei ihr.

Wir *sammeln* heute ganz selbstverständlich und fast natürlich nicht nur kollektiv Geld, Briefmarken und Bierdeckel, sondern auch Unterschriften, Stimmen und Zustimmung. Letztere sammeln wohl fast alle, aber enorm viele eben auch Geld – heute wohl weniger in *Sparstrümpfen* als auf *Bankkonten*. Dort *sammeln*, ja türmen sich riesige Geldmengen als *Sparguthaben*. Dass diese gerade in schlechteren Zeiten kaum genutzt werden, könnte uns zu denken geben. Tatsächlich ließen sich mit den Sparguthaben alle Staatsschulden dreimal sanieren. Worauf Politiker, die chronisch nicht wirtschaften können, wohl letztlich auch spekulieren.

Und diese *Geldsammlung* hat oft auch schon *Messie*-Charakter, auch wenn wir es gar nicht merken. Eine Analogie mag das erhellen: Ins Winterlager gezogene Indianer müssen dort *Holz sammeln* für den kalten Winter. Würde einer nicht mehr aufhören, obwohl er schon Holz für drei Winter hätte, würden sie ihn wohl zum Medizinmann bringen, um ihm aus dieser Falle herauszuhelfen.

Wenn bei uns aber jemand *Geld ansammelt*, das für fünf Leben reicht, obwohl er nur an eines glaubt, sehen wir darin noch keine Geisteskrankheit, nicht mal ein Problem. Dabei ist er eigentlich ziemlich gestört. Tatsächlich lassen wir von solch Ge- und Verstörten die Welt regieren. Denn sie können sich natürlich alles *(ein-) kaufen*, einschließlich Politikern. Sie leben in der Fülle (des Geldes), aber keineswegs in Erfüllung, und sind oft von Großzügigkeit weit entfernt. Das liegt schon daran, dass sie ihren Überfluss an Geld durch *Horten* als Gegenpol zu (Ver-)Teilen erworben haben. *Sammeln* und *Horten* ist ihnen in Fleisch und Blut übergegangen. Eine Art Dagobert-Duck-Syndrom, das noch auf seine wissenschaftliche Entdeckung wartet, aber schon heute unsere Welt bedroht.

Sie teilen das Problem *materieller Überfülle* auch mit allen Übergewichtigen, die Fett nicht nur sichtbar am ganzen Körper, sondern auch in Gefäßen, Blut und Organen *anhäufen*. Während die Superreichen mit erschreckender Geschwindigkeit reicher werden, nehmen sie doch zahlenmäßig ab. Das Heer der Übergewichtigen aber nimmt auf allen Ebenen dramatisch zu.

Als Fazit können wir feststellen: Wir haben auf materieller Ebene ein großes weltweites *Sammel*thema, an dem die Einzelnen und die ganze Welt leiden. Dagegen sind *Messies* harmlos, wenn sie uns auch den Archetyp des Problems überdeutlich vor Augen führen.

Nähern wir uns diesem in unserem Zusammenhang so wichtigen Thema noch allgemeiner, um ihm in seinen verschiedenen Aspekten und Erlösungsstufen gerecht zu werden. Was der Krieger und Kämpfer des ersten Prinzips erobert hatte, will die Stier-Venus nun *(ab-)sichern* und *(aus-)nutzen*. Ihr ausgeprägtes Bedürfnis nach *Reviersicherheit* und *Abgrenzung* führt zu Zäunen und einer *Betonung von mein und dein*. Die Einstellung von »Was man hat, das hat man« ist philosophisch nicht gerade tief oder überzeugend, aber mit der Lebenserfahrung unserer Großeltern immerhin nachvollziehbar. Insofern hatten nach dem Zweiten Weltkrieg wohl viele bei uns einen nachvollziehbaren *Sammeltick*. Sie wollten *Eigentum* und *Besitz*, den man be*sitzen* konnte, also am besten Land zum *Sesshaftwerden*, das *fruchtbar* war und *reiche Frucht tragen* konnte, die sie selbst und die *eigene Sippe* in schweren Zeiten *nähren* würde. In solch schweren Zeiten musste man auf allen Ebenen *zusammenhalten*, den *Besitz* aber auch in den Familien und *Sippen*, im eigenen engen Kreis, den der vertraute *eigene Stallgeruch markierte.* Ansonsten war *Ab-* und *Ausgrenzung* angesagt. Wir waren Flüchtlinge, und das war auch damals schon kein Vergnügen.

Besitz vermittelt der Stier-Venus aber nicht nur (Überlebens-) *Sicherheit,* sondern auch *Selbstwert*(gefühl) im Sinne des Werbeslogans »Weil wir es uns wert sind« oder noch krasser »Haste was, biste was«. Was man dann ist, bleibt dabei offen und egal. Hauptsache irgendetwas *Wertvolles* (haben), um sich dann *wertvoll* zu fühlen. Hier bekommt also *Besitz* und daraus folgend Geld einen eigenen, die Sinne befriedigenden Selbstzweck: Es lässt sich in den berüchtigten *Sparstrumpf stopfen,* um sich an diesem immer wieder zu freuen. Ein Bekannter zeigte mir einmal eine Kiste mit Golddukaten, in denen er gern mit den Händen und sogar Armen wühlte – also ganz konkrete – Donald-Duck-ähnliche – *sinnliche* Momente mit Geld und Gold.

Die von den Mächtigen der Welt bereits angedrohte Abschaffung des Bargeldes wird hier als Schock empfunden. *Sichtbarer Besitz* vermittelt natürlich noch deutlicher das Gefühl, es zu etwas (zu was eigentlich?) gebracht und *(s)einen Platz im Leben* gefunden zu haben. Sein Geld in ein Auto oder ein entsprechend eindrucksvolles Haus zu stecken sind typische und weit verbreitete Methoden in diesem Sinn. Wenn beide dann *die Sinne erfreuen* und zu echter *Sinnenfreude,* wenn schon nicht zu Erfüllung verhelfen, ist das immerhin positiv.

Nach allen Seiten *abgesichert,* versucht die Stier-Venus, *sammelnd* und *hortend Vollständigkeit* zu erreichen. Wie jeder *Sammler* fühlt sie sich gut und annähernd vollkommen, wenn sie alle Teile des Besteckes *beisammen*hat, so wie sie anstrebt, alle Briefmarken einer Epoche zu haben und sich an deren *Besitz* zu erfreuen.

Was Geld und *Besitz* angeht, versucht sie um fast jeden Preis, *Verluste* zu *vermeiden.* Sie *hält fest* – auf vielen Ebenen bis zum Stuhlgang – *und allen Besitz zusammen.* Ähnlich gern holt und *hält* sie auch Familie und *Sippe zusammen* und fühlt sich glücklich und freut sich daran, auch hier *Vollständigkeit* zu erreichen. Geldverluste führen bei ihr rasch zu *Existenzängsten*, Verluste von Familienmitgliedern zu Verzweiflung und Weltuntergangsstimmung.

Im Idealfall benützt sie ihr Geld, um ihr und das Leben ihrer *Sippe* in seiner ganzen *Fülle* zu *genießen* von *reichlich gutem Essen* und *edlem Wein* über *gediegene Möbel* in einem aufwendigen und *solide* restaurierten *Landhaus* in der *schönsten Gegend* einer *reichen bäuerlichen Kulturlandschaft*, umgeben von *eigenem Grund und Boden* mit einem *schönen soliden* Auto mit Diebstahl*sicherung* in der Doppelgarage. An den Wänden des Hauses wertvolle Gemälde, denn sie *sammelt Kunst* und andere *kostbare Dinge*, genießt die Musik ihrer *Kultur* und überhaupt die gebotenen *Sinnenfreuden*. Sie fasst gern an, was sie hat, und liebt es, vor allem im ganz *irdischen* Sinn. So liebt sie auch die Region, in der sie und ihre Lieben heimisch sind, und zeigt sich gern in *schöner Tracht* und Eintracht. Sie weiß das alles sehr zu *schätzen* und freut sich an ihrem reichen Leben. Sich reich beschenkt und geradezu gesegnet fühlend, *genießt* sie ihr Leben auf der *Scholle ihrer Vorfahren*. Immer *gut gefüllte Konten* geben ihr das Gefühl von *Sicherheit*, das sie so schätzt, und sie schaut sie immer wieder gern, beruhigt und mit gutem Gefühl an. Was Religion angeht, folgt sie *althergebrachter Tradition*; ohne sich zu viele Gedanken zu machen, ist ihre Welt doch die der Materie. Und natürlich ist Stier-Venus das Erdzeichen schlechthin.

Persönlich habe ich eine verbotene Neigung und große Lust, große Kunst anzufassen, was zu kurzer Sinnenlustbefriedigung und gleichzeitiger Auslösung der Alarmanlage führt. Einmal stand ich in der Ermitage in Petersburg, versunken in eine Plastik von Rodin, als mir eine alte Dame ein Erlebnis *stier*licher Lust bescherte. Sie flüsterte mir zu, ich dürfe die Figur einmal anfassen, denn sie sei hier die Alarmanlage. Ich lernte sie ein wenig kennen, die ihre Minimalrente als »Alarmanlage« nur minimal aufbesserte, aber ganz erfüllt und glücklich war, ihren Lebensabend mit diesen vollendeten Kunstwerken verbringen zu dürfen.

Auf dem Gegenpol – direkt gegenüber im Entwicklungskreis – lauert die Gefahr, besessen zu werden, in diesem Fall von materiellem Besitz. Bei diesem ebenfalls archetypisch weiblichen Plutoprinzip von immateriellem Besitz, etwa dem anderer Seelen.

Herausforderung und Lernaufgabe für Stier-Venus ist loslassen zu lernen und jenes panta rhei von Heraklit zu leben, wo alles fließt und es letztlich keine absolute und keine andere *Sicherheit* gibt als die des ständigen Wandels. Diese Erkenntnis gilt es zuzulassen und zu akzeptieren, und das ist schwer für Stier-Venus.

Fragen an mich selbst

- Ist mein »Hab und Gut« nur für mein eigenes »Fleisch und Blut«?
- Kann ich mein Geld fließen lassen, oder *halte ich* es *fest* und hindere ich es und mich dadurch?
- *Besitze* ich meinen *Besitz,* oder bin ich schon besessen davon? Kann ich ihn – wenigstens für schöne Reisen – auch gern verlassen?
- Wie viel *sinnliches Gefühl* und wie viel *Sinnenfreude* verbindet mich mit Geld und *Besitz*?
- Woran erfreuen sich meine Sinne sonst noch?
- Leiste ich mir schöne Dinge, die mein Herz erfreuen und die mit Geld zu kaufen sind?
- Habe ich eine Tendenz, mein Geld für Sinnenfreuden wie gutes Essen oder Kunst auszugeben, um etwas davon zu haben?
- Ist das Kunst, oder kann das weg? Stelle ich mir diese wichtige Frage, die den Kunstsammler vom Messi unterscheidet?

Entwicklungsstufen

1. Materielle Gier, Unbeweglichkeit, Dagobert-Duck-Syndrom, Tanz ums Goldene Kalb, Habsucht
2. Extreme Sparsamkeit, Materialismus, Sammelsucht, Gruppenzugehörigkeit

3. Materielle Sicherheit, vernünftiges Sparen
4. Bodenständigkeit, Gründlichkeit
5. Treue, Geduld, Gemeinschaftssinn, Naturverbundenheit
6. Harmonie, Gelassenheit
7. Innere Ruhe, erlöst von irdischen Bedürfnissen, Buddha

Seit jeher existieren zwei grundsätzlich verschiedene spirituelle Ansätze auf unserem Planeten.

Der transzendente (= übersteigende) sucht die Wahrheit vor allem im Jenseitigen, Unsichtbaren, im Nichtanfassbaren. Wir finden ihn vor allem in männlich dominierten, zum Beispiel in allen monotheistischen Religionen. Sie tendieren dazu, Materie als Illusionen beziehungsweise notwendige Zwischenstationen zum eigentlichen Ziel zu betrachten. Sie gehen häufig mit einer negativen Grundeinstellung weltlichen Freuden gegenüber einher. Genuss, Besitz, Lust werden eher misstrauisch als Versuchung betrachtet. Sie betonen oft die Askese, den Verzicht als Weg des Erwachens, und warnen davor, in der materiellen Ebene einzuschlafen.

Die immanenten (= *innewohnenden*) Religionen kommen von dem Punkt, dass Gott in allem zuhause ist. Im Blut, in der Erde, in der saftigen Papaya zwischen unseren Zähnen, im wilden Sex mit unserer Liebsten. Wir finden diesen Ansatz in vielen animistisch und matriarchal geprägten Kulturen. Materie und Sinnesfreuden werden nicht verneint, sondern auch als Ausdruck des Göttlichen verehrt.

Wahrscheinlich, wie so oft, liegt die Wahrheit in der Mitte. Das Mysterium des Lebens ist in jedem Atom zu finden, *und* – ohne Zweifel – wir Menschen können uns tief und lange in den materiellen Ebenen verirren.

Ich schlage diesen weiten Bogen, um die dunklen und hellen Aspekte des Stierprinzips zu beleuchten. Im Grunde genommen ist es das Zuhause der materiellen Fülle. Auch hier können wir zwei Extreme beobachten. Ablehnung und Darin-Verlorengehen.

Ich kenne Menschen, die lehnen materielle Fülle ab – manchmal sehr bewusst (zum Beispiel aus einem spirituellen Konzept heraus). Oft jedoch auch unbewusst, zum Beispiel weil wir gelernt haben, kein Recht auf diese Freuden zu haben. Ich habe mich der materiellen Fülle lange Zeit verwehrt, weil ich mich davor gefürchtet habe, in ihr verloren zu gehen. Und ... diese Angst ist ohne Zweifel berechtigt. Materie kann eine faszinierende Schwerkraft auf unseren Geist ausüben. Wie schon beschrieben, leben wir in einer stark säkular orientierten Gesellschaft. Auch wenn sich manche Parteien ein (für mich nur noch schein-heiliges) »Christlich« im Namen tragen und viele Menschen immer noch am Sonntag in die Kirche gehen, sind wir doch ganz klar ein sehr auf das *Haben* konzentriertes Kollektiv. Das so wesentliche *Sein* kommt bei den meisten zu kurz, oft einfach nur, weil diese Ebene in uns viel zu selten angesprochen wird. Die seelische Unterstimulation lässt den Geist vermehrt in der Materie nach der Erfüllung unserer Grundbedürfnisse suchen. Materie muss dann für alles herhalten. Wir kompensieren Liebe mit Süßem, echte, tiefe Sicherheit durch Immobilien und Versicherungen. Und schon sind wir in zwei der gefährlichsten Fallen auf der Reise durch ein menschliches Leben getappt.

Die hedonistische Glücksfalle beruht auf einem einfachen Prinzip: Unsere Sinne gewöhnen sich sehr schnell an etwas. Wir genießen einen Apfelkuchen eine Woche lang. Dann brauchen wir Sahne obendrauf. Und dann noch eine Kugel Eis. Und dann ... Das trifft auf jeden Aspekt von materieller Fülle zu – einen Kontostand, ein weiches Bett, Schmuck ... Wer nur in Materie nach echtem Reichtum sucht, wird immer wieder versucht sein, noch eins draufzulegen.

Und dann gibt es die Falle aller Fallen, die in vielen spirituellen Mythen als der tiefe Schlaf beschrieben wird. Ich weiß leider nicht mehr, wo ich diese Geschichte gelesen habe, doch sie beschreibt es sehr gut: »Es war einmal ein König, der alle seine

Reichtümer an sein Volk verschenken wollte. Er wollte sogar seinen Thron mit ihnen teilen. Also richtete er ein großes Fest aus und lud alle Bewohner seines Landes ein. Bereits in den Vorgärten seines Palastes waren riesige Tafeln mit feinstem Essen und Trinken aufgebaut. Warme Quellen, verführerische Musik, die besten Masseurinnen der Welt erwarteten die Reisenden. Der König saß derweil voller Vorfreude im Thronsaal – bereit, ihn mit allen zu teilen. Doch – du ahnst es vielleicht – er wartete vergebens bis spät in die Nacht. Irritiert und traurig sendete er einen Diener hinaus, um zu erkunden, warum ihn niemand besuchte. Nach einer Stunde kam der mit einer ernüchternden Erklärung zurück. Es waren tatsächlich Tausende angereist, doch sie waren in den Gärten hängen geblieben. Dort lagen sie nun. Betrunken, satt und schlafend. Mehr hatte sie nicht interessiert.«

Wenn wir nicht wissen, wer wir wirklich sind, laufen wir Gefahr, die Antworten darauf nur im materiellen Bereich zu suchen. Die freie Seele schläft in der Materie ein. Wir wähnen *uns* sicher, weil wir soundso viel Geld auf dem Konto haben. Wir glauben, *wir* wären wertvoll, weil unser Auto groß ist. Doch wie trügerisch diese Illusion ist, kann dir jeder bestätigen, dem durch einen Konkurs, einen Unfall oder eine Krankheit »seine« Materie erschüttert oder ganz genommen wurde. Dann realisieren wir plötzlich, dass wir in einer Sandburg gelebt haben und uns schon viel zu lange nicht mehr der Frage gewidmet haben, wer wir wirklich sind.

Ich bin vom Sternzeichen her Stier und kann den Wunsch, in Materie Sicherheit zu finden, sehr gut nachvollziehen. Ich habe früher meiner Frau oft gesagt: »Wenn wir mal reich sind, dann kann ich mich entspannen.« Sie lächelte immer nur still und entgegnete: »Ich werde dich daran erinnern.« Als wir dann das erste Mal ca. 500 000 DM auf dem Konto hatten, wartete sie schlau noch einige Wochen und hakte dann nach: »Und, fühlst du dich nun sicherer?« Ich musste leider zugeben, dass ich immer noch

Angst verspürte. Sie hatte nur das Thema gewechselt. Von »Oh, Gott, was, wenn ich die Miete am Ende des Monats nicht zahlen kann!« zu »Oh, Gott, was, wenn wir das viele Geld wieder verlieren und ich dann die Miete am Ende des Monats nicht zahlen kann!«. Damals begann ich, intensiver zu meditieren, weil mir klar wurde, dass ich die in meinen Zellen sitzende Existenzangst nicht dadurch heile, Nullen an die Zahl auf meinem Kontoauszug zu hängen.

Wer zu sehr an Materie klebt, wird bequem, abhängig von Zahlen und Wachstum auf dieser Ebene. Doch damit plädiere ich keineswegs dafür, ihr zu entsagen. Denn auch das bringt meistens keinen Frieden. Materie ist nicht unser Feind, sie will nur sinnvoll genutzt und geachtet werden. Wie können wir das Stier-Prinzip also weise für ein Leben in Fülle und Freiheit nutzen?

Genuss: Indem wir beginnen, das, was wir heute haben, achtsam zu genießen. Wenn ich mit manchen Klienten an ihren Existenzängsten »arbeite«, stellen sie oft erstaunt fest, dass sie vor lauter Angst vor einem eventuellen Verlust in der Zukunft den Reichtum ihrer Gegenwart komplett ausblenden. Doch Fülle kann nur hier und jetzt erfahren werden – niemals morgen oder gestern. Ich kenne Menschen, die können ihre Kugel Eis nicht genießen, weil sie beim Schlecken voller Bedauern daran denken, dass es gleich vorbei ist. Interessanterweise reift unser Vertrauen, dass auch morgen genug da sein wird, wenn wir lernen, intensiver das Heute zu leben. Denn so erfahren wir bewusst, dass alles, was kommt, wieder geht, aber eben auch immer wieder etwas Neues kommt. Wer aus Angst festhält, kann das, was er hat, nicht genießen, und seine Hände sind nicht offen für mehr.

Dankbarkeit ist für mich die vielleicht mächtigste geistige Tugend. Sie lenkt unseren Fokus auf den bereits vorhandenen Reichtum. So erfahren wir ihn intensiver. Unser Unterbewusstsein wird darauf geeicht, dass wir bereits reich sind, und erschafft so natürlich und leicht noch mehr Fülle. Auch im Außen, wenn gewünscht. Du glaubst ja nicht, wie oft sich bei mir Klienten über ihre Armut beklagten und dann – wenn ich sie bat, ihren gesamten Reichtum aufzuzählen – peinlich berührt feststellten, wie viel sie einfach ausgeblendet hatten. Gesundheit, Beziehungen, Geld irgendwo auf einem Sparkonto, eine Immobilie auf Mallorca … Wenn wir nicht regelmäßig in Dankbarkeit auf das schauen, was da ist, blendet unser Geist es aus. Ich bin sehr gut im Manifestieren von Zielen, auch materiellen. Ich stelle immer wieder erstaunt-erschrocken fest, dass ich mich regelrecht »zwingen« muss, das Erreichte auch zu genießen, anstatt einfach die nächste Möhre am Horizont aufzuhängen.

Besitztum: Spannende Frage: Wie viel materiellen Besitz braucht ein Mensch, damit er sich entspannen kann? Und wann fängt Besitz an, uns zu besetzen? Es gibt viele Befragungen, die zeigen, dass Geld sehr wohl einen Einfluss auf unser Glück hat. Allerdings nur bis zu einer gewissen Einkommensgrenze. Der Nobelpreisträger Daniel Kahneman analysierte die Ergebnisse einer Umfrage mit mehr als 450 000 Amerikanern, um die Frage zu beantworten: »Bis zu welchem Punkt macht mehr Geld glücklicher?« Er kam auf eine magische Grenze von ca. 75 000 Dollar verfügbaren Haushaltseinkommen. Auch darüber hinaus kann zwar die Lebensqualität verbessert werden, doch die emotionale Zufriedenheit nimmt nicht mehr zu beziehungsweise der Stress nicht ab. Ich behaupte sogar: Wenn du ab dieser Grenze nicht wieder anfängst, deinen materiellen Reichtum sinnvoll mit allen zu teilen, nimmt dein Stress sogar wieder zu.

Es macht aus meiner Erfahrung durchaus Sinn, nach einem angemessenen Level an materiellem Besitz zu streben. Jeder von uns ist herausgefordert, sein individuell passendes Maß achtsam herauszufinden. In meinen »spirituellen« Zeiten habe ich Sicherheit primär in mir gesucht und aktiv dafür gesorgt, kaum etwas zu besitzen. Wie sehr mich diese materielle Unsicherheit unbewusst die ganze Zeit gestresst hatte, fand ich erst nach meinem

Unfall heraus. Bis dahin hatten wir als Familie von der Hand in den Mund gelebt. Was reinkam, wurde ausgegeben. Sparen empfand ich bis dahin als so unsexy.

Dieses »Going with the Flow« funktioniert gut, wenn alle im System intakt funktionieren. Doch dann crashte ich eines Tages bei der Landung nach einem Fallschirmsprung und brach mir dabei die Wirbelsäule. Plötzlich war ich mit der Möglichkeit konfrontiert, im Rollstuhl zu sitzen und nicht mehr wie gewohnt jeden Tag zu arbeiten. Ich lag viel im Bett und hatte Zeit zum Nachdenken. Mir wurde erschreckend bewusst, dass unser familiäres System keinerlei Rücklagen für solche Krisen angelegt hatte. Mir wurde klar, dass dies vielleicht okay ist, wenn du allein als Asket in einer Höhle sitzt und dort nach der Wahrheit suchst. Doch als Vater, Ehemann, Unternehmer mit Angestellten und Verpflichtungen unseren Geschäftspartnern gegenüber war dies schlicht unverantwortlich. Ich war zum ersten Mal bereit zu sparen – nicht aus Angst, sondern einem Verantwortungsgefühl heraus. Mein Ziel war ein finanzielles Sicherheitspolster. Dafür brauchte ich eine konkrete Zahl. Ich addierte alle laufenden Ausgaben eines Monats und multiplizierte sie mit 6. Mit dieser Summe würde unser System im Ernstfall ein halbes Jahr lang ohne Einnahmen überleben können. Und so entdeckte ich Sparen als eine geistige Tugend *und* eine ökonomische Schwerkraft.

Es ist mit dem Sparen nämlich so eine Sache. Auch das kannst du in beide Richtungen übertreiben. Du kannst sinnlos Geld horten. Wie einer meiner Vermieter, den niemand wirklich mochte. Er war ein einsamer, unzufriedener Kauz, geizte bei jeder anfälligen Reparatur und lief in armseligen Klamotten umher. Als er starb, hinterließ er ein riesiges Vermögen, viele Immobilien und Privatwälder. Als ich dies erfuhr, war mein einziger Gedanke: Wie viel Freude hätte dieser Mensch sich selbst und vielen anderen zu Lebzeiten bereiten können? Er hätte mit seinem Ersparten ganze Kinderheime aufbauen und unterhalten können.

Auf der anderen Seite kenne ich besonders im kulturell-kreativen Bereich sehr viele »Freigeister«, die gar nichts zurückgelegt haben. Manche jammern darüber. Andere idealisieren es als Freiheit oder Vertrauen ins Leben. Doch wenn ich ihnen aufmerksam zuhöre, ist die finanzielle Knappheit doch oft ein negatives Thema. Es wirkt im Untergrund wie ein permanentes Störfeld aus Unsicherheit, Frust und Sorgen.

Ich kann dir aus eigener Erfahrung sagen, dass nicht zu sparen selten etwas mit wahrer Unabhängigkeit, sondern meistens etwas mit Disziplinlosigkeit zu tun hat. Von meinen Klienten höre ich sehr häufig: »Ich würde ja gern sparen, doch es reicht schon vorn und hinten nicht.« Oder sie legen etwas beiseite, und dann kommt immer »etwas« dazwischen. Eine überraschend anfallende Reparatur, eine Nachzahlungsforderung vom Finanzamt oder ein Kaufrausch. Das sieht vielleicht zufällig aus. Ist es aber nicht. Das sind Tricks unseres eigenen Unterbewusstseins, mit denen wir uns in dem Level an materieller Fülle halten, an das wir gewohnt sind! Solange wir nicht wirklich sparen wollen, sieht es immer so aus, als wenn es nicht geht. Doch du kannst dich ganz leicht überführen: Wenn der Staat von heut auf morgen eine 10-prozentige Extrasteuer erheben würde, die ohne Wenn und Aber für uns alle anfällt, dann würdest du dich wahrscheinlich laut beklagen, aber du würdest Wege finden, dein Leben dennoch zu managen, stimmt's? Es geht also!

Das Geheimnis des Sparens liegt darin, einen Teil deiner Einnahmen als quasi nicht existent zu betrachten. Wir legten damals ein eigenes Konto für unsere finanzielle Sicherheit an und installierten einen Überweisungsauftrag, der zu Beginn eines jeden Monats 10 % unserer Einnahmen auf dieses Konto »verschwinden« ließ. Am Anfang tat es weh. Dann vergaßen wir es fast. Bemerkenswert: Als der Schalter erst einmal innerlich und äußerlich nachdrücklich umgelegt war, erreichten wir die Zielsumme für unsere finanzielle Sicherheit sogar viel eher als geplant.

Vielleicht fragt sich dein gesunder Menschenverstand: »Worin soll der Sinn liegen, Geld anzusammeln, das ich gar nicht nutzen werde?« Gute Frage. Sie hat mich selbst lange Zeit davon abgehalten, irgendetwas zurückzulegen. Doch ich möchte einige interessante Phänomene mit dir teilen, die ich seitdem erlebe:

- *Entspannung.* Erst nachdem wir diese finanzielle Grundsicherheit beiseitegelegt hatten, wurde mir bewusst, dass die permanente Knappheit die ganze Zeit über ein latentes Grundrauschen an Stress in meinem System erzeugt hatte. Das mag nicht jedem so gehen, doch viele meiner Klienten berichten Ähnliches.
- *Konzentration.* Bewusstes Sparen fordert dich heraus, dir sehr genau und ehrlich anzuschauen, welche deiner Ausgaben tatsächlich wesentlich sind. Es trainiert dich im gesunden Nein-Sagen. Wir kommen dazu noch einmal ausführlicher beim Saturnprinzip.
- *Reichtums-Bewusstsein.* Ständig rechnen und zwischen deinen Dispokrediten hin- und herjonglieren zu müssen stärkt dein Mangelbewusstsein. Zu wissen, dass du über ein Vermögen für ein halbes Jahr Leben verfügst, signalisiert deinem Unterbewusstsein, dass du materiell reich bist. Dieses verstärkte Reichtumsbewusstsein wird sich sehr wahrscheinlich auf deine kommende Chancenverarbeitung und Gewinne auswirken.
- *Energetisch.* Das klingt jetzt vielleicht etwas esoterisch, doch ich mag einfache, einleuchtende Bilder, und ich glaube, unser Unterbewusstsein auch. Wer nicht spart, dessen Vermögensfluss gleicht einem schnell fließenden Fluss. Was reinkommt, fließt sofort weiter. Hast du schon einmal an einem stark strömenden Gewässer gewohnt? Zu Beginn fühlt sich das romantisch an. Doch irgendwann hast du eventuell eine leicht genervte Empfindung. Es ist, als ob deine eigene Le-

bensenergie ständig mit dem Wasser wegfließt. Keine Ruhe im System. Nun stell dir vor, du errichtest mitten im Fluss einen Staudamm. Er muss gar nicht groß sein. Das Wasser kann sich jetzt in einem Becken sammeln. Der Fluss fließt immer noch raus und rein. Doch in der Mitte ist ein Ruhepool entstanden. Interessanterweise wirkt ein so angespartes Vermögen oft anziehend für noch mehr. Durch Sparen baust du ein ökonomisch-energetisches Gravitationszentrum auf. Musst du mir nicht glauben. Probiere es aus.

- *Kreativitätsschub.* Wenn unser inneres System beginnt, sich zu entspannen, weil unser Unterbewusstsein realisiert: »He, im Ernstfall haben wir für sechs Monate vorgesorgt«, dann sinkt die Angst, und die Kreativität steigt. Wir können unsere wahre Schöpferkraft erst entfalten, wenn wir uns sicher fühlen[6].

Ich habe hier eine Lanze für das bewusste Sparen gebrochen. Betonung auf *bewusst.* Sinnlos Geld zu horten hat nichts mit realer Fülle zu tun. Auf deutschen Sparkonten liegen fast 2000 Milliarden Euro ungenutzt herum. Nicht vorstellbar, was der Einzelne und wir als Kollektiv damit erschaffen könnten! Überprüfe in regelmäßigen Abständen selbstkritisch, ob deine Art zu sparen eine gesunde Erfahrung von Fülle und Freude unterstützt oder ob es dich bequem, gierig und vielleicht noch ängstlicher macht.

Ich möchte gern noch drei wesentliche Qualitäten des Stierprinzips hervorheben:

Werte schaffen: Der Stier ist ein Erdzeichen. Hier geht es darum, nachhaltige, anfassbare Werte zu schaffen. Etwas, das du der Welt hinterlassen kannst. In unserer so kurzatmigen Zeit werden immer

---

6 Das ist auch eine der zentralen Überlegungen der Befürworter eines Grundeinkommens. Ich empfehle dir jedoch, nicht darauf zu warten, bis dies umgesetzt ist. Die Tugend des Sparens wirst du immer brauchen!

mehr Selbstständige und Unternehmer durch die Gier nach dem schnellen Erfolg korrumpiert. Im Internet wimmelt es von »brillanten« Geschäftsideen, mit denen du über Nacht reich werden kannst. Die Händler an der Börse haben nichts aus ihren Crashs gelernt. Es zählt an vielen Stellen nur noch der Gewinn und nicht die Fragen:

- Wie viel Wert erschaffe ich mit meinem Tun für andere?
- Was hinterlasse ich konkret mit meiner Arbeit?
- Wird die Welt durch mich schöner?

Gerade wenn du sehr ehrgeizig bist, fühlst du dich von diesen Fragen vielleicht ausgebremst. Doch glaube mir: Eine gute Antwort darauf zu finden ist der beste Boden für nachhaltigen *und* erfüllenden Erfolg.

Der lange Atem. In der negativen Übertreibung neigen Stiere zur Sturheit. Positiv sind sie in der Lage, einen einmal eingeschlagenen Kurs auch bei Widrigkeiten beizubehalten. Ich berate und begleite viele Selbstständige beim Aufbau ihres Unternehmens und im Marketing. Gebetsmühlenartig wiederhole ich ihnen gegenüber das Mantra: »Gute Dinge brauchen Zeit.« Viele Beginner – egal in welchem Bereich – haben meines Erachtens völlig überzogene Erwartungshaltungen und keine Ausdauer. Wir sehen unsere erfolgreichen Idole auf der Bühne, in den Zeitungen ganz oben in den Charts. Was wir nicht kennen, weil wir nicht dabei waren, sind die unzähligen Stunden des Aufbaus, die Momente des Zweifelns, der Schweiß, die Niederlagen ... Ich habe mit mehr als 20 000 Menschen an ihren Zielen gearbeitet. Aus meiner Erfahrung sind die Top-Ursachen für Misserfolg:

- Keine Ziele aufgestellt und gar nicht losgegangen (schwacher Mars).
- Keine Ausdauer. Zu früh abgebrochen (schwaches Stier-Venus- und Saturnprinzip).

- Mangelnde Bereitschaft, dazuzulernen und den Kurs zu korrigieren (sturer Stier).
- Und ein fehlendes Verständnis für die Bedeutung von Teams. Womit wir bei der letzten Stierqualität wären, die ich dir näher vorstellen möchte ...

Starke Gemeinschaft. Die Zeiten der Einzelanstrengung sind endgültig vorbei. Wer heute etwas erreichen möchte – besonders, wenn es neu, innovativ ist –, braucht seinen Tribe, seinen Stamm, sein Netzwerk, sein Team. Hirnforscher haben schon lange herausgefunden, dass wir nicht als Einzelwesen erschaffen wurden. Unser Gehirn fährt erst in der Kommunikation mit gleichgesinnten Hirnen und Herzen zur Höchstform auf. Ob und wie sich unser Potenzial entfaltet, hängt maßgeblich von unserer sozialen Umgebung ab. Jede deiner Beziehungen – privat und geschäftlich – hemmt oder fördert dich. Gibt oder nimmt dir Kraft.

Einer deiner mit Abstand wirksamsten Vermögenswerte sind deine Beziehungen. Hier solltest du niemals sparen, sondern jeden Tag großzügig investieren. Geld wird als Währung irgendwann verschwinden. Deine Mitmenschen nicht. Lass deshalb dies deine Spitzen-Investments in ein glückliches Leben sein:

- Erhalt und Kultur eines gesunden, klaren und stillen Geistes.
- Erhalt und Training deiner körperlichen Gesundheit.
- Erhalt und Entfaltung all deiner Beziehungen.
- ... und erst dann materielle Fülle.

Wie groß darf die Gruppengröße werden? Aus dem Verhältnis von Körpergröße und Gehirngewicht ergibt sich eine Formel für die gerade noch funktionierende Gruppengröße. Diese liegt bei uns Menschen unter 150. Deshalb wohl dürfen die Dörfer der Menoniten und Amish People diese Größe nie überschreiten, aber auch schlagkräftige militärische Einheiten liegen darunter wie die Hundertschaften der Römer und die Platoons der US-Armee. William Gore, der sein Firmenimperium um Gore-tex entwickelte, ließ seine Firmeneinheiten immer unter 150 Mitarbeitern, und sobald diese überschritten wurde, ließ er jeweils eine neue Firma gründen. Sein Erfolg mit diesem Konzept ist sprichwörtlich.

Umsetzungsimpulse

- Genieße die geführte Meditation »Im Saal deines Reichtums« (herunterzuladen unter www.omega.guter-reichtum.de, Passwort: »ichbinjetztreich«).
- Genuss: Achte täglich möglichst oft darauf, was du tust und konsumierst – und tue es bewusst und mit Genuss. Du kannst aus jedem Essen, jeder Berührung oder einem Spaziergang durch den Wald eine Meditation der Sinne zaubern.
- Lass dich regelmäßig massieren, gönne dir diesen Luxus.
- Spare dir eine Summe Geld an, das dich für eine Zeit lang versorgt, solltest du einmal nicht arbeiten können. Damit verschaffst du dir finanzielle Sicherheit. Meine Empfehlung: Nimm deine monatlichen Ausgaben mal sechs (für sechs Monate).
- Das mag seltsam klingen, doch es bringt erstaunliche Erkenntnisse ans Licht: Lege dir einen kleinen Haufen Geld auf deinen Nachttisch. Sprich kurz bevor du einschläfst oder nach dem Erwachen mit dem Geld. Stell dir vor, es hat ein eigenes Wesen. Du kannst ihm jede Frage stellen, zum Beispiel: »Was brauchst du, um gern zu mir zu kommen? Wie kann ich dich weiser nutzen?« Dann schließe deine Augen und lass das Geld antworten. Du wirst überrascht sein!
- Lege dir zuhause einen kleinen Schatz zum Anfassen zu. Einige Scheine, Münzen, vielleicht etwas Gold. Das muss gar nicht viel sein. Doch so wird Reichtum für dich viel greifbarer.

- Wenn Selbstliebe für dich ein Thema ist, geh es aktiv an. Besorge dir gute Bücher zum Thema (siehe Anhang).
- Praktiziere Tantra, denn dies ist ein wunderbarer Weg, die Sinne zu feiern und dich mit deiner Essenz zu verbinden.
- Praktiziere Erdrituale: Lagerfeuer, Gartenarbeit, mit den Händen in der Erde wühlen, Schwitzhütten, lange Wanderung in der Natur …
- Wie sinnlich-nährend ist deine Wohnung eingerichtet? Verfügt sie über gemütliche Plätze zum Liegen und Sitzen? Schaust du auf Bilder, die Fülle verkörpern? Gibt es Materialien und Objekte, die sich angenehm berühren lassen (Holz, Marmor, runde Formen)?
- Müde von Einzelanstrengung? Das verstehe ich gut. Initiiere privat und beruflich kleine Teams von gleichgesinnten Menschen, die regelmäßig zusammenkommen und sich in ihren Anliegen unterstützen.

3. Das Merkur-Zwilling-Prinzip: Austausch und Kommunikation

Licht	**Schatten**
Lebendige Kommunikation als Schöpfung und Verbindung	Luftschlösser
Vermittlung von Information	Überreden, beschwatzen
Überzeugungsgabe, Redegewandtheit	Unstetig
Vernetzung und Austausch	Oberflächlich, zu unbekümmert
Neugier, neue Wege	Hektisches Denken, zu viel Nachdenken
Leichtigkeit, Flexibilität, vielseitig	Zu vielseitig, sich nicht festlegen, unschlüssig
Ein frischer Geist	Nervös, unruhig, abgelenkt, rastlos
Offene Gedankenwelten	Bindungsunfähig
Fähigkeit zur Abstraktion	Betrügerisch, Blender
Finanzströme, Geld als Manifestations- und Kommunikationsmittel	Schnelles Geld ohne echte Wertschöpfung
Neutralität	

Hier gehört das Geld eigentlich hin, war es doch zu Anfang ein *Tauschmittel*, das das Leben unserer Vorfahren sehr erleichterte. In uralten Zeiten direkten *Tauschens* konnte ein Tischler nur dann Brot vom Bäcker bekommen, wenn der einen Tisch brauchte, ansonsten musste er sich einen Bäcker suchen, der Brot gegen Tisch tauschen wollte. Und dem Bäcker ging es mit dem Müller nicht besser, und dieser hatte dasselbe Problem mit dem Bauern. Geld als *Zahlungsmittel* zum Zweck des *Austauschs* erleichterte den *Handel* enorm, ja begründete ihn eigentlich erst richtig, vorher war nur sehr einfacher *Tauschhandel* möglich. Geld *verband die Menschen handelnd miteinander* und ermöglichte so vieles, was uns heute selbstverständlich ist. Auf diese Art benutzt, ist Geld wenn auch noch nicht die erlöste, so doch eine sehr konstruktive Art des Merkurprinzips.

Hermes, der *geflügelte Götterbote*, steht für das erlöste Merkurprinzip. Sein Zeichen ist die Seelenschale über dem Geist-Kreis und dem Kreuz. Von unten gelesen also Körper, Geist und Seele. Und wie diese drei *verbindet* er alles miteinander. Zuständig für alle *Verbundenheit* sorgt er auch für die Beziehungen *zwischen* allen Wesen und für ihre *Verbindlichkeit(en)*, was schon wieder die Finanzen ins Spiel bringt. Das gilt zwischen den Menschen im erlösten Sinn von »Alle Menschen werden Brüder«, *zwischen* den Göttern und *zwischen* Menschen und Göttern, aber auch zu den Dämonen der Unter- und Schattenwelt.

So schafft Merkur auch *Verbindungen zwischen* allen Lebens- und Urprinzipien, stehen hinter diesen doch symbolisch die antiken Gottheiten des Olymps. Wird dieses Prinzip erlöst gelebt und sorgt es für erlöste *Beziehungen* zu allen Gottheiten beziehungsweise Lebensprinzipien, ist die Entwicklungsarbeit bewältigt und das große Lebensrad verwirklicht. Dann sind wir mit dem jeweiligen Schatten- wie auch Lichtprinzip verbunden, mit Himmel und Hölle und dem Zwischenreich der Erde.

So bietet dieses Prinzip schon eine wundervolle Vorausschau auf unser großes Ziel, die Verwirklichung und das Fest der Fülle. Bis dahin haben wir uns aber gerade hier besonders mit dem Schatten der Fülle und des Geldes zu befassen.

Der begann beim vorigen Prinzip, dem Stier-Venus-Prinzip, und der frühen Goldwährung, den goldenen oder güldenen Gulden, die echten Wert verkörperten. Dieser Goldstandard, wo hinter den bunten Papierscheinen noch Staaten standen und ihren Wert in Gold garantierten, hielt bis in unsere Zeit. Erst Ende letzten Jahrhunderts gaben ihn die bestimmenden *Finanzjongleure* in Bretton-Woods auf. Das war ein Alptraum für das irdisch-sinnliche, archetypisch weibliche Stier-Venus-Prinzip, gefällt aber dem *luftigen* Zwillings-Merkur-Prinzip sehr, weil es ihm viel mehr Möglichkeiten des *Handel(n)s* und *merkurialen Austausche(n)s* bis hin zum heutigen *Wert-Blasen-Spiel* an den *Börsen* der Welt eröffnet.

Wer das Geld erfunden hat, ist unsicher. Schon in der Antike wird es Krösus unterstellt, und dieser *raffinierte Trick* soll ihm seinen sagenhaften Reichtum eingebracht haben. Jedenfalls steht er exemplarisch für den archetypischen Fehler, sich mit Geld Macht über das Schicksal kaufen zu wollen, an dem seit Krösus so unendlich viele gescheitert sind und es immer noch tun. Als er versuchte, das *Orakel, die Spruchstätte* der Götter, zu *kaufen* im Sinne von *bestechen, trickste* dieses ihn aus, wie so viele andere Reiche auch. Durch die *Doppelsinnigkeit* der *Sprache* ließen sie ihn an einem *Missverständnis auffliegen*: Beim Überschreiten eines Flusses sollte er ein großes Reich zerstören, kam aber nicht auf die Idee, dass sein eigenes gemeint war.

Wegen solcher Spiele ist Merkur auch als *Trickster* (Gauner) bekannt, und seine *trickreichste* Erfindung, das Geld, macht das besonders deutlich. Unter den Menschen sollen es die Phönizier erfunden haben, und der Satiriker Nestroy fragte: »Warum nur so wenig?« Von den Tempelrittern wiederum ist belegt, dass sie die ersten *Schuldbriefe* ausgaben, sozusagen die *Vorläufer* der *Bundesschatzbriefe*, und damit reich und *einflussreich* wurden. Der Erfolg war so immens, dass ihr Reichtum, vor allem aber ihre dadurch bedingte Machtfülle den Papst beunruhigte und er den Orden mit Stumpf und Stiel ausrotten ließ. Mit dem letzten Großmeister Molay wurde auch gleich schon ein *Banker* wegen seiner Geldfülle und -macht hingerichtet. Wahrscheinlich ahnte der Papst, dass ihm und der Religion – im eigenen Haus – eine Konkurrenz erwuchs, der er später nicht mehr Herr werden konnte, und so griff er zum letzten Mittel.

Hermes-Merkur ist der Gott und das Prinzip des *Kontaktes*, der *Verständigung* und des *Austauschs – zwischen* Menschen und von Waren. So ist er auch Gott der *Händler* und *Diebe*, die beide gleichermaßen für *Austausch* sorgen, dabei nur auf verschiedenen Seiten des Gesetzes stehend. Sie bringen etwas von dort, wo es im Überfluss vorhanden ist, dorthin, wo es fehlt und gebraucht wird. Das war ursprünglich auch Aufgabe und Sinn der *Banker*, die Geld *in Umlauf bringen* und *halten* sollten, um so *Handel* und *Handwerk*, aber auch alle *Gewerbe* im heutigen Sinn zu erhalten und *Wirtschaft* und *Konjunktur* florieren zu lassen. Sie sollten Geld *verleihen* von denen, die es in Fülle hatten, und dorthin *schieben*, wo diesbezüglich Mangel herrschte. Dass es vom *Schieben* zum *Verschieben* und *Schieber* so kurze Wege sind, liegt am »Schattenprinzip«. *Händler und Diebe, Verteiler und (Ver-)Schieber* gehören alle zusammen und zu diesem Prinzip, das für *Austausch und Kontakt* steht. Und wer hätte schon etwas gegen einen *Verschiebebahnhof*. Dass wir gegen *Schieber* und *Schiebung* sind, liegt an unserer Wertung. Und dass das *Verschieben* von *Geldern* zu einer *(Ver-)Schiebung* bei den Prioritäten unseres Lebens geführt hat, liegt am Siegeszug des *Geldes* bis hin zur Begründung (s)einer Religion.

Die Stationen vom reinen *Tauschmittel* (3. Prinzip: Zwilling-Merkur-Prinzip) über das Machtmittel (8. Prinzip: Plutoprinzip) führen bis zur heutigen Geldreligion, die zum Prinzip aller Religio(n), dem Jupiterprinzip (9. Prinzip) gehört, dem es um den Glauben geht. Und wer glaubte heute nicht ans Geld? Aber die völlige Durchdringung aller Ebenen, die wir heute erleben, hat auch Bezug zum Neptunprinzip (12. Prinzip). Hier ist alles Unausgesprochene wie auch Unaussprechliche, Undurchschaubare, eben die eigentliche transzendente Wirklichkeit zuhause. Das ist für die große Mehrheit der modernen Menschen heute nicht mehr das Göttliche, die Einheit oder Transzendenz, sondern das Geld, das sie – wenn auch unbewusst – anbeten und auch unbewusst als Götzen ihrer Religion (an)erkennen.

Die Entwicklung des Geldes in seinen Schatten geht aber noch weiter in Zwilling-Merkurs Richtung als vom Gold zum Papiergeld, das an sich keinen Wert hat, was den Stier-Venus-Typ enorm stört, dem Zwilling-Merkur-Prinzip aber gerade recht ist. Denn *Papier*, früher *Papyrus*, ist sein Material, um *Wissen auszutauschen*, *Vereinbarungen* zu *unterschreiben*, *Nachrichten* zu *schreiben*, *Deals* zu *machen* und eben zu »*dealen*«. Das hat den Beigeschmack vom *Handel* mit süchtig machenden Drogen, womit wir wieder beim Neptunprinzip wären. Die wichtigste, weil weltbestimmende Droge ist heute aber das Geld, und längst nicht nur Zocker an Geldautomaten, den einarmigen Banditen, sind abhängig davon. Ihnen sieht man es nur auf den ersten Blick an. Viel gefährlicher sind die Hohepriester der Geldreligion, die sich in ihren Kirchen, den Banken, verschanzen.

Zwilling-Merkur ist der geborene *Spekulant*, dem *Geld wie Spielgeld* ist und der ganze Umgang mit Geld ein abstraktes Spiel. *Börsenmakler* sind letztlich *Spekulanten*, die gern und am liebsten täglich Milliardenbeträge in der Weltwirtschaft beziehungsweise auf Bildschirmen *hin- und herschieben*. Sie empfinden sich vermutlich als *Vermittler, Verbinder* und *Schieber* im positiven Sinn, während die Bevölkerung sie wegen all der *Schiebung* immer mehr als Sozialschädlinge und *Diebe* des Volksvermögens wahrnimmt. Tatsächlich kassieren sie gern bei den Gewinnen mit, überlassen ihre Spielschulden aber zuerst den Börsenverlierern und später den Steuerzahlern.

Sinnlichen Bezug zu Geld und dessen Wert haben sie kaum. Insofern kommt diesen Typen der moderne Verlust von Sinn und Sinnlichkeit beim Geld sogar entgegen. Glänzende Goldtaler oder auch mit schönen Symbolen der Kultur bedruckte *Geldscheine* sind nicht ihre Sache. Nicht mal – mit für Normalverbraucher un*begreiflichen Zahlencodes bedruckte – Scheckkarten* gehen ihnen weit genug in die Abstraktion. Sie sitzen längst vor Bildschirmen, *schieben seelenlos seelenlose Ziffernkombinationen hin und her* und »leben« letztlich in einer sehr einfachen, wenn auch extrem *hektischen* Welt: Wie es für den Computer nur 0 und 1 gibt, gibt es für sie nur *kaufen oder verkaufen* beziehungsweise *short* und *long*. Sie begreifen sich als *Händ*ler, *hand*eln aber in Wirklichkeit kaum noch, nur ihre *Fingerspitzen huschen* über *Keybord-Tasten* und verändern damit das Leben unzähliger Menschen meist in Richtung Verelendung.

Ob da noch von Leben zu sprechen ist, sei dahingestellt, jedenfalls ist das Ergebnis ihres merkurialen *Handel(n)s* inzwischen äußerst bedrohlich für das Leben auf unserem Heimatplaneten.

Computer und ihr virtuelles Zeitalter kommen ihnen bei ihren *emotionslosen Geschäften* entgegen. Hier kommt noch das ebenfalls zum Luftelement gehörende uranische Lebensprinzip mit ins Spiel. Zum virtuellen Zeitalter ist selbstverständlich entsprechend virtuelles Geld entstanden, das der *Spekulation Tür und Tor* öffnet, aber auch Fantasien und Träumen.

Dem *Trend* zu diesem Geld- und Menschentyp kommt auch der Wunsch der Mächtigen entgegen, *Bargeld* ganz abzuschaffen und als Vorstufe seine Benutzung zu limitieren, wie wir es schon in einigen Industrieländern erleben. So wird das Geldsystem noch unsinnlicher und noch viel unsinniger und gefährlicher, geradezu unmenschlich, und verstärkt noch die unerlöst destruktiven Tendenzen seines Machtaspektes (Plutoprinzip), aber auch die Kontrollmöglichkeiten des 6. Prinzips von Jungfrau-Merkur.

Allerdings gibt es nach dem »Schattenprinzip« auch immer das Gute vom Schlechten und positive oder jedenfalls emotionale »Schieber« wie Robin Hood, Ivanhoe oder Zorro, die den Reichen nehmen, um den Armen zu geben.

Um Sinne und den Sinn geht es der Seele, aber die kommt erst beim nächsten, dem Mond-Krebs-Prinzip (4. Prinzip) ins Spiel, und der Sinn kommt überhaupt erst beim Jupiter-Schütze-Prinzip (9. Prinzip) zum Tragen. Dem *modernen Zeitgeist* sind das aber gar keine Themen mehr. Ob es um Gold- und Silberpreise, die von Stahl oder Nahrungsmitteln geht, ist für das unerlöste Zwilling-Merkur-Prinzip gleichgültig. Seine Vertreter tun ihr Bestes, um zum besten *Spekulationsgewinnler* zu werden. Dass als Ergebnis dieses Geldspiels Menschen zu Millionen verhungern und noch mehr Tiere gequält werden, berührt sie in ihrer *abstrakten Zahlen-Handels-Welt* nicht mehr. Dass *man(n)* sich in dieser Welt wohl und zuhause fühlen kann, ist den anderen Lebensprinzipien weitgehend un*verständlich*. Man sieht unter *Brokern* kaum Frauen, sie geben sich offensichtlich für so etwas nicht her. *Broker* – zu Deutsch Brecher – sind wohl mehrheitlich gebrochene Menschen, die vor lauter *Manipulation mittels Geld* das eigentliche Leben mit der Fülle seiner Themen vergessen – wohl einschließlich ihres eigenen – und viel Leben zugrunde richten, ohne sich das einzugestehen. Sonst ließe sich diese Existenzform wohl kaum ertragen.

Und wir sehen daran, wie eine so unglaublich entwicklungsförderliche Idee wie die des Geldes im Schatten versinken kann bis hin zur Bedrohung allen Lebens. Eigentlich liegt Religion dem Zwilling-Merkur-Prinzip fern, nämlich diametral gegenüber beim Jupiterprinzip, und tatsächlich hat es die Religionen – jedenfalls bezüglich ihrer Bedeutung – fast abgeschafft. Aber ohne es zu merken, ist es nicht nur selbst zu einer, sondern sogar zu *der* Religion schlechthin geworden. Was ein (arche)typischer Vertreter des Prinzips natürlich weit von sich weisen würde. Die *Handlanger* waren und sind dabei *Politiker* und *Journalisten,* die eigentlich und ursprünglich *Vermittler* sein sollten, die einen des Volkswillens, die anderen der *Information. Mittler*weile aber sind beide Fraktionen wohl mehrheitlich den Verlockungen der Geldreligion erlegen, jedenfalls dienen sie ihr geradezu hingebungsvoll. In der Politik wird das besonders deutlich. Es gibt dort kein einziges *Ministerium* für Sinnfindung und Weisheit (Jupiterprinzip), das letzte Ziel von Zwilling-Merkurs *Wissen*, und ihm direkt gegenüber im Entwicklungskreis liegend, oder für Transzendenz (12. Prinzip: Neptun). Über die Hälfte der *Minister handeln* aber im Dienst des Merkurprinzips vom *Verkehrs-* über die ständig *(handels)reisenden* und *verhandelnden Außen-* und *Wirtschaftsminister* zum alten *Post-* und neuen *Kanzleramtsminister*. Der *Minister* an sich gehört hierher und heißt lateinisch *Diener*. Tatsächlich dienen sie eifrig, zwar längst nicht mehr den *Interessen* der *Wähler*, aber dafür immer deutlicher der Geldreligion. So wundert es auch nicht, dass *minister* englisch Priester heißt. Unsere Politiker sind – ohne es (uns und wohl auch sich) einzugestehen – zu Priestern der Geldreligion konvertiert. Die ihnen übergeordneten Bischöfe sitzen in den Führungsetagen der Konzerne, die Kardinäle in denen der Großbanken, wer ihr Papst ist, beschäftigt *Verschwörungstheoretiker*.

Der persönliche Umgang mit Geld ist für den (arche)typischen Zwilling-Merkur in jedem Fall einfach. Ist Geld da, wird es locker und leicht und auch mit vollen Händen unter die Leute gebracht. Ist keines da, kann er sich auch mit seinem Charme *durchmogeln*. *Ausgeben* geht gut, ohne kann er sich aber auch sehr *patent* und *geschickt durchschlängeln*. Hier herrscht *Hakuna Matata, a problem-free philosophy*, wobei diese *lockere* Haltung natürlich zu *oberflächlich* für wirkliche Philosophie ist, die ja doch Liebe zur Weisheit meint und von daher zum Jupiterprinzip gehört.

Durch den fehlenden *sinn*lichen Aspekt zum *raffiniert* und *clever erhandelten Geld* mangelt es ihm oft an der Fähigkeit, es *sinn*voll einzusetzen und auszugeben. Zwilling-Merkur ist das erste und klassischste Luftprinzip und schon von daher weit weg von allem irdisch Materiellen. Sein Wert wird folglich oft – gleichsam wunder-voll – als natürliche Leihgabe und Geschenk des Lebens gesehen und auch entsprechend *locker* damit *hantiert*.

Größte Herausforderung und eigentliche Lernaufgabe liegt wiederum direkt gegenüber im Entwicklungskreis: beim 9. Lebensprinzip der Sinnfindung. Hier will all das *Wissen* zu Weisheit werden. Bei Zwilling-Merkur ist es zu *Wikipedia* verkommen, *tendenziöser Manipulation* gegenüber Komplementär-Medizin und Spiritualität und *platter*, weil *oberflächlicher* Predigt von *Wissenschafts*hörigkeit. Mit der Predigt kommt auch schon wieder der Schatten der Religion (9. Prinzip) zum Ausdruck.

Der ist auch im Spiel, wenn merkurial versucht wird, mit *Verhandlungen und Geld* Schicksal zu betrügen oder Schicksal zu kaufen. Das ist zum Volkssport reicher Leute geworden, die oft nach der (Un-)Gleichung »Zeit = Geld« ihr Leben an dieses Prinzip vergeuden. Erst zum Schluss bei dem Versuch der Umkehrung, wenn sie versuchen, mit ihrem Geld Lebenszeit zu *kaufen*, merken sie, dass mit dem Tod nicht zu *verhandeln* ist. Das hätte ihnen die Kultur (2. und 7. Prinzip: Venus) in Gestalt des *Jedermann* oder *Brandner Kaspar* schon früher und leichter zeigen können.

Aufgabe und Erlösung von Zwilling-Merkur ist zusammenfassend, äußere Form mit Inhalt zu füllen und dem abstrakten (Zahlen-)Spiel wieder Bedeutung und Sinn zu geben. Vor allem aber ginge es darum, wieder Kontakt und Verbindung zwischen den Menschen auf locker entspannte Art herzustellen. Hier ergibt sich in der modernen Welt eine ungeheure Chance über das Inter- oder Zwischen-Netz, das Verbindungen nie da gewesenen Ausmaßes und neue Beziehungsnetze schaffen kann.

Fragen an mich selbst

- Neige ich mehr zu geraden oder krummen *Wegen*?
- Empfinde ich Freude dabei, zu tricksen und auch andere auszutricksen?
- Habe ich noch sinnlichen und sinnvollen Bezug zu Werten und Verbindungen?

- Welche Bedeutung hat das allgemeine *Geldspiel* für mich?
- Träume ich von der Fülle des Geldes oder von genug Geld?
- Wüsste ich, was ich damit anfangen würde?
- Welche Nähe zu *Spekulation* kenne ich bei mir? Welche habe ich bisher komplett übersehen?
- Wie viel Manipulation erlaube ich mir?
- Wie könnte ich mit den modernen (IT-)Methoden Kontakte knüpfen, die Körper, Geist und Seele und damit mich als Ganzes erfüllen?

Entwicklungsstufen

1. Verschlagenheit, Betrug
2. Opportunismus, Geschwätz
3. List, Händlermentalität
4. Intellekt, Logik, Raffinesse
5. Neutralität, Vielseitigkeit, Informationsübermittlung
6. Lern- und Kommunikationsfähigkeit, Heiterkeit, Leichtigkeit
7. Völlige Offenheit, Verbindung mit allem

Spätestens seit der Erfindung des Internets kommt niemand mehr am merkurischen Prinzip vorbei. Ob wir wollen oder nicht – wir sind nun alle zumindest technologisch miteinander verbunden. Wir sprechen vom digitalen und auch vom Informationszeitalter.

Fast jeder hat Zugang zu unvorstellbaren Mengen an Wissen. Das ist auch eine Form von Fülle. Mit vielen Vor- und Nachteilen.

Positiv erleben wir exponentielle Entwicklungsraten in vielen Bereichen. Merkurische Technologie erleichtert uns das Leben, vernetzt uns, erschafft faszinierende Hebelwirkungen. Jeder kann heutzutage mit seiner Botschaft mit wenigen Klicks Millionen von Menschen erreichen. Soziale Medien spielen zunehmend eine starke interaktive Rolle. Sie beeinflussen die Entscheidung von

Politikern, unterstützen Revolutionen, ermöglichen durch Crowdfunding wertvolle Projekte. Für ein erfolgreiches Business brauchst du heute »nur« noch eine gute Idee, einen Computer und WLAN. Alles kann easy geteilt werden: Arbeitsräume, Autos, Schlafplätze. Was für eine Freiheit!

Doch natürlich hat dieses Prinzip auch seine Schattenseiten. Skeptiker fragen sich, ob die Technik noch uns dient oder wir ihr. Du hast vielleicht 5000 Freunde auf Facebook, vernachlässigst aber deine echten Freunde. Die zunehmende Informationsflut ist einer der stärksten Stressfaktoren für so gut wie jeden von uns. Die digitale, nicht mehr anfassbare Welt gebiert Unternehmungen, bei denen eigentlich niemand mehr versteht, welcher Wert denn dadurch tatsächlich erschaffen wird.

Das Merkurprinzip steht auch für Oberflächlichkeit, Schnelllebigkeit und falsche Versprechungen. Es ist verantwortlich für viele virtuelle Wachstumsblasen, die irgendwann platzen und Krisen hinterlassen, die dann eben doch schreckliches Leid für ganz reelle Menschen kreieren. Ich bewege mich beruflich viel in der digitalen Welt. Ein merkurisches Schlagwort, das mir immer wieder in zahlreichen Variationen begegnet, lautet »Onlinebusiness«. Meist schwingt darin die Verheißung des schnellen Geldes mit relativ wenig Aufwand und einem großen Hebel. Versteh mich richtig: Ich bin selbst stark technikaffin und liebe das Internet für seine Möglichkeiten. Doch ein von den anderen Prinzipien losgelöster Merkur erschafft meist keine Substanz, sondern vor allem Schein. Viele Angebote bestehen im Grunde genommen nur noch aus kopierten, etwas veränderten digitalen Contents ohne echte Tiefe. Menschen vermitteln nicht mehr ihre selbst durchlebte Weisheit, sondern geben mit einem Klick das irgendwo aufgeschnappte Wissen weiter. So passiert an der Oberfläche sehr viel. Doch was bewegt sich wirklich?

Kennst du das schale Gefühl, das ein Gespräch bei dir hinterlässt, bei dem zwar viel gesprochen, aber nichts Wesentliches gesagt wurde? Das ist die Gefahr eines ausgeuferten merkurischen Prinzips. Wenn wir wollen, dass es uns dient, müssen wir es wohldosiert und verwurzelt in echter Tiefe anwenden.

Deshalb war uns zum Beispiel beim Aufbau unserer Evolutionscommunity humantrust von Beginn an klar, dass wir keine ausschließlich digitale Plattform aufbauen wollen. Wir sind stolz auf die mittlerweile über 200 Live-Meetingpoints in vielen Ländern, in denen Menschen mit dem Bedürfnis nach aufrichtiger Kommunikation und nachhaltiger Potenzialentfaltung zusammenkommen. Ehrlich gesagt, macht das das ganze Projekt viel mühsamer. Denn es ist natürlich verführerisch leichter, ausschließlich über den digitalen Äther genial klingende Ideen in die Welt zu posaunen – als im stetigen Feedback mit der Basis herauszufinden, was wirklich funktioniert, und das Netzwerk täglich einen kleinen Schritt zu verbessern, anstatt die Weltrevolution zu versprechen.

Doch ich will die merkurische Fülle nicht schlechtmachen. Ihre quecksilbrige Leichtigkeit kann uns große Freuden bescheren. Es ist halt nur bedeutsam, ihr eine gesunde Tiefe an die Seite zu stellen. Ein sehr gutes Beispiel für beide Extreme ist Marketing.

Ich habe mich 12 Jahre lang überhaupt nicht mit Marketing beschäftigt. In meiner oberflächlichen Bewertung assoziierte ich damit schamlose Manipulation und plumpe Verkaufstricks. Ich arbeitete hart und fleißig und glaubte, das reicht. Meine Logik lautete: Wenn etwas gut ist, wird es auch erfolgreich sein. Doch das ist ein Irrtum. Zumindest in der heutigen Welt. Viele wirklich gute Ansätze bleiben unsichtbar, während der größte Mist sich zum Teil erschreckend viral verbreitet.

Aus purer Verzweiflung begann ich, Marketing zu studieren, und musste viele Vorurteile über Bord werfen. Marketing bedeutet in erster Linie, erfolgreich zu kommunizieren und etwas, das du anbietest, für den, der es braucht, sichtbar zu machen. Kann man Marketingwissen missbrauchen? Und ob! Du kannst Menschen verführen, etwas zu kaufen, was sie gar nicht brauchen. Du kannst sie mit falschen Versprechungen blenden.

Doch Marketing mit einer klaren, menschenfreundlichen Ethik kombiniert ist ein sehr wirkungsvoller und aus meiner Sicht notwendiger Hebel. Es macht deinen Wert für die richtigen Menschen sichtbar. Mittlerweile lehre ich sogar Marketing, weil es so viel Freude bereitet, Selbstständigen und Unternehmen, die echten Wert erschaffen, dabei zu helfen, gefunden zu werden. Mein Motto: »Wenn du etwas Wertvolles anzubieten hast – privat und/oder geschäftlich –, dann ist es nicht nur dein Recht, sondern deine Pflicht, dafür zu sorgen, dass du gefunden wirst!« Dabei kann dir Merkur helfen. Selbst wenn du ein eher introvertierter, leiser oder langsamer Mensch bist, kannst du lernen, dich erfolgreicher zu zeigen. Jeder, wirklich jeder kann erfolgreich kommunizieren. Du musst dafür nicht jeden Trend mitnehmen. Doch du darfst deinen Stolz loslassen, die Welt müsste dir entgegenkommen. Muss sie nicht!

Willst du mehr Fülle erfahren? Privat? In einer Liebesbeziehung? Beruflich? Dann öffne dich der machtvollen Kunst der Kommunikation. Kommunikation ist Schöpfung. Die Art, wie du in jedem Augenblick (zum Beispiel jetzt!) mit dir kommunizierst, öffnet oder verschließt dein Potenzial. Anders ausgedrückt: Wie du mit dir sprichst, ist der Schlüssel zu deiner inneren Fülle. Die Art, wie du mit anderen Menschen kommunizierst, trennt oder verbindet. Wenn du erfolgreich kommunizierst, baust du eine Brücke zwischen deinem und meinem Reichtum. Gemeinsam erschaffen wir mehr.

Du hast sicher schon erlebt, wie ein einziger neuer Gedanke deine Stimmung komplett gekippt hat – zum Beispiel aus dem Frust in die Freude. Oder wie ein aufrichtiges Kompliment ein scheinbar festgefahrenes Gespräch wieder in den Flow gebracht hat. Kommunikation macht Fülle sichtbar. Du lebst immer in der

Fülle. Wenn du im Augenblick noch nicht ausreichend Fülle in deinem Leben erfährst, liegt es an deiner begrenzenden Kommunikation entweder nach innen oder nach außen.

Im Jahre 1999 veröffentlichten mehrere visionäre Entrepreneure das sogenannte Cluetrain-Manifest, eine Abhandlung von 95 wegweisenden Thesen über das Zeitalter des Internets. Die erste These lautet: »Märkte sind Gespräche.«

Menschen können immer weniger verarscht werden. Wir erfahren immer schneller alles, was wir wissen wollen. Das Internet macht im Grunde genommen nur technologisch sichtbar, was die Mystiker aller Zeiten bereits wussten: Alles ist immer mit allem verbunden.

Unsere Kommunikation miteinander erschafft Felder, die auf alle Beteiligten einwirken.

Wenn wir das merkurische Prinzip respektlos verwenden, verwirrt es uns und vergiftet unsere Gespräche mit Unwesentlichem, mit Schein, mit Lügen. Doch wir können (und müssen) es auch weise nutzen – gepaart mit Ethik und Herz. Dann schwingen wir uns in einer schöpferischen Kommunikation miteinander in die Höhe. Dann legen unsere Interaktionen zwischenmenschlichen, aber auch ökonomischen Reichtum zutage. Indem wir miteinander kommunizieren, erschaffen wir unsere Zukunft.

Wenn du reicher leben willst,
lerne erfolgreicher zu kommunizieren.

Umsetzungsimpulse

- Genieße die geführte Meditation »Erfolgreiche Kommunikation«. (herunterzuladen unter www.omega.guter-reichtum.de, Passwort: »ichbinjetztreich«).

- Ich empfehle jedem Menschen, mindestens ein gutes Buch zum Thema erfolgreiche Kommunikation zu lesen bzw. ein Seminar zu besuchen. Kommunikation ist aus meiner Erfahrung der vielleicht wichtigste Schlüssel für das Erblühen unserer Beziehungen und den Erfolg in unserem Business.
- Rollenspiele und Psychodrama eignen sich hervorragend, um die eigene Kommunikationsbandbreite zu erweitern.
- Schreibe dich in einen Tanzkurs ein oder tanze einfach zuhause. Es wird dir helfen, nicht nur deinen Körper zu befreien, sondern so auch deinen Geist zu lockern und flexibler und spontaner zu kommunizieren.
- Wie sieht es um deine Allgemeinbildung zur Geschichte des Geldes aus? Hochspannend und wichtig für alle, die sich mit Geld beschäftigen. Also für jeden. ;-) (siehe Buchtipps im Anhang)
- Welche Beziehung hast du zum Internet? Ob du willst oder nicht, finde dich damit ab, dass es uns alle miteinander verbindet und ein entscheidendes Element der sogenannten Vierten Industriellen Revolution ist. Wenn du nicht von allen Energieströmen autark auf einem kleinen Bauernhof lebst, empfehle ich dir, dieses Medium achtsam zu erforschen und zu nutzen.
- Um nicht dem Schein des Merkurs anheimzufallen, brauchst du klare Werte. Privat und beruflich. Hast du die? Sprichst du mit anderen darüber? Lebst du sie? Achte in privaten und geschäftlichen Beziehungen auf positive Werte wie Fairness, Gegenseitigkeit.
- Achte bei jedem Business, das du aufziehst, auf reale Wertschöpfung. Lass dich nicht durch die Gier nach leichtem Geld verführen.
- Achte darauf, authentisch und integer zu leben. Ehrlichkeit ist der Boden für gesunden Reichtum.
- Bist du selbstständig oder Unternehmer? Dann brauchst du ein solides und aktuelles Marketingwissen. Es ist ein enormer Kommunikationshebel und wird dir nicht nur zu mehr Erfolg verhelfen. Es wird dir auch viel Zeit, Ärger und Geld sparen.

- Social Media! Denke daran: Deine Kunden informieren sich heutzutage sehr viel in den sozialen Medien. Hier finden die für dein Business wichtigen Gespräche statt. Wenn du sie ignorierst, stehst du irgendwann allein da.

4. Das Mond-Krebs-Prinzip: Empfindung, Gefühl, Geborgenheit, Lebensrhythmus

Licht	**Schatten**
Stille Einheit im Mutterleib	Falsche, unbewusste Mutterbindung
Weich, geborgen	Emotionale Bedürftigkeit
Empfängnis, Mutterschaft, Fruchtwasser, Schwangerschaft	Coabhängigkeit
Rhythmen des Lebens	Gefühlsduselei, zu empfindsam
Mütterlich, weiblich, nährend	Weinerlich, jammernd
Busen	Depression
Tiefes Wasser, Quelle	Zu schüchtern
Hebamme, Schoß	Empathie, Verzeihen
Zart, introvertiert	Sumpf
Seelische Tiefe, Verbundenheit	Stagnation
Romantik, empfindsam	Ungesunde Passivität
Haus der Seele	Nicht erwachsen werden, immer Kind bleiben
Der Kreis der Frauen	
Lebensgemeinschaften, Familie	
Pausen, Ruhen	
Empathie, Verzeihen	

Zum Lebensprinzip der Mondenergie gehören das passive Widerspiegeln, der Rhythmus des Lebens und alles Weibliche und Weiche, das Kindliche und Empfindsame, die Familie und das gemütliche Nest und das Zuhause, das sie brauchen. Symbolisch steht nur die Seelenschale dafür.

Wie unsere moderne Gesellschaft mit diesem Urprinzip, um das niemand herumkommt (weil wir alle aus einem Mutterleib und seinem Fruchtwasser geboren werden), umgeht, zeigt sich überall.

In der modernen Medizin wird es mit Vorliebe abgeschafft, verdrängt, unterbunden oder weggeschnitten. Kaum hat die Wissenschaft durch chemische Analyse (6. Prinzip: Jungfrau-Merkur) entdeckt, wie viel Schadstoffe Muttermilch enthält, wird Stillen für über zwei Jahrzehnte fast verboten. Erst zwei Langzeitstudien ermöglichten den überfälligen Schritt zurück zu Mutter Natur. Die verblüfften, auf ihren einseitigen Reduktionismus reduzierten Wissenschaftler mussten erkennen, wie nicht nur gestillte Kinder, sondern auch stillende Mütter in allen Untersuchungspunkten immer und ausnahmslos besser abschnitten als mit Kunstmilch ernährte Babys und fütternde Mütter. Das mütterliche Mondprinzip, die Heimat der Mutterliebe, war ihnen ebenso natürlich wie selbstverständlich durch die (Gehirn-)Lappen gegangen wie alles Mondige. Der grüne Daumen lässt sich so wenig messen wie Mutterliebe oder der Geborgenheit vermittelnde Nestschutz, wobei beide so unglaublich wichtig für die gesunde Entwicklung eines Babys und Kindes, Jugendlichen und Erwachsenen sind. Stillen war so Schulmedizinern über Jahrzehnte kein Thema, und sie merkten nicht einmal, was sie damit Müttern und ihren Säuglingen antaten. Jetzt finden sie, drei Monate müssten reichen, und zeigen damit nur, wie wenig sie weiterhin von diesem so wichtigen Urprinzip verstehen (wollen). Alle indigenen (Eingeborenen-)Völker könnten belegen, wie wichtig langes Stillen ist. Den dadurch vermittelten immunologischen Schutz ignorieren Schulmediziner, da sie ja schon im ersten Lebensjahr impfen wollen, ein gefährlicher und jedenfalls in dieser frühen Zeit absurder und auch schulmedizinisch völlig überflüssiger Unsinn. Inzwischen argumentieren deren (über-) mutigste Vertreter schon Schwangerenimpfungen, was andere – wie ich – als Verbrechen gegen Neugeborene empfinden.

Wurde die weiche Bandscheibe zwischen zwei harten Wirbeln aufgrund von Überbelastung plattgemacht und herausgepresst, wird dieser Teil von ihr weggeschnitten, so wie Brüste, Gebärmütter und Eierstöcke überhaupt gern prophylaktisch amputiert werden. Und wieder fällt den Schulmedizinern nicht einmal auf, dass sie so rabiat nur mit weiblichen Organen umspringen. Sobald ein Organ auch bei Männern vorkommt, unterliegt es einem ganz anderen Schutz(programm).

Hebammen, die noch den Mut zu Hausgeburten haben, werden so absurd hohe Versicherungssummen aufgebrummt, dass sie praktisch einem Berufsverbot gleichkommen, und selbstverständlich gibt es weder Unterstützung noch Zuschüsse vom Staat. Ältliche Männer und männliche Frauen nicken jeweils bedächtig bei den begründeten Forderungen nach Unterstützung und lehnen zum Schluss alle Hilfe für dieses Lebensprinzip ab. Für Mond gibt es nie Geld, und dabei wäre dieses Prinzip so bedürftig wie ein neugeborener Säugling.

Das Mondprinzip ist so besonders wichtig, weil es unser aller Anfang begleitet, und im Anfang liegt – nach dem drittwichtigsten der Schicksalsgesetze – bereits alles. Aber das führt trotzdem in patriarchalen Zeiten kaum zu Anerkennung auf welcher Ebene auch immer. Kindergeld wird von der Politik – selbst in Zeiten, wo Gesellschaften wie die deutsche nichts dringender bräuchten als Nachwuchs – vorsätzlich so bemessen, dass es hinten und vorn nicht reichen kann, ein Kind angemessen aufwachsen zu lassen. Mütter sollen offenbar abhängig, hilflos und ausgeliefert bleiben. Das Kindergeld reicht nicht einmal zu einer vollwertigen kindlichen Ernährung, sondern ist wie Entwicklungshilfe ein Alibi und dem Ausdruck vom Tropfen (weibliches Wasserelement) auf den heißen (männliches Marsprinzip) Stein nachempfunden.

Regierungen haben natürlich ein (Familien-)Ministerium für dieses Prinzip, klassisch mit einer Frau besetzt, die dann nichts zu sagen hat, keinerlei Macht bekommt und auch nicht das notwendige Geld, sondern wieder nur so viel, dass es gerade als Alibi reicht. »Mann« kann dann sagen, »man« hätte sich ja bemüht. Die Ministerin bleibt in der Regel eine Randfigur, die nur vor den Wahlen ausgepackt und demonstrativ nach vorn geschoben wird, denn tatsächlich gibt es mehr weibliche als männliche Wähler. Nach der Wahl verschwindet sie sofort wieder in der Versenkung, und ihre – meist moderaten und etwas verzagt und weich vorgetragenen – Finanzforderungen werden zwar zustimmend als wichtig empfunden, aber entweder abgelehnt oder radikal zusammengestrichen. Die steinreiche Bundesrepublik Deutschland hat es noch nicht einmal annähernd geschafft, ein Kindergartensystem wie die ärmliche DDR zu schaffen. Das liegt am fehlenden – archetypisch männlichen – Willen.

»Leider« gibt es in der Herrschaftszone des Raubtier-Kapitalismus (Marsprinzip) nie ausreichend Geld für Kindergarten- und Hortplätze, Spielplätze und Frühförderung oder eben Kindergeld und (Ausbildungs-)Unterstützung.

Ein paar lächerliche Millionen lassen sich für solche Mondprinzip-Themen kaum lockermachen, aber Milliarden für die Löcher, die Spielschulden der Investment-Bank(st)er gerissen haben. Selbst Billiarden für Länder, die sich von Goldmann-Sachs in den Abgrund beraten ließen wie Griechenland, sind kein Problem und werden von den Steuerzahlern berappt. Solche Sanierungen sind immer extrem wichtig (für wen eigentlich?), für Kinderspielplätze, Schwimmbäder, Schulen und das Mondprinzip bleibt da wenig.

Es gibt einfach Prioritäten, und zu denen gehört bei uns das Mondprinzip sicher nie. Und die Mondtypen finden das natürlich sehr schade – einschließlich der Ministerin –, aber kämpfen gehört nicht zu ihrem, sondern zum urmännlichen Marsprinzip.

Bedürftige haben es schwer in unserem System, und ihre oft auch noch weinerlich vorgetragenen Forderungen, weil sie ja gewohnt sind, vom großen Kuchen fast nie etwas und jedenfalls nichts Angemessenes abzubekommen, werden ebenso berechtigt wie lästig empfunden. Sie müssen wohl warten bis zu einem neuen Matriarchat. Dieses könnte sehr destruktiv plutonisch ausfallen, wenn wir ältlichen Politmännern noch lange erlauben, diese himmelschreiende Unausgeglichenheit selbst gegen den gesunden Menschenverstand zu verteidigen und lieber weiter ihre Sponsoren von der Pharma- und Rüstungsindustrie zu befriedigen.

Die persönliche Situation der Mondin ist ähnlich mitleiderregend. Die Bedürftigkeit ist so groß wie die heimlich geweinten Tränen. Der mondig-mütterliche Versorgertyp braucht so dringend Geld, hat aber oft keines. Es ist ihr viel zu hart bei ihrer Weichheit, in dieser harten hektischen Welt genug zu verdienen, um alle Bedürfnisse aller Bedürftigen zu stillen. Dabei würde sie die liebend gern befriedigen aus ihrem weichen mitfühlenden Herzen und ihrer großen Empathie.

Kinderarbeit ist zwar verboten, aber wie viele Millionen Kinder schuften für uns in den alten Kolonien unter erbärmlichen Bedingungen, etwa um die Kakaobohnen zu ernten, um »Erste-Welt-Kindern« die Kolonialware Kakao zu bieten. Politisch sind die Kolonien längst befreit wie auch die Frauen, aber was ist mit der wirtschaftlichen Abhängigkeit und Bedürftigkeit?

Kinder und (immer noch auch viele) Frauen haben kaum Macht, aber das männliche System nervende Ansprüche. Alle Kinder wollen bis zur Selbstständigkeit ernährt, versorgt und ausgebildet werden. In früheren Zeiten galt das ähnlich für Ehefrauen und erst recht für Mütter. Sie waren finanziell von Männern abhängig und wurden versorgt, wofür sie ihr »kleines erfolgreiches Familienunternehmen« führten. Frauen von diesem Typ und selbst ein paar Männer hoffen weiterhin – auch wenn das gar nicht mehr zum gängigen Zeitgeist passt – auf Versorgung durch andere.

Der nur zögerlich in Mode kommende Hausmann ist natürlich darauf genauso angewiesen wie die Hausfrau, die sich zunehmend als Auslaufmodell fühlen darf. Die immer noch auf die Berufsfrage gegebene Antwort »nur Hausfrau« macht das deutlich. Die Haltung »Geld haben die anderen und sie sollen mir (gefälligst) etwas davon abgeben« ist heute unbeliebter denn je, wobei das »gefälligst« noch eine moderne Zutat und Frucht der Emanzipation ist, früher hatte Dankbarkeit zu herrschen.

Wie tief dieser Archetyp in den Seelen verankert ist, zeigen die vielen Schlaraffenland- und Paradies-Fantasien. Das Land, wo einem Bäche von Milch und Honig (Venusprinzip) in den Mund fließen, ohne etwas dafür tun zu müssen, ist der Mutterleib mit seinem körperwarmen Fruchtwasser und der selbstverständlichen Versorgung über die natürliche Pipeline der Nabelschnur, die direkt mit dem Mutterkuchen verbindet. Und wohl auch die Wiege der Menschheit im tropischen Afrika mit einem Überfluss an Früchten und Nahrungspflanzen. Hier läge das Bild der Fülle, zu dem wir heute durchaus zurückfinden könnten, wie eingangs von Veit und mir dargestellt. Wir hätten genug, müssten diesen Überfluss nur ausgeglichen(er) nutzen und teilen lernen.

Die Variante in der Gesellschaft der Moderne sieht oft so aus: Anfangs lässt man sich von den Eltern durchfüttern und hängt Muttern am Rockzipfel, wird liebevoll durch die Schule begleitet und wechselt danach an die nächstliegende Alma Mater, um sich anschließend als Beamte(r) von Vater Staat versorgen zu lassen. Das ist der Irrweg bewusst gesuchter Abhängigkeit.

Eine selbstständige, eigenverantwortliche, erwachsene Entwicklung und Beziehung zum Geld bleibt dabei oft auf der Strecke. Die Mondfrau mit ihrem ausgeprägten Bedürfnis nach Schutz und Geborgenheit leidet heute vielfach an der Unsicherheit, die materielles Angewiesensein auf eine tendenziell immer unsicherere und unzuverlässigere Beziehung mit sich bringt. Sie ist klassisch abhängig, aber das fühlt sich heute schlechter an denn je. Eigenes Geld wäre ideal, aber Durchsetzung und Kampf darum ist eben nicht ihre Stärke. Die liegt in ihrer Passivität und Schwäche, ihrer Weichheit und Hingabefähigkeit. Wobei Hingabe ans Leben unser aller größte Chance ist.

Idealerweise schafft sie es zur Versorgerin bedürftiger Menschen, wird dann aber meist selbst unverschämt schlecht bezahlt und bekommt auch deutlich zu wenige Mittel für die ihr anvertrauten Bedürftigen. Nicht untypisch wäre dann, vom ebenso knapp bemessenen eigenen Gehalt noch etwas zu nehmen, Überstunden macht sie sowieso viel und selbstverständlich unbezahlt, einfach weil sie so gutmütig und versorgend ist. Bei Krankenschwestern nutzt der Staat dieses auch als Florence-Nightingale-Syndrom (nichts für sich verlangen und alles für die anderen geben, bis sie nicht mehr kann) berüchtigte Prinzip in unverantwortlicher Weise, eigentlich unweise und gnadenlos, aus. Das Ergebnis ist dann nicht selten Burnout.

So haben all dieser Berufe, die ja meist noch wirkliche Berufungen sind von der Hebamme des Anfangs über die Kinderfrau und Kindergärtnerin, die Volksschullehrerin und Sozialarbeiterin bis zur (Alten-)Pflegerin am Ende, eine Gemeinsamkeit: das Betteln um Geld für die Anvertrauten und eigenes Zu-kurz-Kommen. Hospiz- und andere so wesentliche Arbeiten etwa im Vergleich zu den hochdotierten Spekulationsjobs der Investment-Bank(st)er werden sowieso ehrenamtlich erwartet. Dabei bekommen die sich gern Opfernden dafür in der Regel nicht mal die zur Ehre gehörende Anerkennung.

Für ihr eigenes Geld zu betteln traut sie sich (arche)typischer Weise sowieso kaum, aber zwischen den Zeilen wird das Trauerspiel, das ihr das rücksichtslose System des Casino-Kapitalismus antut, rasch deutlich.

Obwohl wir alle von einer Mutter unter großer Hingabe und für Männer unvorstellbaren Schmerzen geboren wurden, haben wir das mütterliche Prinzip zusammen mit dem ebenfalls weiblichen des Neptuns zu den Bettlern dieser Gesellschaft degradiert.

Moderne, komplett durchdigitalisierte PC-Zeiten mit ihrem Verlust sozialer Verbundenheit sind obendrein der Wesensart des Mondprinzips fremd, da zu gefühl- und herzlos. Sie machen alles noch schwerer für ihr weiches einfühlsames, gefühlvolles Wesen. Voller Empathie bekommt sie selbst kaum Mitgefühl, da diese Gesellschaft dafür und davon nichts übrig hat.

Die große Lernaufgabe und Herausforderung liegt wieder auf dem Gegenpol beim 10. Lebensprinzip des Saturns mit seiner Selbstverantwortung, seiner Konsequenz und Klarheit. Eigenverantwortlich sich selbst und andere zu versorgen wäre hier die Lösung.

Behandeln wir das Prinzip der Mütterlichkeit weiter so stiefmütterlich, liegt hier offensichtlich bis zur Fülle von Mitgefühl und Mutterliebe noch ein ziemlich weiter, aber schöner und sogar erfüllender Weg vor uns. Ohne dieses Prinzip gibt es jedenfalls keine Erfahrung der Fülle am Ende, so wie niemand ohne es am Anfang ins Leben kommt.

Fragen an mich selbst

- Kann und will ich mich selbst versorgen?
- Oder träume ich von Außenversorgung und Hilfe?
- Wie wichtig sind mir Gemütlichkeit, das eigene Familiennest und das Gefühl »my home is my castle«?
- Welche Rolle spielen in meinem Leben Mitgefühl und Einfühlung in andere?
- Wie wichtig ist mir Familie, die Herkunftsfamilie und die eigene?

- Welche Rolle spielen Kinder in meinem Leben, das eigene innere und eigene oder angenommene?
- Wie stehe ich zu meiner Weiblichkeit, meiner Anima, meiner Seele, die natürlich auch in jedem Mann lebt?

Entwicklungsschritte

1. Opferrolle, schmollen, hilflos
2. Mitmachen, sich verbiegen, Unentschlossenheit
3. Emotionale Bedürftigkeit, sentimental, Kindrolle
4. Einfühlung, Intuition
5. Anteilnahme, Hilfsbereitschaft
6. Empathie, Vergebung, Quelle, Gnade
7. Große Mutter, Liebe zu allen

Über die Mondqualitäten zu schreiben ist für mich nicht einfach. Denn jedes Mal, wenn ich mich für sie öffne, werde ich innerlich sehr still. Es existiert ein unbegrenzter Raum in unserem Bewusstsein, in den unser Kopf keinen Zutritt hat. Ich wette, du kennst ihn auch. Er öffnet sich manchmal überraschend, wenn du auf das Meer schaust, während einer Meditation oder in den Armen deines Partners nach einer besonders nahen sexuellen Begegnung. Wir bieten in unseren Seminaren auch Trance-Tanz an. Während des Tanzes geht es zum Teil wild her. Der Raum füllt sich mit Kraft und Ekstase. Am Ende lege ich gern ein ganz besonderes Audiostück auf. Es ist die Aufzeichnung des Herzschlags eines Embryos im Mutterleib, unterlegt mit dem sanften Rauschen von Meereswellen. Es berührt mich immer wieder zu beobachten, wie die eben noch laut und stürmisch Tanzenden zur Ruhe kommen und sich häufig instinktiv in Embryohaltung auf den Boden legen. Ein zarter Frieden breitet sich im ganzen Raum aus. Manche Teilnehmer liegen stundenlang in diesem Feld. Wenn sie dann auftauchen, haben sie das Gefühl für Raum und Zeit verloren. Sie wissen nicht, wie lange sie »da«

waren. Doch sie fühlen sich auf einer tiefen Ebene geheilt und genährt.

In jedem von uns wurde auf einer zellulären Ebene die Erinnerung an jenen ozeanischen Frieden im Leib unserer Mutter und die Einheit mit ihr gespeichert. Wir haben damals ohne Worte eine Fülle jenseits aller Konzepte erfahren. Ich bin überzeugt, dass wir in unserem Erwachsenenleben sehr viel auf der unbewussten Suche nach der Rückkehr in diesen paradiesischen Zustand tun. Zum Beispiel unsere Sehnsucht nach Vereinigung mit einem Seelenpartner, aber auch so manche süße Schlemmerei oder das Bedürfnis, uns tief in unser Bett zu kuscheln und einfach liegen zu bleiben.

Je intensiver ich mich mit dem tiefgründigen Mondprinzip beschäftige, desto schmerzhafter wird mir bewusst, wie sehr es uns heutzutage fehlt. Mehrere tausend Jahre Patriarchat haben ganze Arbeit geleistet.

Weibliche Urqualitäten wie das Wunder der Mutterschaft müssen um Anerkennung kämpfen. Mit wie vielen Müttern habe ich gesprochen, die sich minderwertig fühlten, weil sie keiner Karriere nachgingen, sondern »nur« ihr Kind großzogen! Im Internet und in Klatschzeitungen findest du regelrechte Fotowettbewerbe von ehrgeizigen Frauen, die darin wetteifern, nach der Geburt so schnell wie möglich ihr Sixpack zurückzutrainieren und »back in Business« zu sein. Ich sage nicht, dass alles beim Alten bleiben sollte. Doch unser aller Leben beginnt mit der Schwangerschaft und der Geburt. Wie prägen wir die gesamte Reise eines Menschen durch sein Leben, wenn schon diese erste, eigentlich so wundersame Zeit nicht ausreichend Raum und Respekt erfährt?

Ich kenne viele Männer, die dem Kontakt mit den Qualitäten dieses urweiblichen Prinzips unter allen Umständen ausweichen. Wir werden laut, wenn es still wird. Wir meiden die Nähe wacher Frauen. Wir »machen« Sex, anstatt uns hinzugeben. Wir erobern die äußere Welt und verlieren dabei das Wissen um das innere Reich unserer Seele.

Leider betrifft dies heutzutage auch viele Frauen. Unter dem Schlagwort Emanzipation wird, wie mir scheint, viel zu oft versucht, sich den Weg der Männer zu erkämpfen, anstatt radikal innezuhalten und zeitgenössisch passende Zugänge zum weiblichen Mysterium zu finden.

Unsere Realität wird von linearen, rational belegbaren Konzepten dominiert. Es gibt zum Beispiel kaum runde Räume. Alles hat Ecken. Zeit wird von den meisten auf einem linearen Strahl wahrgenommen. Wir sind gewohnt, dass es vorwärts- und aufwärtsgeht. Die Börse bricht in Panik aus, wenn die Wirtschaft mal ein Jahr nicht wächst. Wir denken, dies wäre *norm*al. Doch es ist nicht natürlich. Leben atmet in Rhythmen. Wir atmen ein und aus. Jeder Tag hat seine Rhythmen. Wir haben emotionale Gezeiten, Biorhythmen ... Der Herbst erinnert uns an die eigene Vergänglichkeit.

Der Mond repräsentiert unsere Tiefe. Unsere Intuition, aber auch unsere Komplexität und unsere Verletzbarkeit. Solche Themen passen nicht zu einer materiell orientierten Leistungsgesellschaft. Also drücken wir sie kollektiv weg. Wir verdammen Stille aus unserem Leben. Wir werden immer lauter und schneller, damit wir den leisen Ruf unserer Seele nicht hören müssen. Ich habe viel mit erfolgreichen Geschäftsmännern und -frauen zu tun, die ihre Geschäftigkeit mit Wirksamkeit und Coolness verwechseln. Doch tatsächlich rennen sie die ganze Zeit vor sich selbst weg. Mit dem Mondprinzip kannst du keine schnelle Kohle machen. Es zieht dich nach innen. Es macht dich dünnhäutig, und es konfrontiert dich mit Fragen, die den Sinn oder die Ethik deiner Geschäftsprinzipien infrage stellen könnten. Deshalb ist es verständlich, dass wir es vermeiden, wenn wir mehr am Funktionieren als an der Wahrheit interessiert sind. Doch zu welchem Preis?

Wenn wir nicht immer wieder freiwillig in unsere neue Welten gebärenden Tiefen hinabtauchen, dann verwandelt sich das Meer in uns in eine Bedrohung. Zartheit, Tränen, Nichtwissen, Angst ... all das wird so lange aufgestaut, bis es uns überrollt. Mein Personaltrainer erzählte mir einmal, dass er oft ratlos miterlebt, dass gerade seine erfolgreichsten Klienten plötzlich, mitten in einer Fitnessübung, scheinbar grundlos anfangen zu weinen. Die Seele sucht sich irgendwann ihren Weg ans Licht, und wenn wir nicht mit ihr kooperieren, kreiert sie Krisen, um durchzubrechen. Burnout, Depressionen, Amokläufe, physische Krankheiten ... unsere Gesellschaft bezahlt einen unfassbar hohen Preis für die Negierung urweiblicher Qualitäten.

Auf der anderen Seite – wenn wir bewusst nach einem Zugang in unser Innenleben suchen –, wird uns unsere Seele mit so vielen überraschenden Schätzen belohnen. Wir entdecken, dass das dunkle Nichts, vor dem wir uns so fürchteten, gar nicht leer ist. Es ist voll. Voller als voll. Es ist im wahrsten Sinne des Wortes schwanger an Tiefe, Intuition und Kreativität. Echte schöpferische Empfängnis braucht Phasen des Nichtwissens. Um in das in tausend Farben schillernde Meer unserer Seele einzutauchen, müssen wir all unsere Konzepte von richtig und falsch, oben und unten zurücklassen. Erst jetzt kann unser Bewusstsein wahrhaft neu befruchtet werden, und wir tauchen mit einer frischen Erkenntnis an die Oberfläche der Welt zurück. Der Mond macht uns nicht weltlich effizienter, doch er lässt uns die Magie der Welt tief und staunend erfahren. Er schenkt uns den Respekt vor dem Unbekannten und den Schöpfungsrhythmen des Lebens zurück.

Stark rational und/oder extrovertiert orientierten Menschen fällt der Zugang zu diesem Prinzip nicht so leicht. Doch ich möchte noch einmal daran erinnern, dass es nicht um den Anspruch geht, jede Qualität gleichermaßen zu leben. Es geht um Bewusstwerdung und Respekt. Viel wäre uns allen schon geholfen, wenn Mann und Frau aufhören würden, miteinander zu streiten und Witze über ihr Anderssein zu machen. Ich gebe offen zu, dass mich zu Beginn der radikal unterschiedliche Lebensansatz meiner Frau oft zur »Weißglut« getrieben hat. Wie selbstverständlich bin ich davon ausgegangen, dass meine Sicht auf die Welt die bessere, klarere, effektivere ist. Ihre »Irrationalität« habe ich damals bestenfalls belächelt und leider viel zu oft heftig bekämpft. Andrea wiederum kritisierte meine pragmatische, logische Herangehensweise als kalt und herzlos. Wir brauchten Jahre, um Respekt für den Reichtum zu entwickeln, den der andere in unser Leben brachte. Ich bin ihr zum Beispiel sehr dankbar, dass sie – egal wie viel in unserem Business zu tun war – ohne jeden Zweifel und voller Begeisterung in erster Linie Mutter unserer Tochter war. Die beiden Frauen und ihre tiefe Liebe füreinander zu erleben hat mich selbst immer wieder aus meinem Ehrgeiz wachgeküsst und an meine eigene Zartheit erinnert.

Ich bezeichne meine Frau gern als Seele unseres Unternehmens. Früher hat es mich kirre gemacht, wenn mein stark männlich dominierter Geist ein neues Projekt logisch zurechtgedacht hatte und dann Andrea mit ihren »verrückten« Eingebungen wieder alles durcheinanderbrachte. Mittlerweile schließe ich keinen großen Businessdeal mehr ab, wenn der »Bauch« meiner Frau ein Veto einlegt – egal wie verlockend und einleuchtend die Zahlen klingen.

Bevor wir uns kennengelernt haben, hat Andrea mit allem Herzblut als Hebamme gearbeitet. Ich liebe es, ihr auch heute noch dabei zu lauschen, wenn sie vom Mysterium der Geburt berichtet. Unser aller Leben beginnt mit einem solch unbegreiflichen Wunder. Ist es nicht schade, dass dieses Staunen irgendwann bei den meisten vollständig verloren geht und uns so blind für den wahren Reichtum der Existenz macht?

In einer gewissen Weise ist meine Frau in all den Jahren auch immer wieder meine Hebamme gewesen. Unsere Andersartigkeit macht mich auch heute manchmal komplett fassungslos. Wir schaffen es auch heute noch, Momente innigster Nähe durch ein Nichtverstehen des anderen innerhalb von Minuten kaputtzumachen. Wenn ich nicht dagegen kämpfe, fühle ich dann einen uralten Schmerz. Er zieht mich in meine Mondtiefen. Zuerst bin ich hier mit einer abgrundtiefen Einsamkeit und Dunkelheit konfrontiert. Wenn ich auch dagegen nicht rebelliere, verwandelt sich der Schmerz in eine stille, im Herzen brennende Sehnsucht – in mir vollständig nachhause zu kommen. In diesen Augenblicken erkenne ich ganz klar, wie wir alle immer wieder versucht sind, diese Sehnsucht auf andere Menschen oder Dinge oder Götter zu projizieren. Und wie uns das Leben immer wieder ent-täuschen muss, damit wir noch mehr loslassen und noch radikaler nach innen fallen.

So verwandelt sich die sehnende Suche im Außen in ein Ankommen in uns. Dann wird es still. Stiller als still.

Früher habe ich mir sehr gewünscht, dass dieser Urschmerz endlich ganz aufhört. Mittlerweile achte ich ihn. Er verleiht meinem Leben Tiefe. Er ist mein Wächter und sorgt dafür, dass ich mich nicht zu lange in Illusionen verrenne. Er heilt mich. Denn jedes Mal, wenn ich mich ihm stelle, fühle ich mich danach vollständiger. Er ist mein Lehrer. Er hat mir den Zugang zu meiner weiblichen Seite geöffnet.

All das, was ich an Frauen bewundert beziehungsweise belächelt habe, finde ich auch in mir. So bin ich zum Beispiel in Momenten abgrundtiefer Verzweiflung der mysteriösen Unergründlichkeit und der unendlichen Liebe der einen, großen Mutter in mir begegnet. Für jemanden, der sich lange Zeit an klassischen männlichen Klischees orientierte, ist dies verstörend und sehr befreiend.

Ich kann sie nicht immer fühlen, doch immer öfter. Das entspannt mein ehemals so fiebriges weltliches Streben. Es macht mich unabhängiger von weltlichen Erfolgen und lässt mich selbst die nährenden Aspekte meiner Liebe anderen Menschen gegenüber mehr spüren.

Die Qualitäten des Mondes stellen dem Krieger einen Hüter an die Seite. Und das ist schön.

Umsetzungsimpulse

- Genieße die geführte Meditation »Die Hüterin des Wassers«. (herunterzuladen unter www.omega.guter-reichtum.de, Passwort: »ichbinjetztreich«)
- Genieße häufiger Momente der Stille und des Nichtstuns.
- Höre ruhige, tiefe Musik.
- Höre mehr zu, wenn deine Mitmenschen sprechen. Oft wünschen sie sich gar keine Kommentare, sondern einen ruhigen, aufmerksamen Raum, in den hinein sie sich öffnen können.
- Zünde ab und zu abends eine Kerze an und kuschle dich allein oder mit einem lieben Menschen auf einer Couch ein.
- Gönn dir Meditationen, die dich mit deiner inneren Stille und Tiefe in Kontakt bringen.
- Bade nachts im warmen Meer.
- Lass dich auf körperwarmes, dem Fruchtwasser so ähnliches Wasser in deiner Badewanne oder in Schwebeübungen im Thermalwasser ein.
- Bleibe manchmal am Morgen noch eine Weile halbschlafend liegen und stelle dir vor, dein Bett wäre ein warmer, sicherer Mutterschoß. Ruhe in dieser Erfahrung des Gehaltenseins.
- Langsame, sehr zarte Berührungen und Umarmungen im Bett stimulieren diese Urerfahrungen der Verbindung.
- Eher feinere Körperarbeiten wie die Craniosakrale Therapie führen oft sehr nach innen und schenken uns die Erfahrung des sogenannten Still Points (wenn wirklich alles zur Ruhe kommt).
- Zelebriere Badewannen-Rituale oder (noch besser) warme, dunkle Salzbäder in Grotten oder in Meerwassertanks.
- Feiere den Vollmond. Geh in dieser Nacht aus oder setze dich einfach an ein Fenster und lass diesen treuen, mystischen Begleiter der Erde auf dich wirken.
- Fastenzeiten (nach Rücksprache mit einem Fastenerfahrenen) und Meditationsretreats bringen dich mit der Stille in dir in Kontakt.

- Gibt es etwas zwischen dir und deiner Mutter zu heilen, zu vergeben? Weiß sie, dass du sie liebst?
- Wenn du selbst ein Kind hast, halte es so oft und bewusst wie möglich.
- In Zeiten der Schwangerschaft: Verbinde dich oft mit dem Wesen in deinem Bauch. Sprich liebevoll mit ihm. Mach dir klar: Diese neun Monate sind vielleicht *die* prägende Erfahrung von Einheit und Fülle.

5. Das Sonne-Löwe-Prinzip: Kreativität, Ausstrahlung, Mitte

Licht

Zentrierung, Zentrum
Einheit, Vollkommenheit
Kraft, Macht, Charisma
Selbstverwirklichung
Positive Anerkennung
Anführer, natürliche Autorität
Ursprung allen Seins
Strahlen, Anziehungskraft
Selbstbewusstsein
Beeindruckend, vergnügt, begeistert, mitreißend
Großzügigkeit
Kreativität

Schatten

Arroganz, Abgehobenheit
Dominanz, Herrschsucht
Egozentrik, zu sehr sich selbst statt die Mitmenschen sehen
Erste Geige spielen wollen
Bewunderungsheischend
Falscher Glanz, Narzissmus
Willkürlich
Selbstüberschätzung, Peinlichkeit
Ruhmsucht, Machtsucht
Mehr scheinen als sein

Auf das urweibliche Mondprinzip, das »nur« reflektiert und spiegelt, folgt nun mit dem Sonnenprinzip ein urmännliches, das vom *Abstrahlen* aus seiner *Mitte* lebt, dem *Ausstrahlung* und *Charisma* anhaften. Es will *Eindruck machen* und sich als *Zentrum* fühlen, wie es in seinem auf die Mitte zentrierten Sonnensymbol deutlich wird. Dazu muss sein archetypisch männlicher Vertreter in die *Mitte des Mandalas,* und dort will er noch *hervorstechen, glänzen* und sich mit *Ruhm und Ehre* selbst verzieren. Er ist aber auch der *Kreative,* der Künstler und *Star,* der *auf der großen Bühne* (des Lebens) steht und *Eindruck macht.*

Das Material und Metall dieses Urprinzips ist *Gold,* und insofern liegen die *goldenen Zeiten* dieses Typs eher in der Vergangenheit, wo »mann« die Welt eroberte auf der Suche nach dem *El Dorado,* dem *Goldland.* Wegen dieses gelben glänzenden Metalls unterwarfen sich Spanier und Portugiesen ganz Lateinamerika, rotteten in ihrer *Gold*gier Kulturen wie Inkas und Azteken aus. Heute hat Geld dem *Gold* ganz eindeutig den Rang abgelaufen. Gold ist nur noch ein Schimmer einer Erinnerung an alte goldene Zeiten, wo es nicht nur das Symbol für alles Wertvolle war, sondern auch das Zahlungsmittel schlechthin. Heute ist es nicht einmal mehr Ersatzwährung im Hintergrund. Zu Zeiten des Sonnenkönigs Louis XIV., der von sich noch sagen konnte: »L'état, c'est moi!« (»Der Staat bin ich!«), drehte sich alles um diesen *Alleinherrscher,* der *Mitte* und *Zentrum seines Reiches* war, um den alles kreiste, und natürlich um den Louis d'or, den *goldenen* Ludwig, der noch physisch *glänzend* seinen Wert repräsentierte. Das waren Zeiten, wo jeder Fürst versuchte, wenigstens als kleiner *absolutistischer Sonnenkönig* zu erscheinen. Wo, wer immer konnte, seinen eigenen *Goldschatz* hortete. Zeiten auch, wo sich Löwe-Sonnen-Typen noch viel mehr (Lebens-)Freude an eigenem *Glanz und Gloria* und natürlich *Gold* leisten konnten und die materielle Fülle ihres Lebens ganz offen in einer *Prunk*sucht demonstrierten, die viel *Gold* (ver)brauchte. All das verfehlte seine Wirkung auf die Untergebenen nicht, obwohl diese darunter fast immer zu leiden hatten.

In der Übergangszeit der *Macht* vom *Gold* zum Geld standen *Dynastien* wie die Fugger, die selbst *Könige* in ihre *Macht* bekamen durch die Fülle ihres *Goldgeldes.* An ihnen scheint aber auch schon die erlöste Ebene auf, wo die *Geldfülle zu Großzügigkeit* wird und die Fugger in Augsburg die sogenannte Fuggerei bauten, eine Siedlung, wo ärmere Mitmenschen trotz ihrer Armut menschenwürdig und günstig leben konnten. Diese Fuggerei gibt es bis heute, und sie erinnert an eine wundervolle Eigenschaft des Sonnenprinzips, das alle und alles auf diesem Planeten leben lässt.

Großzügigkeit mit *Kreativität* gepaart ist eine himmlische Erlösung des Sonnenprinzips in Bezug auf materielle Fülle. Wer sich fast alles leisten kann, könnte die Fülle der Materie nutzen, um nach der Verwirklichung seiner materiellen Träume sich Zugang zu den elf anderen Prinzipien zu (ver)schaffen und diese in ihrer konstruktiven Ausprägung zu verwirklichen. Dazu ist die *Mitte des Mandalas,* das angestammte Domizil des Sonnenprinzips, die ideale Position, und es ist seine ureigene. In der Regierung entspricht dem Sonnenprinzip der (all)mächtige Kanzler. Auf dem Gegenpol, dem Uranusprinzip (11. Prinzip), liegt das Ideal der Demokratie, der Herrschaft aller. Das (bedürftige) Volk gehört zum Mondprinzip (4. Prinzip). Aus der Mitte des Kreises betrachtet ist alles gleich nah oder fern und jedenfalls erreichbar, und auf diese Mitte ist auch alles andere fixiert.

Und wie immer ist »das Schattenprinzip« nahe und erscheint bei so viel Glanz und Gloria natürlich besonders düster. Das hier häufig vertretene Motto »Tut Gutes und lasst es alle wissen« beinhaltet eine erst auf den zweiten Blick deutlich werdende *Ego*-Falle, und natürlich gehört das *Ego* mit seinem Entwicklungspotenzial zum *Selbst,* zum Sonnenprinzip. Mit obigem Spruch karikieren sich Mitglieder einiger *Serviceclubs* selbst, in denen sich Reiche und *Einflussreiche* sammeln oder solche, die es werden wollen. Schon Namen wie *Lions,* englisch für Löwen, das zum Sonnenprinzip gehörende Tierkreissymbol, sagen urprinzipiell alles. *Rotarier* tragen gleich das *Mandala* im Namen, um dessen und ihre *Mitte* sich alles drehen sollte. Typischerweise nehmen sie nur die *Ersten und Besten* aus jedem Be*reich* bei sich auf, der Sonnenclub schlechthin. »Simply the Best« singt Tina Turner dazu. *Großspurigkeit* gehört hierher und natürlich zu den Schattenseiten wie *Größenwahn* und *Großmannssucht.*

Dabei ist *demonstrative Großzügigkeit* natürlich insgesamt gesehen besser als gar keine, aber während sie von Mitmenschen und Mitwelt spricht, zielt sie doch auf die Befriedigung des eigenen *Egos*. Dieses ist häufig nicht nur *großspurig* und *protzig*, sondern auch unglaublich raffiniert. Das *Ego* zum *Selbst* zu wandeln ist die größte unserer Aufgaben und eines *Königs* auf allen Gebieten würdig.

Eine schöne Beschreibung des erlösten Sonnenprinzips findet sich in der Gralslegende in dem Satz »Der König und sein Land sind eins«. In der *Gralsrunde* sitzen zwölf Ritter – wie die zwölf Jünger und Lebensprinzipien – um den *Gralstisch* versammelt, der das Ganze und den ganzen Erdkreis repräsentiert, während der *König (Arthus)* die *Mitte* ist. Solange der *König* in seiner *Mitte ruht*, bleibt alles auf diese *zentriert* und im Lot. Wird er *eins mit allem*, mit dem ganzen Reich, ist sein Weg vollendet, und er hat Vollkommenheit erreicht. Dann braucht er keine *güldene Krone* mehr, in der wertvolle *Edelsteine blitzen*, dann ist sein *Kronenchakra* offen, und er strahlt *Einheit und Vollkommenheit* über sein natürliches *Charisma* aus. Materielle Kronen sind dafür sowieso nur ein schwacher Ersatz.

In der Gralslegende aber hat Arthur die Liebe (Venusprinzip) noch nicht verwirklicht und kann mit Gwenhyfer, seiner Frau, kein Kind der Liebe zeugen. Der Versuch, diese Aufgabe an Lancelot, seinen Freund und Lieblingsritter, zu delegieren, bringt das Thema erst so richtig ans Licht, weil beide sich dabei verlieben. Obendrein hat er schon den (Schatten-)Sohn *Mord*red unwissentlich mit seiner Schwester in einer Einweihungsnacht gezeugt, von dem er nichts weiß und der seinen Schatten verkörpert. Am Ende vereint er sich mit ihm – jedenfalls in dem wundervollen Film *Excalibur* von John Boorman – in einer Todeshochzeit. Damit haben ihn seine Vergangenheit und sein Schatten (Plutoprinzip) eingeholt, die unerlöste Liebesthematik (Venusprinzip) aber hat ihn zu Fall gebracht.

Diesen Mythos des Entwicklungsweges finden wir abgewandelt in allen Kulturen, und immer und überall haben Menschen von dem *guten König* oder *Anführer* geträumt, der *in seiner Mitte ruhend selbst-verwirklicht eins ist* mit allem und allen, mit seinem ganzen Land.

In der so völlig andersartigen japanischen Kultur gibt es die archetypisch ähnliche Geschichte von Akira Kurosawa in »Kagemusha« verfilmt und verewigt. Der große Führer Shingen fällt, und sein bestechend ähnliches Double Kagemusha, in Wirklichkeit ein einfacher Dieb, springt über Jahre für ihn ein. Er lernt das Muster des Sonnenprinzips und sagt am Ende wichtiger Besprechungen nur den einen Satz: »Shingen, der Berg, bewegt sich nicht.« Mit diesem in der *Mitte des Reiches* ruhenden Pol des bewussten Nichthandelns lässt sich Frieden für lange Zeit erhalten. Aber tatsächlich stimmt auch hier etwas nicht, und wie alles, was noch nicht stimmt, noch nicht vollständig und erfüllt ist, fliegt es irgendwann auf. Shingens *königliches* Pferd erkennt den Schwindel, wirft den falschen *König* ab, und der Schwindel fliegt auf. Shingens ehrgeiziger Sohn übernimmt und beginnt bald einen alles vernichtenden Krieg.

Ähnlich wie Shingen verfuhren die alten Ärzte wie noch mein Großvater, die unter dem Motto »Nil nocere« (»Hauptsache nicht schaden«) vielfach nichts machten und so viel erreichten. Überhaupt trägt die *Medi*zin im Namen noch dieses alte Ziel der *Mitte*, wie auch die *Medi*tation. Vor allem geht es bei beiden darum, in *die Ruhe der Mitte* einzutauchen, weswegen das Heil*mitte*l auch re-*medi*-um (Lateinisch für zurück = re, zur *Mitte* = *medium*) hieß. Auch in der Medizin sind die Zeiten, wo es noch darum ging, die Patienten in ihre *Mitte* zurückzubringen, lange vorbei. Heute sind die Patienten vielfach außer sich und durch den Wind. Sie leiden in ihrer Hektik – aus Sicht der alten chinesischen Medizin, die im *Reich der Mitte* selbstverständlich dieselbe immer im *Auge* hatte – auch vornehmlich an der Windkrankheit.

Wie das *Herz* als Mitte des Blut- und Energiesystems, gehört das *Auge als Sonnensymbol* hierher, wie Goethe so unerreicht formulierte: Wäre das Auge nicht *sonnenhaft*, nie könnt die *Sonne* es erblicken. Als Spiegel der Seele, in dem Verliebte sich nicht sattsehen können, gehört das Auge zugleich zum Mondprinzip.

Moderne *Geld-Mogule* wie die Rockefellers und Rothschilds geben sich bewusst nicht mehr als *Sonnenkönige*, obwohl sie wie die Fugger über ihr Geld an ihre ungeheure Macht kamen. Die Bevölkerung aber ahnt noch etwas von diesem durch sie in unerlöster Weise verkörperten Sonnenprinzip, und Verschwörungstheoretiker geben ihnen aus dieser Sicht die Schuld an allem.

Vergleichsweise moderne *Geld-Mogule* wie Bill Gates und Warren Buffet geben sich als Philanthropen, Menschenfreunde, die die Hälfte ihres sagenhaften Vermögens spenden wollen. Bis heute hat Vermögen – sprachlich – mit dem zu tun, was einer vermag. Gates ist *König* von Microsoft, ein IT-Guru, der den IBM-Konzern geschickt über den Tisch zog, Buffet ist der Börsen-Guru und *König* der Spekulanten. Beide wollen offensichtlich etwas von ihrer Geldfülle wieder zurückgeben oder jedenfalls loswerden – auf sozial anständige und viel beachtete Weise. Wahrscheinlich auf dem eigenen Weg zu mehr Erfüllung, entwickeln sie die schon besprochene *demonstrative Großzügigkeit*. Wie nah dieser am Schattenprinzip jeweils ist, zeigt sich an den Impfskandalen der Gates-Stiftung, die mittlerweile zu einem der *weltweit größten* Impfstoff-Hersteller wurde. Ganz abgesehen von der generellen Impfproblematik[7], die allein schon genug Schatten beinhaltet, wird ihm unterstellt, statt Menschenleben zu retten, eher die Weltbevölkerung auf diese Art dezimieren zu wollen. Die indische Regierung soll schon gegen seine Stiftung klagen.

---

7 Siehe dazu das Impfkapitel in Dahlke, R. (2015). Wenn wir gegen uns selbst kämpfen: Die seelischen Muster hinter Infektionen, Allergien, Hyperaktivität bis zu Impfproblemen. Goldmann Taschenbuch.

Eine *gut*bürgerliche Variante, mit Gold und Geld umzugehen, die ich zuhause erlebt habe, lautet: »Über Geld redet man nicht, das hat man«, und deswegen kann man sich mit wirklich Wichtigem wie Humanismus, Bildung und *Gutmenschentum* beschäftigen.

Für die heutigen Sonnentypen bedeutet Geld vor allem *Macht, Ansehen* und ist Abbild von *Ruhm und Ehre.* Es soll Fähigkeiten, *Vermögen, Kreativität* und Talente (eine altrömische Währung) verkörpern. So wird die Fülle des Geldes zur Darstellung von *Größe* und Stärke und verleiht *Selbstbewusstsein.*

Der (arche)typische Sonnentyp kann viel einsetzen und einbringen, um sich *Reichtum und Luxus* zu schaffen und sein *Ego* zu stärken und aufzuplustern. Sein Problem ist, dass letzte Erfüllung nur über das Gegenteil, die schon erwähnte Auflösung des *Ego* im *Selbst* erreichbar ist. Bekommt der Prozess der *Egoaufpolsterung* durch Vermögen eine Eigendynamik und steht gar kein echtes Vermögen dahinter, sondern Dinge wie Spekulation und andere Tricksereien, zu denen kaum eine Seele stehen kann, wird es gefährlich. Geld und Vermögen, die zum Selbstzweck werden, entwickeln rasch die Tendenz, das Schattenprinzip heraufzubeschwören. Wo sich alles nur noch um das *eigene Geld und Genuss-Leben* dreht, bleibt der ganze Rest auf der Strecke und die Fülle weit entfernt von Erfüllung.

Wir haben alle – wie mit allen anderen – auch mit dem Sonnenprinzip zu tun. »Unsere Sonne« bestimmt allerdings mit unserem Tier-Kreis-Zeichen unseren *primären Platz* und unsere *erste Aufgabe* im Entwicklungskreis. Die Sonne ist von jenem Prinzip oder Zeichen gefärbt, in dem sie (ein Leben lang) steht. Von hier aus kann sie (sich) die anderen Felder des Entwicklungskreises (1.) erobern und ersiegen, (2.) erlieben, (3.) ertasten und erfassen, (4.) erspüren und erfühlen, (5.) *erleben,* (6.) erklären, (7.) ersehnen und erhören, (8.) erpressen, (9.) erfahren, erkennen, (10.) erstehen, (11.) erfinden, (12.) erahnen und erschwingen.

Herausforderung und Lernaufgabe liegt wiederum gegenüber im Entwicklungskreis, in der Entpolarisierung des Uranusprinzips. Dort geht es nicht mehr darum, *Zentrum der Welt* zu werden, sondern im Gegenteil, beide Pole der Wirklichkeit zu sehen und das Ganze mit Distanz, sozusagen aus der hohen Perspektive des Himmelsgottes Uranus. Und vielleicht sogar über sich selbst zu lachen oder wenigstens zu schmunzeln.

Wer frei und *großzügig* über sein eigenes Vermögen im Doppelsinn verfügen kann, wird im übertragenen Sinn zum *König der Welt* statt zum Sklaven seines *Goldes* und statt (*Ehr-*)Geiz in *Ehren Großzügigkeit* (er)leben.

Fragen an mich selbst

- Wo stehe ich zwischen *Ego* und *Selbstverwirklichung*?
- Wie wichtig ist mir mein *Glanz*, meine Wirkung auf andere?
- Wo sehe ich meinen Platz und zu welchem Zweck und Ziel?
- Wie wichtig ist mir meine *Mitte* und in ihr Ruhe zu finden? Wie wichtig ist mir die richtige *Medi*zin?
- Und (m)eine *Medi*tation?
- Meine Selbstverwirklichung?
- Wie viel Güte und Großzügigkeit lebe ich?

Entwicklungsstufen

1. Tyrannei, Selbstgefälligkeit
2. Ehrgeiz, Machthunger, Rechthaberei
3. Gesunder Ehrgeiz, Überzeugungskraft, natürliche Autorität
4. Ausstrahlung, Charisma, Schöpferkraft, Lebensfreude, Großmut
5. Authentizität, Eigenverantwortung, Leuchten aus sich heraus

6. Herzensgüte, großer Vater, höchstes Schöpferpotenzial
7. Eins mit allem. Ganz in der Mitte.

Die Qualitäten der Sonne leuchten wahrscheinlich jedem ein: Licht, Zentrum, Strahlen, Sichtbarkeit und Führung. Wie immer können wir sie aus einer inneren und einer äußeren Perspektive heraus betrachten.

Du bist nicht nur ein Fleischklöpschen. Was dich so besonders macht, ist dein Bewusstsein.

Das Kostbarste, worüber du in diesem Leben verfügst, ist deine Aufmerksamkeit. Sie richtet dein Bewusstsein aus, und dein gesamtes Leben folgt deinem Fokus. Bildhaft gesprochen: Die Themen, mit denen du dich überwiegend beschäftigst, werden zur Sonne, zum Zentrum deines Universums. So wie die physische Sonne unser Planetensystem auf seinen Bahnen hält, so besitzt dein Geist eine Gravitationskraft, an der sich deine Gedanken, Gefühle, Beziehungen, einfach alles ... ausrichtet.

Menschen ohne ein eigenes klares Gravitationszentrum werden zum Spielball fremder Universen. Wenn du nicht weißt, wer du bist und was du wirklich-wirklich willst, werden andere Sonnen (dominante Mitmenschen, Medien, Gurus ...) deine Aufmerksamkeit binden. Deshalb gibt es keinen größeren Reichtum als einen hellen, in seiner Mitte ruhenden Geist.

Verlierst du das Zentrum (die Sonne) im Innern – stellt sich Chaos im Außen ein. Das geht heutzutage vielen Menschen so, denn unsere Gesellschaft ermutigt uns nicht, von innen nach außen zu leben, sondern stellt viele Versuchungen bereit, die uns von der eigenen Sonne weglocken. Informationsüberflutungen, der ständige Vergleich mit anderen, Leistungsdruck, viele falsche Sonnen (zum Beispiel »Stars« ohne jede innere Substanz) ... all das irritiert und verschüttet den Zugang zum inneren Licht. Viele Menschen haben ihr Zentrum verloren und irren wie herrenlose Planeten durch ihr eigenes Universum.

Was wir alle vom Sonnenprinzip lernen können, ist die Kultivierung eines zentrierten und klar ausgerichteten Geistes. Auch wenn du eher introvertiert und leise bist, trägst du eine Sonne des Bewusstseins in dir. Wir sind auf der einen Seite physische, durch unseren Körper, Zeit und Raum begrenzte Wesen. Doch wir verfügen auch über eine innere Quelle von Licht. Die Mystiker aller Zeiten nannten es den göttlichen Funken, Atman, Sat-Chit-Ananda oder unsere Buddha-Natur. Doch du musst dafür nicht an Gott glauben.

Denn jeder Mensch erlebt immer wieder glückselige Augenblicke, in denen ihm ein inneres Licht aufgeht. Der Anblick eines neugeborenen Kindes, die Farben eines Sonnenuntergangs, die Klänge einer Symphonie, eine tiefe Meditation oder die Augen des Geliebten. Ohne es auch nur annähernd erklären zu können, dehnt sich in solchen Augenblicken dein Bewusstsein über alle dir bekannten Grenzen hinweg aus. Vielleicht nur eine Zehntelsekunde gibt es kein kleines Ich, keine Trennung, keine Angst. Alle alltäglichen Grenzen, alle ermüdenden Probleme existieren nicht mehr. Nur noch süße, stille, nährende Ekstase und diese innere Quelle des Lichts. Weißt du, wovon ich schreibe?

Vielleicht ist deine Sonne in letzter Zeit unter Zweifeln, Hektik oder Depression verschüttgegangen, doch sie ist immer da. Genau wie der Himmel sich manchmal voller Regenwolken verdüstert, und dennoch strahlt dahinter immer unsere Sonne.

Viele meiner Klienten versuchen, sich ihr inneres Licht regelrecht zu erkämpfen. Zum Beispiel durch zum Teil zwanghaft-positives Denken. Doch du musst nichts dafür tun, außer zu lernen, nicht gegen die emotionalen und mentalen Wolken zu kämpfen und dich in dich selbst hinein zu entspannen. Wenn du den Zugang zu deiner inneren Sonne findest, leuchtest du aus dir heraus. Ganz natürlich. Ohne Anstrengung. Da dieses Strahlen aus einer Quelle echten Bewusstseins kommt, ist es für andere bewusste Wesen, zum Beispiel deine Mitmenschen, attraktiv. Es fasziniert sie unbewusst. Es zieht sie an. Im Gegensatz zu selbsternannten Lichtarbeitern, die zwar gern sonnige Worte und Konzepte in den Mund nehmen, doch allzu oft ihren unerlösten Schatten unter einem schein-heiligen Mäntelchen verbergen.

Das erklärt auch den Unterschied zwischen einer natürlichen und einer erzwungenen Autorität. Menschen, die ihr Licht gefunden haben (oder besser: von ihrem Licht gefunden wurden), strahlen eine natürliche Autorität aus, der wir uns nicht entziehen können und auch gar nicht wollen.

In meinen Marketingseminaren ist es mir besonders wichtig, meine Klienten für eine typische Falle beim Aufbau eines Geschäfts zu sensibilisieren: Aus Ungeduld oder ökonomischem Druck heraus wollen wir gern etwas darstellen, was wir noch nicht sind. Wir nutzen dann die Trickster-Kräfte merkurischer Kommunikation, um einen falschen Schein aufzubauen. Kurzfristig funktioniert dies sogar häufig erschreckend gut. Ehrlich, es gibt Momente, da zweifle ich an den Zukunftschancen der Menschheit, wenn ich sehe, von welchen falschen Sonnen sich die Masse gern bescheißen lässt. Viele in sich vollkommen hohle Medieninszenierungen wirken wie riesige hypnotische Sonnen, die die Strahlen unseres Bewusstseins von unserem eigenen Zentrum abziehen. Gebannt starren wir in das falsche Neonlicht und vergessen dabei, unser eigenes Licht zu leben. Wenn du siehst, dass diese billigen Tricks tatsächlich funktionieren, bist du als Selbstständiger oder Unternehmer eventuell versucht, auch auf schnelle Versprechungen zu setzen, anstatt langfristig echte Substanz aufzubauen.

Ich weiß, wovon ich rede. Ich habe mir einige Audioaufzeichnungen aus meinen frühen Jahren als Seminarleiter aufgehoben. Wenn ich einmal wieder eine Portion Demut brauche, ziehe ich sie mir rein. Mit einer Mischung aus Scham und Humor höre ich diesem jungen Mann dabei zu, wie er krampfhaft versucht, eine Sonne zu sein, die er nicht ist. Ich war ungeduldig. Ich habe versucht, die Sonnen in meiner Umgebung (meine Lehrer und Vorbilder) zu kopieren, und ich fürchtete mich, unerkannt unterzugehen, wenn ich nichts Besonderes darstelle. Heute weiß ich, dass in jedem von uns ein besonderes Licht leuchtet. Doch wir können es nur entdecken, wenn wir uns gestatten, auf jeden Schein zu verzichten und *einfach* zu *sein*.

Nachhaltiger Erfolg – in Liebesbeziehungen und im Business – kann nur entstehen, wenn du deine wahre Autorität, dein natürliches Licht entdeckst. Wenn wir für Anerkennung und Macht unser natürliches Sein verraten und uns einen falschen Schein zulegen, landen wir in einer Falle, die unsere Entwicklung komplett einfrieren kann. Denn wir bekommen nun die heißersehnte Belohnung für etwas, das wir nicht sind. Doch was geschieht, wenn wir damit aufhören? Werden wir dann noch geliebt? Hört uns noch jemand zu?

Ich hatte, was den falschen Schein betrifft, mein drastischstes Comingout im Sommer 1999. Andrea und ich hatten uns einen Ruf als Beziehungsexperten erarbeitet. Unsere Beratungen und Trainings liefen gut. In diesem Juni wollten wir heiraten, und ich hatte, um das Ganze zu toppen, im Anschluss an die Hochzeit ein großes Beziehungsseminar angesetzt. Die Vision war einfach verlockend. Wir beide – glücklich verheiratet – feiern im Anschluss im Kreise unserer Klienten die Liebe und geben die Geheimnisse einer glücklichen Partnerschaft preis.

Die ganze Sache hatte nur einen Haken. Ich inszenierte zwei Wochen davor ein solches Drama[8], dass wir die Hochzeit platzen ließen. Nun saß ich also vor den erwartungsfrohen Teilnehmern und musste notgedrungen vor ihren Augen die Illusion des perfekten Sonnenpärchens platzen lassen. Kleinlaut stieg ich vom Thron des Experten und berichtete ehrlich von meinem Schatten.

---

8 Details siehe Veit Lindau (2014). Liebe radikal: Wie du deine Beziehungen zum Erblühen bringst. Kailash Verlag.

Ich war mir sicher, dies war mein letztes Seminar zu diesem Thema. In meiner Angst sah ich, wie alle aufstehen und ihr Geld zurückfordern würden. Doch etwas Erstaunliches geschah. Die Menschen blieben berührt sitzen und hörten aufmerksamer denn je zu. Das, was jetzt aus mir sprach, hatte nicht mehr den Schein der Perfektion, dafür war es echt. Dies war für mich ein enorm bedeutsamer Befreiungsschlag. Danach begann ich, radikal alle falschen Versprechungen aus meiner Arbeit zu entfernen und egal wo – in Workshops, auf der Bühne oder Büchern – authentisch zu sein. Ich habe mich mehr und mehr in mein Zentrum entspannt. Was seitdem aus mir leuchtet, ist ein sehr einfaches, menschliches, unspektakuläres Licht. Doch erstaunlicherweise berührt und inspiriert es viel mehr.

Ich erzähle dir das, weil ich dir ausdrücklich Mut machen möchte, deine eigene innere Sonne zu entdecken, indem du aufhörst, etwas Besonderes sein zu wollen und dich stattdessen in dich hinein entspannst. Dann wird dich dein Licht führen. Es wird die Elemente deines Lebens klar um dich anordnen, und du wirst, ohne kämpfen zu müssen, auch zu einem Zentrum natürlicher Autorität für andere.

Falls du allerdings eher zu jenen gehörst, die ihr Licht unter den Scheffel stellen, dann möchte ich dir gern liebevoll zurufen: Worauf wartest du? In den letzten zwanzig Minuten deines Lebens wirst du dich vor Wut in den Hintern beißen – für all jene Momente, in denen du aus Angst oder Bequemlichkeit im Schatten stehen geblieben bist. In denen du anderen Menschen erlaubt hast, zur Sonne deines Lebens zu werden, anstatt das Geschenk deines einzigartigen Lichts mit uns allen zu teilen. Es spielt keine Rolle, ob die Sonne in dir eine kleine, zarte oder eine große, pompöse ist. Jede ist wichtig. Jede hat ihre Bestimmung, ihren Platz. Das gesamte Universum ist eine Sinfonie lebendiger Funken. Wenn du dich zurückhältst, fehlst du anderen und dir selbst. Bitte stelle dich deiner Angst vor Sichtbarkeit. Lass dein Licht scheinen.

Das bedeutet übrigens nicht, dich egozentrisch als das Zentrum des Universums zu betrachten – eine der Fallen des Sonnenprinzips. Eine gesunde Egozentrik ist ohne Zweifel eine wichtige Stufe unserer persönlichen Entwicklung, aber nicht das Ende. Dich in deine Mitte zu entspannen bedeutet nicht, dich als den Nabel der Welt zu betrachten.

Vor ca. 15 Jahren litt ich sehr unter dem ausbleibenden Erfolg meiner Arbeit. Ich verstand es nicht. Ich arbeitete wirklich fleißig und war von der Qualität unseres Angebots überzeugt. In meiner Verzweiflung suchte ich einen meiner wichtigsten Lehrer, Satyamurti auf, und bat ihn um Rat. Er lauschte mir lange still und sagte dann leise lächelnd: »Ich weiß, was dein Problem ist. Du arbeitest zwar hart, doch du verschenkst dich nicht mit deinem ganzen Wesen an die Menschen, die zu dir kommen.« Das saß! Instinktiv begriff ich sofort den Unterschied.

Das Licht in dir zu entdecken ist eine Sache. Doch egozentrische Menschen beleuchten damit nur sich selbst. Selbst wenn wir auf dieser Entwicklungsstufe mit unseren Liebsten sprechen, sehen wir uns als Sonne und sie als Planeten in unserem Universum. Auch wenn wir Produkte für unsere Kunden entwickeln, stehen wir (wenn wir ehrlich sind) im Zentrum unserer Aufmerksamkeit.

Wahre Fülle ergießt sich, wenn du das Licht in dir erkennst und es nicht als dein persönliches Eigentum betrachtest, sondern es an deine Mitmenschen verschenkst. Wenn ich heute zum Beispiel einen Vortrag halte, stelle ich das Publikum in den Mittelpunkt meines Universums. Sie sind die Sonne und ich der Mond, der ihr Licht widerspiegelt. Ich verschenke mich für diese Zeit an ihr Leben. Vielleicht klingt dies seltsam, doch es macht für mich *den* Unterschied.

Wenn du dir gestattest, die Sonne in dir zu entdecken und mit ihrem Licht anderen Sonnen zu dienen, geht es irgendwann gar nicht mehr um *dein* und *mein* Licht. Es ist *eine* Quelle, und wir alle entstammen ihr. Jeder von uns ist ein einzigartiger Strahl, geboren aus dieser Fülle. Im Tanz mit der Fülle.

Bejahe die Sonne in dir, und sie führt dich direkt an den perfekten Platz in diesem Universum, an dem du am schönsten und wirkungsvollsten strahlen kannst.

Viele Strahlen. Eine Quelle.

Umsetzungsimpulse

- Genieße die geführte Meditation »Die Begegnung mit deinem wahren Selbst« (herunterzuladen unter www.omega.guter-reichtum.de, Passwort: »ichbinjetztreich«).
- Die Basis einer gesunden Autorität ist Klarheit in den Fragen »Wer bin ich? Was will ich wirklich-wirklich? Was habe ich der Welt zu geben? Worin bin ich kompetent?«. Gewöhne dir an, dir diese Fragen regelmäßig zu stellen und dich in Klarheit zu trainieren.
- Verfeinere dein Rollenbewusstsein. In welchen Lebenssituationen befindest du dich in welcher Rolle (Mutter, Chef, Managerin, Redner, Postbote ...)? Nimmst du diese Rollen voll ein? Was gehört dazu? Wie könntest du noch mehr Kompetenz und Vertrauen in den einzelnen Rollen erlangen?
- Gewöhne dich an Sichtbarkeit. Stell dich in die Mitte eines Raumes oder auf eine Bühne. Halte es aus, gesehen und gehört zu werden. Fang eventuell sogar an, es zu genießen ;-).
- Selbstvertrauen und Selbstwirksamkeit sind trainierbar! Durch Selbstwert- und Kommunikationsseminare, Bühnenarbeit, Singen, Tanzen, Erfolgsprogramme.
- Führe regelmäßig eine Herzensmeditation durch, die dich mit deiner inneren Mitte und deinem Licht in Kontakt bringt.
- Stell dir beim Laufen auf der Straße vor, dass dein inneres Licht aus dir herausleuchtet. Richte dich auf. Lächle!

- Wenn du selbstständig oder unternehmerisch tätig bist: Versteh, dass gutes Marketing nicht bedeutet, etwas zu verkaufen, sondern dich authentisch zu zeigen. Lerne, dich klar, kompetent und selbstbewusst auf dem Marktplatz des Lebens zu zeigen.
- Genieße es zu schweigen, wenn du nichts Relevantes zu sagen hast.
- Sieh es als deine Pflicht an zu sprechen, wenn du weißt, dass deine Kompetenz jetzt gerade zu einer Verbesserung für alle führen könnte.
- Wenn du zu oft in der Sonne stehst, lerne, auch mal im Schatten zu verweilen und den anderen die Bühne zu gönnen.
- Übe eine zentrierende Sportart aus, zum Beispiel Qigong, Bogenschießen, Karate.
- Erlerne die klassische Yogaübung »Sonnengruß«.
- Stell dich am Morgen auf eine Terrasse oder eine Wiese. Erwarte dort den Aufgang der Sonne. Wenn sie kommt, stell dir vor, wie du all deine Poren für ihre Energie öffnest. Atme tiefer ein und erlaube ihrem Licht, sich in deinem ganzen Körper auszubreiten.

6. Das Jungfrau-Merkur-Prinzip: Ordnung und Vernunft

Licht

Praktisches Denken, Realismus
Ordnung, Detailgenauigkeit, Gliederung
Vernunft, Beobachten, Analysieren
Nützlichkeit, vernünftige Ressourcennutzung
Absicherung, Vorsorge, Früherkennung
Pläne, Effizienz, Controlling
Notwendigkeiten annehmen
Sinnvolles Verbessern
Gesunde Skepsis
Genauigkeit, verzweigt, differenziert
Spezialistentum, spezialisierte Zusammenarbeit
Sparsam, ökonomisch
Anpassungsfähig, pflichtbewusst
Sauber, ordentlich

Schatten

Mangelbewusstsein
Krümelkacker, zwanghaft detailverliebt
Übertriebene Kritik, zynisch
Spießer, Gehorsam
Pessimistische Nörgelei, Misstrauen
Perfektionszwang
Verlieren in Nebensächlichkeiten
Starr, unflexibel, Angst vor Chaos
Geizig, berechnend, auf eigenen Vorteil bedacht
Ängstliche Grundstimmung
Verstand beherrscht Gefühl

»Vertrauen ist gut, Kontrolle ist besser« ist hier ein Motto. Es begegnet uns inzwischen auf Schritt und Tritt überall. In Österreich ist das Misstrauen der Politiker gegenüber ihrer Bevölkerung inzwischen so groß, dass sie eine generelle Registrierkassenpflicht einführten, um jede Kleinigkeit unter Kontrolle zu bringen. Damit viele Klein- und Kleinstunternehmen zu ruinieren ist ihnen gleichgültig gegenüber der Möglichkeit, alles zu kontrollieren. In diese Richtung weist auch die sich schon über Höchstgrenzen anbahnende Abschaffung des Bargeldes. Das sind Schritte zu jener Totalkontrolle und Überwachung, die George Orwell in weiser Voraussicht schon in »1984« und Aldous Huxley in »Brave New World« im Hinblick auf das Aufzwingen von Glück und Gesundheit beschrieben haben. In dem damit einhergehenden Zwang, der Machtausübung und Kontrollsucht kommt allerdings schon das Plutoprinzip durch.

Eine Welt, wo dem Einzelnen zu seinem angeblichen Leben in Glück und Fülle alle *Eigenverantwortung* seiner angeblichen Sicherheit zuliebe abgenommen wird – politisch wie *gesundheitlich.*

Das *Misstrauen* hat in Österreich tatsächlich auch schon Gesundheitsauswirkungen der ganz unguten Art. Denn die per Gesetz erzwungenen *Registrierkassen* müssen ständig online sein, wodurch der kranke Staat beziehungsweise seine (un)verantwortlichen Politiker indirekt alle Geschäftsbediensteten und Kunden zwingen, im *Elektrosmog von WLAN-Netzen* zu leben. Selbst an Orten, wo aus *Gesundheitsgründen* auf diese bewusst verzichtet wird, wie in unserem *Fasten-Zentrum* TamanGa, würde der Staat so gesundheitsschädliche Installationen erzwingen.

Dabei sind *Gesundheitsthemen* diesem Lebensprinzip vorrangig und hier zuhause. Die *moderne Schulmedizin,* die am liebsten *alles ständig kontrollieren* würde, bietet schon heute zu Beginn dieser Entwicklung drastische Beispiele. Immer mehr *Vorsorgeuntersuchungen,* die in Wirklichkeit gar keine *Vorbeugung* ermöglichen, sondern nur *Früherkennung,* immer mehr *Gen-* und selbstverständlich *Bluttests* und *-kontrollen*. Der US-Papst dieser *Schulmedizin* David Agus MD sieht für *Kontrolleure* eine rosige Zukunft mit ständig noch weitergehenden *Genkontrollen* und winzig kleinen implantierten *Messstationen* im Körper, die ununterbrochen Daten an Klinikzentren funken, die also die Patienten nicht nur *immerfort kontrollieren*, sondern auch von sich aus einbestellen. Und natürlich wird dann jeder ständig Patient sein – auch so ein Traum der *Schulmedizin*, die schon länger formulierte, ein gesunder Patient sei nur ein zu wenig *untersuchter*. In noch weiterer Zukunft könnten dann diese inneren *Messstationen* auch gleich die richtigen Anweisungen zum Einkaufen geben. Sobald sie Folsäuremangel im Blut *diagnostizieren*, wird das auf dem Display der Armbanduhr als Notwendigkeit zum Kauf von Feldsalat aufscheinen oder noch besser im Sinn des *Allround-Controlling* gleich ein entsprechendes Vitaminpräparat, das auch gleich automatisch zugestellt und vom Konto abgebucht wird. Und andererseits wird eine Kleinigkeit auf das Konto des Medizinzentrums beziehungsweise des Leiters aufgebucht. *Berechnung* in jeder Hinsicht und auf allen Ebenen ist hier Thema, Gefahr, aber auch Chance, denn ohne unsere Rechner wollen und können wir heute wohl alle nicht mehr sein.

So wie man es mit der Masse der Bevölkerung bei der Steuer schon längst macht, aber auch bei den (il?)legalen Fernseh-Zwangs-Gebühren für die ihrerseits immer abhängiger und einseitiger werdenden öffentlich-rechtlichen Sender. Alles wird so herrlich *berechenbar*. Wer die Anzeigen schaltet, schaltet und waltet auch gleich in den Redaktionen und bestimmt den Inhalt der Sendungen und Artikel, oder die Politiker, die er unterstützt hat, machen das für ihn. Die Wirtschaft *regelt, beeinflusst und steuert* in diesem Sinn schon längst über Anzeigengelder und Partei- und andere Spenden. Sie tut das zweifellos nicht aus Liebe, sondern aus *Berechnung* und *kontrolliert* selbstverständlich auch die Ergebnisse und ob sich diese Investitionen auch lohnen. In

Wirtschaftsbeziehungen gilt das inzwischen schon als normal, in Beziehungen ist es eher noch anrüchig.

Das fällt inzwischen vielen auf und missfällt nicht wenigen, die es heftig *kritisieren.* Der Ausdruck »Lügenpresse« ist zum geflügelten Wort geworden wie *Lobbyismus* für die Politik. Geflügelt passt gut zum hier herrschenden Gott Merkur mit seinen geflügelten Sandalen, als Manipulator aber gehört es noch besser zum Zwilling-Merkur-Prinzip wie das ganze um sich greifende Manipulationssystem, das sich mit dem ebenso wuchernden *Controlling* im merkurialen Sinn ergänzt.

Die *Controllingseuche* ist typisch für Jungfrau-Merkur, soll sie doch für *Ordnung und Sicherheit sorgen,* die diesem Lebensprinzip in seiner unerlösten Version über alles geht.

Wie wenig *Ordnung und Sicherheit* das um sich greifende und schon weitgehend grassierende *Controlling* bietet, zeigen gerade die Großbanken. Es konnte keine der sich häufenden *Bankenkrisen* verhindern. Im Gegenteil gewinnt der Außenstehende den Eindruck, durch seine Überwertigkeit verstärkt *Controlling* die Krisenanfälligkeit eher noch, indem es *Scheinsicherheit* schafft.

Für die *vorsichtige Absicherin,* die dieses Urprinzip repräsentiert, ist das alles natürlich ein Horror, und tatsächlich zeigt sich »das Schattenprinzip« selten so eklatant. Die Banken sind in Wahrheit mit all ihrem *Controlling,* einschließlich ihrer *Aufsichtsräte,* völlig außer *Kontrolle* geraten, und diese Situation eskaliert mit jeder weiteren *Krise* nur noch mehr. Das große Geld hat längst die *Kontrolle* und ganz andere Absichten als die verbliebenen, aber offenbar rasch weniger werdenden ehrlichen Politiker – und Journalisten. Wenn sich da mal jemand zu den alten Idealen bekennt, wird er oder sie heute schon zur Skandalfigur. Und was machen Politiker und ihre eigentlichen *Kontrolleure,* die Wähler? Erstere rufen ständig nach *mehr und besserer Kontrolle,* und Letztere lassen sich damit abspeisen. Das alles ist Wasser auf die Mühlen des unerlösten Jungfrau-Merkur-Prinzips.

Dieses ist auf allen, also auch materiellen Finanz- und Geldebenen von der Erkenntnis und *Notwendigkeit* geprägt, sich *vernünftig* an die herrschenden Bedingungen und Gegebenheiten des Lebens *anzupassen*. Die ihm eigene Ängstlichkeit führt nicht selten zu übertriebener *Vorsicht,* und so sieht sich seine (arche) typische Vertreterin geradezu gezwungen, in einem fort *vorauszudenken* und zu *planen*. Für sie ganz natürlich, hat sie dabei immer auch alle möglichen schlechten Zeiten im Blick und wird so zur *Pessimistin* schlechthin. Sie ist so *sparsam,* wie es irgend geht, getreu ihrem anderen Motto: »Spare in der Zeit, dann hast du in der Not.«

Unabhängig von ihrer materiellen Lage wird sie deshalb zur (Welt-)Meisterin der *Schnäppchenjagd* und kennt die *günstigsten Sonderangebote* dieser Welt. Da Genuss für sie keine Rolle spielt oder sich im Kontrollieren und Absichern erschöpft, ist er für sie auch bei Geld und Besitz zu vernachlässigen. Niemals würde sie *Staubfänger* kaufen, nur weil sie schön sind, wie es dem nächsten Lebensprinzip so naheliegt. Ästhetik ist für sie überhaupt mehr oder weniger unwichtig, meist mehr. Geld gehört zu den *Lebensnotwendigkeiten,* die *kontrolliert* und *abgesichert* gehören, wofür sie sich besser eignet als jedes andere Urprinzip. Ihr heutiges Thema mit dem modernen Geldsystems macht es ihr als *vorsichtig vorausschauende* und *die Zukunft absichern wollende Kontrolleurin* aus Leidenschaft, nicht gerade leicht, wobei der Ausdruck Leidenschaft für sie eigentlich sowieso wenig passt. Wie soll jemand wie sie in der modernen Welt Vertrauen zum Geldsystem finden, wo das inzwischen auch schon anderen weniger *vorsichtigen* Archetypen abhandenkommt. Die *absehbaren Probleme* desselben sind für sie als *Pessimistin aus Berufung* einfach unübersehbar und für einen so *vorsichtigen* Typ intolerabel.

In der Wissenschaft ist der Reduktionismus diesem Prinzip geschuldet, der vor lauter Details den großen Bogen aus dem Auge verliert, den Wald vor lauter Bäumen nicht mehr sieht, in der unerlösten Variante dieses Prinzips Patienten zur Niere von Zimmer 14 degradiert und aus Medizinern zunehmend Fachidioten macht.

Dabei könnte *(Vor-)Sorge* im Hinblick auf echte *Vorbeugung* die Chance schlechthin für eine Medizin werden, die ihrem alten Namen Ehre machen und gerecht werden will. Allein im Bereich der *Ernährung*, einer speziellen Lieblingsthematik dieses Urprinzips, wäre so viel möglich. Würden sich etwa die *neuen Forschungs- und Studienergebnisse* bezüglich der Schädlichkeit von Tierprotein gegen die *Wirtschaftsinteressen* der Konzerne durchsetzen, könnten ganze Krankheitsbilder verschwinden oder sich jedenfalls deutlich bessern, darunter die großen Geißeln der *Zivilisationskrankheiten* von Herzanfällen bis zu Krebs. Wie viele Menschen könnten *gesunden* und sich besser fühlen, wenn sie aufhörten, ihren Organismus mit Milch(produkten) zu verschleimen. Wie viele sich ungleich besser konzentrieren und wacher, bewusster und tiefer denken, verklebten sie sich nicht länger Hirn und Nerven mit dem Weizenkleber Gluten. Wie viele würden ihre Energie erhöhen und damit ihre Leistung, wenn sie sich trauten, dem »Geheimnis der Lebensenergie«, dem Leuchten des Lebens, auf die Spur zu kommen?

Herausforderung und Lernaufgabe werden wieder auf dem Gegenpol im Entwicklungskreis, beim Neptunprinzip, deutlich. Dort herrscht Urvertrauen statt Angst, nach dem biblischen Motto: »Sehet die Vögel im Himmel, sie säen nicht, sie ernten nicht und leben doch.« Dieses Vertrauen, dass für uns gesorgt ist, auch ohne uns ständig sorgen zu müssen, kennt und fühlt das Neptunprinzip.

In der Regierung gehört die fast immer der *Schulmedizin* und *Pharma* hörige *Gesundheitsministerin* hierher. Sie steht für die ständig *messende* und *kontrollierende Apparatemedizin*. Und am weitesten entfernt im Entwicklungskreis und ihr wieder diametral in Opposition gegenüber gibt es das Wunder der Heilung beim Neptun-Fische-Prinzip.

Fragen an mich selbst

- Wie viel nörgle ich?
- Wie viel Kritik vertrage ich selbst?
- Wie sehr will und möchte oder muss ich sogar mich und andere *kontrollieren* und alles *absichern*?
- Wo stehe ich zwischen *Kontrolle,* Vertrauen und Sicherheit?
- Wie reagiere ich auf *Kontrolle,* und wie viel übe ich selbst aus?
- Wie viel *Sicherheit* brauche ich gegen meine Ängstlichkeit und *Angst*?
- Wie viele *Versicherungen* im Sinne von Policen und wie viele von anderen Menschen sind mir wichtig?
- Kann ich mir und anderen glauben und vertrauen?
- Wie *berechnend* bin ich anderen und sogar mir selbst gegenüber?
- Wie wichtig ist mir Schulmedizin mit ihrem Früherkennungssystem, wie wichtig die Möglichkeit echter Vorbeugung und Heilung?
- Hoffe ich (noch), mir mit Impfungen Schicksal ersparen zu können?

Entwicklungsstufen

1. Pedantisch, Haarspalterei, Ordnungswahn
2. Kritiksucht, Nörgelei, Misstrauen
3. Fachidioten, Besserwisser, Spießer
4. Effizienzdenken, geschäftstüchtig, Arbeitsfreude, Forschergeist
5. Abstraktionsfähigkeit, Ordnung, Klugheit, Präzision
6. Liebe zum Detail, Geduld, Bescheidenheit, Demut
7. Achtsamkeit, Erkennen der höheren Ordnung

Zugegeben, mir als einem eher ausufernd kreativen Typ fällt es zuerst schwer, die positiven Bezugspunkte zwischen dem rationalen, detailverliebten, ordnungsbesessenen Prinzip der Jungfrau und der Erfahrung der Fülle zu erkennen. Doch nur bei oberflächlichem, vorurteilsbesetztem Blick. Schauen wir uns die Licht- und Schattenaspekte dieses Prinzips genauer und neugierig forschend an.

Das negative Extrem liegt sicher auf der Hand. Wer sich darauf versteift, das Leben kontrollieren und in kleine schubladenkompatible Einheiten unterteilen zu wollen, schneidet sich von der unschuldigen Erfahrung von Fülle ab. Er landet in einem inneren, von Enge, Pedanterie und Mangel dominierten Raum.

Wenn du dich beim Lesen des jungfräulichen Prinzips erkannt hast, möchte ich gern einige Erkenntnisse aus meiner Coaching-Praxis mit dir teilen.

Hinter den Schattenseiten dieses Prinzips steht die Dynamik des Zwangs. Ein hochinteressantes Phänomen unseres Geistes. Zwang flüstert uns ein, wir müssten Dinge auf eine ganz bestimmte Weise tun. Den Schlüssel beim Verlassen des Hauses dreimal nach rechts drehen und dann einmal nach links. Immer um dieselbe Zeit aufstehen. Alle Kosten *immer* auf den Cent genau in einer Excel-Datei auflisten. In dem Augenblick, wenn wir dem Zwang nachgeben, schenkt er uns die Illusion von Kontrolle. *Wir* kontrollieren das Leben! Das suggeriert unserem Ego eine Position von Sicherheit und Dominanz. Was wir dabei oft nicht sehen:

Der Zwang ist ein hungriger Gesell. Sein Angebot der scheinbaren Sicherheit hat einen hohen Preis. Er will immer mehr Kontrolle, treibt uns immer tiefer in Details. Dabei wird die Komfortzone unseres Lebens immer enger. Unsere Mitmenschen bekommen in unserer Umgebung weniger Luft zum Atmen und gehen eventuell irgendwann weg, um sich wieder frei bewegen zu können.

So sehr es der kontrollierende, streng logisch arbeitende Part unseres Geistes manchmal verflucht – Leben ist Chaos. Oder noch genauer: Es folgt einer höheren Ordnung, die der rational arbeitende Teil unseres Verstandes nicht versteht. Einer meiner

Lehrer pflegte zu sagen: »Köpfe haben keinen Zutritt zum Mysterium des Lebens.«

Damit sage ich nicht: Schalte deinen Kopf ab. Erstens geht dies nicht, und zweitens hat er auch seinen Wert. Doch wenn du ein Mensch bist, der so stark kontrolliert, dass es eng wird, möchte ich dich einladen, die Zügel ab und zu bewusst locker zu lassen. Selbst wenn sich dies anfühlt, als wenn sich ein Elefant auf dünnes Eis begibt. Wie kannst du das tun?

Die ultimative Medizin ist Selbstironie. Wenn es dir gelingt, über deinen Kontrollzwang zu lachen, hat er schon etwas an Macht verloren.

Zwinge dich, am besten täglich, genau das zu tun, wovor du Angst hast. Fang klein an. Mach etwas Verrücktes, was dich nicht gleich Kopf und Kragen kostet[9].

Suche privat und beruflich bewusst auch Menschen auf, die dir chaotisch, verschwenderisch erscheinen. Auch wenn sie dich zu Beginn kolossal nerven, der Kontakt wird dich mehr in die Mitte bringen.

Wie könntest du dich selbst jeden Tag einmal dazu verführen, das Leben zu genießen? Keine Angst, das muss nicht in sinnloser Völlerei ausarten. ;-) Doch bewusster Genuss macht dich weicher, öffnet dich sanft für die Fülle des Lebens.

Die kreativen Freigeister und dionysischen Genussschweine unter den Lesern sehe ich bis hierhin kopfnickend bestätigend denken: »Genauso ist es. Man kann das Leben nicht kontrollieren. Es muss heute und hier in vollen Zügen gekostet werden.«

Jein.

---

9 Zwang gilt als eine klar diagnostizierbare Krankheit in verschiedenen Schweregraden. Wenn er dein Leben massiv negativ beeinflusst, empfehle ich dir, Hilfe zu holen. Dies ist keine Schande! Du kannst es aber auch allein probieren: Ich hatte einmal einen Klienten, der seine Zwangsstörung allein heilte, indem er konsequent über viele Jahre hinweg täglich bewusst etwas tat, was Angst in ihm auslöste.

Denn wenn du dir dein Leben einmal ganz nüchtern anschaust, wirst du feststellen, dass der Mangel an Ordnung nicht gleichbedeutend mit Freiheit ist. Ich musste dies auf die harte Tour lernen und bin immer noch dabei. Von meinen Freunden und Geschäftspartnern wird mir eine Art schöpferische ADHS bescheinigt. Schick mich zwei Wochen in den Urlaub, und ich komme mit einem neuen Buch und zwei neuen Projekten zurück. Das kreiert ohne Zweifel Fülle auf den verschiedensten Ebenen – innere Erfahrungen, neue Unternehmen, glückliche Kunden, Arbeitsplätze, Erfolg. Aber ...

... wenn diese Fülle nicht auf ein Mindestmaß an Struktur trifft, artet sie in einem Chaos aus, das nicht mehr genossen werden kann. Deshalb brauchen wir als scheinbares Antidot der überbordenden Fülle eine angemessene Portion jungfräulicher Struktur – Genauigkeit – Bescheidenheit. Ich kenne so viele wirklich hochbegabte Menschen, die ihre PS nicht auf die Straße bekommen und so natürlich auch keinen stabilen Reichtum im Außen kreieren können. Das Tragische ist, dass wir dies vor uns selbst häufig auch noch rechtfertigen – als künstlerische Freiheit, pseudospirituelles »Gegenwartsgehuddel« oder eines der Etiketten, die seit einigen Jahren sehr beliebt sind: hochsensibel, multitalentiert ...

Tut dies weh, was ich gerade schreibe? Dann ist es sehr wahrscheinlich für dich geschrieben. Hier einige Tipps, falls du die Schnauze voll hast und bereit bist, den Sumpf des formlosen Reichtums trockenzulegen.

- Definiere deine Vorstellung von Freiheit frisch. Ein wirklich freier Mensch kann verzichten und kann sich, wenn es erforderlich ist, auch Strukturen hingeben.
- Suche bewusst den Zugang zu jenen, die du insgeheim »Kontrollfreaks« nennst. Höre ihnen zu. Du musst nicht alles übernehmen. Das wird dir eh nicht gelingen. Doch

sie können dir helfen, den Wert von Struktur zu erkennen. In unserem Unternehmen arbeitet ein Mensch (ich schätze ihn sehr), dessen Persönlichkeitsprofil[10] quasi das Gegenteil von meinem ist. Auf einer oberflächlichen Ebene bin ich für ihn der chaotisch-kreative Chefschreck und er für mich die kleinkarierte Bremse meiner tollen neuen Ideen. Auf einer tieferen Ebene des Respekts für die Verschiedenartigkeit reicht mehr und mehr die Achtung für den Wert, den jeder von uns in das System einbringt.

- Wo lechzt dein Leben nach einem Mindestmaß an Struktur? Wer kann dir dabei helfen?
- Achte Systeme, die dir Struktur aufzwingen (zum Beispiel das Finanzamt) als deine Lehrmeister.
- Trainiere ein Mindestmaß an Integrität (dir und anderen gegenüber), indem du einige wichtige Lebensregeln aufstellst und auch einhältst, zum Beispiel – bekomm keinen Schreck – Pünktlichkeit. Ich drück es mal esoterisch aus: Wenn du immer wieder Vorhaben vorgibst, die du dann nicht einhältst, irritierst du das Universum im höchsten Maß, und die von dir bestellten Päckchen landen immer wieder an falschen Adressen.
- Regelmäßig bewusst zu verzichten (zum Beispiel beim Fasten) verfeinert deine Fähigkeit, den Reichtum deines Lebens zu genießen.
- Speziell für deinen finanziellen Reichtum: Wenn du mehr Reichtum auf dieser Ebene generieren willst, brauchst du immer einen klaren Überblick über deine Finanzströme (Ausgaben und Einnahmen), die Bereitschaft, auf unwesentliche Ausgaben zu verzichten, und ein einfaches System, um eine Mindestmenge an finanzieller Energie anzusparen.

---

10 Wir verwenden den sehr ausführlichen INNERMETRIX-Test. Siehe Anhang.

Wenn es uns gelingt, das jungfräuliche Prinzip der Ordnung entspannt ernst zu nehmen, schenkt es uns Klarheit und – im Chaos des Lebens – einen so wichtigen Ruhepol. Damit unsere Kreativität frei abheben und die Sterne erreichen kann, braucht unsere Rakete eine stabile, sauber gefegte Start- und Landebahn.

Ein Mindestmaß an Ordnung ist sexy.

Wer hätte gedacht, dass ich Chaot das nochmal schreibe.

Umsetzungsimpulse

- Genieße die geführte Meditation »Der Kristall der Klarheit« (herunterzuladen unter www.omega.guter-reichtum.de, Passwort: »ichbinjetztreich«).
- Für alle, die ihre liebe Not mit diesem Prinzip haben: Finde eine positive Beziehung zu einem angemessenen Maß an Disziplin und Genauigkeit. Mach dir bewusst, dass du ohne diese Tugenden sehr wahrscheinlich nie etwas Dauerhaftes erschaffen wirst. Und dass das, was du Freiheit nennst, sehr wahrscheinlich eine Menge Unfreiheiten mit sich bringt. Wenn du etwas Befriedigendes erschaffen möchtest, braucht es deine Hingabe – auch an die Details.
- Vakuum zieht frischen Reichtum an. Erschaffe in deinem Leben eine wohltuende Leere, indem du alles weggibst oder verkaufst, was du nicht regelmäßig verwendest. Nimm dir am besten jeden Tag einen Raum vor.
- Nutze diese Leerungslektion, um Ordnung zu schaffen. Es ist legitim, sich Hilfe von einem strukturierteren Menschen zu holen!
- Räume auch deinen Kopf auf. Gehe nur so viele Vorhaben ein, wie du auch bewältigen kannst. Jedes nicht erledigte Projekt ist ein offener Loop in deinem Verstand und bindet unnötig Energie.
- Wenn du auch finanziell reicher werden möchtest, beginnt dies mit einer genauen Auflistung deines aktuellen Vermögens (Geld, Immobilien, Schulden ...).

- Du brauchst außerdem ein einfaches System (zum Beispiel eine Haushaltssoftware), um einen genauen Überblick über alle Einnahmen und Ausgaben zu gewinnen.
- Nutze Reinigungsrituale wie das Putzen deiner Toilette als eine Meditation. Wickle diese Arbeiten nicht widerwillig ab, sondern stelle dir dabei vor, dass du gerade dein gesamtes Leben sauberputzt. Sieh zum Beispiel die Fugen der Badkacheln als die Fugen zwischen deinen Gedanken, die du endlich einmal wieder freilegst.
- Hast du für deine Arbeit und dein Zeitmanagement ein System, das dir einen angemessenen Überblick schenkt, ohne dich zu sehr einzuengen? Wenn nicht, hol dir Hilfe!
- Fasten ist eine hervorragende Möglichkeit, endlich mal wieder auf vielen Ebenen auf *null* zu kommen und diese Kargheit sogar zu genießen.
- Die Kultur einer alltäglichen Achtsamkeit (durch Meditation oder einfache Achtsamkeitsübungen) schärft unsere Sinne für die Details des Lebens und lässt uns Einfachheit wertschätzen.
- Bewusst praktizierte Dankbarkeit (zum Beispiel als kleines Ritual vor dem Einschlafen) öffnet unseren Blick für den bereits existierenden Reichtum.
- Es ist essenziell wichtig, zwischen der natürlichen Vollkommenheit aller Dinge und menschengewollter Perfektion zu unterscheiden. Mach dir klar, dass es Perfektion nicht gibt. Sie ist ein Anspruch, der in unserem Über-Ich entwickelt wird und der unser gesamtes Leben vergiften kann. Perfektion basiert immer auf menschlichen Urteilen. Vollkommenheit offenbart sich, wenn du darum bittest. Du wirst erstaunliche Offenbarungen erleben, wenn du gerade beim Betrachten der Aspekte des Lebens, die dich ängstigen oder nerven, das ernstgemeinte Gebet sprichst: »Bitte, Leben, offenbare mir deine Vollkommenheit auch darin.«
- Lerne zwischen falscher, antrainierter, meist moralinsaurer Bescheidenheit und natürlicher Demut zu unterscheiden. Diese reift, wenn du entspannt die Winzigkeit deiner Existenz anerkennst.

- Ein Wert dieses Prinzips liegt in klarer, effektiver Spezialisierung in Teams. Nicht jeder muss alles können. Worin bist du richtig gut? Wofür brauchst du Hilfe? Wenn du sehr strukturiert bist, bring den Kreativen Achtung entgegen. Ohne sie erstarren eure Projekte. Wenn du eher chaotisch bist, achte die Ordnungsgeber. Sie geben deinen Höhenflügen einen sicheren Boden zum Abheben und Landen.
- Wenn dieses Prinzip stark in dir ist: Wie kannst du deine Beobachtungsgabe, Genauigkeit und Ausdauer anderen Menschen zur Verfügung stellen? Privat und beruflich?
- Wenn du zu Krümelkackerei neigst, mach dir selbstironisch bewusst, dass du deine Umgebung sehr wahrscheinlich des Öfteren damit nervst. Lach mal über dich. Geh es locker an. Wenn das Universum einmal gezwinkert hat, bist du nicht mehr da.
- Ich empfehle allen »Zwangies« ab und zu die sogenannte Sternenstaub-Meditation. Setz dich hin. Schließe deine Augen. Beam dich in das stille, weite, 13,5 Milliarden Jahre alte Weltall und schau von da auf unsere kleine Erde. Sieh deinen winzigen Körper da unten. Gebaut aus dem Staub von drei Generationen bereits verloschener Sterne. Und mach dir klar, wie einzigartig, wundersam und gleichzeitig kurz deine Lebensspanne ist. Wie willst du sie erleben? Verkrampft oder lässig? Und wie ernst kannst du deine Versuche, das Leben kontrollieren zu wollen, von hier oben noch nehmen? Take it easy.

7. Das Venus-Waage-Prinzip: Die verborgene Harmonie des Reichtums

Licht	Schatten
Balance, Gleichgewicht	Harmoniesüchtig
Schönheit, Harmonie, Ästhetik, Eleganz	Initiativschwach
Versöhnung, Frieden, Mediation	Unentschlossen
Charme, Sinnlichkeit	Verkaufte Liebe
Liebe	Kosmetikwahn, künstliche Schönheit
Verbindung, Begegnung, Geselligkeit	Schein
Fairness, Gerechtigkeit	Heuchelei
Zärtlichkeit	

Wir haben jetzt die untere Hälfte des Entwicklungskreises hinter uns, einen ersten eher körperbetonten und einen zweiten mehr seelenbetonten Quadranten. Nun kommen wir in den oberen Halbkreis, zum dritten, du-betonten, und vierten, kollektiven bis transpersonalen Viertel.

Dabei sind wir den nun folgenden sechs Archetypen schon begegnet auf der Reise durch die erste Hälfte der Prinzipien, sind die zweiten sechs doch die Gegenpole der ersten sechs, die wir jeweils am Kapitelende schon gestreift haben. Nach dem Polaritätsgesetz sind diese Gegenpole auf einer Achse zwar konträr, teilen aber doch das grundsätzliche Thema, sie gehören ja auch beide immer zum gleichen weiblichen oder männlichen Pol. Daraus dürfte schon klar werden, wie wenig Sinn es macht, mit dem Ziel von Fülle und Ganzheit den Gegenpol zu bekämpfen, ständig in Opposition zu gehen und darin zu verharren. Im Gegenteil können wir am meisten jeweils vom Gegenüber lernen, das eben nicht zwingend Gegner ist, sondern auch wichtige Ergänzung. Deswegen hat Christus uns »Liebet eure Feinde« ins Stammbuch geschrieben und nicht »Liebet eure Freunde«. Das tun wir sowieso, aber dabei ist weniger zu lernen, denn Freunde integrieren wir bereitwillig, Feinde aber eher widerwillig. Und da wir am Ende alle(s) integrieren müssen, bleiben wir meist auf den Feinden sitzen, beziehungsweise sie sitzen uns im Nacken und warten und drängen auf Integration – ihrer von uns ungeliebten Eigenschaften und Wesenszüge. Der alte Rechthaber, am Ende seines Lebens von Gegnern und Feinden umgeben, die am Elend seines Lebens schuld sein sollen, ist einer der erbärmlichsten Archetypen. Weltmeister der Projektion, hat er aus seinen Fehlern nicht das ihm Fehlende gelernt, sondern sie auf andere projiziert. Statt herauszufinden, was er der Ganzheit an Entwicklung schuldet, hat er Schuldige um sich versammelt. Er ist im tiefsten Sinne unheil.

Der alte Weise dagegen hat aus jedem seiner zahlreichen Fehler Fehlendes gelernt, jede seiner verschiedenen Enttäuschungen hat für ihn eine weitere Täuschung entlarvt und die Illusionswelt der beiden großen Täuscher Raum und Zeit durchschaubarer gemacht. Er ist in seiner Mitte angekommen, hat sich mit allem verbunden und in dieser Fülle Erfüllung gefunden.

Das Polaritätsgesetz mit dem aus ihm folgenden »Schattenprinzip« fordert uns viel mehr heraus als das der Resonanz. Typischerweise hallt die spirituelle Szene von der Faszination fürs Resonanzgesetz wider. Dabei wissen wir aus den Erfahrungen der Partnerschaft, wie viel mehr Entwicklungspotenzial Beziehungen nach dem Polaritätsmotto »Gegensätze ziehen sich an«

bieten als solche nach dem Resonanzmotto »Gleich und gleich gesellt sich gern«.

Das Resonanzthema ist so viel einfacher und leichter. Aber wichtiger ist das der Polarität. Wenn wir ganz und heil werden und die Fülle in uns verwirklichen wollen, sodass wir aus ihr schöpfen und großzügig und erfüllt leben können, müssen wir den Schatz des Schattens heben. Und diesbezüglich sind wir – nach dem ersten Durchgang durch den halben Entwicklungskreis – fast nebenbei – mit der Erarbeitung der Gegenpole schon sehr gut unterwegs. Im Folgenden werden schon Bearbeitetes und noch vorausliegende Prinzipien als Wiederholung und Vorausschau erwähnt.

Fangen wir gleich mit einem Beispiel für Integrationsarbeit an, wie es unvergleichlich der Mythos bietet. Verschiedener lässt sich kaum sein als Ares-Mars, der Kriegsgott vom ersten Prinzip mit seiner kulturlosen Hau-drauf-Mentalität, und *Aphrodite-Venus,* die *Liebesgöttin,* mit ihrem *raffinierten Geschmack* und *Schönheitssinn,* ihrer *Liebe* zu *Kunst* und *Kultur,* zu *Frieden* und *Gerechtigkeit, Harmonie* und *Ästhetik.* Diese beiden so verschiedenen Götter und Prinzipien haben sich in der antiken Welt nicht bekämpft, sondern immer wieder in heißer *Liebe* und einem illegalen, aber sehr *erotischen* und erfüllenden *Verhältnis* verbunden nach dem Polaritätsmotto »Gegensätze ziehen sich an«. Daraus sind für uns vier entscheidend wichtige und wiederum sehr polare Kinder hervorgegangen: *Eros* und *Harmonia,* in denen die Mutter Venus mehr durchscheint, aber auch Phobos und Daimos, die mehr den Schatten des Vaters Mars ahnen lassen. Daimos und seine Dämonen entsprechen als Schattenwesen dem destruktiven Anteil des Plutoprinzips (8), auch weibliches, nach innen gerichtetes Aggressionsprinzip genannt. Bei Phobos kommen mit den Phobien die Ängste durch, die Mars verbreitet und die eine archetypischen Nähe zum unerlösten Jungfrau-Merkur-Thema (6) haben.

Wie viel ärmer wäre unsere Welt ohne diese vier unehelichen Kinder einer sicher nicht leichten *Liebesbeziehung* und Integrationsarbeit.

Eros, der *Liebesgott,* schießt als typisches Kind seiner Eltern mit den Kriegswaffen des Vaters, Pfeil und Bogen (Mars), das Anliegen der *schönen* Mutter, die *Liebe,* in die Herzen der Menschen, sodass diese sich in *leidenschaftlicher erotischer Liebe* finden, vereinen und für den Moment des *Orgasmus* die Polarität überwinden. Mit ihrem Einswerden halten sie nebenbei noch das Menschengeschlecht am Leben. Also eine – für die Menschenwelt – unglaublich wichtige Verbindung zweier Gegenpole.

Harmonia, Venus' Tochter und Göttin der *Balance* und *Ausgeglichenheit,* ist uns als Traumziel wichtig. Aber wir können auch sie natürlich nur verwirklichen, wenn wir beider Eltern Energien ins Spiel unseres Lebens bringen, den Mut und die Kraft des Vaters Mars (1) und die *Liebe* und *Schönheit,* die *Friedfertigkeit* und *Gerechtigkeit* der Mutter Venus (7). *Harmonie* entsteht nämlich gerade nicht durch die Betonung des einen Venuspoles, wie es einem auf Eso-Messen erscheinen mag, wo weißgekleidete Gestalten, leise sprechend und gehend, friedlich tun und blöde grinsend den Anschein erwecken, sich über diese Art gespielter *Scheinharmonie* der Erleuchtung zu nähern.

Können wir uns zu diesen beiden lichten, aber trotzdem polaren Kindern nicht durchringen, müssen und dürfen wir mit ihren dunklen Geschwistern Phobos und Daimos rechnen, die dann destruktive Enge und Ängste (Jungfrau-Merkur) und auch Dämonen (Pluto) in uns freisetzen. Tatsächlich kann und muss ich nach 30 Jahren Psychotherapie sagen: Noch nie habe ich einen von Ängsten oder Dämonen des Schattenreiches in Form von Psychosen durchgeschüttelten Patienten erlebt, der auf ein erfülltes *erotisches* Leben zurückblicken konnte und sich hingebungsvoll um *Harmonie* im beschriebenen polaren Sinn bemüht hatte. Im Gegenteil: Ein *glückliches erotisches Liebesleben* und engagiertes hingebungsvolles Bemühen um *Harmonia* in ihrem göttlich ausgeglichenen Sinn erscheinen mir heute als *schönste* Art der Vorbeugung gegen übermächtig werdende Ängste (Phobien) (Jungfrau-Merkur) und gegen die Machtübernahme eigener Schattendämonen für Zeiten (Psychose) oder auf Dauer (früher Besessenheit, heute Schizophrenie) (Pluto 8).

Dass *Schönheit* und *Harmonie, Ästhetik* und *Kunst* ein eigenes und obendrein archetypisch männliches Lebensprinzip darstellen, mag viele erstaunen, aber Venus folgt auf das weibliche Jungfrau-Merkur-Prinzip und geht dem weiblichen Plutoprinzip voraus, ist ein Luftprinzip und insofern archetypisch männlich. In ihrem Symbol dominiert dann auch der Kreis des Geistes, das Kreuz der Materie. Venus ist tatsächlich an*machend* und hat nichts mit Ehe und Treue am Hut wie etwa das urweibliche Mondprinzip. Mit ihrem nach dem *Resonanzgesetzmotto* »Gleich und Gleich gesellt sich gern« ausgewählten Ehemann, dem göttlichen *Künstler Hephaistos,* bekommt sie keine oder jedenfalls keine relevanten, auch nur erwähnenswerten Kinder. Da wird sozusagen nichts draus oder kommt nichts raus. Venus ist für *Anmache, Flirten* und *Verkuppeln* zuständig und mehr im *Liebestempel* und heute eben im *Bordell* zuhause als in der Familie. Die Venus-Priesterinnen lehrten als *Liebesdienerinnen* im besten ursprünglichen Sinn des Wortes in ihren hochgeschätzten Tempeln der Antike junge Männer die *Liebeskunst,* und das war etwas Göttliches und fand deshalb im Tempel statt. Dabei ging es auch darum, die Göttin *Voluptas,* die *Wollust,* zu erwecken, ein göttliches Kind von *Eros* und Psyche. Weiterentwicklung der *Liebeskunst und -kultur* war das eigentliche Anliegen der *Liebesdienerinnen* im *Venus-Heiligtum.* Die Zeiten waren im Hinblick auf die *Liebe* verglichen mit der heutigen *liberal,* und so durften sie auch heiraten, mussten dann aber natürlich ihren Lebensmittelpunkt vom Tempel (Jupiter) in die Familienbehausung (Mond) verlegen.

Sinnenlust und eben auch *Wollust* waren in diesen urprinzipiell gebildeteren Zeiten noch gleichermaßen angesehen und auch nicht auf *Erotik* im heutigen Sinn reduziert. Sie umfassten selbstverständlich auch Sehen und Hören, Schmecken und Riechen von *wunderschönen Bildern* und *Symphonien* wie der *Sphärenharmonie,* das *Kosten erlesener und verführerischer Speisen* im Sinne von *Aphrodisiaka,* die den Gaumen *reizen, verwöhnen* und eigentlich sogar *liebkosen,* das Erlebnis *himmlischer Düfte* und *(über) sinnliches Berührtsein* von der *Sinnen-Lust auf Leben.* Essen sollte also immer nicht nur *appetitlich,* sondern auch *schön* sein und *Sinnenfreuden* auslösen, unsere Umwelt dürfte gut *duften* und unsere Nasen mit *bezaubernden Parfums verwöhnen,* die Augen *sinnlich verführen* und die Ohren mit berauschenden Klängen *erfreuen* und *be-* und *verzaubern.*

Und all das kostet heute viel Geld, und zu diesem irdischen Thema hat zwar das erdige Stier-Venus-Prinzip hervorragenden Bezug, nicht aber die luftig leichte und etwas *leichtsinnige* Waage-Venus.

Hier finden sich dem *Luxus* ergebene Menschen, die weniger gut verdienen als ausgeben können wie *Playboys* und *-girls,* die viel Geld für die *schönen Dinge des Lebens* brauchen und *Kunst* und *Kultur* leben wie etwa ein Oscar Wilde. Mit seinem ausgeprägten Sinn für Ästhetik und die *Genüsse des Lebens* strebte er bewusst ein Leben in *Luxus* als *Dandy* an in *exquisitem Ambiente,* ob beim Essen, Wohnen, bei der Kleidung oder auf Reisen. Alles muss *Stil* haben und heute eben *gestylt* sein und hat seinen Preis. Was der typische Waagetyp nicht aus eigener Kraft oder mittels Erbe schafft, gelingt manchen noch über entsprechende Partner, wobei hier die Grenzen zum *Heiratsschwindler* fließend sind. Die moderne teure Welt der *Edelmarken* und *Luxusgüter* kommt ihm entgegen, und in Szenen wie der *Schickeria* und der *Fun-* oder *Freizeitgesellschaft* lässt er sich gern sehen. Dass diese *Luxusgüter* inzwischen überall imitiert beziehungsweise gefälscht werden und nur noch von echten Kennern und oft von diesen nicht identifiziert werden können, passt zu Waage-Venus.

Mit dem Venusprinzip Geld zu verdienen, etwa als *Liebesdienerin* oder selbst *Edel-Callgirl,* ist *leicht anrüchig,* auch wenn die Betreffenden noch so *bezaubernd duften* mögen. Es hat mit dem Abstieg des Venusprinzips einen schalen Geschmack bekommen, wobei es schon wieder auf dem Rückweg zu Ansehen ist. In der Generation meiner Urgroßeltern war ein bekannter *Tänzer* in der Familie noch ein Skandal, heute wäre er schon wieder ein Stern am *Kunsthimmel* oder sogar ein Superstar der Pop*kultur.* Natürlich lässt sich heute auch einiges verdienen über *Kunst* und auch an *Wunst,* wenn das Wollen das Können überwiegt. Denn auch die *schöne schaumgeborene Venus* hat natürlich hässliche Schatten in Gestalt von *Schaumschlägerei, Eitelkeit* und *schönfärbender Verblendung* bis hin zu *Verschwendungssucht* um des *Sinnenrausches* willen. Selbst aus *Eleganz* kann leicht *Manierierheit werden.*

Wie wenig gut viele *Künstler* mit Geld umgehen können, ist bekannt, ebenso ihre nicht seltene schlussendliche Verarmung, wenn alles verdiente Geld in *Sinnenräuschen* verpulvert ist.

Auch wenn wir *Kunst* und Künstler heute wieder ehren, freuen sich doch Journalisten und offenbar ihre Leser(innen) – besonders in den tonangebenden USA –, sobald sie Künstler *illegaler Techtelmechtel* und *Liebhabereien* überführen können. Venus wäre *liberal* und hat natürlich nichts gegen – aus Spießersicht – *illegale Verhältnisse.* Evangelikaler US-Puritanismus als jungfräulicher Gegenpol zum *Sinnenreich venusischer* Fülle hat schon manchen Weltstar zu Tode gehetzt, in der McCarthy Ära aus politischen, heute aus *venusisch-sinnlichen* Gründen.

Schatten ist auch das *Schönreden nichtssagender Diplomatie,* das *leere Geschwätz* vieler *Diplomaten* und des *Scheins,* die Inhalte vermeiden, um niemanden zu verletzen – aus Angst vor dem Gegenpol Mars –, und dann natürlich *oberflächlich* erscheinen, wie es Venus *leicht* ist.

Wie wenig wir mit diesem Urprinzip letztlich immer noch anfangen (können), zeigt, wie selbstverständlich Regierungen auf ein entsprechendes Ministerium dafür verzichten. Meist ist eine untergeordnete, unbekannte Figur wie ein Staatssekretär damit be-, aber oft gar nicht vertraut. Auf Länderebene in Deutschland sind es sogenannte *Kultus*minister, die sich mit Schulen und der (Un-)Bildung abmühen, die selbst dem Land der *Dichter* und Denker nichts mehr wert ist. Das Thema *Kultur* wird so weitgehend verfehlt und jedenfalls wenig geschätzt.

Am deutlichsten wird der Abstieg der *schaumgeborenen Liebesgöttin* heute am Verlust von Wertschätzung und Achtung, die ihrem Sohn, dem *Liebesgott Eros,* widerfährt. In der alten Zeit einer der großen Götter, stieg er seit Zeus' und der Machtübernahme des Patriarchats ständig ab. Bei den Römern wurde er als *Amor* zu jener *puttenartigen, putzig grinsenden,* vielleicht noch süßen Witzfigur, die mit ihren Pfeilen vor allem Verwirrung stiftete. Insofern panzern sich auch alle besseren Leute bis heute entschieden gegen Amors Pfeile. Inzwischen ist *Eros* in sogenannten *Eroscentern* der Großstädte zum Ab*schaum* abgestiegen, und man muss schon genau hinschauen, um im *Schaum* noch den *Charme* und die *luftig-leichte Beschwingtheit* der *schaumgeborenen* Mutter durchzuspüren.

Prostitution gilt heute als das Allerletzte, auch wenn in manchen Königshäusern wie dem englischen immer noch *Huren,* in besseren Kreisen *Callgirls* genannt, die jungen Prinzen *in die Liebe einweihen,* wie es der ewige Prinz Charles einmal im Fernsehen erzählte.

Offensichtlich brauchen wir das Venus-Thema dringend in erlöster Form, um Erfüllung in der Fülle des Ganzen zu finden. *Schönheit* kann helfen und sogar heilen. Der heute fast vergessene *goldene Schnitt* vermittelt eine *Harmonie,* die der Seele guttut und sie erhebt. Und wie viel Bedarf haben wir auch an *Gerechtigkeit* im Sinne von *Justitia* und *Kultur,* im Sinne eines *Kultes,* der die Seelen erhebt. Und wie viel *Liebes-Kunst* auf allen Ebenen könnte unser Leben *be-* und *verzaubern*? Dass die *Liebe* zu den *allerschönsten Dingen des Lebens* zählt, sind sich eigentlich alle Menschen einig, und hier bei Venus ist sie zuhause. Wenn wir unser *musisches, bildnerisches, sinnliches, kreatives, schöngeistiges und soziales Potenzial* mit *Eleganz* entfalten, sind wir mitten drinnen und können uns innerem Reichtum nähern, der letztlich für die Seele viel wichtiger ist als äußerer.

Herausforderung und Lernaufgabe liegen wie immer in der Verbindung mit dem Gegenpol Mars in der direkten Opposition, also darin, Mut und Eigeninitiative zu entwickeln und mit dem eigenen *Geschmack* und *Stil*, mit *Ästhetik* und *Liebeskunst* zu verbinden.

Fragen an mich selbst

- Welche Rollen spielen *Schönheit*, Ästhetik, *Eleganz* und *Stil* in meinem Leben?
- Was bin ich bereit dafür zu tun und auszugeben?
- Neige ich zu *eleganten* oder eher hausbackenen Lösungen?
- Welche Bedeutung haben *Kunst* und *Kultur* für mich?
- Was sind meine *liebsten Sinnenfreuden*?
- Wie viel Zeit lebe ich *sinnlich*, wie viele verbrauche ich für Arbeit?
- Wie könnte meine Arbeit mich *sinnlich befriedigen*?
- Welche Rolle spielen *erotische Liebesfeste* in meinem Leben?
- Was ist mir *Gerechtigkeit* wert, und wie viel tue ich dafür?
- Wie *sozial* bin ich, und wie sozial und *auf andere bezogen* wäre ich gern?

Entwicklungsstufen

1. Falsch, feige, entscheidungsunfähig
2. Scheinharmonie, Bequemlichkeit, gekünstelt, klatschsüchtig

3. Halbherzig, wankelmütig, stagnierend
4. Kontaktfreudig, schöngeistig, Taktgefühl
5. Liebessinn, ausgeglichen, Selbstliebe
6. Beziehungsfähigkeit, Diplomatie, Frieden
7. Gleichmut (buddhistisch), tiefer innerer Frieden, der Weg der Mitte

Über das Prinzip der Waage lässt sich sehr viel berichten. Es lehrt uns zum Beispiel, den unsichtbaren Reichtum der Kunst und Sinnlichkeit zu schätzen. Es zeigt uns den Wert des natürlichen Gleichgewichts. Fülle, die aus der Balance gerät, wirkt zerstörerisch. Zu viel Essen, zu viel Sport, zu viel Arbeit, zu viel Geld ... Wo erlebst du diese extremen Pole? Nicht umsonst betonen die meisten spirituellen Traditionen, besonders der Buddhismus, den goldenen Mittelweg.

Doch ich möchte auf ein besonderes, ein leises, unglaublich kostbares Geheimnis dieses Prinzips eingehen. Wenn wir bereit sind, unsere menschlichen Vorstellungen von Harmonie zu hinterfragen, öffnet sich eventuell der Zugang zu einer wesentlich größeren, rational unbegreiflichen und gleichzeitig ehrfurchtgebietend intelligenten Ordnung.

Der sehr empfehlenswerte Film »Die Legende von Bagger Vance« dreht sich oberflächlich um Golf, doch tatsächlich enthält er eine moderne Auslegung der Bhagavadgita über Wahrheit, Illusion und das göttliche Spiel des Lebens. Dabei gibt es eine Schlüsselszene. Der mysteriöse Caddy Bagger Vance offenbart dem völlig aus seiner Balance geratenen Golfer Randolph Junah »das unsichtbare Feld des Lebens«. Sie stehen auf dem Golfplatz. Junah entspannt sich und ist gleichzeitig hellwach. Bagger flüstert ihm sinngemäß ins Ohr: »Fühlen Sie dieses Feld? Sie haben viele verschiedene Möglichkeiten, den nächsten Ball zu schlagen. Doch es gibt nur einen Schlag, der mit dem Feld perfekt harmoniert. Der Schlag, der wirklich Ihrer ist. Und wenn Sie sich wach dem Feld hingeben, entscheidet sich dieser Schlag für Sie. Es gibt für jeden einen Schlag, der sich den Weg zu uns sucht. Wir müssen nur zulassen, dass uns dieser Schlag auch findet. Wir dürfen uns ihm nicht in den Weg stellen. Und wenn er uns findet, sind wir eins mit dem Feld.«

Hast du bereits einmal im Sport, in der Kunst, der Meditation oder im Sex eine sogenannte *Flow*-Erfahrung gemacht? Dann weißt du, wovon das Filmzitat berichtet. Plötzlich kommst du hellwach, mit all deinen Sinnen, im gegenwärtigen Moment an und weißt – ohne dies rational erklären zu können –, dass du gerade deinen Part in einer unbegreiflich schönen Sinfonie spielst. Du denkst nicht über Harmonie nach – du bist ein Teil von ihr. Für mich sind dies Sternstunden in meinen Vorträgen. Etwas in mir lässt komplett los. Ich denke nicht mehr über das nächste Wort nach, sondern weiß auf einer ganz tiefen Ebene, dass die Worte und Gesten mich benutzen werden, genau wie der Raum und die Menschen darin es brauchen. Auf eine so vollkommene Weise, wie ich sie nicht planen könnte.

Wenn wir so mit dem Leben eins sind, realisieren wir seinen eigentlichen, majestätischen Reichtum und begreifen, wie lächerlich und traurig es ist, wenn wir Fülle lediglich über *Haben* definieren.

Die Waage verkörpert das Prinzip der Harmonie, und es ist wichtig zu verstehen, dass es sich dabei nicht um unsere begrenzte Vorstellung von Harmonie handelt, sondern um eine tiefere Ordnung, die unserem urteilenden Geist oft verborgen bleibt. Wenn wir nur die fallenden Blätter im Herbst sehen, machen sie uns vielleicht traurig. Geben wir uns friedvoll dieser Lektion der Vergänglichkeit hin und meditieren über die größere Gesamtkomposition der Jahreszeiten, erkennen wir den Tanz der Schöpfung. Die Ordnung des Werdens, des Seins und des Sterbens. Wir nennen die Ereignisse, die wir nicht mögen und nicht verstehen, mit einem negativen Beigeschmack *Krise, Niederlage* oder *Fehler*. Doch wenn wir uns ihnen wach hingeben, offenbaren sie uns ihren Reichtum. Sie schenken uns Einblicke in einen größeren Zusammenhang. Unser Verstand mag immer noch »Richtig!« oder »Falsch!« schreien, doch etwas Tieferes in uns fühlt die Angemessenheit des Geschehens. Den Puls des großen Lebens.

Die Buddhisten sprechen von der Tugend des Gleichmuts – oft missverstanden als Gleichgültigkeit –, den unangenehmen und den angenehmen Lektionen des Lebens mit dem gleichen Mut zu begegnen. Buddhas Botschaft an uns alle ist so einfach, schnörkellos und schmerzhaft nüchtern:

Alles kommt und alles geht irgendwann.

Was hat das mit Harmonie und Reichtum zu tun? Nun, wenn dein Geist von Angst und Gier getrübt ist, wird er versuchen, das ihm Angenehme festzuhalten und das Unangenehme zu bekämpfen. Nehmen wir zum Beispiel die überaus delikate Erfahrung des Verliebtseins. Ob wir wollen oder nicht – auch sie kommt und geht. Wenn du dies akzeptieren kannst, wirst du die Schmetterlinge im Bauch genießen und dich neugierig für die nächste Phase eurer Beziehung öffnen, wenn sie weiterfliegen. Doch wenn du versuchst, das frische Verliebtsein festzuhalten, vergiftest du es. Es wird zum Krampf.

Wenn wir das Prinzip der Waage nicht in der Tiefe gemeistert haben, verwechseln wir Harmonie mit etwas, das *immer angenehm* ist. Doch paradoxerweise katapultiert uns diese Sucht nach Harmonie aus der wahren Harmonie des Lebens heraus.

Wenn ich das reinigende Gewitter der Ehrlichkeit umgehe,
verlieren meine Beziehungen an Frische.
Wenn ich Essen missbrauche,
um unangenehmen Gefühlen aus dem Weg zu gehen,
lande ich in der dumpfen Völlerei.
Wenn ich materiellen Reichtum benutze,

um mich von der Vergänglichkeit aller Dinge abzulenken, besitzen die Dinge irgendwann mich.

Wie kommen wir wieder in den Einklang? Indem wir uns ehrlich anschauen, wo wir versuchen, die für uns schönen Aspekte angestrengt festzuhalten beziehungsweise den hässlichen krampfhaft aus dem Weg zu gehen.

Das bedeutet übrigens nicht, nie mehr zu kämpfen. Es gibt einen guten, angemessenen Kampf, der uns aus der Resignation hinaus wieder mehr ins Gleichgewicht führt. Er wird uns jedoch langfristig nicht erschöpfen, sondern beflügeln – wird er doch von jenem größeren Feld des Lebens unterstützt.

Doch es gibt auch den sinnlosen, ermüdenden Kampf des Egos, der uns immer tiefer isoliert und den großen Tanz nicht mehr fühlen lässt.

Wenn wir uns die Geschichte der Menschheit anschauen, sehen wir, dass uns Gier und Angst immer wieder dazu verleitet haben, die Harmonie des Lebens brutal zu stören – bis an den Rand der möglichen Selbstauslöschung. Fast so, als wenn wir den uns anvertrauten Reichtum nicht aushalten würden. Ich gehöre nicht zu den Pessimisten, die auf den Untergang warten. Ich glaube an die Möglichkeit einer erwachten Menschheit, und vor allem vertraue ich der schöpferischen Intelligenz des Lebens. Ich bin zutiefst davon überzeugt, dass selbst dem größten durch Menschen verursachten Chaos immer noch eine tiefere Harmonie zugrunde liegt. Was können wir schon aus unserer kleinen Ameisenperspektive erkennen? Das, was wir eine epochale Krise nennen, ist nur ein einziger Moll-Ton in einer kosmischen Sinfonie ewigen Ausmaßes.

Wirklichen Frieden werden wir nur finden, wenn wir uns dieser größeren Dimension anvertrauen. Dabei kann uns das Prinzip der Waage helfen. Es lädt uns ein, das Spiel des Lebens lockerer zu nehmen. Nur so kann uns der nächste, perfekte Schwung finden.

Ich glaube, wir wissen eigentlich immer ganz genau, in welche Richtung das Pendel für einen guten Ausgleich schwingen möchte. Was es uns manchmal schwer macht, dem zu folgen, sind unsere eingefahrenen Vorstellungen von *richtig* und *falsch*, von *nützlich* und *sinnvoll* – gepaart mit der Angst »Was geschieht, wenn ich loslasse?!«

Ich erinnere mich zum Beispiel an eine erleuchtende Situation in unseren materiell so kargen Anfangszeiten. Einen Tag vor dem fünften Geburtstag von Leona, unserer Tochter, begingen wir den »Fehler«, sie eine Stunde in der Spielzeugabteilung eines großen Kaufhauses allein zu lassen. Als wir wiederkamen, stand sie mit leuchtenden Augen vor einem Schaufenster. Sie hatte sich in eine lebensgroße, handgefertigte Puppe mit limitierter Auflage verliebt. Der Preis? 1000 DM! Eine für uns damals unvorstellbare Dimension. Wir hatten dieses Geld nicht. Außerdem fiel diese Puppe in meinem Kopf unter die Kategorie »nett, aber nicht nützlich«. Ich holte bereits dazu aus, den Traum meiner Tochter mit rationalen Argumenten zu zerreden, da nahm mich meine Frau zur Seite. Schlau, wie sie war, versuchte sie nicht, mich zu überreden, sondern stellte mir Fragen.

Was würde ich tun, wenn mein Computer heute kaputtgehen würde?

Meine Antwort: *Ich würde mir sofort einen neuen kaufen, auch auf Kredit.*

Was ist denn der Unterschied zwischen der Puppe und meinem Computer?

Nun, der Computer ist ein nützliches Werkzeug, die Puppe »nur« ein ästhetisches Objekt zum Spielen.

Was denn wertvoller wäre, die Arbeitsleistung meines Computers oder die Freude meiner Tochter?

Du ahnst es sicher. Jetzt hatte sie mich. ;-)

Doch den Ausschlag gab die letzte Frage: Wenn ich keine Angst hätte, was würde sich angemessen anfühlen?

Wenn ich keine Angst hätte, würde ich einen Kredit aufnehmen, meiner Tochter diese Puppe kaufen, weil ich spürte, dass dies kein blinder Konsumrausch eines gierigen Kindes, sondern ein besonderer Moment für sie und für mich war!

Was soll ich dir sagen? Die Puppe gibt es heute noch. Mal abgesehen davon, dass sie meiner Tochter wirklich viele Momente der Freude bereitete, war es für mich eine der bedeutendsten Lektionen in Bezug auf Reichtum. Ich habe mich damals bewusst entschieden, nicht der Angst zu folgen, sondern mich vom richtigen Schritt finden zu lassen. Er lehrte mich etwas über wahren Reichtum. Der lässt sich nicht an unseren oberflächlichen Bewertungen messen. Doch er offenbart sich, wenn wir nach der verborgenen Harmonie der Welt suchen. Dann ist unser Konto vielleicht leer, doch wir sind dennoch reich. Reich an Vertrauen, an Freundschaft, an einem Sinn für die Schönheit des Lebens. Oder es türmen sich Millionen auf unserem Konto, und dennoch leiden wir, weil wir die Energie nicht fließen lassen.

Die Frage »Was würde sich richtig anfühlen, wenn ich keine Angst hätte?« kann uns helfen, uns von dem nächsten, angemessenen Schritt in die natürliche Harmonie führen zu lassen.

Vielleicht bedeutet dies,

... deinen Stolz loszulassen und um Hilfe zu bitten.

... den von der Welt anerkannten Reichtum in Form von Geld in andere, nicht greifbare und dennoch so kostbare Reichtümer wie Reisen, Kunst oder die Unterstützung anderer zu verwandeln.

Indem wir lernen, den Reichtum auf vielen Ebenen durch uns fließen zu lassen, ihn zu genießen, aber eben nicht festzuhalten, finden wir das, was nicht kommen und gehen kann – unsere wahre Essenz.

Als unser über alles geliebter blinder Kater Rumi vor zwei Jahren überraschend starb, weinte ich zwei Tage lang. Mein Verstand haderte zuerst verbittert mit der »Ungerechtigkeit« des Lebens.

Doch dann ließ ich los und gab mich dem Verlust voll hin. Auch wenn die Tränen flossen, fühlte ich mich innerlich sehr reich. Denn in der Trauer über sein Gehen enthüllte sich noch einmal der ungeheure Reichtum unserer Begegnung. Und als wir seinen steifen Körper in der Erde begruben, realisierte ich, dass das, was er mir wirklich geschenkt hat, niemals genommen werden kann.

Wenn wir das Pendel des Werdens und Sterbens der Dinge
frei schwingen lassen können,
entdecken wir das, was nicht kommen und nicht gehen kann.
Wir entdecken unsere wahre Natur.
Reicher geht es nicht.

Umsetzungsimpulse

- Genieße die geführte Meditation »Im Meer der Liebe« (herunterzuladen unter www.omega.guter-reichtum.de, Passwort: »ichbinjetztreich«).
- Einer der einfachsten und gleichzeitig wirksamsten Wege, dieses Prinzip in deinem Leben zu fördern, ist, die Frage »Was ist schön an …?« zu kultivieren. Zum Beispiel beim Aufstehen: »Was ist schön an diesem Morgen?« Oder in einer Begegnung: »Was ist schön an diesem Menschen?« Wenn du deine Beziehungen sehr schnell wundervoll bereichern möchtest, gewöhne dir an, deine Mitmenschen täglich mit bewussten und ehrlichen Komplimenten zu beschenken. Staune, was geschieht.
- Architektur wirkt stark auf unseren Geist und unsere Stimmung ein. Wohnst du in einem dich erhebenden Ambiente? Welche kleinen bzw. großen positiven Änderungen könntest du vornehmen?
- Auch für die Stärkung des Venusprinzips empfehlen sich alle sinnlichen Wege wie Feinschmeckeressen, Ausflüge in die Kunst, Massagen, Tantra …

- Meditationen wie Vipassana oder Zen helfen uns, den inneren Ausgleich zu finden.
- Wann hast du das letzte Mal Geld für etwas »Unnützes«, aber Schönes ausgegeben?
- Wann hast du dir das letzte Mal eine verschwenderische, großzügige Geste gegönnt? Wen könntest du damit überraschen?
- Richte deine Lebens- und Arbeitsräume ästhetisch ein (gern auch mithilfe eines etwas geschulteren Auges ;-).
- Alle Kunsttherapien bzw. Hobbys wie Malen, Töpfern, Tanzen beflügeln deine Kreativität.
- Wo in deinem Leben ist es Zeit, auf Rechthaben zu verzichten und einen Konflikt friedvoll beizulegen?
- Unser Blick ist oft blind für wahre Schönheit, da wir von der Gesellschaft regelrecht doktriniert werden. Doch all die von Modejournalen etc. vorgegebenen Maßstäbe sind nichts weiter als Suggestionen! Wahre Schönheit entzieht sich diesem Theater. Empfindest du dich und deinen Körper als schön? Diese Übung braucht Überwindung und wirkt Wunder! Stell dich vor einen Spiegel (nackt!) und schau dir in die Augen. Sage dir immer wieder »Ich liebe dich!«, bis du es fühlst.
- Ich empfehle meinen Klienten regelmäßig, schöne und erhebende Plätze aufzusuchen. Besonders für die Erholung oder das Empfangen von Visionen. Zum Beispiel in den Bergen, am Meer, in einem Romantikhotel.
- Geldwäsche! Ein Freund von mir hatte es satt, immer wieder zu hören, dass Geld stinkt. Er hängt regelmäßig seine Geldscheine auf eine Wäscheleine (im Haus), feiert erst einmal den Anblick seines Reichtums, und dann »wäscht« er das Geld, in dem er es mit einem Duft (z. B. Rose) besprüht. Er schwört, dass er seitdem viel mehr Freude hat, das Geld weiterzugeben und es in wesentlich größeren Mengen zu ihm zurückkehrt.

8. Das Pluto-Skorpion-Prinzip: Radikaler Reichtum

Licht

Radikale Wandlung
Metanoia, Metamorphose
Tod und Wiedergeburt
Extreme Lebensumbrüche meistern
Gegensätze und Extreme annehmen können
Die Dinge durchdringen wollen
Das Unsterbliche finden wollen
Enorme Energie, starke Überzeugungskraft
Hohe Ideale, für die man auch durch die Hölle geht
Tiefe Hingabe
Bereitschaft, die Wahrheit auf tiefster Ebene zu finden
Grenzen überschreiten
Alles oder nichts
Erlösung in der Krise, loslassen
Scharfsinniges Denken
Die Tugenden des Samurai

Schatten

Mehr an Konflikt als an Lösung interessiert
Besessenheit, Fanatismus
Extreme Ansprüche an die Mitmenschen
Andere Menschen verschlingen, einnehmen, kontrollieren
Prinzipienreiterei
Selbstzerstörung, Implosion
Auflehnung gegen Gott
Rache, destruktive Aggression
Krankhafter Perfektionismus
Lust, den Finger in die offene Wunde zu legen
Nachtragend, neidisch, eifersüchtig

Mit diesem Prinzip haben wir von allen am meisten Schwierigkeiten, was es allein schon deswegen zum für uns wichtigsten macht. Sein Symbol ist das Tai-Chi-Zeichen mit seiner schwarzen und weißen Hälfte, die einander umkreisen und umspielen. Die Polarität ist hier vom Geist eingeschlossen. Es ist so tiefgehend und eben *radikal* (lat. *radix = Wurzel*), dass es vielen *(Todes-)Angst einjagt*.

Natürlich ist die *Wurzel* die entscheidende Stelle und folglich auch das schwierigste Problemfeld – bei jeder Pflanze, jedem Zahn und fast allen Menschen. Hätten wir nicht so verschiedene *Wurzeln* und wären wir bei denen nicht so empfindlich, verletzlich und schnell *tödlich beleidigt*, hätten wir uns so viele *(Bürger-) Kriege* erspart. Wir schätzen und mögen das *Radikale, an die Wurzeln Gehende* nicht nur beim Zahnarzt nicht, sondern generell. Aber nur bei den *Wurzeln* liegen wirklich *tiefgehende Lösungen*, weshalb es so wichtig ist, an den Anfang zurückzukehren, zu den *Wurzeln* von so *Scheußlichem* wie *(Selbst)Morden, (Blut)Rache* und *(Bürger-)Kriegen*. Die *schrecklichsten* und mörderischsten (Fehl-) Entwicklungen haben in aller Regel *tiefe Ur-Sachen* im Sinne von *Wurzeln*. Ismael und Isaak waren tief verbunden, rechtlich Brüder und genetisch noch Halbbrüder, und die Geschichte liegt so lange zurück und wirkt doch noch weiter, wie wir noch sehen werden.

Es fällt uns schwer, bei Pluto überhaupt positive Lösungen zu finden, dabei liegen hier die klassischen *Erlösungsgeschichten*. Deren Prototyp ist die *radikale (Ver-)Wandlung* des *Massenmörders Saulus*, der als *radikaler Fanatiker* mehr Christen auf dem Gewissen hatte als alle anderen *Christenmörder* der Zeit. Auf dem Weg zum *heiligen Paulus* hat er letztlich als politischer und ebenfalls *radikaler Propagandist* des frühen Christentums mehr Menschen *missioniert* und zu Christen bekehrt als Petrus, der erste Papst, und als Christus selbst.

Auch die *radikale (Ver-)Wandlung* vom stadtbekannten Playboy *Francesco* zum *heiligen Franz von Assisi* mit seinem *radikalen*

Armutsgelübde, das ihm erst *Erfüllung* und *Erleuchtung im tiefsten Sinn* brachte, passt hierher. Im Schlaf erscheint Gott dem noch gar nicht heiligen Franziskus und beauftragt ihn, seine Kirche *von Grund auf zu erneuern*. Typisch Mensch versteht er diesen Auftrag oberflächlich und materiell und denkt an die kleine verfallene Kirche von St. Damiano, die er *hingebungsvoll* mit eigenen Händen wieder aufbaut. Gott aber meint seinen Auftrag ungleich *radikaler* und die ganze große Kirche der Christenheit, die längst auf *Abwegen* dem *Missbrauch* auf allen Ebenen frönte. *Franziskus* ist wie erschlagen von der Größe des wirklichen Auftrages, wie wir es immer von plutonischen Anforderungen sind, macht sich aber auf den schweren Weg nach Rom und anschließend an die *radikale Erneuerung* der Mutter Kirche. Er *infiziert* viele, wird aber nicht annähernd fertig, aber doch zum wohl wichtigsten und faszinierendsten *Heiligen* der katholischen Welt und sogar darüber hinaus. Obwohl ursprünglich evangelisch getauft, ist er auch mein Heiliger, zumal seine Lehre der von Albert Schweitzer so nahesteht.

Und bräuchte es jetzt nicht eine ähnlich *radikale Wandlung* und *Erneuerung von Grund auf*, um diese Kirche und diese Welt noch zu retten? Es sind tatsächlich plutonische Anstrengungen *notwendig*, um dieses große Werk zu vollenden. Papst *Franziskus II.* hat es offenbar auf sich genommen, seinem Namenspatron, dem *ersten Franziskus*, nachzu*eifern* und sein Möglichstes zu tun. Er bräuchte plutonische Kräfte und Seinen Segen.

Unserer Zeit ist *Pluto*(nium) zum *Horror*, und *radikale Wandlungen* im Positiven sind selten geworden. Jener österreichische Multimillionär ist hier zu nennen, der seine Traumvilla in Tirol versteigerte, den Erlös einem Gramen-Projekt für Mikrokredite vermachte und fortan ohne Geld lebt und davon begeistert in Talkshows erzählt. Er wagte einen *radikalen Schritt* und Schnitt, und daraus folgte *ein ganz neues Leben*.

In Deutschland wollte ihm gleich jemand nach*eifern*, aber dort ist so etwas verboten, wie so ungefähr alles Plutonische. *Radikale* dürfen – jedenfalls in Bayern – nicht in den Staatsdienst, und *radikale, wirklich an die Wurzeln gehende Lösungen* sind in der Politik verpönt, also gleichsam unter Strafe gestellt. Oder sie sind von langer Hand – und von wem auch immer – geplant im Zuge des Programms, *Reiche noch reicher* zu *machen* und *Zwangskontrollen* und -überwachung bis ins letzte Detail zu verwirklichen wie die schon begonnene Beschränkung von Bargeld und dessen wohl beabsichtigte komplette Abschaffung. Auch das ist plutonisch von seiner Art und Weise, wie es klammheimlich durchgezogen wird.

Wo soll sich dieses Lebensprinzip aber ausleben, denn – wie die anderen 11 – ist es nicht aus der Welt zu schaffen. Versuche, etwa die *Terrororganisationen Al Kaida* oder *IS* aus der Welt zu schaffen, werden nur mit einer ähnlich *terroristischen Kriegführung* anzugehen sein und ohne Bewusstsein des Plutonischen nicht gelingen. Die USA wissen durch die vielen *Guerillakriege*, die sie verloren haben von Vietnam über Irak bis Afghanistan, immerhin, was das bedeutet. *Folterorgien* wie in Abu Ghraib (Irak) und die *Auslöschung ganzer Dörfer* wie My Lai (Vietnam) sind da wie *freundliches Feuer (friendly fire) auf die eigenen Leute* als plutonische *Kollateralschäden* zu betrachten und wohl nur die bekannt gewordene Spitze eines überaus blutigen Eisbergs. In all diesen Fällen trifft *destruktives* Plutoprinzip von beiden Seiten aufeinander. Ohne bezüglich der *Blutschuld* zu entlasten, ist generell zu beobachten, wie Terrorkriege auch in regulären Soldaten *Schatten* und den inneren *Terroristen* aktivieren.

Schauen wir in der Geschichte zurück, lassen sich so *Bürgerkriege* zwar mit *Gewalt* beenden, aber die zugrunde liegenden Probleme auf Dauer nicht lösen. Das zeigt sich überall auf der Welt. Typischerweise sind sogenannte reguläre Kriege, die dem Marsprinzip unterstehen, erlaubt, denn nur die *hinterhältige Guerillakriegführung*, die dem Plutoprinzip angehört, ist nach der Genfer Konvention verboten. Was bezüglich dieses Prinzips allerdings überhaupt nichts ändert und plutonische Kämpfer und Terroristen wohl eher noch anspornt.

Bei uns gibt es ebenfalls *Guerillakriege,* nur auf anderen Ebenen, wenn man den sich immer stärker und flächendeckender ausbreitenden *Verschwörungstheorien* Glauben schenkt. Im Internet ist diesbezüglich ein erschreckendes *Verleumden* und *Bezichtigen* ausgebrochen. Ob aber die *Verschwörungen* tatsächlich stattfinden oder es sich um *böswillige Verleumdungen* handelt, beides gehört zum Plutoprinzip. Und immer häufiger und erschreckend zügig werden in letzter Zeit *Verschwörungstheorien* wahr. Vorgetragen werden sie denn auch von Leuten wie dem US-Viersterne-General Wesley Clark, dem früheren Nato-Oberkommandierenden, von langgedienten und verdienten ARD-Korrespondenten wie der Russland-Korrespondentin Gabriele Krone-Schmalz oder dem Islamspezialisten Christoph Hörstel, von ehemaligen deutschen Regierungsmitgliedern und Staatssekretären wie dem Geheimdienstfachmann Willy Wimmer (CDU) und Jürgen Todenhöfer, der als Staatssekretär der rechten Fraktion der CDU angehörte. Deren beider politische Wandlung hat durchaus Plutonisches. Wenn ein journalistisches *Urgestein* wie Peter Scholl-Latour vor der offiziellen Krieg heraufbeschwörenden Politik warnte oder der deutsche Exkanzler Helmut Schmidt zum *Aufstand* gegen die *kriegstreiberische* EU-Bürokratie aufrief, der deutsche Außenminister Steinmeier ausrief, er habe genug von dem Kriegsgeheul der Nato, hat das etwas Plutonisch-*Aufrührerisches* und ist wenig geeignet, Vertrauen in die Herrschenden (Zustände) zu schaffen.

Plutonische Phänomene wie der internationale *Terrorismus* sind in diesem Ausmaß noch jung. Für mich begann er mit der *Terroristin* Leila Khaled, die für ein freies Palästina mit *(Flugzeug-) Entführungen* und anschließenden *Erpressungen* kämpfte. *Verschwörungstheorien* dieses Ausmaßes sind noch jünger. Wie konnten sich destruktiv-plutonische Tendenzen so rasch so ausbreiten?

Zum einen weil sich keine positiven Alternativen für plutonische Lösungen anboten, zum anderen weil Pluto als *unterdrücktes* Prinzip besonders *infektiös* ist – im Guten wie im *Bösen*. So war es auch kein Zufall, dass der österreichische Multimillionär, der dem Geld radikal abschwor und Villa und Geld zugleich verschenkte, rasch einen Nachahmer in Deutschland fand.

Plutonische Ideen sind heute besonders *ansteckend, ja hoch infektiös*, in beiderlei Sinn, da wir dieses Prinzip nur verdrängen. Und alles Verdrängte wird *Schatten* und drängt natürlich irgendwann ins Bewusstsein. Das Angebot ist bei der Art, alles *Radikale* sogleich zu *unterdrücken*, zu verbieten und mit schwerer Strafe bis hin zur Ächtung zu *bedrohen*, natürlich ziemlich einseitig negativ im Schatten(be)reich angesiedelt. Aber natürlich hoffe ich auch auf den neuen *Franziskus* und (s)ein Feld *radikaler Liebe zur Schöpfung*, das ebenfalls zu einem *himmlischen Flächenbrand* werden könnte. Nur, *Lebensgefährliches* findet leider viel mehr Anklang als Lebens- und Friedliebendes, so wie Medien sich immer lieber auf *Destruktives* als auf Konstruktives stürzen. Der Satz »Only bad news is good news« prägt diesbezüglich unsere Zeit. Jede Seuche wird zum großen Medienanlass, ob real oder inszeniert wie Vogel- und Schweinegrippe, ob Ebola oder Zika.

So erleben wir das Anwachsen des *Destruktiv*-Plutonischen mit der Gefahr zur *großen Seuche*, einer wirklichen *Pandemie* zu werden, wie wir es im Ansatz schon mit *Al Kaida*, aber inzwischen noch dramatischer mit der *Terrororganisation IS* haben. Seine generelle Bekämpfung und der Versuch, es von der Welt zu vertreiben, sind so lange zum *Scheitern* verurteilt, wie es keine positiven plutonischen Alternativen gibt. Im Augenblick profitiert das *Terrorsystem IS* von seiner *Radikalität*, dem *Alles-oder-nichts*, seinem *Schwarz-weiß-Denken* und dem Wunsch so vieler Jugendlicher, sich *mit Leib und Seele* einer Sache, einer Idee, einer *Ideologie*, einem Traum zu verschreiben. Und wenn es keine gute (plutonische) Sache gibt, dann eben lieber einer schlechten als gar keiner und sogar einer *Schattenausgeburt* wie *IS*, Hauptsache plutonisch. Die bürgerliche Welt bemüht sich geradezu krampfhaft herauszufinden, was ihre Kinder in die Arme des *IS* treibt.

Dabei ist es so einfach: Mit ihrem Ignorieren und Verdrängen eines ganzen Lebensprinzips ist sie es selbst, die alle Angebote, selbst so *extrem(istisch) scheußliche*, attraktiv und *infektiös* macht. John F. Kennedy hatte seinerzeit mit seinem Charme (Venusprinzip) und Charisma (Sonnenprinzip) die US-Jugend so zu begeistern vermocht, dass die mit ähnlich plutonischem *heiligem Ernst* ins Peace Corps (Venusprinzip) eintrat, um den Nachbarn in Lateinamerika zu helfen. Junge Idealisten kamen damals in Scharen und schlossen sich der vermeintlich guten Sache an, denn sie wollten *aufs Ganze gehen* und *alles geben*. Kennedys Slogan »Fragt nicht, was Amerika für euch tun kann, fragt, was ihr für Amerika tun könnt!« hatte sie *begeistert, tief berührt* und (heraus-)gefordert. Sie fühlten sich zu einem *glühenden Idealismus* an- und *aufgestachelt* und konnten etwas bisher völlig Vernachlässigtes integrieren: das Plutoprinzip.

Das Ganze endete auch plutonisch, im *tiefsten Schattenreich* Plutos mit *heimlichen Sterilisationen* und *gewaltsamer Vertreibung* des Peace Corps aus den gleichsam *zwangsbeglückten* Ländern.

Der anfängliche, tief begeisterte Zulauf war verständlich. Ansonsten kaum im gesellschaftlichen Angebot der Bürgerwelt geduldet, tat das Plutoprinzip sich hier plötzlich in einem herausfordernden Feld auf, und sie folgten dem Ruf zu *selbstlosem und totalem Einsatz* für das vermeintlich Gute. Die Lösung ist eigentlich einfach: Statt immer weniger von der Jugend zu fordern, müssten wir alles fordern, und sie würden genauso begeistert alles geben.

Das in und von der Bürgerwelt niedergemachte Plutoprinzip nimmt einfach jedes sich bietende Ventil von *Heroinkonsum* bis zu *IS*, wenn wir nicht lernen, es bewusst und in seinen konstruktiven Aspekten zu integrieren.

Zurzeit eröffnen sich vor allem *schreckliche* Angebote. Dabei haben gerade Deutsche und Österreicher als Täter und der Rest Europas das Thema als Opfer schon erlebt. Denn auch der *Faschismus* war *durch und durch radikal* und plutonisch. Unvorstellbare *Grausamkeiten*, *Hinrichtungsrituale* und *Mordorgien*, das *Spitzelwesen* unbeschränkter *Geheimdienstmacht* usw. ist hier doch schon bis zur Neige durchlitten. Aber scheinbar reicht es vielen noch nicht.

Und schon wieder sind es deutsche und europäische Jungs, nach Jürgen Todenhöfers Recherche Letztere vorwiegend aus Solingen, die federführend im IS *morden*. Wo es sonst gar kein Angebot bei einem Urprinzip gibt, werden auch *dunkelste Schreckensangebote* attraktiv.

Selbstmordattentäter wie die *IS-Terroristen* sind wohl nicht primär *Sadisten*, sondern junge Leute, denen offenbar das plutonische Element im Leben *extrem* gefehlt hat, die wohl kaum *Dschihadisten* wurden, um Ungläubige in die Luft zu sprengen oder eigenhändig zu *enthaupten*, sondern denen positive plutonische Alternativen fehlten. Die aber müssten so weit gehen, wie das eben nur plutonische vermögen.

Der *IS* hat *schrecklichen Horror* zu bieten wie den weltweit mit *schwarzem Gold finanzierten Terror* und eigenhändig vor laufenden Kameras ausgeführten *Enthauptungen*. Bis hin zum *bösartigen* Traum eines weltweiten Kalifats, in dem die *Scharia herrscht*. Dann wird *(Blut)Rache* zum göttlichen Gesetz, und die Hälfte der Menschheit, die Frauen, werden (mal) wieder *unterjocht* und *terrorisiert*. Und trotz seiner offensichtlich *grauenhaften Rückständig- und Rückfälligkeit* hat dieser *Fundamentalismus* solch eine Faszination auf idealistische Jugendliche und sogar Mädchen und Frauen aus Europa. Und dieser Blutrausch macht die jungen Täter für immer *erpressbar* und verbaut ihnen jede Rückkehr ins normale Leben.

Verständlich und – wenn auch mit *Schaudern* – nachvollziehbar wird das nur mit der Kenntnis der Lebensprinzipien und dem als unmöglich durchschauten unbewussten Versuch, ein ganzes Urprinzip aus der Welt zu schaffen.

Der einzige wirklich nachhaltige Ausweg und unsere Aufgabe wäre, bessere plutonische Alternativen zu bieten, worum ich mich in Büchern und Seminaren vielfach bemühe mit dem Ergebnis einer Pluto entsprechenden *Polarisierung*. Ob es um eine neue Krankheitssicht geht, um »Peace Food« oder die »Schicksalsgesetze« und »das Schattenprinzip«, all das ist dem schweigenden Mainstream zu *radikal* und zu schwer (verständlich). Ein klein bisschen Resonanzgesetz und ab und zu ein klein wenig Fleisch weniger, das ginge noch, aber die Verantwortung für die eigenen Krankheitsbilder und Symptome radikal selbst zu übernehmen, das geht dann doch zu weit und ist zu plutonisch. Da ist Weiter-*Projizieren* viel leichter, und Schulmedizin und Soziologie regen ja noch dazu an.

Nur die aus dieser Situation der Verweigerung folgenden Krankheitsbilder und Symptome sind auch plutonisch. Und wir können das heute sogar wissenschaftlich belegen. Eine Studie hat ergeben, dass Kleinkinder, die in den ersten beiden Lebensjahren wegen einer Infektion eine Antibiotikakur bekommen, später ein über 50 % höheres Allergierisiko haben. Bei Allergien erreichen wir schon den Übergang von Mars zu Pluto, weil wir dabei schon gegen uns selbst kämpfen. Unterdrücken wir dann Allergien etwa mit Kortison, ernten wir *Autoaggressionskrankheiten* und kämpfen dann vollends gegen uns selbst. Und *Krebs* ist natürlich auch vorwiegend plutonisch. Er beginnt körperlich im *Erbgut des Zellkernes* und endet mit *Selbstzerstörung*.

Wenn wir Fülle mit dem Ziel der Erfüllung verwirklichen wollen, müssen wir uns auch mit dem Plutoprinzip anfreunden und mit ihm im konstruktiven Sinn fertigwerden.

Wenden wir uns der (gut)bürgerlichen Welt zu und suchen dort Pluto, landen wir bei der *Geldreligion*, der hierzulande die meisten *radikal* und eben plutonisch dienen. *Pluton* heißt in der

Mythologie »der Reiche«, meint aber eigentlich den »inneren Reichtum«, das immense Potenzial der Seelenkraft. Der Tanz ums goldene Kalb zeigt den mythisch religiösen Bezug. Die Israeliten waren von Gott Jahwe abgefallen und hatten sich dem Gott *Mammon*, dem Gold, zugewandt, beziehungsweise waren ihm *verfallen* im Sinne von *zum Opfer gefallen*, wie IS-Anhänger heute auf das unerlöste Plutoprinzip herein*gefallen*.

Beim Zwilling-Merkur-Prinzip hatten wir erlebt, was für ein wundervolles Mittel Geld ist, wenn es Austausch und Handel dient. Nun müssen wir erleben, was es, *als Machtmittel missbraucht*, anrichtet. Tatsächlich – nach Aussagen von Attac und ohne Widerspruch aus der Geldwelt – dienen heute über 90 % der um die Welt kreisenden Geldströme nicht mehr echter Wertschöpfung oder dem Handel, sondern der Spekulation, und diese öffnet der *Macht* und dem mit ihr verbundenen *Missbrauch* Tür und Tor. Alle Verhungernden auf dieser Welt verhungern an den Auswirkungen der *Geldreligion*. Alle gefallenen Soldaten und *Guerilleros* sterben an den Auswirkungen der *Geldreligion*. Unglaublich viele Patienten sterben heute unnötig an den Auswirkungen der *Geldreligion*. Gehen wir den *Ur-Sachen auf den Grund*, handeln also *radikal*, finden sich immer, wie am Anfang gezeigt, Wirtschaftsinteressen und folglich Konzerne mit dem inzwischen vor nichts mehr *zurückschreckenden* Wunsch, Geld zu ver*dienen*, ohne zu dienen. Tatsächlich geht es effektiver mit Spekulieren und *Manipulieren*. Ob wir da auf die Rüstungs-, Ernährungs- oder die Pharmaindustrie schauen, ist im Endeffekt gleichgültig. *B*öse sind sie nur in dem Sinn, dem unerlöst plutonischen Prinzip und seiner *Ausgeburt*, der *Geldreligion*, um jeden Preis zu dienen. Es macht keinerlei Sinn, *Todesopfer* gegeneinander aufzurechnen, aber klar müsste jedem sein, dass gemessen an den *Opfern der Geldreligion* alles andere Peanuts sind, um es mit dem *verachtenswerten* Ausdruck eines deutschen Exbank(st)ers zu sagen. Die *Schwerstverbrecher* tragen schon längst Krawatten, die in Khaki-Uniform sind eher »nur« ihre Marionetten.

Wie tief sich dieses *plutonische Elend* schon in die Bürgerwelt *(hin-)eingefressen* hat und sich an uns *vergreift,* uns *missbraucht,* ohne dass wir es meist bemerken, zeigt im kleineren Maßstab der *Missbrauch* des Geldes als Machtmittel bei Scheidungen, wo auch oft das Motto »Alles oder nichts« zu *erbärmlichen* Ausgängen führt. Man solle dabei im Gegenteil bis an die eigene *Schmerzgrenze* großzügig sein, verriet mir ein erfahrener Rechtsanwalt und guter Freund, der es selbst so gemacht hatte und dem wir diesbezüglich – mit bestem Ergebnis – folgten. Ich habe oft dazu geraten, aber den meisten ist es wohl zu *tiefgehend* und *schmerzlich, freiwillig auf Geld zu verzichten.* Da nehmen sie dann doch lieber Konsequenzen wie *Vergeltungsgelüste, kalte Wut, schrecklichen Hass* bis hin zu *tiefen Rachegefühlen* in Kauf.

Pluto ist ein (arche)typisch weiblich *verschlingendes* Prinzip, das das Zeug hat, die ganze Welt zu *verschlingen,* wie es dem *deutsch-japanischen Faschismus* schon fast gelang. Der zugehörige Gott und das Wappentier *Skorpion* sind tatsächlich männlichen Geschlechts, besser wäre daher das Prinzip mit *Persephone,* der Göttin der *Unter-* und *Schattenwelt,* benannt. Für sie ist Geld im Sinn von enormem Reichtum vor allem *Macht* und ein Mittel, anderen den eigenen Willen *aufzuzwingen,* ja sogar *Seelen in Besitz* zu nehmen. Je mehr Geld sie in ihre Macht bekommt, desto mehr Macht bekommt sie natürlich auch und kann sich einflussreicher und stärker fühlen. Geld schafft ihr auch die Illusion, damit ihres und anderes Leben unter ihre *absolute Kontrolle* zu bringen, wobei diese Kontrolle nichts mit der vom Jungfrau-Merkur-Prinzip zu tun hat, der es um Ordnung und Richtigkeit geht statt um *Macht.* Da das Plutoprinzip keine Grenzen kennt, *missbraucht* es diese *Macht* oft auf *fürchterliche* Art, wodurch seine Anhänger(innen) auch alles wieder verlieren können. *Alles oder nichts* ist die Devise, und mit viel Einsatz kann Persephone-Pluto auch wie *Phönix aus der Asche auferstehen,* wenn es mal schiefgelaufen ist. Sie scheint wie die *schwarze Katze* auf der Schulter der *Hexe* neun Leben zu haben, und das Schicksal bietet ihr oft Möglichkeiten, aus ihren Fehlern zu lernen und radikal umzukehren. Wie etwa die *sadistische Mörderin*, die in Texas *zum Tode verurteilt* über Jahre *in der Todeszelle* saß – auch ein *sadistischer staatlicher Racheakt*, jemanden jahrelang auf seine Hinrichtung warten zu lassen. Nach einer *tiefgehenden Wandlung mutierte* sie zum *Engel* der anderen Gefangenen. Auch dass der *leidenschaftliche Anhänger* der *Todesstrafe*, Expräsident George W. Bush, sie trotzdem *hinrichten* ließ, war plutonisch und ein Stich ins Herz liberaler und nicht von *Vergeltungs-* und *Rachegedanken* getragener US-Mitbürger. Der *radikale Wechsel* zwischen *Macht* und Ohnmacht, *totaler Kontrolle* und völligem Ausgeliefertsein lässt die Seele offenbar reifen und wachsen, um nicht dauerhaft in der *Hybris* von Allmachtsgefühlen verstrickt zu bleiben.

Die moderne Persephone ist wie eine späte Ahnin der Großen Göttin, die in Gestalt von schwarzen Madonnen, im *Schatten* der katholischen Kirche noch herum spu(c)kt. In ihrer unerlösten Variante fühlt sie sich in der Moderne, wo Geld die Welt regieren darf und wirtschaftliche Macht zum entscheidenden Kriterium des (Lebens-)Erfolges geworden ist, nicht unwohl. Gerade griff eine Plutonikerin in Gestalt von Hillary Clinton – von Gegnern bereits Killary genannt – nach dem Amt höchster weltlicher Macht und wurde erst im letzten Moment Opfer der Angst, die sie bei vielen auslöst.

Nichts braucht unsere Welt heute so notwendig wie positive Chancen, das Plutoprinzip zu integrieren. Und insofern ist es auch nicht überraschend, dass sie bei aller Herausforderung auch dankbar aufgegriffen und mit *hingebungsvoller Begeisterung umgesetzt* oder *wütend und ideologisch bekämpft* werden, wie ich es mit plutonischen Projekten erlebt habe.

Eine komplette *radikale* Ernährungsumstellung der eigenen und der Gesundheit der Welt zuliebe wie »Peace Food« ist ein plutonischer Schritt. Deshalb gelingt er *radikal* auch besser als allmählich. Keines meiner Bücher hat so viel Unfrieden ausgelöst wie »Peace Food« und der Aufbau eines Feldes für Friedensessen. Sogar *eingefleischte Veganfanatiker tob(t)en dagegen* an. Kenntnis des Pluto- und *Schattenprinzips* ließ das erwarten.

Die Umstellung des eigenen Weltbildes im Sinne des alten Wissens von »Die Schicksalsgesetze – Spielregeln fürs Leben« und »Das *Schattenprinzip*« hat ebenfalls etwas Plutonisch-*Radikales*. Das eigene Denken *von Grund auf* zu *erneuern* ist ebenso plutonisch wie andere, daraus hervorgehende, an die *Wurzeln* rührenden Projekte. *Schattentherapie* kann und will zur *radikalen Lebensumkehr* führen. Krankheitsbilderdeutung ist *radikal*, geht sie doch nicht nur *an die Wurzeln* der Symptome, sondern sieht darin neben dem *Bösen* auch das Gute und kann so »Krankheit als Symbol, als Weg, als Sprache der Seele, als Chance« erkennen. Andere Lieblingsprojekte, die nicht aufs Plutoprinzip zielten wie Mandala-Malen, Wassertrinken oder Fasten, waren ungleich weniger *umkämpft* und *umstritten*.

Noch ungleich größer und weltumfassender ist natürlich das franziskanische Feld der Liebe zu aller Schöpfung, das der neue Papst im Auge hat und das zu einer *radikalen Wandlung* unseres ganzen (Da-)Seins führen könnte. In einem sehenswerten Silvesterspot ließ er Vertreter aller großen Religionen sprechen und sich zum Schluss zur Liebe bekennen. *Radikale* Liebe zur ganzen Schöpfung vereint alle *Religionen in ihrer Tiefe* und ist von daher plutonisch und nur ein anderer Ausdruck für Fülle und Erfüllung. Das zeigt sich schon daran, dass auch die bedingungsloseste, *hingebungsvollste*, sich aus offenem Herzen verströmende Liebe dort nicht im Mindesten weniger, sondern sogar mehr wird.

Herausforderung und Aufgabe für dieses Prinzip ist zu lernen, dass Besitz und die daraus folgende *Macht* auch verpflichtet und Verantwortung mit sich bringt. Und natürlich ließe sich ein Vermögen auch für Gutes, Entwicklungsförderliches einsetzen. »Das *Schattenprinzip*« ist aber, wie am Beispiel der Gates-Stiftung gezeigt, auch dabei immer ganz nah.

Fragen an mich selbst

- Neige ich dazu, Problemen *auf den Grund* zu *gehen* und sie *bis an ihre Wurzeln zu verfolgen*?
- Wie *radikal* l(i)ebe ich?
- Wie bereit bin ich zur totalen Umkehr im Sinne der Metanoia, der tiefsten Reue?
- Bin ich bereit, *alles* zu *geben*, um alles zu bekommen? Zur kompletten Metamorphose?
- Ist Geld mir mehr *Mittel zur Macht* als Mittel zu anderen Zwecken?
- Wie stehe ich zu *tief(st)gehenden (Ver-)Wandlungsprozessen*?
- Wie zu *völligen Neuanfängen*? Gestehe ich sie mir und anderen zu?
- Kann ich *umkehren*, wenn ich mich *total verrannt* habe?

Entwicklungsstufen

1. Destruktiv, abscheulich, Sadismus, Besessenheit, Teufelsanbetung, extreme Puritaner, Gier, religiöser Machtmissbrauch
2. Machtmissbrauch in Familie und Politik, Übergriffigkeit, Missbrauch von Wissen, Mobbing, Pseudogurus, Fundamentalismus
3. Bewusste Manipulation und Ausbeutung, falsche Versprechungen, Zynismus, Perfektionismus, Eifersucht, Projektion
4. Leidenschaft, Extreme, Exzess oder Askese
5. Wandlungsfähig, tiefes Einlassen, totale Verbindlichkeit, Schattenarbeit, Transformationsprozesse, Märtyrertum
6. Bedingungslos, bedenkenlos, Idealismus, Opferbereitschaft, extreme Selbstdisziplin
7. Selbstaufgabe, Gegensatzvereinigung, selbstloses Leben als Ritual

Pluto ist der radikalste Lehrer deines Reichtums. Seine zerstörerischen Kräfte können jede vorhandene Fülle zerstören. Weise angewandt, hilft er dir, den wahren Reichtum deines Lebens bis in seine tiefste Wurzel (radix) zu ergründen. Ich muss gestehen, dass mir das plutonische Prinzip sowohl in seinen Licht- als auch Schattenseiten sehr vertraut ist. Ich weiß nicht, wie viel an der Astrologie wirklich dran ist. Ich habe mein Horoskop aus Neugier zweimal von erfahrenen Astrologen interpretieren lassen und fühlte mich in ihren Beschreibungen verblüffend genau erkannt. Meine zwei stärksten Zeichen (Sonne = Stier; Aszendent = Skorpion) liegen sich diametral gegenüber. Ich kenne die Freude am Erschaffen und Bewahren von weltlichem Reichtum genauso wie die existenzielle Verachtung aller Materie. Mir ist der unbändige Drang nach Tiefe und Wahrheit des Skorpions, aber auch seine Lust an den Gegensätzen, das Kokettieren mit zerstörerischen Kräften sehr vertraut. Lange Zeit pendelte mein Leben zwischen diesen Gegenpolen – Aufbauen und Zerstören – schmerzhaft hin und her. Alles, was ich erschuf, riss ich wieder ein. Sobald sich weltlicher Erfolg oder ein gewisser Grad an Erfüllung in meinen Beziehungen einstellte, weckte dies den Skorpion in mir. Er drängte mit unbequemen Fragen:

Ist das schon alles?
Ist das wirklich wahr oder eine Illusion?
Wo mache ich mir etwas vor?
Geht da nicht noch mehr?

Mit seinem Stachel aus extremen Äußerungen und Handlungen vergiftete er das Erreichte. Ich brach den nächsten Streit mit meiner Liebsten vom Zaun oder initiierte unbewusst Krisen, um mich dann lustvoll in die sich öffnenden Schattenbereiche zu stürzen.

Damals erklärte ich mir dieses Verhalten stolz und selbstverliebt als Drang nach Freiheit und Wahrheit. Heute muss ich rückwirkend anerkennen, wie viel Leid dieses extreme Vorgehen meinen Mitmenschen und auch mir zugefügt hat. Ich bin immer noch am Aufräumen.

Dennoch möchte ich die plutonische Kraft nicht in meinem Leben missen. Sie verhindert, dass ich in der Materie einschlafe. Sie fordert mich heraus, dieses Leben intensiv zu nutzen – als eine Chance, um zu erwachen. Doch was bedeutet das?

Ich glaube, jeder von uns, selbst der überzeugteste Atheist, ist bereits von der Ahnung besucht worden, dass er mehr als ein Fleischklöpschen ist. Radikal betrachtet ist das, was du jeden Morgen im Spiegel siehst, potenzielles Würmerfutter. Irgendwann, das ist mal sicher, stirbt dieser Körper. Können wir mit Sicherheit sagen, ob es danach weitergeht und wie? Nein.

Doch wir können die radikale Konfrontation mit unserer physischen Sterblichkeit nutzen, um uns in der Zeit davor die wirklichen Fragen zu stellen. Pluto lehrt uns, unseren Tod als den klügsten Ratgeber für ein wesentliches Leben zu nutzen. Das ist nicht morbide, sondern im höchsten Sinne vital. Der Tod trennt die Spreu vom Weizen. Seine Präsenz lässt uns sofort das Wesentliche erkennen. Wenn wir ihm bei einem Unfall knapp von der Schippe springen, wenn ein geliebter Mensch eine tödliche Diagnose erhält oder wenn wir an einer Beerdigung teilnehmen – sehen wir an solchen Tagen nicht kristallklar, worum es im Leben wirklich geht? An so einem Tag ist uns unser Kontostand sch... egal. Auto, Schmuck, Haus ... all das verliert seinen Glanz, denn nichts davon können wir auf diese letzte Reise mitnehmen. In so einem Moment bewegen uns andere Fragen:

Habe ich genug geliebt? Habe ich voll gelebt?

Betroffen schauen wir auf all die Momente, in denen wir uns mit kleinlichem Hickhack abgelenkt, aus Angst gebremst, aus Bequemlichkeit eingeschlafen sind.

Wenn du wissen willst, wie reich du wirklich bist, warte nicht auf die nächste Krise. Lade Pluto freiwillig als deinen radikalen Lehrer ein.

Stell dich vor den Spiegel, nackt. Bleibe stehen, schau dir in die Augen und meditiere über die Flüchtigkeit all der Reichtümer, die du anfassen kannst. Alles wird gehen. Das Haus, für das du vielleicht so lange gespart hast – erst werden noch andere Menschen darin wohnen. Dann wird es irgendwann zerfallen. Deine Kleidung, die du so liebst, wird verrotten. Dein Schmuck, den du so sehr hütest, wird an der Hand eines anderen glänzen oder irgendwann wieder eingeschmolzen werden. Denk an deine Liebsten. Irgendwann werden sie alle sterben. Dann schau in Ruhe deinen Körper an. Jung oder alt. Mach dir klar:

Auch der wird gehen.

Und wenn du so mutig warst, dir in deiner Vorstellung all das aus der Hand nehmen zu lassen, woran wir Menschen so gern klammern, hebe deinen Blick und schau dir ruhig in die eigenen Augen. Dort wirst du etwas leuchten sehen, was nicht von dieser Welt ist. Etwas Zeitloses, Tiefes, Unpersönliches. *Das* bist du.

Diese stille Essenz in dir kannst du nun fragen, worum es tatsächlich geht.

Wie kannst du die verbleibende Zeit nutzen – und niemand weiß, wie viel er hat –, um so zu leben, dass du in den letzten zwanzig Minuten deines Lebens nichts zu bereuen hast?

Die Bewusstheit unserer Sterblichkeit macht uns verletzlich, doch sie macht uns auch zu Sinnwesen. Sie lässt uns nicht ruhen, bis wir die Frage »Wofür leben wir?« in einer solchen Tiefe beantwortet haben, dass sich unsere Seele gesehen fühlt.

Wer aus Angst vor diesem radikalen Blickwinkel Pluto aus seiner Welt zu verbannen versucht, der läuft Gefahr, weltlichen Wohlstand mit wahrem Reichtum zu verwechseln. Der realisiert – wahrscheinlich dann zu spät –, dass er für all seine kleinen

Schätze das Kostbarste verkauft hat, was er besitzt: Zeit. Eine Uhr oder ein Haus kannst du kaufen und wiederverkaufen. Zeit nicht. Du gibst sie aus. Das war es. Wofür? Womit hast du sie verbracht? Wenn du heute Abend ins Bett sinkst, hast du dann funktioniert, oder hast du gelebt? Wirst du lediglich erschöpft sein, weil du so viel getan hast? Oder lächelt dein Herz – erfüllt und frei –, weil du heute deinen wahren Reichtum komplett verschenkt hast?

Ich weiß nicht, ob sich jeder Mensch diesen radikalen Fragen stellen muss, doch ich lade meine Klienten dazu ein, dies freiwillig zu tun, bevor sie eine Krise dazu zwingt.

Pluto ist in diesem Sinne das Haus von Metanoia. Dieses griechische Wort steht für Buße. Leider ist dieser Begriff im christlichen Kontext stark mit Schuldgefühlen aufgeladen worden. Ursprünglich verbirgt sich darin eine heilige und sehr helle Idee – die Umkehr des Menschen zu Gott, von dem er sich durch die Sünde entfernt hat. Du musst nicht an Gott glauben, um dich davon berühren zu lassen. Setze für *Gott* »deine Wahrheit« oder »das wirklich Wesentliche« ein. Auch von dem Wort *Sünde* musst du dich nicht abschrecken lassen. Der griechische Ausdruck dafür (hamartia) bedeutet das *Verfehlen eines Ziels.* Also bedeutet Buße in einem reinen Sinn innezuhalten, dir bewusst zu werden, wo und wie du dein eigentliches Ziel verfehlt hast, und dich dann wieder dem wahrhaft Wesentlichen zuzuwenden.

Das geht nur, wenn wir bereit sind, uns radikale, die Wurzel berührende Fragen zu stellen. Wenn wir weise sind, warten wir damit nicht, bis uns das Leben durch eine Krise in die Knie zwingt. Wir tun es jeden Tag. Steve Jobs hat einmal sinngemäß gesagt: »Ich stelle mich jeden Morgen vor den Spiegel, schaue mir in die Augen und frage mich: ›Wenn dies mein letzter Tag wäre, würde ich ihn genauso leben?‹ Wenn ich mit der Antwort zögere, dann weiß ich, dass es Zeit ist, etwas zu ändern.«

Menschen, die sich solch einer Selbsterforschung freiwillig und reif stellen, leben intensiver und freier. Sie können den ihnen auf der weltlichen Ebene angebotenen Reichtum bewusster (Es könnte das letzte Mal sein!) und gleichzeitig entspannter genießen. Denn das plutonische Feuer verbrennt die Schleier der Illusionen.

In unreifen Entwicklungsphasen sucht es dich in Anfällen von Zynismus und Nihilismus heim. »Es hat ja eh alles keinen Sinn, denn nichts hat Bestand!« Oder es bricht aus dem Unbewussten in Form von Alpträumen, Selbstsabotagemustern oder existenziellen Angstanfällen in deine Welt ein.

Doch wenn du die unbedingte Kraft dieses Feuers bewusst nutzt – um zum Beispiel in der Meditation über das Sterben zu kontemplieren –, dann entfaltet es seine reinigende Wirkung. Es verbrennt deine Anhaftungen an falschen Schein und bringt dich mit deinem wesentlichen Ursprung in Kontakt. In der nüchternen Annahme der Lektion deiner Sterblichkeit lernst du, dich mit allem, was du bist und hast, voll auf dein Leben einzulassen.

Seine drängende Sehnsucht nach Wahrheit zieht uns in unsere werdenden Tiefen. Durch all die Schichten der Banalität und des Zögerns – in eine Ebene unseres Seins, in der die scheinbaren Widersprüche dieser Welt nicht mehr existieren. Hier brauche ich mich nicht mehr zwischen Innen und Außen, zwischen Welt und Einkehr, Erfolg und Einsicht zu entscheiden. Ich kann alles wählen und alles lassen. Hier verstehe ich plötzlich noch einmal ganz neu Zorbas, den tanzenden Buddha. Denn das Selbst, das durch das plutonische Feuer freigelegt wird, ist stiller als still, und dennoch tanzt es.

Viele Menschen leiden in der Wurzel ihres Daseins an einer oft unbewussten und gerade deshalb so mächtigen Wunde: »Wer bin ich wirklich? Wie viel ist meine Existenz wert? Trägt mich das Leben? Kann ich vertrauen?«

Wir können die Antworten auf diese bohrenden Fragen auf sehr verschiedenen Ebenen suchen. Wir können den Schein von Sicherheit erzeugen, in dem wir eine Versicherung abschließen.

Wir können unseren Wert an dem Geld festmachen, das wir verdienen. Wir können noch mehr leisten, um noch wichtiger für andere zu sein. All dies sind höchstens kosmetische Pflaster auf jener radikalen Wunde. Das realisieren wir spätestens dann, wenn eine Naturgewalt in Form einer Krankheit, eines Konkurses oder eines Erdbebens in unser Theaterstück einbricht. Dann liegt sie offen – jene älteste aller Wunden. Und wenn wir Glück haben, kämpfen wir nicht mehr gegen sie an, sondern geben uns ihr hin. Dann zieht uns Pluto in den Urschmerz, der sich – wenn wir uns nicht im Drama suhlen, sondern nüchtern fühlen – in die brennende Sehnsucht nach Wahrheit und Zuhause verwandelt. Lassen wir uns von ihr mutig weiter nach innen ziehen, landen wir in der Ohnmacht. Den letzten Schritt im Metanoia-Prozess kann niemand selbst setzen. Wir müssen geduldig warten, bis wir genommen werden. Und dann …? Ja, dann, wird es stiller als still. Das letzte Wüten der plutonischen Kräfte kommt zur Ruhe. Und wir erinnern uns. An das, was wir wirklich sind.

Wenn du dies schon einmal erfahren hast – in einer Krise, im Sex oder der Meditation –, dann weißt du, was ich meine. Und du verstehst auch, warum ich es nicht beschreiben kann. Worte haben keinen Zugang in jene Bereiche unserer Seele, in denen diese existenzielle Wunde nicht einmal mehr geheilt werden muss – weil sie hier gar nicht existiert.

Das Geschenk von Pluto offenbart sich, wenn wir seine Kräfte weder zerstörerisch nach außen noch nach innen richten. Sondern sie bewusst rufen und sie bitten, in uns die Wahrheit von der Illusion zu trennen. Dann ziehen sie uns nach innen und offenbaren uns *den* Reichtum, der freimacht anstatt bindet.

Hier – in diesen Tiefen –
verlieren Geld oder die Sucht nach Anerkennung
ihre magische Macht über uns,
weil wir mit *dem* in uns in Kontakt kommen,

was sich nicht trösten muss,
was weder geboren wird noch stirbt.
was nichts braucht, weil es alles ist.

Wird ein Aspekt unserer Seele verdrängt, meldet er sich als mächtiger Schatten zurück.

Ich habe die Ahnung, dass die Welt ein friedvollerer Platz wäre, wenn die Menschheit nicht immer noch kollektiv und zwanghaft versuchen würde, die plutonischen Fragen zu ignorieren. Wenn wir alle von Kind auf als geistige Krieger und Kriegerinnen erzogen worden wären, fähig und willens, täglich den eigenen Tod als Ratgeber für das Leben anzurufen, würden wir dann immer noch so viel Energie in Neid, Rachsucht, Krieg und Streit kanalisieren? Oder würden wir uns wesentlich wacher und liebevoller begegnen?

Die Samurai, die Angehörigen der alten japanischen Kriegerkaste, meditierten viel über ihre physische Sterblichkeit. Interessanterweise verführte sie das nicht dazu, sich gehen zu lassen – im Gegenteil. Sie nutzten jeden Tag, um sich in Tugenden wie Disziplin, Geduld und Hingabe zu üben und sich so auf den letzten Tanz ihres Lebens vorzubereiten.

Was viele nicht wissen – Samurai bedeutet übersetzt nicht etwa Krieger, sondern *Dienender*. Ein Samurai ist im übertragenen Sinne ein Mensch, der etwas so Heiliges gefunden hat, dass er ihm uneingeschränkt dienen kann.

Pluto hilft uns, die falschen Götzen vom Thron zu stoßen und das zu finden, wofür es sich nicht nur lohnt zu sterben, sondern zu leben. Also keine Angst vor Pluto. Respekt ist angesagt, wenn wir diesen Lehrer in unser Leben rufen. Pluto zerstört die Vergangenheit. Es hat sie so, wie wir uns erinnern, nie gegeben. Sie ist vorbei.

Pluto zerstört die Zukunft. Wer weiß, ob sie so, wie wir sie uns erhoffen, je kommt. Pluto öffnet uns so für den unermesslichen Reichtum der Gegenwart.

Hier und Jetzt, dieser Moment, während du diese Zeilen liest, ist alles, was du wirklich hast.

Wie willst du ihn erleben?

Umsetzungsimpulse

- Genieße die geführte Meditation »Dein Tod – dein Lehrer für das Leben« (herunterzuladen unter www.omega.guter-reichtum.de, Passwort: »ichbinjetztreich«).
- Der »kleine« Tod. Die beste Art, sich auf den physischen Tod vorzubereiten, wird in vielen spirituellen Traditionen als die Kunst beschrieben, heute und hier intensiv und vollständig zu leben und gleichzeitig möglichst oft das Loslassen zu üben.
- Im Downloadbereich findest du eine Anleitung zur integralen Schattenarbeit, die es dir ermöglicht, Projektionen aufzulösen und unangenehme bzw. destruktive Emotionen wie Neid oder Hass zu integrieren.
- Radikale Ehrlichkeit. Wenn du wissen willst, wie wahr und stark deine Beziehungen sind, wähle, radikal ehrlich zu sein.
- Ich empfehle Retreats und Seminare mit initiatorischem Charakter. Siehe zum Beispiel www.one-experience.de oder Fasten, Dunkelretreats.
- In welchen Bereichen deines Lebens ist es an der Zeit, sich mutig den existenziellen Fragen zu stellen?
- Vergebungsarbeit: Was hast du dir oder anderen Menschen zu vergeben?
- Die wach immer wieder wiederholte Frage »Wer bin ich?« wurde bereits von Weisen wie Ramana Maharshi als radikaler Weg der Selbsterkenntnis genutzt.
- Treibe eine intensive Sportart wie Boxen oder Kampfsport.
- Meditiere regelmäßig.
- Übe Trance-Tanz aus. Am besten in Form eines mehrtägigen Semi-

nars, um auch mit den tieferen kathartischen Erfahrungen in Kontakt zu kommen.

- Führe die »Dynamische Meditation« von Osho durch.
- Führe Feuerrituale und Übergangsrituale durch.
- Mache eine Schatten- beziehungsweise Reinkarnationstherapie. (www.dahlke-heilkundezentrum.de)

9. Das Jupiter-Schütze-Prinzip: Wachstum, Sinnfindung

Licht

Gnade, Toleranz, Großzügigkeit, Gerechtigkeit
Flamme des Lebens
Feuer des Glaubens
Wachstum, Expansion
Erfüllung, Erkennen der großen Ordnung
Verbindung mit dem Himmel
Glaube, Vertrauen
Begeisterung, fördern, großartig
Innerer Ruf nach hohen Zielen
Himmel auf Erden
Der große Überblick
Hohe Ideale, warmherzig
Überfluss
Herausfordernde, große Ziele, hohe Ansprüche
Sinnsuche, Sinnerfüllung, Lebensaufgabe
Humor, Optimismus, Glücksbringer
Geistige Brückenbauer

Schatten

Missionieren
Anmaßend, Unbescheidenheit
An den eigenen Ansprüchen scheitern
Egozentrische Sehnsucht nach Großartigkeit
Selbstgerecht, scheinheilig
Unersättlich
Arroganz, Größenwahn
Überfülle, fettsüchtig
Pathetisch, angeberisch, Übertreibung
Verschwendungssucht, Völlerei, Materialverschwendung
»Heilige« Kriege im Namen »Gottes«
Überzogener Optimismus
Verwechslung von Selbstbegeisterung mit Vollkommenheit

Hier ist unser Thema eigentlich zuhause, die *Fülle* und die *Erfüllung* im Finden des *Lebenssinnes* und die sich daraus ergebende *Großzügigkeit* im Umgang mit uns und anderen. Die hier ebenso beheimateten Themen *Wachstum* und *Expansion* lieben wir fast alle, dabei zu oft und zu leicht verkennend, dass all das uns nur auf entsprechend erlösten Ebenen zum *Glück* gereicht. Im Symbol steht die Seelenschale offen und gleichsam ausflussbereit neben und nur ein wenig über dem Kreuz der Materie, ähnlich wie es das Wort Psycho-somatik darstellt.

Wir müssen ein Leben lang *wachsen,* und alle Ebenen haben da ihren Sinn und ihre Zeit. Anfangs *wachsen* wir als Kinder körperlich in die Höhe. Schon dabei, vor allem aber wenn unsere konstitutionell vorgesehene Größe erreicht ist, sollten wir auf seelischer, sozialer und schließlich auf geistiger Ebene *weiter wachsen* und *weiter werden* – ein ganzes *erfülltes* Leben lang. Das auf dem Gegenpol Zwilling-Merkur erworbene Wissen will hier zu Weisheit heran*wachsen,* beziehungsweise diese sollte sich daraus *entwickeln.* Der archetypische Weg führt über Wissen zu *(Lebens-) Philosophie* als *Liebe zur Weisheit.*

Seit *Religion* und *Lebensphilosophie* ihren Einfluss immer mehr verlieren, neigen wir dazu, die Ebenen durcheinanderzubringen und die materiellen gegenüber den geistig-seelischen und spirituellen zu bevorzugen. Viele *wachsen* inzwischen, nachdem ihre vorgegebene Größe erreicht ist, gleich weiter in die Breite und *Fülle* und machen (es) sich so unnötig schwer und den Lebensweg beschwerlich. *Dicke* Kinder machen sich heute das ganze Leben von Anfang an im wahrsten Sinne des Wortes schwer. Übergewicht ist inzwischen – laut WHO – eine der beiden großen Seuchen, die unsere Zukunft bedrohen. Und natürlich gehört *Fett*(gewebe) zum Jupiterprinzip. Die *unermesslichen* unsäglichen *Fettpolster* und *-berge,* die moderne Menschen mit sich herumschleppen, machen die *Größe* und die Schwere der Problematik überdeutlich. Und es ist bei weitem nicht nur ein ästhetisches

Problem, sondern mit jedem Zentimeter *Bauchumfang* wächst die Wahrscheinlichkeit zu unangenehmen und sogar fürchterlichen Krankheitsbildern. Gelenkprobleme sind wegen Überlastung noch naheliegend, aber auch Diabetes II und Hochdruck nehmen zu und sogar Herzprobleme. Mit jedem Zentimeter *Bauchumfang* wächst aber auch die Alzheimer-Wahrscheinlichkeit. Der physische Zusammenhang ist noch unklar, der urprinzipielle liegt aber deutlich in der Vernachlässigung von Sinn und Erfüllung und dem Ausweichen in die körperliche Fülle.

Wer sein *Wachstum* auf die körperliche Ebene beschränkt, muss sogar damit rechnen, dass es auf Organ- und Gewebeebene weitergeht, wo wir von *Tumorwachstum* sprechen. Tatsächlich wird es – entsprechend den Erfahrungen von »Krankheit als Symbol« – gerade die Organe treffen, die urprinzipiell mit den Themen verbunden sind, die auf Bewusstseinsebene verweigert werden. Wir haben also gar nicht die Wahl, ob wir ein Leben lang *wachsen,* sondern lediglich auf welcher Ebene, materiell oder immateriell, körperlich oder geistig-seelisch-spirituell. Hier ein Überblick, der gleichzeitig Rückblick auf schon besprochene Lebensprinzipien und Ausblick auf noch folgende ist (die spezifischen Zuordnungen sind unterstrichen).

- Zum Mars- oder Aggressionsprinzip gehören Abwehr- oder Immunsystem und das rote Blut. Wenn wir konstruktives *Hineinwachsen* in Lebensmut, in unsere Kraft und Energie, zu Entscheidungen und Konfrontationen verweigern, könnte das *Wachstum* sich etwa im Sinne von Lymphomen und Blutkrebs destruktiv ausdrücken.
- Wo wir bezüglich der irdischen Stier-Venus nicht lernen, im Hinblick auf sinnliche Lebensfreude zu *wachsen* und unseren Platz im Leben zu finden und uns dafür einzusetzen und zu sprechen, wenn wir uns nicht sinnlich und vielleicht singend am Leben freuen, uns einverleiben und

mit Genuss schlucken, was wir genießen wollen, könnte das verweigerte *Wachstum* sich am Hals niederschlagen in einem Kropf oder (Krebs-)Knoten der Schilddrüse, aber auch in Krebs der Stimmbänder.

- Verweigern wir *Wachstum* im Zwilling-Merkur-Bereich, sind die Organe der Kommunikation als Bühne gefährdet wie die Lungen, das Nerven- und Hormonsystem mit zahlreichen Möglichkeiten von Lungentumoren über solche des Nervensystems bis zu denen der Hormondrüsen.
- Unerlöstes *Wachstum* im Mondbereich kann die weiblichen Brüste treffen, aber auch den Magen. Aber auch Magengeschwüre *wachsen* kraterartig in die Tiefe (Plutoprinzip).
- Beim Sonnenprinzip kann das Herz im Sinne der Herzinsuffizienz *wachsen*. Mediziner sprechen dann auch vom Altersherz, was uns zeigt, wie häufig Herzens*wachstum* die konstruktiv-erlöste Ebene verfehlt. In den Augen *wächst* die sogenannte Altersweitsichtigkeit und verdeutlicht uns den verzweifelten Versuch der Seele, das Naheliegende aus unserer Reich- beziehungsweise Sichtweite zu bringen, um endlich den Überblick über die wesentlichen Dinge des Lebens *wachsen* zu lassen.
- Bei Jungfrau-Merkur kann im destruktiven Fall die Angst *wachsen* und sich etwa bis zu Schmutz-Phobien oder Sicherheitswahn *auswachsen*. Auch der immer häufiger werdende Pankreas-Krebs gehört hierher.
- Beim Waage-Venus-Prinzip können Eitelkeit und Genusssucht *wachsen*, wie auch Partnerprobleme. Und auch Nierentumore zeigen *Wachstums*-Defizite im konstruktiven Bereich von Beziehung und Liebe, von Harmonie und Schönheit.
- Zum Plutoprinzip gehören die Geschlechtsorgane und damit auch all die hier auftretenden Tumore, von denen

der Eierstöcke und Hoden bis zu denen der Gebärmutter. Letztlich ist aber aller Krebs mit diesem Prinzip verbunden, denn erstens beginnt er im Innersten der Zelle, im Erbgut des Zellkerns, das zu Pluto gehört, zweitens geht es um bösartiges *Wachstum,* und drittens ist es in der letzten Phase selbstzerstörerisch. Natürlich gehören auch *wachsende* Heroin- und Eifersucht zum unerlösten Plutoprinzip.

- Zu Jupiter gehört unter anderem die *Leber,* und wo kein Suchen und *Wachsen* im Sinne von *Lebenssinn* erfolgt, kann es als Hepatitis, als Leberzirrhose bis hin zu Leberkrebs unerlöste Wege nehmen. Hier können aber auch *expandierender Umfang, wachsende Luxussucht* und *Größenwahn* unerlöstes *Wachstum* verdeutlichen.
- Zum Saturnprinzip gehören Haut und Knochen, und beide können von allen möglichen sogenannten Effloreszenzen, wörtlich Erblühungen, bis zu *Tumorwachstum* heimgesucht werden, wenn *Wachstum* im Hinblick auf Struktur, Ordnung, Klarheit und Gesetzeskenntnis, aber auch Abgrenzung zu kurz kommt.

Die letzten beiden Lebensprinzipien Uranus und Neptun sind schon so entfernt von der materiellen Welt, dass sie kaum noch Repräsentanten im Körper haben.

- Bei Uranus sind es Sprunggelenke und Waden, die verraten, wie sehr ihre Protagonisten auf dem Sprung sind und leben. Hier können Probleme im Sinne von Wadenkrämpfen und Verstauchungen der Knöchel *zunehmen.* Allerdings drückt auch *wachsende* Gefühlskälte unerlöstes *Wachstum* im uranischen Bereich aus. In der Psychiatrie stehen Verrücktheit und Irrsinn fürs Uranusprinzip, aber auch Epilepsie und Tics bis hin zum Tourette-Syndrom.

- Zum Neptunprinzip gehören unsere Füße, die Reste unserer Flossen. Unerlöstes *Wachstum* betrifft hier ebenfalls das Gebiet der Psychiatrie mit (Alzheimer-)Demenz und all den Wahnerkrankungen. Halluzinationen können alle Sinne betreffen vom Stimmenhören über optische Halluzinationen, solche des Geruchs- und Geschmacks, aber auch des Berührungssinnes.

Dieser Rück- und Ausblick anhand der Urprinzipien kann uns einmal mehr zeigen, wie sie alle Bereiche des Lebens umfassen, und natürlich nicht nur bei den Themen *Fülle* und *Erfüllung,* Geld und *Großzügigkeit, Wachstum* und *Expansion* vorkommen. Sie erlauben, alle Probleme des Lebens zu be- und erleuchten. Der Gewinn liegt jeweils darin, mit ihrer Hilfe das Ganze in all seinen Aspekten zu erkennen. Das Unangenehme daran ist, dass es uns immer wieder Aspekte zeigt, mit denen wir (noch) nicht einverstanden sein können, sondern unausgesöhnt noch Lern- und *Wachstumsbedarf* haben. Andererseits will gerade da unser Bewusstsein *expandieren,* weshalb wir gerade auf diese Bereiche immer wieder gleichsam mit der Nase gestoßen werden beziehungsweise zu ihnen Resonanz *entwickeln.*

Trotz der immer dramatischer werdenden Krankheitsaspekte des *Wachstumsprinzips* liebt die Mehrheit der modernen Menschen das Jupiterprinzip und hofft auf die Schulmedizin (Jungfrau-Merkur-Prinzip). Aber deren Krieg (Marsprinzip) gegen den Krebs, den Richard Nixon ausgerufen hatte und mit Milliardenaufwand an Forschungsgeldern (Jungfrau-Merkur-Prinzip) führen ließ, konnte nur scheitern. Denn er ignorierte die zugrunde liegenden Lebensprinzipien, Jupiter, was das *Wachstum,* und Pluto, was die Bösartigkeit, die Selbstzerstörung und den Beginn im innersten des Zellkerns angeht. Lediglich die erste aggressive Phase des Krebses wird mit chirurgischem Wegschneiden berührt, die plutonische mit der zytostatischen Zellvergiftung und hochenergetischer radioaktiver Strahlung. Weshalb diese Methoden auch begrenzte Erfolge aufweisen.

Fasten dagegen liegt mit seiner Selbstverdauung (Autophagie) ganz auf plutonischer Linie, vor allem aber mit seiner bei bewusstem Fasten immer eingeschlossenen Bewusstseinserweiterung, die zum wichtigsten Wachstum überhaupt auf jovischer Ebene gehört. Insofern wird es auch bei Krebs eine große Zukunft in der Medizin haben, wie neuere wissenschaftliche Forschungen belegen.

Auch eine radikale Ernährungsumstellung, wie in »Geheimnis der Lebensenergie in unserer Nahrung«[11] beschrieben, die Krebszellen aushungert, und Bewusstseinswachstum genauso einschließt wie ein radikaler LebensWandelWechsel, wie in »Krankheit als Symbol«[12] angeregt, zeigen Wirkung. Diese Methoden verlegen das Wachstum auf Bewusstseinsebene und entlasten damit die körperliche. Das erklärt aus urprinzipieller Sicht die inzwischen auch wissenschaftlich belegten Erfolge des Fastens und die positiven Erfahrungen mit Ernährungsumstellung und Krankheitsbilder-Deuten.

Zurück zu den schönen Seiten von Jupiter. Der Astrologie der Illustrierten gilt er als das *große Glück*, wie das Venusprinzip als das kleine. Und natürlich träumen (fast) alle vom *großen Glück*, vom *großen Gewinn*, von *Überfluss* und *Luxus*. Hinzu kommen bei diesem Urprinzip sein *grenzenloser Optimismus* und das Vertrauen ins eigene *Glück*. Die Hoffnung, dass es einem vielleicht doch einmal zufallen könnte, ist kaum unterzukriegen. Und ein *Lotto-Sechser* würde natürlich bestens zum *jovischen* Menschen passen, wobei er mit seiner sprichwörtlichen *Großzügigkeit* das Geld eher rascher wieder ausgeben und unter die Leute bringen

---

11 Dahlke, R. (2015). Das Geheimnis der Lebensenergie in unserer Nahrung: Die neue vegane Ernährung. Arkana.

12 Dahlke, R. (1996). Krankheit als Symbol: Ein Handbuch der Psychosomatik. Symptome, Be-Deutung, Einlösung. Bertelsmann.

würde. Tatsächlich wird dieser Traum für die meisten zum Alptraum, und fünf Jahre nach einem *Millionen-Lotto-Gewinn* sind die meisten Gewinner und *Glückskinder* schon Verlierer und im Privatkonkurs.

Sich alles leisten zu können bleibt trotzdem der moderne Traum. Dabei leisten wir uns in der sogenannten ersten Welt schon längst mehr, als uns eigentlich guttut und verantwortbar ist. Das *Wachstum* der Wirtschaft in der sogenannten ersten Welt und das *Wachstum* der Menschheit in der sogenannten dritten hat schon längst Krebscharakter angenommen – jedenfalls aus Sicht von Mutter Erde.

Der (arche)typische Jupitertyp ist natürlich männlich und eine Art *Glücksspieler* oder *-ritter*, dabei *tolerant* und *großzügig* und manchmal auch *-spurig*. Selbst wenn er nicht gewinnt, glaubt er nur zu gern weiter an sein *Glück*. Von ihm leben nicht nur Spielcasinos, sondern auch Wettbüros und vor allem die Lotto- und Toto-Gesellschaften, die fast jedes moderne Land hat, schon um diesem Prinzip auf eine Art gerecht zu werden, bei der die Staaten und geschickte Unternehmer im *großen Stil* gewinnen. Sie sind keine Glücksspieler, sondern nützen diese aus und gewinnen dabei immer.

Die *größte Spielbank* jeden Landes ist die Bank der Wirtschaft, die jeweilige Börse, und nicht zufällig warnte der deutsche Exkanzler Helmut Schmidt vor dem *Casino-Kapitalismus*, den er verachtete. Der steht für eine Wirtschaft, die immer weniger Werte schafft, sondern vor allem mit Aktien spielt und das *Glücksrittertum* auf Wirtschaftsebene fördert und die *Entwicklung* von Illusionsblasen geradezu herausfordert. Der *Optimismus*, der Börsen immer wieder *zulegen* und *expandieren* lässt, ist unerschöpflich. Dabei ist er so naiv wie der Glaube ans Zinseszinssystem. *Unendliches Wachstum* ist unmöglich, es muss irgendwann im Kollaps enden, wie sich unschwer am körperlichen *Krebswachstum* erkennen lässt.

Erst erscheint das Krebswachstum – jedenfalls aus dessen Sicht – ebenfalls als maximaler Erfolg, es ist wirklich unglaublich, wie rasch Tumore manchmal einen ganzen Organismus überwuchern können mit ihrer grenzenlosen Expansion der Muttergeschwulst, ihren Metastasen und Filiae, den bösartig wachsenden Tochtergeschwülsten. Aber der Zusammenbruch in Gestalt der plutonischen Selbstzerstörungs- oder Kachexiephase ist absehbar und führt nicht selten zum Ende.

Das Jupiterprinzip ist prädestiniert, das geradezu (arche)typische Ende der Fahnenstange beim Wachstumsthema zu durchschauen. Wie wir wissen, wächst auch die Leber, unser jovischstes Organ, mit ihren Aufgaben. Je mehr Alkohol wir trinken, desto mehr expandiert sie und wächst im Sinne einer Fettleber über sich selbst hinaus. Nun ist die Leber, typisch Jupiterprinzip, auch extrem tolerant. Wird ihr die eine Hälfte chirurgisch entfernt, ist sie nach einem Jahr nachgewachsen, und zwar besser und vollständiger als der Schwanz einer Eidechse. Gibt ihr der Alkoholiker oder seine drohende Ehefrau nur am Wochenende alkoholfrei, kann er sich damit lange über die Runden retten. Aber irgendwann ist Schluss mit lustig, und die Fettleber geht in die Zirrhose über. Diese stellt sozusagen negatives Wachstum dar. Statt Expansion mehr der Fett- als der Leberzellen, wie in der Fettleberphase, kommt es jetzt nur noch zu Bindegewebewucherungen, und die Leber stellt ihre Funktion unter Schrumpfung allmählich ein.

Dieses Muster ist natürlich nicht auf unseren Körper beschränkt, sondern auch aus der Wirtschaft bekannt, wo Firmen durchaus zu rasch wachsen und gleichsam zu Tode expandieren. Am Ende wachsen dann nur noch Bürokratie und Controlling (Merkurprinzip), der operative Bereich aber wird unproduktiv, und das Ganze kollabiert in Insolvenz.

Tatsächlich könnte man in der Analogie meinen, der *Casino-Kapitalismus* habe vielerorts die Expansionsphase der *Fettleber* schon überschritten und sei ins Zirrhosestadium übergegangen, wo die Produktivität gar nicht mehr *zunimmt*, sondern nur noch Bürokratie und Pseudo-Controlling wuchern.

Hinter all dem dürfte der vom nüchternen Hanseaten Schmidt verachtete Wunsch stehen, mit wenig Einsatz und ohne eigene Anstrengung trotzdem *ganz groß rauszukommen*. Insofern entspricht der Traum von den *Super-Gewinn-Aktien* dem vom *Jahrhundert-Jackpot*. Der Schatten des *Casino-Kapitalismus* liegt in der schon bei der Geld*religion* dargestellten Problematik. Insofern *Religio-n* als Lieferantin von *Lebenssinn* sowieso zum Jupiterprinzip gehört und die Geldreligion durch ihr unkontrolliertes *Krebswachstum* längst zur *größten aller Zeiten* herangewachsen ist, gehört sie hierher. Sie könnte leicht zum *Grand Canyon* der Menschheit werden, rast unser Zug doch fast ungebremst auf den *größten denkbaren* Abgrund zu. Das könnte durch die vielen betroffenen Ebenen ein Einschnitt werden, gegen den der schwarze Freitag von 1929 wie ein Kindergeburtstag wirkt.

Für weit mehr als 99 % der Menschen bleibt der Traum vom richtig großen *Jackpot*, den sie einmal knacken wollen, ein ebenso illusorischer Traum wie der vom *großen Börsencoup* durch die *Super-Aktie*. Bei Lotto und Toto spielt der *Glücksspieler* gegen den Staat, an der Börse gegen die Insider der *Großfinanz*, die wahrscheinlich *Mächtigsten der Welt*. Das ist eigentlich leicht zu durchschauen, aber das Jupiterprinzip liebt nun einmal die *größten* Illusionen. Diese Träume – in der Praxis immer wieder in Alpträume gewandelt – werden schon deshalb nicht aussterben, weil das Jupiterprinzip heute zu wenig andere konstruktive Ein- und Erlösungsebenen im Bereich von *Lebenssinn* und *-philosophie, überbordender Lebensfreude, spiritueller Erfüllung* und *Religio* findet. Das offenbart nicht nur die *Fettsuchtwelle*, sondern eben auch die nur weniger sichtbare, aber ähnlich weit verbreitete *Glücksspielorgie*, hinter der materielle Jupiterträume stecken von der *Luxusvilla*, dem *Luxusauto* bis zur *Luxusjacht*. Selbst wenn es beim minimalen Teil der Lottospieler einmal klappt, ist das anfangs im Überfluss vorhandene Geld sehr rasch unter den plötzlich vielen »bedürftigen« Freunden *großzügig* verteilt. Der Volksmund kennt das als »Wie gewonnen, so zerronnen«.

Es kann also gar nicht klappen, aber die Medien berichten – in welchem Interesse eigentlich? – immer wieder von einem vollen Jackpot und halten – in wenig menschenfreundlicher Art – mit ihrer Sensationslust das Glücksrad am Laufen, an dem die Unglücklichen hängenbleiben.

Obwohl es so dazu kommen kann, dass der Jupitertyp es gar nicht zu Geld und materieller Fülle bringt und seinen hohen Ansprüchen zum Opfer fällt, hat er mit seinem Optimismus in einer Welt, der ökonomisches Wachstum und Expansion alles bedeuten, gute Karten und in der Regel leichtes Spiel.

Auf dem jovischen Weg zu Fülle und Großzügigkeit ist der Optimismus des Jupiterprinzips von unschätzbarem Wert, und die passende Musik dazu ist Beethovens *Ode an die Freude* ... Freude schöner Götterfunken. Hier ist die innere Glut, die glühende Begeisterung für die Lebensphilosophie, die Liebe zur Weisheit zuhause. Hier kommt auch der Weg zu letzter Gerechtigkeit ans Ziel, der mit dem für seinen Klienten kämpfenden Anwalt (Marsprinzip) über einen für weltliche Gerechtigkeit zwischen den Individuen sorgenden Richter (Venusprinzip) zu einer für alle gültiges Recht sprechenden Verfassungsrichterin (Saturnprinzip) zu jener salomonischen Weisheit führt, die sich mit göttlicher Gerechtigkeit paart und für jovische, also großzügige und höchste Ausgewogenheit und Fülle sorgt.

Marianne Williamsons durch Nelson Mandela unsterblich gemachte Worte würden gut auf diesen Weg passen, die uns Mut machen zu unserem Begnadetsein, unserer unermesslichen Fantasie und spirituellen Macht, zu unserem Licht zu stehen, diesem Leuchten des Lebens, das von innen heraus scheint, um die Herrlichkeit Gottes zu verwirklichen, die in uns ist, und nicht nur in einigen von uns, sondern in allen, die uns ermuntern, unser eigenes inneres Licht strahlen zu lassen, um andere einzuladen, es ebenso zu tun.

Wenn wir unser volles Potenzial, die Vielfalt und Fülle aller 12 Lebensprinzipien leben, wird das tatsächlich zur Faszination und Einladung für alle anderen, zu ihrer Größe und inneren Fülle zu stehen.

Herausforderung und Lernaufgabe ist hier, das rechte Maß zu finden und alles in Maßen statt in Massen zu betreiben und so auf ein Gleichgewicht zwischen Einsatz und Gewinn zu zielen.

Als wir beide, Veit und ich, in einem Webinar über erfüllenden Reichtum sprachen, kamen wir auf den Schatten des Erfolgs und Wachstums, und ich erwähnte als Schatten unserer Bestseller all die Bäume und Wälder, die dafür geschlagen werden mussten, weil Papier die längste Zeit Holz brauchte. Mir ist klar, ich kann gar nicht so viele Bäume pflanzen, wie ich schon auf dem Gewissen habe. Spontan kamen wir überein, für jedes verkaufte Omega-Buch einen Baum zu pflanzen und so auch jeden Leser und jede Leserin zu einer Baumpflanzerin zu machen.

Dafür bietet sich das von Schweizern initiierte Projekt Green Ethiopia geradezu an (http://www.greenethiopia.org/cms/de/). Ein ehemaliger Migros-Manager hat es gegründet, um die kargen, die Bewohner nicht mehr nährenden Hügel Äthiopiens wieder zu begrünen. Inzwischen wachsen dort wieder Bäume, das Klima ändert sich, weil Bäume Regen anziehen. Jedes Jahr werden weitere 5 Millionen Bäume gepflanzt, und es dürfen mit deiner und unserer Hilfe in Zukunft noch mehr werden.

Fragen an mich selbst

- Wie großzügig erlaube ich mir heute schon zu sein?
- Wie steht es mit meiner Toleranz?

- Wie groß ist mein Traum von mir und meiner (Lebens-)Aufgabe?
- Über wie viel Optimismus verfüge ich im Augenblick schon?
- Wie ist bei mir das Verhältnis zwischen äußerer und innerer Fülle?
- Was ist mir Erfüllung wert?
- Wie sieht mein Wachstum aus, und wie verwirklicht es sich auf den verschiedenen Ebenen?
- Wo erlebe ich Expansion im Hinblick auf mein ganzes Potenzial?
- Habe ich eine Lebensphilosophie, die mich trägt?
- Wie viel Sinn finde ich in meinem Leben?
- Wie sehen meine hohen Ziele aus?
- Habe ich mein Licht schon leuchten erlebt? Was bin ich bereit, dafür zu tun?

Entwicklungsstufen

1. Hochstapelei, Maßlosigkeit, Größenwahn
2. Anerkennungssucht, Selbstgerechtigkeit, Überheblichkeit, Völlerei
3. Egoistische Expansion, Übertreiben, Pauschalisierung, Angeberei, Elitedenken
4. Noch nicht tief genug gläubig, spirituelle Wichtigtuerei, Genusssucht, äußeres Wachstum
5. Inneres Wachstum, religiöse Entwicklung, geistige Expansion, Gerechtigkeitssinn, tieferer Sinn für das Wahre, das Ganze, Überzeugungskraft
6. Synthese, Überblick, Lebensglück, Religio, Einsicht, Großzügigkeit, Weisheit
7. Vertrauen, vollkommener Überblick, tiefster Sinn

Wenn alle anderen Prinzipien Wege in die Fülle darstellen, dann ist Jupiter die Erfüllung. Denn das ist wohl das offene Geheimnis. Niemandem von uns geht es um die Ansammlung von äußeren Reichtümern, um den Bau des höchsten Wolkenkratzers und ganz genau betrachtet nicht einmal um reiche Beziehungen. Wir streben unbewusst oder sehr wach nach einem Leben, welches die Glorie unserer Seele widerspiegelt.

Das Wort Glorie mutet für viele Leser und Leserinnen wahrscheinlich etwas altmodisch oder religiös an. Übersetzt bedeutet es so viel wie *Ehre, Ruhm,* und du kennst es vielleicht vom glorreichen Eroberer oder dem Glorienschein (Heiligenschein). In vielen christlichen Liturgien findest du den Spruch »Gloria in excelsis Deo« (»Ehre sei Gott in der Höhe«). Und genau darum geht es im Jupiterprinzip. Nicht um einen Gott irgendeiner Religion, sondern um jenen weiten, mächtigen, lichtdurchfluteten Raum ohne jede Grenze, den Menschen seit Tausenden von Jahren auf verschiedensten Wegen in sich finden und dann – weil sie seine Unbeschreiblichkeit noch nicht ertragen – eine erklärende Religion darum herum aufbauen.

Du kannst diese im wahrsten Sinne des Wortes überirdisch schöne Kathedrale des Lichts als Christ, Moslem, Hindu oder Atheist betreten. Um die Schwelle zu überschreiten, wirst du all diese Glaubenskleider ablegen müssen. Vielleicht betrittst du die Kathedrale durch die Tür einer spirituellen Praxis, die Betrachtung eines Sonnenuntergangs am Meer, die Besteigung eines stillen Bergriesen, durch innige Verschmelzung mit deinem Geliebten im Sex oder bei der Geburt deines Kindes. Du kannst die Erfahrung dieser inneren Großartigkeit nicht willentlich herbeiführen. Alles, was du tun kannst, ist, dich an der Schwelle niederzusetzen und zu hoffen, dass du genommen wirst. Wovon? Von etwas, das dich all deine kleinlichen Sorgen und Begierden sofort vergessen lässt. Wenn du die Schwelle überschreitest, fällt dein kleines verletzbares, von Mangel gebeuteltes Ich sanft von dir ab. Du kommst mit etwas in Kontakt, das viel, viel größer ist, als es dein Ego – egal wie sehr du es aufbläst – je sein wird. Wenn du stillhältst, wirst du genommen, und für einen kurzen Augenblick, der sich wie eine glückselige Ewigkeit anfühlen kann, gibt es kein Ich mehr. Nur noch Weite und Licht. Diese Erfahrung kann majestätisch und ekstatisch, aber auch sehr, sehr leise und zart über dich kommen. So still, dass wir es in unserem so lauten, viel beschäftigten Alltag leider oft nicht mehr mitbekommen, wenn die Tür zur Glorie gerade weit einladend offen steht.

Vielleicht kannst du mit meiner Beschreibung dieser inneren Erfahrung sofort etwas anfangen, vielleicht liest du skeptisch und denkst: »Was hat der Veit wohl eingenommen?« Ich bin mir sehr sicher, dass auch du schon Momente erlebt hast, in denen du etwas erfahren hast, das viel größer war als du. Wir interpretieren diese Erlebnisse – je nach Reifegrad und Glaubenskorsett – nur sehr verschieden. Ken Wilber hat es in »Integrale Spiritualität« hervorragend beschrieben. Der Raum des Absoluten existiert immer. Wir entwickeln uns in ihm und aus ihm heraus. Seitdem es uns Menschen gibt, haben wir auch diesen Raum erfahren. Manchmal per Zufall. Vielleicht ausgelöst durch pure Erschöpfung und eine Periode des Hungerns. Oft initiiert durch spirituelle Rituale. Eines, sehr wahrscheinlich das älteste, ist zum Beispiel Trance-Tanz. Lange vor allen organisierten Religionen fanden Menschen mithilfe von Trommeln und rhythmischen Bewegungen einen Weg in die innere Kathedrale und die damit verbundene Ekstase.

Wann hast du das letzte Mal Ekstase erfahren? Was löst dieses Wort in dir aus? Vertrautheit und Freude? Oder Skepsis und Befremden?

Der Mensch braucht Ekstase, um ein würdevolles und möglichst freies Leben zu führen. Ekstase ist kein seltsames Phänomen für ein paar »religiöse Spinner«. Ekstase ist ein natürliches Elixier der Erinnerung an unsere wahre Größe.

Das Wort Ekstase bedeutet so viel wie »aus dir heraustreten«. In Ekstase treten wir aus unserem kleinen, ängstlichen, von allem getrennten Ich aus und erfahren *das*, was ich Seele nenne, die Christen den *Funken Gottes*, die Hindus *Atman* und die nordamerikanischen Schamanen *Great Spirit*. Wenn du Atheist bist, erklärst du es dir halt mit Neurotransmittern.

Wer hat denn nun Recht? Jeder ein bisschen und keiner wirklich. Die Erfahrung jener inneren Weite ist für den Verstand so überwältigend, dass wir natürlich versuchen, sie auf dem Rückweg in die normale Welt einzuordnen. Dafür nutzen wir unsere gegenwärtigen Glaubenssysteme.

Mir ist es völlig egal, wie du es interpretierst. Mir ist es wichtig, in diesem Kapitel darauf hinzuweisen, wie essenziell die regelmäßige Erfahrung von Ekstase für ein erfülltes Leben ist. Für unsere körperliche, geistige und seelische Gesundheit!

Deshalb bieten wir in unseren Seminaren das uralte Ritual des Trance-Tanzes in einer zeitgemäßen Form an. Der Vorteil liegt auf der Hand. Tanzen kann jeder. Egal woran er glaubt. Außerdem kann ich jedem materialistisch orientierten Skeptiker genau erklären, was beim Tanzen zu ganz bestimmten Rhythmen in seinem Gehirn passiert. Welche Gehirnfrequenzen stimuliert und welche Neurotransmitter ausgeschüttet werden und zu welchen Phänomenen dies führen kann. Die erstaunliche Aktivierung von Selbstheilungskräften, die Auflösung emotionaler Blockaden, wahre kreative Explosionen – und vor allem die Rückerinnerung an unsere wahre Größe. Wenn ich die Musik auflege, kann ich es von außen sehen, wenn es einen der Tanzenden küsst. Auch wenn es seltsam klingt: Es ist tatsächlich, als wenn Menschen von innen heraus leuchten, wenn sie von Ekstase durchflutet werden. Manche Körper stehen dann ganz still. Andere breiten ihre Arme aus wie Adler, die zum Flug ansetzen. Nach so einem Tanz will meistens erst einmal niemand sprechen. Die Worte fehlen. Doch in den Augen der Menschen siehst du, dass sie sich an etwas erinnert haben.

Warum schreibe ich so ausführlich über Ekstase? Weil wir sie brauchen, um uns mit unserer wahren Größe rückzuverbinden. Weil wir nur aus dieser Kathedrale der inneren Freiheit heraus die bestmöglichen und würdevollsten Wahlen für unser alltägliches Leben treffen können.

Ein Mensch, der diese Großartigkeit lange nicht mehr gefühlt hat, beginnt, immer kleinherziger zu denken und zu handeln. Interessanterweise war es den organisierten, monotheistischen Religionen ein sehr wichtiges Anliegen, alle heidnischen Rituale »einzusacken«. Ein Mensch, der seine eigenen Wege in die Ekstase kennt, muss sich Gott nicht von anderen erklären lassen, während er auf einer harten Holzbank sitzt. Er findet Licht, Freiheit und Freude in sich. Ein Mensch mit einem natürlichen Zugang zu jener Großartigkeit ist nicht durch andere kontrollierbar. Er wird geführt. Von innen heraus.

Falls du ein Kirchgänger bist, verstehe mich bitte nicht falsch. Ich respektiere deinen Glauben, und ich verneige mich vor jedem Priester, der verstanden hat, dass es nicht darum geht, Menschen etwas von der Größe Gottes zu erzählen, sondern sie an das Licht in ihrem Innern zu erinnern. *Hier*, in dieser Kathedrale des Lichts in uns, erwartet uns wahrer Reichtum. Wenn wir *hier* sind, wissen wir, wer wir wirklich sind.

Wenn wir wissen, wer wir wirklich sind, sind wir erfüllt. Mehr als das. Wir quellen über – vor Vertrauen, vor Freude, vor Liebe. Wenn wir von *hier* zurückkehren – in unsere normale Welt –, müssen wir einfachen großzügig teilen. Unsere wahre Natur will nicht bekommen. Sie will geben. Sie will nicht geliebt werden. Sie will lieben.

In unserer Kultur gibt es viel zu wenige saubere, geschützte Räume und Wege, um Ekstase zu erfahren. Wir haben die Technokultur, den Suff und die härteren Drogen. Das reicht nicht aus. Denn wenn wir den würdevollen und sauberen Zugang zu unserer inneren Größe verlieren, mutieren wir zu geistigen Zwergen. Wir fühlen den Verlust und versuchen, ihn durch äußere Größe zu kompensieren. Das größte Auto, den größten Schwanz, das tollste Haus ... Wird das Jupiter-Prinzip nicht gesund integriert, zeigt es sich in Arroganz und Völlerei. In Fett- oder Prunksucht. Oder, wenn du den pseudospirituellen Autobahnabzweig nimmst, im Erleuchtungswahn und nervendem Missionieren.

Wahre Größe bläst nicht auf.
Sie lässt deine Augen leuchten, und ansonsten macht sie still.
Denn es ist nicht deine Größe, auf die du irgendwie stolz sein könntest.
Es ist die Größe des Lebens.

Das Faszinierende ist: Sie kann von jedem Menschen erfahren werden – völlig unabhängig, wie kindisch oder reif seine Persönlichkeit ist. Wir werden sie nur sehr verschieden interpretieren. Ein kleines narzisstisches Arschloch wird gar nicht anders können, als es persönlich zu nehmen, wenn ihn das Leben in jene innere Kathedrale der Großartigkeit katapultiert. Er wird zurückkehren und sich auserwählt und besonders fühlen.

Ein Mensch, der niedrig von sich denkt und noch nicht bereit ist, seinen Selbsthass loszulassen, wird die Größe auf etwas Äußeres projizieren müssen. Auf Gott, einen Engel oder eben einen Guru. So haben wir seit ewigen Zeiten polare Schauspiele am Laufen. Einer sitzt auf dem Thron und denkt, »es« zu haben. Und Hunderte sitzen davor und bewundern ihn dafür.

Niemand hat es.
Niemand kann es haben.
Es ist viel zu groß.
Doch wir alle sind es.
Ein wunderbarer Ausdruck der Größe des Lebens.

Religio hat ursprünglich nichts mit einer organisierten Religion zu tun. Es ist die Rück-Verbindung mit der Quelle des Lebens in uns. Das Zeitalter der Vernunft hat zu Recht die antiquierten und den Menschen in seiner Entfaltung begrenzenden Überzeugungen der Religionen infrage gestellt. Doch wenn der Mensch gleichzeitig die Wege vergisst, auf denen er die innere Kathedrale betreten kann, verarmt er geistig und verrennt sich im weltlichen Größenwahn.

Doch die Seele sucht weiter. Sie will und sie muss sich ausdehnen. Und das wird sie.

Wir werden – da bin ich mir sicher – eine Kultur erschaffen, in der es selbstverständlich sein wird, bereits Kinder im Kindergarten an die Größe in ihnen heranzuführen. Ohne dass sie dafür etwas glauben müssen. Wir werden so groß sein, sie ihre eigenen Erfahrungen machen zu lassen und sie selbst zu interpretieren.

Wir werden zusammenkommen, uns friedvoll und interessiert über unsere verschiedenen Glaubenssysteme austauschen und dabei in unseren leuchtenden Augen dieselbe Quelle erkennen. Wir werden Zeiten erleben, in denen der Mensch nicht nur in Ausnahmefällen, sondern kollektiv seine wahre Größe erkennt und so zum ersten Mal in der Lage sein wird, das Paradies, in dem er bereits lebt, wertzuschätzen. Und wir werden unsere innere Größe durch unsere Taten im Außen feiern.

Halleluja!

Umsetzungsimpulse

- Genieße die geführte Meditation »Auf dem Berg deiner Seele« (herunterzuladen unter www.omega.guter-reichtum.de, Passwort: »ichbinjetztreich«).
- Für dieses Prinzip ist alles gut, was deinen Geist erhebt.
- Tauche intensiv ein in große Visionen.
- Höre immer wieder erhebende, sakrale Musik, zum Beispiel Beethovens Neunte Symphonie, Filmmusiken von Hans Zimmer, Lisa Gerard.
- Mache Atemarbeit, wie zum Beispiel den Quantum Light Breath oder das Holistische Atmen.
- Führe die geführte Meditation »Reise ins Licht« durch (herunterzuladen unter www.omega.guter-reichtum.de, Passwort: »ichbinjetztreich«).

- Setze dich intensiv mit deinem eigenen Glauben auseinander. Woran glaubst du? Gibt es etwas Größeres als dich? Existiert eine schöpferische Quelle des Lebens?
- Begib dich in Gebet und Kontemplation, rufe den Heiligen Geist an (sofern du daran glaubst).
- Genieße den Aufenthalt in großen Kathedralen.
- Du kannst dieses Entwicklungsprinzip stärken mithilfe von Tai Chi, Ausdruckstanz und Bio-Energetik nach Wilhelm Reich.
- Ebenso mit heiligen Ritualen, Gottesdiensten und Singen im Chor.
- Mache große Reisen oder Kreuzfahrten.
- Besuche antike Plätze (Rom, Athen, Pergamonmuseum in Berlin).
- Halte dich an luxuriösen Plätzen auf, zum Beispiel in einem 5-Sterne-Hotel.
- Schaue Monumentalfilme, wie zum Beispiel *Königreich der Himmel*, Bibelverfilmungen.
- Betrachte bombastische Inszenierungen im Theater oder in der Oper, zum Beispiel Wagner.
- Beschäftige dich mit alten Mythen, zum Beispiel den griechischen Heldensagen.
- Besuche römische Bäder (zum Beispiel in Rom).
- Male mit Öl auf großen Leinwänden.
- Vollziehe großzügige Handlungen.

10. Das Saturn-Steinbock-Prinzip: Der lange Atem

Licht	**Schatten**
Verzicht auf kurzfristiges Vergnügen für ein langfristiges Ziel, langer Atem	Angst vor dem Leben, vor Kontrollverlust
Gesetz, Ordnung, Struktur	Enge, Steifheit
Klarheit, Konzentration auf das Wesentliche	Lustverneinend
Werte, Gebote, Regeln	Griesgram
Traditionen achten	Zu sehr kontrollierend, starr
Hüter der Schwelle, Tod als Vollendung	Fundamentalismus
Genügsamkeit, Selbstbeschränkung, Askese	Verklärung der »guten alten« Zeiten
Alter, Weisheit, Reifung	Bürokratie, Überwachung
Schwierigkeiten ausdauernd bewältigen, Disziplin	Verdrängung des Todes, Depression
Verwandlung von Kohlenstoff zu einem Diamanten	Antriebshemmung
Schnörkellos, kristallklar	Magersucht
Bewahrer, treu, ausdauernd	Moralapostel
Konsequent, entschlossen	Zu nüchtern, staubtrocken
Selbstverantwortung, Verzicht auf Jammern	Das kalte Herz

Das Saturnprinzip der *(weisen) Beschränkung* ist in vieler Hinsicht der Gegenpol zum vorigen Jupiterprinzip der Fülle. Im Symbol steht hier die Seelenschale auch neben, aber knapp unterhalb des Kreuzes der Materie und verdeutlicht den starken irdischen Bezug. In der Regierung ist dafür der für *Recht und Ordnung* zuständige *Innenminister*, der auch *Polizeichef* ist, vorgesehen. Unsere auf Luxus und grenzenlosen Konsum gepolte Gesellschaft hat ansonsten für das Saturnprinzip nur Außenseiterpositionen übrig. Seine Themen fallen uns *schwer* wie das der *Zeit*. Zwar *sparen* wir sie in einer Tour ein, haben aber doch nie genug. Eine deutsche Hausfrau *spart* pro Tag gegenüber ihrer Vorgängerin vor 100 Jahren viele Stunden Arbeitszeit ein … Schon der vom Mond-Gegenpol geprägte Marcel Proust war *Auf der Suche nach der verlorenen Zeit*. Irgendwie kommen wir mit der *Zeit* nicht mehr zurecht, die *Lebenszeit* zerrinnt uns zwischen den Fingern. Dabei werden wir immer älter, haben aber zugleich immer mehr *Angst* vor der *Zeit des Alters*. Wir wollen fast alle *steinalt* werden, haben aber zugleich *große Angst* davor. So wollen wir alle etwas werden, was dann *niemand* sein will, ein Patentrezept für *unglückliches Altern*.

Bedenken wir, dass *Krankheit* als allgemeine *Ein-* und *Beschränkung* hier ebenfalls hergehört, wird deutlich, warum *einfach* gestrickte Astrologie dieses Prinzip auch als das große *Unglück* fürchtet. An *Krankheitsbildern* wird aber auch wieder besonders deutlich, wie ein *Urprinzip* sich auf der Ebene aller anderen Prinzipien spiegeln kann. Auch wenn *Krankheit* grundsätzlich hierher gehört, lassen sich die verschiedenen *Krankheitsbilder* doch problemlos allen 12 Prinzipien zuordnen wie im Nachschlagewerk »*Krankheit* als Symbol« geschehen und in Bezug auf das Wachstumsthema beim vorangehenden Jupiterprinzip angedeutet. Das grundsätzliche Thema bei *Krankheit* ist Saturn, aber dann kommen – gleichsam wie Oberschwingungen – noch weitere Prägungen hinzu.

Auch wenn *Krankheit, Alter* und *Tod* bei uns Schattenthemen sind, schwant immer mehr modernen Menschen, die des *anstrengenden* Luxuslebens überdrüssig sind, dass *weniger mehr* sein könnte. Seit Jahrzehnten wächst die *Fasten*bewegung und ist inzwischen – trotz ihrer *kargen* Ausstrahlung – auch noch wissenschaftlich *abgesichert* schon fast in Mainstream und *schweigender* Mehrheit angekommen.

Tatsächlich bekommt gleichsam als Gegenpol zu Überfluss und Übersättigung die aus dem Osten heute in ganz anderem Gewand als die christlich *moralinsaure* Variante zu uns kommende *Askese* immer mehr Faszination für überfütterte Westler. Christliche *Verzichts*-(auf-)Forderungen hatten diesen Zugang *lange* und *chronisch behindert* und *versperrt* und einigen geradezu *verbarrikadiert*. Als Spielart der Selbst- beziehungsweise *Körperverachtung* und der *Selbstgeißelung* kam sie als religiös verbrämte erweiterte *Mangelverwaltung* herüber, die sich und den anderen *nichts gönnte*, weil auch *nichts* oder jedenfalls *nie genug* da war. Heute aber sind wir in der gegenteiligen Situation materieller Überfülle. Jeder kann sich sattessen in unserem Teil der Welt, und viele fressen sich sogar schon zu *Tode*. Da wird *Askese*, im Osten sowieso als Kunst des Lebens bekannt, zu einer Spielart der Fülle nach dem Motto: Ich bin so reich gesegnet, dass ich *verzichten* kann. »Ich esse *nichts*, um satt zu werden« nannte der ARD-Filmer Jo Frühwirth seinen Film über eine *Fasten*-Wander-Woche bei uns.

Und natürlich brauchen wir zu allem Überfluss auch den Gegenpol des Saturnprinzips, um Ganzheit und angestrebte Fülle zu verwirklichen. *Fasten* wird so zur angemessen *reduzierenden* Antwort auf das Überangebot. Die Kunst der *Sparsamkeit*, des *Verzichts* auf alles Überflüssige kann zu besonders erfüllenden Erfahrungen führen, wie ich aus vielen meditationserfüllten *Fastenzeiten* weiß. Gerade wenn der Körper durch den *Verzicht auf Belastendes* in eine Phase der Gesundung und Regeneration übergeht, kann sich seelisch, geistig und spirituell das Gefühl erhebender Erfüllung einstellen. Das dürfte auch der Grund sein, warum alle großen Religionen *Fastentraditionen* haben, auch wenn sie diese den gesellschaftlichen Trends folgend der ersehnten Fülle zuliebe meist *zu Tode reformiert* haben.

Am Beispiel, wie das Christentum seine *Fastentradition* auf *null reduzierte,* wird das moderne Dilemma des Saturnprinzips deutlich. Anfangs *fasteten* Christen 40 Tage vom *Ascher*mittwoch mit seinen *Aschenkreuzen* bis zum Ostersonntag. Als *Fastenarzt,* der dieses wundervoll *einfache* und *karge Exerzitium* aus eigener Erfahrung kennt, kann ich mir gut vorstellen, was für eine *Lebenskunst* sich seinerzeit daraus ergab und verbreitete. Die Menschen waren garantiert nicht nur *genügsam,* sondern auch – trotz des allgemeinen Ernährungs*mangels* – verblüffend gesund und selbstverständlich *schlank und rank.* Wie die Ranken wollten sie hoch hinaus, aber nicht im materiellen, sondern im religiös-spirituellen Sinn. Und natürlich machten sie während so *langer Fastenzeiten* erhebende spirituelle Erfahrungen von der Einheit allen Lebens und erfuhren eine *Leere,* die große Fülle in sich barg. Eine *Leere,* die alles enthält, um die sich alles dreht, wie um die Nabe des Rades. Dort, in der Mitte des Rades, ist *Ruhe und Stille,* jene *Stille,* in der Gott am ehesten zu uns spricht. Das ist auch die ruhende *Leere,* nach der sich Buddhisten und Hindus sehnen, die sich vom Rad der Wiedergeburt lösen wollen, von jenem bunten Treiben da draußen in der Welt der beiden großen Täuscher, Raum und *Zeit* der Maja. So »beinhaltet« diese letzte *Leere* auch den *Verzicht* auf alle Täuschungen dieser Welt. Sie ist die letzte Wirklichkeit. Tatsächlich sprechen Physiker heute auch von einem *Vakuum,* das alles in der Potenz enthält. Das ist auch die Bedeutung des Mittelpunktes im Mandala. Er ist gar nicht vorhanden in unserer Welt der drei Dimensionen, ein *Nichts* und *Niemand,* und doch ist in ihm schon alles angelegt. So mag es auch weniger erstaunen, dieses Prinzip der *Leere* und *Reduktion* *auf das Wesentliche* an so weit fortgeschrittener Stelle auf Platz 10 im Entwicklungskreis zu finden. Phasen dieser *Askese* wie die *christliche Fastenzeit* können folglich unglaublich erfüllend sein und uns der Ganzheit näherbringen.

Aber dem Zeitgeist folgend gaben die frühen Christen dieses *Exerzitium* erlebter *Leere* auf, jedenfalls für die Mehrheit, und *beschränkten* es auf *Klöster*. Durch diesen *Verzicht* auf *Zeiten des Verzichts* sollte das – inzwischen politische – Christentum für die Mehrheit attraktiver werden. Dieses Kalkül ging auf, und das um (s)ein zentrales Exerzitium reduzierte Christentum wurde mehrheitsfähig. In den weiterhin zum *Fasten* verpflichteten Klöstern erfanden findige *Mönche* nun das Bier. Aus Getreide machten sie statt Brot *einfach* Bier, denn trinken durften sie beim Fasten. Es wurde bekanntlich ein großer Erfolg, der sich rasch über die *Klostermauern* hinaus verbreitete. So ersannen die *Mönche* für sich und die lange Fastenzeit das Starkbier, das mit seiner hohen Stammwürze schon eine gute flüssige Ernährung darstellt, die obendrein – wegen des höheren Alkoholgehaltes – noch besser berauschte oder wenigstens beschwingte. Der Salvator oder Heiland floss von nun an und bis heute in Bayern aus dicken Bierfässern. Solcherart beflügelt, beschlossen die *Mönche*, dass *Fasten* nur *Verzicht* auf Fleisch bedeuten könne, und kreierten hochkalorische *Fasten*mehlspeisen, die bis heute bayerische und österreichische Gaumen erfreuen. Ähnlich weit brachten es übrigens Buddhisten mit ihrer *Fasten*speise *buddhistischer Mönche*, einem leckeren, fettreichen Reis-Gemüse-Gericht. Nun schon rund ums Jahr und die *Uhr* gut genährt – Völlerei wurde zu einer Art Volkssport in den *Klöstern*, wie *Exhumierungen* zeigten – wurde Fisch nicht mehr als Fleisch, sondern als erlaubt eingestuft. Bald fanden bayerische *Mönche*, dass alles, was schwamm, auch Fisch sein müsse, und aßen während der *Fastenzeit* die Biber auf. Lange Zeit waren diese in Bayern fast *ausgestorben*.

Die *Strenge der Gesetze* zu unterlaufen scheint überhaupt eine weltweite verbreitete menschliche Tendenz zu sein. Die Mehrheit der Muslime fand offenbar das *lange Ramadan-Fasten* auch zu *streng*, legte Mohammeds Worte wörtlich aus und genehmigte sich nach Sonnenuntergang umso mehr Essen und Trinken, was fanatisiert und nach Aussagen befreundeter Sufis so nicht gemeint war.

Die *Strenge der Gesetze* ist Thema des Saturnprinzips und wirklich unbeliebt bei den meisten. Das ist auf den verschiedensten *Gesetzesebenen* auch durchaus nachvollziehbar. Andererseits gibt es *letzte Gesetze*, in Gestalt der »*Schicksalsgesetze*«, inzwischen längst von der Wissenschaft *abgesichert*, deren *Ignorieren* sich nicht bewährt, sondern das Leben unnötig *erschwert*. Im Dom von Siena wird Hermes Trismegistos, dem das Analogie- oder Resonanzgesetz »wie oben so unten« zugeschrieben wird, als der Schöpfer des *großen ewigen Gesetzes* dargestellt und *Moses*, dem wir die *10 Gebote* verdanken, als der des kleinen. Ähnlich wurde das in China gesehen, wo das Tao als das *große zeitlose* und also *ewige Gesetz* galt und der *Konfuzianismus* als kleine, das Zusammenleben der Menschen *regelnde Gesetzessammlung*.

Sich diesen großen *Gesetzen freiwillig* zu *unterstellen* bewirkt als Gegenteil von *Strenge* und *Zwang* eine große Befreiung und bringt der Erfüllung näher.

Heute haben wir fast auf allen Ebenen versucht, den *Gesetzen der Traditionen* ihre *Strenge* und damit auch die daraus folgende *Konsequenz* zu nehmen und sind in einer nervenden Beliebigkeit gelandet.

Natürlich kann die wörtliche und übertrieben *strenge Auslegung alter religiöser Schriften* in den Schatten und *Fundamentalismus* führen, der ursprünglich dem Saturnprinzip entspricht, in seinen *Konsequenzen* aber meist bei Pluto endet, wo wir ihm auch schon begegneten.

Andererseits kann aus dem *Ernstnehmen* ewiger Gesetze auch Wundervolles folgen, wie die Lebensgeschichte von Franz von Assisi enthüllt, dem – jedenfalls in der Bevölkerung – beliebtesten

Heiligen der Christenheit. Seine befreiende *Armut* stammt aus dem *Ernstnehmen* von Jesu Worten im neuen *Testament.* Warum sollte ein *wahrer* Christ auch versuchen, reich zu werden, wenn sein Meister das zur *Sackgasse* erklärt? Warum einer Geldreligion dienen, die der Meister eindeutig ablehnte, wie im Gleichnis vom Weinberg gezeigt? Franziskus erhält seine ganze Faszination und Ausstrahlung aus dem *einfachen Ernst* und der *demütigen Haltung,* mit denen er den Worten des Evangeliums folgt und daraus wieder die frohe Botschaft macht, die von Anfang an gemeint war und im Namen schwingt. Tatsächlich war er aus bestimmter Perspektive *arm-selig,* und dieses Wort ist wiederum typisch für die Entwicklung dieses Archetyps. Unbestritten *bettel-arm,* war Franziskus nach seinem Bekehrungserlebnis die meiste *Zeit* über selig, euphorisch begeistert, zutiefst inspiriert und so froh, wie es das Evangelium uns allen nahelegt. Dass wir (uns) daraus das *moralinsaure* Gegenteil haben (vor)machen lassen, ist dem »Schattenprinzip« geschuldet, lässt sich der reinen Quelle aber nicht anlasten.

Natürlich kann die wörtliche Auslegung heiliger Schriften ohne symbolisches Verständnis und ohne Anpassung an spätere *Zeiten* schreckliche Formen annehmen wie bei *fundamentalistischen* Islamisten, aber auch in christlich-fundamentalistischen Sekten.

Die moderne Wissenschaft erlebt im *Reduktionismus* ihren Schatten, wo, alles auf kleinste Details bis auf Molkülebene *reduziert,* der Wald vor lauter Bäumen nicht mehr erkannt wird. Als Grund haben wir dahinter bereits die Geldreligion ausgemacht. Da der ganze Brokkoli nicht patentierbar ist, kann er nicht als gesund entdeckt werden, höchstens einzelne seiner Moleküle, aus denen sich gewinnträchtige Medikamente basteln lassen. So wird Wissenschaft im Zusammenspiel mit der Schulmedizin zur dritthäufigsten *Tod*esursache und Opfer des »Schattenprinzips«.

Nach dem feurig-männlichen Jupiterprinzip ist das des Saturns wieder (arche)typisch weiblich, auch wenn der zuständige

Gott *Chronos-Saturn* und das Wappentier *Steinbock* männlichen Geschlechts sind. Wahrscheinlich handelt es sich hier um *Relikte* des Patriarchats, denn der weibliche Charakter ist seit alters her bekannt.

Auf individueller Ebene begegnet uns die (arche)typische Vertreterin als *Spar(meist)erin,* jederzeit bereit, *den Gürtel enger zu schnallen* und auf ihre zahlreichen *Notgroschen* zurückzugreifen, sodass sie wirkliche *Not* kaum erleiden muss. *Sparsamkeit* etwa mit den *Ressourcen* der *Erde* oder auch mit Nahrungsmitteln ist natürlich eine ausgesprochen sinnvolle Eigenschaft. In der Übertreibung aber kann sie bis zu *lebensfeindlichem* oder zumindest unangenehmem *Geiz* führen. Auch ein *armseliges Sparflammen-Leben,* das von herabziehender *Armut gezeichnet* ist und sich durch kein bisschen Seligkeit auszeichnet, ist einem Absturz in den Schatten geschuldet. Wer sich und seiner Familie *nichts gönnen* kann, wird auch nichts bekommen.

So wundervoll *freiwillige Selbstbeschränkung* ist, so scheußlich ist *unfreiwillige Beschränktheit. Bescheidenheit* ist eine Zier, hieß es früher. Heute wird das Adjektiv *bescheiden* aber schon mehrheitlich – verbunden mit dem Abstieg des Saturnprinzips – abwertend verwandt. Tatsächlich hat in der modernen Gesellschaft, wer un*bescheiden* auftritt, sogar Vorteile. Schaumschlägerei (Venusprinzip), Großsprechertum (Sonnenprinzip) und Großmannssucht (Jupiterprinzip) bringen meist mehr (Erfolg).

Ein Blick in die *Antike* könnte zeigen, wie viel (Durchsetzungs-) Kraft aus einem *spartanisch-bescheidenen* Leben in *Genügsamkeit* folgen kann.

Wenn unserer *Sparmeisterin* aber schon der kleinste Luxus (Jupiterprinzip) wie warmes Duschwasser als Verschwendung aufstößt und die geringste (Lebens-)Freude (Jupiterprinzip) verdächtig ist, geraten offensichtlich andere Lebensprinzipien ins *Defizit.* Es ist natürlich ein schöner *bescheidener* Gedanke, die *Silvester-*Raketen und Knallkörper (Uranusprinzip) einzusparen, um das

Geld den *Armen* zu spenden, aber andererseits müssen das *Alte (Jahr)* auch *verabschiedet* und seine *beharrenden* (Dämonen-)Kräfte vertrieben, und das Neue (Jahr) will gefeiert und mit Freude begrüßt werden. Das ist noch nicht unbescheiden und verschwendungssüchtig, sondern setzt einfach andere urprinzipielle Prioritäten. So kann übertriebene *Bescheidenheit* von wesentlichen anderen Werten des Lebens ablenken und in *Sackgassen* führen. Ein Problem des unerlösten Saturnprinzips kann auch sein, eigene Anschauungen, wie etwa den *sparsamen* Umgang mit Geld und Besitz, zum einzigen Maß aller Dinge hochzustilisieren. Andererseits ist reich *sterben* bestimmt kein Verdienst in einer Welt, wo so viel *Leid* mit Geld zu bessern ist, sondern eher ein Verbrechen.

Millionäre, die auf gefüllten *Sparstrümpfen* sitzend im *Armenhaus sterben*, sind keine sinnvollen Vorbilder, sondern Neurotiker. Andererseits sind *sparsame Mahner* und *bescheidene* Warner in dieser modernen Welt mit ihrer maßlosen Verschwendung (Jupiterprinzip) – auch wenn sie Außenseiter bleiben – doch wichtige Repräsentanten des Gegenpols und geradezu *Mahnmale* für einen besonneneren und *genügsameren* Weg.

Ein weiterer Schattenaspekt dieses Prinzips ist die wachsende (Un)Sitte, den eigenen Körper direkt nach Eintreten des *Todes einfrieren* und wieder auftauen zu lassen, wenn vielleicht die entscheidende Therapie oder das alles verändernde Lebenselixier gefunden ist. *Eingefrorene Körper, eingefrorene Konten* – ein tragischer *Mangel* an Kenntnis der Schicksalsgesetze.

Als Herausforderung und Lernaufgabe ist hier zu erkennen, dass Geld und materieller Reichtum als Leihgaben des Lebens wie dieses fließen wollen und müssen und dass die Seele auch leben und gern genießen will.

Andererseits: Seit 37 Jahren gebe ich jedes Frühjahr in der Karwoche und jeden Herbst in der Zeit der Totenfeiertage das Seminar »Fasten – Schweigen – Meditieren«, ein einziges großes

Saturnritual. Ich gebe es für die Teilnehmenden, aber auch mir selbst. Und ich kann mir gut vorstellen, dass es das letzte Seminar ist, das ich noch bis zum Ende geben werde, wenn alles weniger Wesentliche schon zurückgeblieben ist. Es braucht einige Disziplin, aber kann auch wundervoll befreien und lösen.

Fragen an mich selbst

- Welches *Gesetz* ist für mich *bindend*?
- Wie *selbstgenügsam* kann und will ich leben, wie *sparsam* sein?
- Welche Rolle spielt *Selbstverantwortung* für mich?
- Wie viel *Struktur* und *Klarheit* hat mein Leben?
- Was würde *Reduktion aufs Wesentliche* für mich bedeuten?
- Was bin ich bereit, für das zu tun, was ich für *wesentlich* halte?
- Ist *harte konsequente Arbeit* für mich eine Herausforderung?
- Wie *konsequent* kann und will ich sein?
- Wie gehe ich mit Krankheit um?
- Ist bewusstes Fasten für mich eine Option?
- Bin ich bereit, die Konsequenzen für meine Handlungen zu tragen?

Entwicklungsstufen

1. Kälte, Härte, Strenge, Rechthaberei, Zwanghaftigkeit
2. Strebertum, Karrierismus, Nach-unten-treten-nach-oben-Buckeln
3. Anpassung, Workaholic, griesgrämig
4. Ernsthaft, Pflicht, Fleiß, konzentrationsfähig
5. Konsequenz, Ausdauer, bescheiden, integer
6. Pflicht/Disziplin als Freude, Eigenverantwortung
7. Feinste Klarheit, Stille

Um dieses Buch zu schreiben, muss ich täglich einen kleinen Tod sterben. Keine Angst. Das mach ich wirklich gern!

Ich führe, wie die meisten Menschen heutzutage, ein vielbeschäftigtes Leben. Mein Tag ist voll. Eigentlich habe ich keine Zeit zum Schreiben. Doch mir ist besonders dieses Buch sehr wichtig. Was tun? Nun, ich stehe jeden Morgen eine Stunde eher auf als sonst. Fühlt sich das gut an? Jein. Mein erster Gedanke, wenn der Wecker klingelt, lautet nicht: »Oh, ja! Großartig!«, sondern eher: »Fuck. Ich will liegen bleiben.« Das mache ich dann auch. Ca. 3 Minuten, in denen ich mir vorstelle, wie du diesen Text jetzt liest und wie er einen langfristigen und positiven Unterschied in deinem Leben bewirkt. Ich denke daran, wie du nach dem Lesen dieses Kapitels die Tugend der Disziplin noch freudvoller willkommen heißen kannst. Nicht, um deinen Alltag noch anstrengender zu gestalten, sondern um ihn zu erleichtern. Ich sehe dich lachen, gute Fülle manifestieren und den wesentlichen Reichtum deines Lebens tiefer genießen. Wenn diese Bilder aus der Zukunft voll in mir ankommen, fühle ich, dass es sich lohnt, diesen kleinen Tod zu sterben. Ich springe auf, öffne das Fenster, lasse die kalte, klare Morgenluft in meine Lungen strömen, bereite mir einen Matcha und fang an! Jetzt sitze ich hier und freue mich.

Für dich und für mich. Willkommen auf dem Saturn.

Hinter diesem Prinzip steht eine einfache Frage mit drastischen Konsequenzen: Bist du bereit, auf eine kurzfristige Freude zu verzichten, um langfristiges Glück zu erschaffen?

Was lösen Worte wie Disziplin oder Verzicht in dir aus? Assoziierst du damit Fülle? Wahrscheinlich nicht. Ich setze noch einen drauf: Bist du bereit, für dein Glück täglich mindestens einmal den kleinen Tod zu sterben?

In deinem Gehirn arbeiten zwei Belohnungskreisläufe. Ein kurz- und ein langfristiger. Der unmittelbare wird hauptsächlich durch Dopamin bedient. Dies ist – vereinfacht ausgedrückt – deine interne Droge der Vorfreude und des schnellen Kicks. Wenn du aus Vernunft beschlossen hast, abends nach 19 Uhr nichts Süßes mehr zu essen, dann *weiß* dein Gehirn, dass dies (eigentlich) richtig ist. Doch wenn es dann das übrig gebliebene Stück Torte im Kühlschrank erblickt, *fühlt* es etwas anderes. Vorfreude! Nur ein kleiner Bissen! Dein Gehirn stellt sich vor, wie die Mischung aus Butter und Zucker auf deiner Zunge zergehen wird. Sehr, sehr angenehm. Damit du es nun auch tust, schüttet es Dopamin aus, und eh du dich versiehst, hast du wie nebenbei das ganze Stück verputzt. Die Freude war kurz und heftig. Erst jetzt wachst du auf und realisierst, dass du deinen Beschluss zu verzichten gebrochen hast. Wahrscheinlich fühlst du dich ein wenig schuldig. Doch es war ja nur eine Ausnahme.

War es das wirklich? Oder geht es morgen so weiter? Und übermorgen ...

Nein, ich will dir auf gar keinen Fall ein schlechtes Gewissen machen. Im Gegenteil. Ich möchte dich dafür sensibilisieren, dass du das Opfer eines mächtigen Hormoncocktails in deinem Körper geworden bist. Ich möchte dich aber auch nicht aus deiner Verantwortung entlassen. Denn es ist ja immer noch dein Gehirn, und wenn du nicht lernst, es weise zu benutzen, dann macht es mit dir, was es will. Oder – noch schlimmer – du erlaubst anderen, dein internes Drogenlabor und damit dein Leben schamlos zu manipulieren. Denn das ist der heilige Gral, für den die Werbeindustrie jährlich Milliarden ausgibt und einige der besten Neurowissenschaftler und Psychologen der Welt anstellt:

»Wie bringt man dich dazu, immer wieder etwas zu tun, von dem du ganz genau weißt, dass es nicht gut für dich ist – und auch noch Geld dafür zu bezahlen?«

Ganz einfach. Indem sie dich süchtig nach dem schnellen Kick machen. Indem ich in jedes wertlose Nahrungsstück jede Menge Zucker, Fette oder reizende Gewürze packe. Indem ich dir auf Plakaten und in Werbefilmen raffiniert die Botschaft in dein Unterbewusstsein jubele, dass dich der Kauf dieser Sache sofort glücklich machen wird. Indem ich Computerspiele, Filme, Serien basierend auf den neuesten Erkenntnissen der Neurobiologie so konzipiere, dass sie dein Gehirn bereits nach den ersten Minuten in einen Rausch versetzen, sodass du genauso abhängig wirst, als wenn du Kokain schnupfen würdest.

Kurzfristig fühlt sich dies wie Freude, Begeisterung, Genuss an. Doch langfristig kostet es dich deine Fähigkeit, dich auf das Wesentliche zu konzentrieren und für das, was dir wirklich wichtig ist, einen langen Atem zu entwickeln.

Ich möchte noch ein Beispiel nennen, um zu demonstrieren, wie subtil und gleichzeitig machtvoll die Sucht nach dem schnellen Kick unseren Alltag dominieren kann. Seit einigen Jahren wird beobachtet, dass sich immer mehr Menschen immer länger, zum Teil mehrere Stunden pro Tag, in den sogenannten sozialen Medien wie Facebook aufhalten, ohne dabei eine echte Konversation zu führen, ohne eine erfüllende Begegnung mit einem anderen Menschen zu haben, ohne etwas Nennenswertes zu lernen, geschweige denn etwas Wichtiges zu erschaffen.

Die meisten wissen selbst, wie nutzlos sie ihre kostbare Zeit da verschwenden. Warum tun sie es doch? Weil allein die Möglichkeit, durch einen einfachen Klick auf eine neue Webseite zu gelangen und dort neue Reize in Form von Bildern und Videos vorzufinden, in unserem Gehirn einen kleinen Dopaminausstoß provoziert. Das heißt, wahlloses Surfen im Internet wirkt wie die kontinuierliche Einnahme einer stimulierenden Droge in Minimaldosen. Um damit aufzuhören, damit du dein eigentliches Projekt fortsetzen oder ein reales Gespräch führen kannst, musst du bereit sein, auf den nächsten Klick zu verzichten.

Und ... jetzt kommt der Haken ... dies wird sich im ersten Moment sehr wahrscheinlich nicht gut anfühlen! Das meine ich mit dem kleinen Tod.

Das bestätigende Glücksgefühl kommt erst etwas später. Nach einer Phase des Entzugs. Wenn dein Gehirn zum Beispiel endogene, dich sanft erfüllende Opiate ausschüttet – als Belohnung für den erfolgreichen Abschluss eines Projekts.

Verzichtschwäche hat langfristig drastische Konsequenzen.

Menschen, die den kleinen Tod nicht sterben, werden sehr wahrscheinlich kein großartiges Leben gestalten können. Ihnen fehlt der lange Atem, um an einem Werk dranzubleiben, bis es wirklich errichtet ist. Außerdem verraten sie schnell und beliebig ihre Werte, wenn sie denn überhaupt welche aufgestellt haben. Denn auch dafür ist schon mühsame Denkarbeit notwendig. Wer seine Werte nicht kennt beziehungsweise übergeht, verliert an Selbstachtung. Er schwächt kontinuierlich eine der wichtigsten Kompetenzen für langfristiges Glück – die Selbstwirksamkeit. Dies ist die befriedigende Erfahrung, dir selbst ein Kommando geben und diesem auch folgen zu können. Das Gegenteil ist die erlernte Hilflosigkeit. Menschen, die sich in der Sucht nach dem schnellen Kick vollständig verlieren, fühlen sich in der Tiefe hilflos. Sie werden stetig von äußeren Reizen verführt, geschubst, gezogen und landen immer wieder in Situationen, die ihnen nicht guttun. Außerdem werden sie Opfer der sogenannten hedonistischen Falle. Unser Gehirn gewöhnt sich an Reize. Hat mich heute das Stück Torte noch befriedigt, muss es morgen Torte und Cola sein, und übermorgen brauche ich eventuell noch ein paar salzige Chips dazu, um den Kick zu spüren.

Falls du mittlerweile denkst: »Veit, jetzt hör aber mal auf. Du verdirbst mir ja jeglichen Spaß!«, nun, genauso fühlt es sich meistens an, wenn wir dem saturnischen Prinzip in Form eines strengen Freundes, einer nüchternen Nachfrage oder unseres eigenen Entschlusses zur Disziplin begegnen. Wir haben das Gefühl, uns wird der Spaß genommen! Doch ab jetzt weißt du, wie dieses Gefühl entsteht. Es ist dein eigenes Gehirn, das natürlich ahnt, dass du kurz davor bist, ihm einen schnellen Kick zu verwehren. Es will nicht auf Entzug, also verkauft es dir Tugenden wie Disziplin oder Ausdauer als unsexy. So ein Schlawiner!

Wir geben zweimal im Jahr ein meditatives Stille-Retreat in Kombination mit Fasten. Es wäre absolut gelogen, wenn ich behaupten würde, ich freue mich immer darauf. Ich führe ein volles, mit vielen Reizen angereichertes Leben. Eine Woche vor dem Fastenseminar bekomme ich oft schlechte Laune. Der Hedonist in mir sendet mir Gedanken wie: »Oh, dieses Mal passt es eigentlich gar nicht. Ich habe so viel zu tun. Ich habe gerade so eine Freude am Essen ...« Früher, als unsere Gruppen noch sehr klein und manchmal auch nicht voll ausgebucht waren, habe ich dann tatsächlich darüber nachgedacht, sie abzusagen. Heute, mit über hundert Teilnehmern ginge das natürlich gar nicht. Außerdem stellt sich wohl langsam eine gewisse Altersweisheit ein. Ich konzentriere mich weniger auf das, was mich die Zeit kosten, und mehr auf das, was sie mir bringen wird. Nach ein, zwei Tagen des gefühlten Verzichts atmet meine Seele erleichtert durch. Der ganze Ballast unwesentlicher Fülle fällt ab. Bis auf wenige Stunden, in denen wir tiefe Gespräche führen, kein unnötiges Wort mehr. Aaaah! Der Körper kommt zur Ruhe. Der Geist klärt sich. Die hedonistische Überreizung, der wir alle heute ausgesetzt sind, entspannt sich. Die Sinne verfeinern sich. Der nächste Schritt auf einem Waldweg, der Duft des feuchten Laubs, das Glitzern der Tautropfen in der Sonne. Der Genuss eines einzigen, bewusst genommenen Atemzuges. Saturn hilft uns, den wesentlichen Reichtum der Gegenwart wieder klarer zu erkennen. Ich mag das Wort »wesentlich« sehr. Verbirgt sich doch das *Wesen* darin.

In der Überstimulierung unseres modernen Alltags geht uns der Blick für das wahre Wesen der Dinge häufig verloren. Wir sehen unsere Mitmenschen nicht mehr in ihrer Essenz, sondern beziehen uns lediglich auf ihre Oberfläche. Entsagung macht uns wach und öffnet uns für Tiefe. Das liebe ich an unseren stillen Fastenseminaren besonders. Zuerst kämpft das Ego, weil ihm so viele Spielzeuge aus der Hand genommen werden. Doch wenn du nicht gegen den Verzicht rebellierst, sondern dich diesem kleinen Tod hingibst, sinkst du nach innen. Du bemerkst, dass du das, was du gerade eben noch so krampfhaft festgehalten hast, gar nicht brauchst. Die kleinen, nur scheinbar unscheinbaren Aspekte des Lebens werden wieder mehr geschätzt. Der staunende Blick in die Augen eines anderen lebendigen Wesens. Deine Fähigkeit, mit deiner Hand ein Stück Holz zu berühren und zu spüren. Ein Schluck klaren, hellen Bergwassers.

Saturn schenkt uns Geduld und Gelassenheit. Demut und Dankbarkeit. Und Freiheit!

In der heutigen Kultur der tausend Optionen bewusst »Nein« sagen zu können halte ich für überlebensnotwendig! Der Anstieg psychischer Erkrankungen findet eine Ursache sicher auch in der notorischen Überreizung der Menschen.

Natürlich können die saturnischen Kräfte der Askese auch in ihren Schatten, den Kontrollwahn, abdriften. Der Versuch, das Leben über unser Nein kontrollieren, zu können – zum Beispiel über zwanghafte spirituelle Askese oder Magersucht –, führt eben nicht zur Freiheit, sondern aus der Völlerei direkt ins nächste Ego-Gefängnis. Das Ego definiert sich hier über die Macht, sich dem natürlichen Fluss des Lebens zu widersetzen. Doch in Wahrheit schneiden wir uns so immer mehr von seiner natürlichen Fülle ab und verrennen uns in einer künstlichen Trennung. Wir beobachten in unseren Paarberatungen häufig, wie die natürliche Dynamik einer Beziehung ins Stolpern gerät, wenn einer der beiden zum ständigen Nein-Sager mutiert. »Hast du Lust auf …?« »Nein!«

Ich hatte auch schon einige Paare vor mir sitzen, bei denen sich (meistens) der Mann mehr und mehr in seine beruhigende, klare, alles vereinfachende Zenmeditationspraxis zurückzog, um sich nicht emotional und sinnlich auf seine Frau einlassen zu müssen. Dass eine einfache Wand einfacher zu meistern ist als der Kontakt zu einem lebendigen Wesen der anderen Gattung, leuchtet sicher ein. Doch auf Dauer ist es nicht die Lösung.

Womit die Saturniker in ihrer Sehnsucht nach Ordnung oft extreme Schwierigkeiten haben, ist die von ihnen als Chaos empfundene Welt. Emotionen, Liebe, Sex, Kreativität ... das alles kann für jemanden, der gern alles strukturiert, sehr verwirrend sein. Wenn er sich dessen nicht bewusst ist, reagiert er mit verstärkter Kontrolle, anstatt weicher zu werden.

Doch zu viel Restriktion, Ordnung und Tradition fördern das Leben nicht, sondern beklemmen es. Es stirbt ab oder rebelliert. Solche Menschen haben es besonders heute, da sich die globalisierte Welt viel schneller dreht, manchmal echt schwer, im Fluss des Lebens mitzuschwimmen und nicht irgendwo am Ufer im trotzigen Nein zu versteifen.

Auch das kann ein kleiner Tod sein – sich dem Leben und seinen Freuden wieder bewusst zu öffnen! Wie immer kommt es auf den goldenen Mittelweg an. Ich habe schon so manchem Kontrollfreak unter meinen Klienten das bewusste »Über-die-Stränge-Schlagen« empfohlen. Es hat etwas Berührendes, wenn sich so ein professioneller Entsager dem ihn wahrscheinlich erst einmal etwas verwirrenden Genuss am Leben wieder nähert.

Wie immer kommt es also auf den goldenen Mittelweg an. Wenn du dir nicht sicher bist, ob du etwas mehr von der Kraft des Verzichts gebrauchen oder mal wieder die Leinen locker lassen solltest, frag deine Umgebung. Frag die Menschen, denen du zutraust, dir ein schonungslos-ehrliches Feedback zu geben.

Ich möchte zum Abschluss noch einmal drei besondere Geschenke dieses Prinzips hervorheben.

1. Saturn trainiert uns im kleinen Sterben. Das ist nicht morbide, sondern sehr intelligent. Denn nur wer das Unwesentliche und Vergängliche loslassen kann, wird *das* finden, was wirklich wichtig ist und was nicht sterben kann. Die bewusste Kultur des Loslassens lässt uns das, was wir dann berühren, wesentlich tiefer genießen. Wir klammern nämlich nicht mehr aus Angst und Gier fest. Das kleine Sterben bereitet uns auch auf die letzte große Reise vor. Ich

habe mit mehreren Sterbebegleitern gesprochen. Sie alle sagten: Menschen sterben, wie sie leben. Wer in seinem Leben täglich das Loslassen trainiert, wird sich sehr wahrscheinlich auch am Ende leichter freigeben können.

2. Saturn verhilft uns zur Meisterschaft. Sei es das Reifen einer Liebesbeziehung, das Spielen eines Instruments, spirituelle Erleuchtung oder deine Berufung – egal worin du Meisterschaft erreichen möchtest, du wirst einen langen Atem brauchen. Überall, auch in der psychospirituellen Ratgeberszene, werden uns gern Schnellstraßen zum Glück versprochen. Doch das ist nur die halbe Wahrheit. Evolution verläuft in Zyklen – den seltenen Quantensprüngen und den langen Plateauphasen, in denen wir scheinbar nicht von der Stelle kommen, vielleicht sogar zurückrollen, im Feuer der Ablehnung getestet werden. Um die tiefe Erfüllung zu erfahren, die durch ein nachhaltiges und meisterliches Werk entsteht, müssen wir (mit George Leonards Worten) »lernen, diese Plateauphasen zu lieben«. Dabei kann uns Saturn helfen. Wenn wir verstehen, dass die wahren Meister dieser Welt genau in diesen Etappen geschmiedet werden, können wir den Versuchungen der Ablenkung mit einem konstruktiven Nein und unserem eingeschlagenen Weg mit einem noch bestimmteren *Ja* begegnen.
3. Saturn schenkt uns Integrität. Wir werden durch unser Handeln definiert, nicht durch die Anzahl der schlauen Bücher in unserem Regal oder die netten Reden, die wir manchmal leichtfertig schwingen. Eine der wichtigsten Quellen unserer Selbstliebe ist die Selbstachtung. Wir können uns nur achten, wenn wir unsere Werte kennen und bereit sind, ihnen auch unter Bedrohung und in Versuchung treu zu sein. Ein Mensch ohne Werte gleicht einem leeren Fähnlein im Wind. Er landet – scheinbar zufällig – immer wieder in Ecken dieses Universums, in die

er gar nicht wollte. Wenn wir nur Laubblätter wären, wäre dies okay. Doch wir sind hochintelligente, feinfühlige Sinnwesen. Wir müssen – um uns selbst achten zu können – herausfinden, für welche Werte unser Leben stehen soll, und diese dann auch durch unsere Taten ehren. Unsere Integrität reift auch durch unsere Bereitschaft, im entscheidenden Moment *Nein* zu sagen.

PS: Ich bin heute Morgen sehr gern den kleinen Tod für dieses Kapitel gestorben. Es hat sich gelohnt. Verzicht bereichert.

Umsetzungsimpulse

- Genieße die geführte Meditation »Der Weg der Meister« (herunterzuladen unter www.omega.guter-reichtum.de, Passwort: »ichbinjetztreich«).
- Fasten bedeutet in der Essenz *Verzicht*. Jede Form des bewussten Verzichts (Medien, Alkohol, Lästern, klassisches Fasten ...) stärkt das Saturnprinzip.
- Sei bereit, auf unwesentliche Ausgaben zu verzichten.
- Übe Achtsamkeit für den Moment durch Meditation und Achtsamkeitsübungen.
- Habe Respekt vor Traditionen und der Weisheit der Älteren.
- Die Frage »Was will ich wirklich-wirklich?« kann dir helfen, dich auf das Wesentliche zu besinnen.
- Wenn in dir ein Wunsch auftaucht, erforsche genauer: »Was würde mir die Erfüllung dieses Wunsches bringen? Was verspreche ich mir davon tatsächlich? Gibt es einfachere, kostengünstigere Wege, dies zu erreichen?«
- Demut ist das Antidot für falschen Stolz. Dir immer mal wieder klarzumachen, wie klein du bist und wie kurz dein Leben im Vergleich zum Alter unseres Universums ist, hilft. ;-)

- Freunde dich mit Disziplin an, indem du den Unterschied zwischen kurz- und langfristigen Belohnungskreisläufen verstehst und dir klarmachst, was dich ein Mangel an Disziplin langfristig kostet.
- Lege dir ein Zeitmanagement zu. Brich deine Visionen in konkrete Ziele und tägliche Handlungen herunter. Lege dir eine tägliche Erfolgsroutine zu und setze sie auch um.
- Tue alles, was im wahrsten Sinne des Wortes deinen langen Atem schult: Ausdauersport, Bergsteigen, Klettern.

11. Das Uranus-Wassermann-Prinzip: Die Himmelsstürmer

Licht	**Schatten**
Bahnbrechend, originell, ungewöhnlich	Arrogant, herablassend
Überraschung	Distanz, Abgehobenheit
Idealismus, sucht ideale Lösungen	Zwanghaft rebellisch
Individualität	Unfälle
In jedem Moment neu wählen	Pathologische Verrücktheit
Seelenverwandtschaft	Exzentrisch
Hinterfragung des Feststehenden	Verwechslung von Rebellion und Unstetigkeit mit echter Freiheit
Freiheit, Unabhängigkeit	Sich nicht festlegen können, ambivalent
Selbstbestimmung	Mangelnder Realitätssinn
Geistesblitz (»SeelenGevögelt«[13]), Einfälle, Zufälle	An den eigenen Idealen scheitern
Paradoxien werden genossen und als positive Herausforderung gesehen	Idealistische Gefühlskälte
Gesunde Verrücktheit, Unterbrechung des Bekannten	

13 Veit Lindau (2013). SeelenGevögelt: Manifest für das Leben. Goldmann Verlag.

Fortschrittlich, erweckend,
Revolution
Wach, aufbrechend
Witzig, pointiert
Geschlechtertranszendierend
Das undenkbar Scheinende
möglich machen
Prometheus – der
Vorausschauende bringt uns
das Feuer
Experimentierlust
Wunsch nach absoluter Freiheit
Geistreich, innovativ

Hier ist der Kreis, das Sonnensymbol, mit dem Energiepfeil des Marsprinzips verbunden. Der Geistkreis wird aus seinem Zentrum auf den Gegenpol geschleudert. Hier sind die *hohen Ideale* zuhause, etwa der Französischen *Revolution: Freiheit,* Gleichheit, Brüderlichkeit, und die *Himmelsstürmer,* die sie verwirklichen wollen. Es ist das Lebensprinzip, das gerade erst beim 10. Prinzip aufgestellte Regeln und Gesetze mit *Spaß bricht* und über die Stränge schlägt, aus der Reihe tanzt und aus der Sicht der Mehrheit *verrücktspielt.* Hier werden vom Saturnprinzip gerade erst aufgestellte Normen mit *verrückten Ideen* gleich wieder *konterkariert* und *ins Gegenteil verkehrt.*

Aus der Sicht der anderen (Prinzipien) tut sich hier die *verkehrte Welt* der *Narren* auf, die mit allem *bricht,* was den anderen wichtig und sogar heilig ist, und ständig *ins Gegenteil springt* und wie der *Hofnarr* seine ganz eigene, ganz andere Wahrheit verkündet oder wie der Hejoka bei den Indianern immer in den Gegenpol *ausbricht.*

Veits Buch »*Werde verrückt*« bietet hier wundervoll-verrückte Anregungen.

Es ist die *IT-Welt,* wo eine *außergewöhnliche* neue Idee die nächste jagt und schon wieder *umwirft,* übertrumpft, wo *Fantasie* und *Originalität* herrschen und *Kapriolen schlagen.* Wo auch *verrückte* Träume leben dürfen und ihren Anteil zur Erfüllung leisten.

Fast alle Traditionen und Gesellschaften haben diesem Lebensprinzip (Zeit-)Räume geschaffen, da es zu *störend* und *irritierend* wird, wenn es sich ins Normalleben (ein-)mischt und es *durcheinanderwirbelt.* Auch die *Verrücktheit* bräuchte ihren Platz in der bürgerlichen Welt, sonst wird Psychiatrie notwendig, und ein Drittel der Bevölkerung muss einmal im Leben dort zwangsweise einkehren. Diese Situation haben wir jetzt. Da wären feste und lange Zeiten sehr wichtig, wie sie traditionell in *Karneval, Fasching,* der fünften Jahreszeit, existieren, wo die *Gecken* und *Jecken* ihr *buntes Treiben* treiben.

Wie nahe sich *Genie und Wahnsinn* kommen, wird schon in diesem *geflügelten* Wort deutlich, und so verwundert es nicht, wenn der IQ unter Psychiatriepatienten deutlich über dem des Durchschnitts liegt.

Zu Erfüllung gehört natürlich auch die Offenheit und Bereitschaft, zur eigenen *Genialität durchzubrechen* und den *Himmel* der eigenen Möglichkeiten zu stürmen. Ein *genialer* Kunstlehrer überraschte uns als Schüler mit der Feststellung, wir seien alle *Künstler,* müssten diese nur *herauslocken* und *befreien.* Sein *unkonventioneller, ungeordnet verrückter* Unterricht wurde sofort von anderen Lehrern und dem Direktor als *anstößig* eingestuft. Wir Schüler genossen dagegen unsere *Lebenslust* bei inszenierter *ungewohnter Freizügigkeit* mit lauter, *gerade erst entdeckter* Rockmusik auf der *lustig*-anmachenden Suche nach unserer *künstlerischen Genialität.* Es war *Hippiezeit, Flower-Power brach* gerade *durch,* Scott McKenzie sang »San Franzisco« und von einer »new generation with a new explanation« – das waren wir und fanden es *beflügelnd* und *verrückt,* aber auch *witzig* und *befreiend.* Eigentlich noch zu jung, gingen wir schon früher an die Uni und »studierten« die Sechziger. Wir wollten nichts mehr geben auf »den Muff von 1000 Jahren unter den Talaren« und althergebrachte Normen. »*Brecht* das Ordnungsrecht!« wurde zum Lieblingsspruch der *plötzlich* und eben *spontan* entstehenden *Spontibewegung*. Auf- und *Ausbruch* war angesagt, der damals noch angesehene Harvardprofessor Timothy Leary verkündete »*turn on,* tune in, *drop out*«, Professor Richard Alpert, ebenfalls von Harvard, flog nach Indien, fand (s)einen Guru und kehrte Jahre später als Ram Dass zurück. Ein (arche)typisches *Durchbruchs*szenario uranischer Energie *brach* wie aus dem Nichts *hervor*. Wer es erlebt hat, schätzt das uranische Gefühl, das so *unerwartet* und *plötzlich aufgetaucht* und eher auf- und *ausgebrochen*, unbedingt zum Ganzen gehört und ohne das Fülle nicht zu verwirklichen und Erfüllung nicht zu finden ist.

Mit der Sonne im 11. Haus des Uranus war mir dieses Prinzip immer besonders sympathisch. Von dem, was alle machten, war ich dagegen selten fasziniert. Was alle tun, finde ich bis heute oft verkehrt und bin jedenfalls überzeugt, es ginge anders viel besser. Wenn alle im WLAN-Feld hängen, tue ich es nicht und sorge mich um sie. Wo alle Tierprotein essen, mochte ich es trotzdem nie und empfehle »Peace Food«. Gern habe ich Veits »Werde verrückt« gelesen und rezensiert und die darin liegenden Chancen empfohlen als eine Einladung in Uranus' Reich.

Bei Uranus ist natürlich auch der *Witz* beheimatet, der gedankliche *Kurzschluss*, der uns ob seiner *unerwarteten Originalität* zum *Lachen* bringt und Spannung *entlädt*, was wiederum Stimmungen *abrupt* ändern und verwandeln kann. Gelingt es, über sich selbst zu *lachen* oder doch wenigstens zu schmunzeln, ist das auf dem Entwicklungsweg zur Erfüllung schon ein *witzig*-wichtiger *Fortschritt*.

Und wie grundsätzlich saturnines Krankheitsgeschehen sich in jedem Lebensprinzip noch speziell ausformen kann, ist das natürlich auch in *Witzen* möglich. Prinzipiell uranisch, können sie sich bei jedem Urprinzip spezielle Anleihen holen.

Insofern können wir auf der vorletzten Stufe, also fast am Ende unserer Reise durch den Entwicklungskreis, einen kleinen »*witzigen*« Lebensprinzipien-*Spontan*-Test einschieben. Zuerst geht es darum, das Lebensprinzip auszumachen, und wer lachen kann, erkennt daran gleich seinen eigenen Bezug.

a. Treffen sich Karajan, Bernstein und Böhm. Letzterer ganz begeistert: »Habt ihr auch gestern in der ›Presse‹ gelesen? ›Karl Böhm, der größte Dirigent aller Zeiten‹.« »Das sagt nichts«, entgegnet Bernstein, »Mir hat heute Nacht geträumt, Gott beugt sich zu mir herab und sagt: ›Leonard, du bist der größte Dirigent aller Zeiten!‹« Darauf Karajan: »Was soll ich heute Nacht zu dir gesagt haben?«
b. Bei uns heißen alle Karl außer Fritz, der heißt Hans.
c. Ein Bayer, ein Österreicher und ein Preiss in abstürzendem Flugzeug mit nur zwei Fallschirmen. Sagt der Bayer zum Preiss: »Spring du schon mal voraus«, bindet ihm den Fallschirm um und schiebt ihn hinaus. Der Österreicher: »Bist deppert, mir san doch Nachbarn.« »Genau«, sagt der Bayer, »i hab ihm nur mein Rucksack gebn.«
d. General beim Truppenarzt, der knapp mitteilt: »Das ist ein Tripper, Herr General.« Der General: »Muss ich mir auf der Toilette geholt haben.« »Wie unbequem«, findet der Arzt.
e. Dalai Lama, Papa Razzi und Bhagwan-Osho sitzen im selben Boot und haben Hunger. Osho wandelt übers Wasser, holt ein paar Sandwiches. Später kommt Durst auf. Dalai-Lama geht übers Wasser, holt eine Karaffe Saft. Dann muss Papa Razzi mal austreten, steigt über Bord und versinkt. »Wir hätten ihm sagen sollen, wo die Steine sind«, meint Osho. »Welche Steine?«, fragt Dalai Lama.

f. Expräsident Clinton und der Papst begegnen sich im Paternoster im Himmel. Papst fährt hoch, Clinton kommt runter. Sagt der Papst: »Wir sehen uns, ich will nur rasch zur Jungfrau Maria.« Darauf Clinton: »Knapp zu spät.«
   Ein Diplomat ist ein Mensch, der dreimal überlegt, bevor er nichts sagt.
g. Die Welt der Werbung: Bin-Laden-Airlines: Wir fliegen Sie direkt ins Büro.
   Schlechte Argumente bekämpft man am besten, indem man ihre Darstellung nicht stört.
h. Alles, was du hast, wird dich auch besitzen.
i. Ein Jude klagt lauthals an der Klagemauer: »Mein Sohn ist zum Christentum konvertiert!« Tut sich der Himmel auf, und Gottes Stimme hallt herab: »Wem sagst du das?«
j. Ein 35-Jähriger erzählt seiner Mutter, er war zur psychiatrischen Untersuchung vorgeladen. »Was hat der Psychiater denn gesagt?«, fragt sie. »Ich hätte einen Ödipus-Komplex.« »Ach«, sagt sie, »macht nichts, Hauptsache, du hast deine Mama lieb.«
k. Mulla Nasruddin streut Erbsen ums Haus. »Was soll das?«, fragt sein Freund. »Zur Tiger-Abwehr!« »Aber hier gibt es doch gar keine.« »Da siehst du, wie gut es wirkt.«
l. Die Zukunft war früher auch besser. (Karl Valentin)
   Bin dann mal in mich gegangen. War aber auch nix los. (Karl Valentin)

Auflösung:

a. Löweprinzip: der Größte und der Größenwahn
b. Uranusprinzip: verrückter Nonsens
c. Plutoprinzip: Bösartig makaber. Uranus: *Fallschirmspringen*
d. Marsprinzip: Infektionskrankheit
e. Neptunprinzip: Wunder und (schein-)heilige Männer
f. Waage-Venus-Prinzip: Erotik; Diplomatie

g. Zwilling-Merkur-Prinzip: 1. Werbung, 2. Argumentationstrick
h. Stier-Venus-Prinzip: Besitz
i. Jupiterprinzip: Glaubens- und Kirchenangelegenheiten
j. Mondprinzip: Mama-Thema
k. Jungfrau-Merkur-Prinzip: Rationalisierung
l. Saturnprinzip: 1. Früher war alles besser. 2. Nach innen gehen.

Für das Uranusprinzip bedeutet Geld die *Freiheit* zu tun, was ihm seine *Geistesblitze* gerade *eingeben* an *Erfindungen* und *Entdeckungen*, an neuesten *Verrücktheiten* und *witzigen Einfällen*. Er macht sich gern *lustig* über andere und bestenfalls auch über sich, wobei er als Schatten eine *verblüffende Gefühlskälte* mit sich bringt, etwa wenn seine *Revolutionen* ihre eigenen Kinder fressen wie bei der französischen oder russischen, die beide, schnell vom »Schattenprinzip« eingeholt, mit *Eiseskälte* und gnadenlos ihre eigenen *Vorreiter* wie einerseits Robespierre und Danton oder andererseits Trotzki einholten.

Für nach Erfüllung strebende Uranier sind Geld und Gold Garanten von *Unabhängigkeit* und Selbstbestimmung. Finanzielle Möglichkeiten geben ihnen die Chance, den eigenen Weg kompromisslos zu gehen und sich bis in alle *Extravaganzen* zu verwirklichen, wie wir es von Künstlern und *(Pop-)Stars* kennen. Der Wunsch, seinem eigenen *Stern* zu folgen und ein *Star* zu werden, lebt von uranischer Energie. Nietzsches Feststellung »Du musst noch Chaos in dir haben, um einen tanzenden *Stern* zu *gebären*«, verbindet die beiden letzten Lebensprinzipien, den *Stern* mit Uranus und das Chaos mit Neptun.

Die Fülle des Vermögens schenkt natürlich auch jede *Freiheit*, eigene Vorstellungen, *Fantasien* und Ideen, und seien sie noch so *verrückt*, zu verwirklichen, zumal sie dem Uranier meist alles bedeuten. Er ist der klassische *Außenseiter*, und obwohl er oft mit beiden Beinen, so fest es geht, auf einer schwebenden *Wolke* verankert ist, geht von ihm eine eigenartige Faszination aus.

In Songs und Wirken von David Bowie drückte sich viel Uranisches aus, etwa wenn Mayor Tom in »Space Oddity« sich von allem *befreit,* die letzte Verbindung zum Raumschiff kappt, um die Weiten des *Weltalls* für einen uranischen Augenblick zu genießen, völlig *entrückt* und versunken in diesen Moment, dem er auch sein Leben schenkt.

Auch André Heller bringt viele uranische Elemente in die Welt, ob er beim Zirkus Roncalli bezaubernde *Fantasie* wieder mit zeitlosem Zirkus verbindet, bei »Calafatti« schon fast gestorbenes Varieté für einen Abend wiedererweckt oder die Zollprobleme beim größten *Feuerwerk* aller Zeiten in Lissabon durch Vernichtung und Abbrennen desselben vor den Augen der Welt löst. Diese hat mit offenem Mund staunend die unglaublichen *Explosionen* von Licht und Freude erlebt und über den *Witz* im Umgang mit den Zöllnern *gelacht.*

Durch einfaches Umformulieren und *witzige* Interaktionen hat Frank Farrelly mit seiner *provokativen Spontan*-Therapie Patienten geholfen. Natürlich will Psychotherapie Veränderung und gern auch *spontan,* und insofern ist der uranische Zauberer, *Witze-* und Geschichtenerzähler mit angeborener NLP-Inspiration im Stile des muslimischen Mystiker-*Witzboldes Mulla Nasruddin* ein *humorvoller* Therapeuten-Archetyp. Milton Ericksons *Genie* in der Therapie lebte ebenso von vielen uranischen Verkürzungen, *spontanen* Umdeutungen und ebensolchen Gedanken-*Kurzschlüssen.* Brillante Psychotherapie braucht *spontane* Ideen und *verrückteste Einfälle* und *Geistesblitze,* um seelische *Unfälle* in Zukunft vermeiden zu helfen und aus den (lebens)gefährlichen Fallen von Routine und Gewohnheiten *auszusteigen* beziehungsweise *auszubrechen* oder besser noch *herauszuspringen.*

Neben konstruktiven Seiten der Selbstverwirklichung in spontaner Kunst oder *Erfindertum* kann unbewusste Sehnsucht nach

Freiheit auch durchaus dazu (ver)führen, sich alle *Freiheiten* zu nehmen und in ein möglichst *ausgeflipptes* Playboy- und Partyleben mit immer neuen *Freizeitsensationen* zu *stürzen*. So entsteht die *Fun-* und *Freizeitgesellschaft*, die viel Geld verbraucht, das bei immer neuen *Sensationen*, die letztlich gar keine sind, *verjubelt* und auf den *Kopf gehauen* wird. Wer ständig neue Reize sucht, braucht immer mehr Geld, und so kann der *Freiheits-Freizeit*-Zwang *ins Gegenteil umschlagen* und in ein *unerwartetes* Gefängnis ausarten. Rettung bringt daraus die für Uranier entscheidende Frage: *Freiheit* wozu und wofür statt *Freiheit* wovor und wovon?

Wer die Welt tatsächlich mit »*sensationellen* neuen Ideen und *Erfindungen*« beschenkt, kann durch deren Verwirklichung natürlich auch aus eigener Kraft zu *plötzlichem* Geld kommen, was er aber vorzugsweise gleich wieder in neue, noch *verrücktere* und *sensationellere* Projekte und *Erfindungen* steckt. *Erfinder*-Karrieren wie die von Nicola Tesla oder Thomas Alva Edison sind uranische Beispiele solcher Lebenswege. Heute ergeben sich solche Karrieren – nachdem die Erde entdeckt und die Energiefrage weitgehend ausgereizt ist – am ehesten im *IT-Bereich*, wie die von Elon Musk, der sein Geld mit *Paypal* machte, es in die Elektroauto-Firma *Tesla* steckte, mit der er die Autobranche und Batterieindustrie aufmischte und auf uranisch *freiheitsliebende* Weise seine Patente nicht schützen, sondern zur *freien* Verfügung veröffentlichen ließ und der inzwischen – uranisch – von senkrecht startenden *Elektroflugzeugen* träumt …

Die moderne *Computer-* und *Cyberspace-Welt* mit ihrer *virtuellen Dimension* ist eine ideale Spielwiese für Uranier, die ihrem *ver-rückt spontanen* Wesen entspricht und vorher unbekannte Chancen eröffnet. Nicht umsonst ist sie mit dem sogenannten *Wassermann-Zeitalter* ziemlich *plötzlich aufgetaucht* und bestimmt es schon jetzt sehr weitgehend auf *verrückte* Art. Zusammen mit der Geldreligion, die noch dominanter ist und selbst noch das *freiheitlich-uranische Lebensgefühl* unterjocht, treffen hier die entscheidenden Impulse der Zukunft zusammen. Die *IT-Welt* ist dabei auch wohl die letzte Chance, der Geldreligion wenigstens so weit Paroli zu bieten, dass die Menschlichkeit zurückkehren kann. Allerdings hat die uranische Welt auch diesen *eiskalten, glitzernden* Schatten, der in Kooperation mit der Geldreligion auch schreckliche Schattenseiten zeitigen könnte, macht doch *IT* sowohl Aldous Huxleys *Brave New World* und George Orwells *1984* erst möglich.

Uranus hätte aber auch eine wundervolle Alternative anzubieten in der neuen, sich gerade bahn*brechenden* Sharing Economy, die in der kapitalistischen Wirtschaft der Geld-Welt-Religion bisher ganz strikte Grenzen zwischen Anbieter und Käufer immer mehr verschwimmen lässt. Partner- oder Affiliate-Systeme ermöglichen eine eher *brüderliche* Teilung beziehungsweise Verbundenheit zwischen beiden Seiten, die gut in diese uranische Zeit passt. An unserem Online-Fasten in Frühjahr und Herbst lässt sich das gut nachvollziehen. Da buchen Teilnehmende für sich eine Fastenwoche, bringen Freunde mit und ersparen sich durch entsprechende Gutschriften die Gebühren. Und sie können sogar an ihren Empfehlungen verdienen, und einige haben tatsächlich mehr als 20-mal mehr verdient als bezahlt. Obendrein kommt so eine wellen- oder sogar explosionsartige Verbreitung zustande, die ebenso gut zu Uranus passt. Hier liegen die Chancen der Zukunft, wenn wir eine haben, was ich sehr hoffe und wofür ich mich gern engagiere.

Solche *Herausforderungen* liebt der Uranus-geprägte Mensch, und die Lernaufgabe liegt darin, *frei* und *unabhängig* zu werden, aber nicht, um nichts zu tun und Zeit und Geld in der *Fun-Gesellschaft* zu vertun. Sondern im Gegenteil zu tun und sich zu leisten, was ihn im Tiefsten umtreibt und seinem häufig ziemlich *verrückten* Wesen wirklich entspricht.

Fragen an mich selbst

- Wie *verrückt* erlaube ich mir zu sein? Spricht und macht mich eine Aufforderung wie »*Werde verrückt*« aus dem gleichnamigen Buch von Veit an?
- Trau ich und kann ich mich in *Karneval* und *Fasching* richtig gehen lassen und *austoben*?
- Brauche und habe ich dafür noch andere Räume wie ekstatisches Tanzen, Reiten, Schifahren?
- Genieße ich es, mal so richtig *verrückt* zu *spielen*, über all meine Schatten zu *springen* und *aus jeder Reihe zu tanzen*?
- Trau ich mich, über die Stränge (der Gesellschaft) zu *schlagen* und *rauszuspringen*, wo es für mich nicht passt und wo ich nicht passe, um meinen ganz eigenen Weg zu finden?
- Wie viel Spießertum will in mir in uranische *Verrücktheit* verwandelt werden?
- Wo habe ich mir die *Freiheit* zu meinem Leben schon genommen (oder nehmen lassen), wo fehlt mir noch *Freiheit* und *Freizeit* zur Selbstverwirklichung?
- Wie *spontan* bin ich schon, und wie *spontan* will ich noch werden?
- Was habe ich noch zu *entdecken*, zu *erfinden*, zu *ver-rücken*?
- Kann ich meinem *Stern* schon folgen? Wann will ich damit anfangen – wenn nicht jetzt und hier?
- Wie unabhängig bin ich?

Entwicklungsstufen

1. Hektik, Wahnsinn, Abwertung von Gefühl und Nähe
2. Rebellion aus Prinzip, Neuerungen um jeden Preis, Selbstüberschätzung
3. Exzentrik, sprunghaft, Sonderrechte
4. Individualismus, Nonkonformismus, Witz, Humor
5. Aufhebung der Gegensätze, Experimentierfreue, Erfindungsgeist, Wahrheitssuche, Gerechtigkeitsgefühl

6. Idealismus, höchste Werte, Erfindungsgabe, soziale Verantwortung, Visionen, Freizügigkeit
7. Genialität, Wahrhaftigkeit, Freiheit

Schau dich einmal aufmerksam in deinem Leben um.

- Was hast du erreicht?
- Auf welchem Level an Lebendigkeit erfährst du deine Beziehungen?
- Wie viel Selbstverwirklichung erlaubt dir dein Job?
- Wie frei, wie reich, wie wirksam erlebst du dich?
- Glaubst du, das Leben verstanden zu haben?
- Und wo ziehst du täglich – bewusst oder unbewusst – die Linie zwischen »möglich« und »unmöglich«?
- Ist dir klar, dass diese dir so gut bekannte Welt nur einem kleinen Teller in einem riesigen Universum gleicht?
- Bist du jemand, der sich gern mit dem zufriedengibt, was er glaubt zu wissen?
- Oder musst du deinen Kopf immer wieder mutig über den Tellerrand hinaus ins große Unbekannte strecken?
- Liebst du die Sicherheit der Norm, oder musst du immer wieder (scheinbar) verrückte Dinge tun, um deine Sicht zu verrücken?

Man sagt, der menschliche Geist baut sich gern sein eigenes, kleines Gefängnis. Dessen Mauern bestehen aus unseren Überzeugungen. Uranus ist der Sprengstoff!

Ich habe 40 Jahre gebraucht, um zu kapieren, dass gar nicht jeder Mensch diese inneren Mauern sprengen will. Sicherheitsbetonte Persönlichkeiten sind froh, wenn sie ein klar umrissenes Fundament gefunden haben, das ihnen die Welt erklärt. Dann errichten sie darauf die Wände ihres Hauses, ziehen um den Garten eine hohe Hecke, laden am Samstag die gleichgesinnten Nachbarn zum Grillen ein und schauen Sonntagabend *Tatort*.

Auch wenn es sie schon etwas irritiert, wenn diese neue Kommissarin so offen ihre bisexuellen Neigungen zeigt. Daran ist auch nichts verkehrt. Aus Sicht von Uranus sieht es lediglich wie eine komplett verpasste Riesenchance aus. Menschen, die mit dieser Kraft infiziert sind, müssen die Mauern ihres eigenen Denkgebäudes in die Luft jagen. Das tun sie nicht aus Zwang, sondern freudvoll. Immer wieder. Sie leben. Jetzt. Und sie wissen nicht, wie lange. Also wollen sie herausfinden, welche Welt jenseits des Tellerrandes auf sie wartet. Sie fühlen den Ruf des Unbekannten. Sie denken es nicht nur, sondern spüren es bis in ihre Zellen: Da ist immer – wirklich immer – noch mehr möglich, als sie bisher erkennen können. Was liegt näher, als dieses so kostbare Leben zu nutzen, um herauszufinden, was alles geht! Sie lieben es, den Geist zu dehnen. Meine Frau nennt diesen Zustand *seelengevögelt*. Ich habe ihm ein ganzes Buch gewidmet.

Wenn dein Verstand alle Konzepte und Urteile fallen lässt,
wenn du nicht mehr kontrollierst, sondern vertraust,
wenn dein Herzschlag und der Fluss deiner Gedanken in einem Rhythmus mit dem Universum schwingen,
wenn du total und bewusst in dem aufgehst, was gerade geschieht,
wenn die Zeit stehen bleibt
und dein kleines Ich nicht existiert,
wenn sich dein Geist über seine selbst errichteten Mauern erhebt
und eins wird mit dem großen Geist des Lebens,
... dann feiert deine Seele Sex mit der gesamten Existenz.
In diesem Augenblick bist du seelengevögelt.

Seitdem ich das Buch »SeelenGevögelt« veröffentlichte, höre ich immer mal wieder das Feedback: »Veit, du kannst doch nicht Seele und Vögeln in ein Wort packen. Sie widersprechen sich.«

Widerspruch, Gegensätze, Paradoxien ... Uranus liebt sie. Warum? Ganz einfach.

Wenn wir die These und die Antithese bejahen,
wenn wir die Pole nicht gegeneinander ausspielen,
sondern sie miteinander spielen lassen,
erzeugen sie eine schöpferische Intensität,
die etwas Neues gebiert – die bis eben noch unbekannte
Synthese.

Unser Gehirn ist zum Beispiel ein Paradox der Evolution. Auf der einen Seite wurde es mit einer natürlichen Lust am Lernen und schier unendlich vielen Möglichkeiten der Potenzialentfaltung designt. Die Länge aller Nervenbahnen deines Gehirns beträgt etwa 5,8 Millionen Kilometer. Es besteht aus rund 100 Milliarden Nervenzellen. Zum Vergleich: Unsere gesamte Galaxie hat ungefähr genauso viele Sterne. Jede einzelne Nervenzelle ist wiederum mit etwa 1000 anderen Nervenzellen vernetzt. Wenn wir die möglichen Kombinationen der Verbindung deiner Nervenzellen untereinander in eine Zahl fassen würden, und du hättest den Auftrag, alle Nullen dieser Zahl auf ein Blatt Papier zu schreiben, bräuchtest du dafür 75 Jahre! Du hast sicher schon einmal den Spruch gehört: »Wir Menschen leben nur 10 % unseres wahren Potenzials.« Niemand hat dies je exakt bewiesen. Die Zahl ist unter Wissenschaftlern umstritten, doch ich glaube, sie ist ein Ausdruck einer Ahnung: Wozu wären wir fähig – individuell und kollektiv –, wenn wir bereits als Kinder optimale Bedingungen für unsere Potenzialentfaltung erfahren hätten? Wenn sich unsere 100 Milliarden Nervenzellen hätten vollkommen frei vernetzen können? Das heißt, wenn wir eingeladen worden wären, wahrhaft frei – in jede Richtung – zu denken, zu lernen und auszuprobieren?

Ein Kind in jungen Jahren ist meistens noch sehr uranisch unterwegs. Es kennt noch keine Grenzen. Es glaubt daran, dass alles möglich ist. Es sieht keinen Fehler darin, in eine Pfütze zu springen oder vom Mond zu träumen. Auf einer neurobiologischen Ebene versetzen sich Kleinkinder täglich mehrere hundert Dopaminkicks – für das erwachsene Auge meist scheinbar grundlos. Dopamin fördert die Vernetzung der Nervenzellen und löst Begeisterung aus. Frag ein kleines Kind, was es später mal werden kann, und es wird dir ehrlich antworten: »Alles!«

Die Eigenschaft unseres Gehirns, neugierig dazuzulernen und frische Fähigkeiten durch Neuverschaltung der Neuronen auszubilden, nennt sich Neuroplastizität. Wir wissen mittlerweile, dass dies bis ins hohe Alter möglich ist. Doch die Natur hat einen (scheinbaren) Widerspruch eingebaut. Ja, unser Gehirn ist stark an Wachstum interessiert. Doch es möchte auch Energie sparen. Es ist nämlich ein sehr anspruchsvolles Organ mit einem besonders hohen Sauerstoff- und Energiebedarf. Obwohl es nur etwa 2 % deines Körpergewichts beträgt, verbraucht es 20 bis 25 % der Energie. Das merkst du zum Beispiel, wenn du unterzuckert bist. Du kannst dann nicht mehr klar denken.

Wie kann so ein schlaues System Energie sparen? Indem es für alles, was es kennt, Routinen einrichtet – zum Beispiel eine Türklinken-Routine. Diese besteht aus einem relativ groben Konzept, woran man eine Türklinke erkennt, und der Handlungsanweisung, was man mit ihr macht. So musst du nicht vor jeder Tür stehen bleiben und aufs Neue mit hohem Energieaufwand erforschen, was das für ein Ding ist und wie es funktioniert. Ohne bewusst darüber nachzudenken, weißt du, was zu tun ist.

In dieser und tausend anderen kleinen Alltagssituationen macht die Energiesparfunktion also durchaus Sinn. Gefährlich wird es, wenn du aber beispielsweise deinem Gehirn erlaubst, deinem Partner gegenüber auf Autopilot zu schalten. Du bemerkst dies daran, dass du glaubst zu wissen, wer er ist (das weißt du nie!), und ihn für selbstverständlich nimmst. Entweder werdet ihr unmerklich in eine saturnische Starre fallen und miteinander komplett einschlafen. Oder das Leben setzt zum uranischen Befreiungsschlag an. Dein Partner verliebt sich oder verlässt dich gar und erinnert dich so schmerzhaft daran, dass du vergessen hast zu staunen.

Skizzieren wir einen weiteren warnenden Fall. Was, wenn nicht nur zwei Menschen, sondern Tausende gemeinsam auf dem kleinen Teller einschlafen? Zum Beispiel der Vorstand, die Ingenieure und viele Mitarbeiter eines großen deutschen Automobilkonzerns. »Wir wissen, wie man Autos baut. Wir wissen, womit Autos angetrieben werden. Wir wissen, wie die Menschen unsere Autos nutzen. Wir sind damit sehr erfolgreich. Warum also etwas ändern?« Also macht man so weiter, und viele, viele Gehirne sparen dabei Energie. Bis einige wenige uranische Geister es wagen, über den Tellerrand hinauszudenken und die riesige, scheinbar heile und doch so begrenzte Welt der Automobilindustrie zutiefst erschüttern – zum Beispiel indem sie fast im Alleingang sexy Elektroautos bauen (Tesla) oder durch die Art, wie Menschen das Autoteilen revolutionieren (Uber, Carsharing). Wer die Fahrzeugindustrie aufmerksam verfolgt, weiß, dass schwerfällige Riesen wie VW oder Mercedes große Mühe haben, auf die komplett neuen Spielfelder ausreichend schnell zu reagieren. Das Modewort dafür lautet *disruptiv*. Eine disruptive Technologie (englisch von *disrupt* »unterbrechen«) steht für eine Innovation, die eine bestehende Technologie, ein bestehendes Produkt oder eine bestehende Dienstleistung möglicherweise vollständig verdrängt. Statt disruptiv könnten wir auch sagen *uranisch*. Vieles von dem, was aus dem Silikon Valley zu uns herüberschwappt, atmet diesen Geist. Es ist weiter, kühner, verrückter gedacht. Du kannst es mögen oder hassen. Du kannst ihm mit der trägen Arroganz der Alt-Konsolidierten begegnen (»Wir wissen, was gut ist«). Doch damit verschließt du deine Augen vor der Tatsache, dass all diese disruptiven Ansätze unser komplettes Leben verändern werden:

- Die Art, wie wir auf vielen Ebenen miteinander vernetzt sein werden.
- Die Art, wie wir unsere Talente und Besitztümer miteinander teilen werden.
- Die Art, wie Mensch und Technik immer näher miteinander kooperieren werden.

Bis heute leiden viele erfolgreiche Unternehmen (Ehen, Konzerne, Staaten) irgendwann an einem altbekannten Paradox. Ihr Erfolg, auf den sie so lange zugearbeitet haben, wird zur Falle. Er macht sie träge, und es fällt extrem schwer, etwas infrage zu stellen, was gut funktioniert. Deshalb leisten sich mittlerweile manche Firmen disruptive Sonderabteilungen. Kleine Enklaven von Querdenkern und Freigeistern, die bereits auf dem Zenit des Erfolgs das Unmögliche denken und neue Ansätze entwickeln, die die alte Routine zerstören werden.

Was hat das mit dir zu tun?

Wenn du nicht beschlossen hast, deine Zeit auf Erden in dem einmal erreichten Status quo abzusitzen, macht es Sinn, dir selbst eine innere disruptive Abteilung zu gönnen. Warte nicht auf die nächste externe Krise, die dich über den Tellerrand deiner Komfortzone hinwegfegt. Denn dann wirst du dich sehr wahrscheinlich als Opfer des Schicksals fühlen und eher ängstlich reagieren, anstatt dem großen Abenteuer freudvoll, mit geöffneten Armen entgegenzulaufen. Da draußen ist noch so, so viel mehr zu entdecken. Für alles, was du heute noch als Widerspruch empfindest, gibt es eine Lösung. Doch dafür darf sich dein Geist dehnen.

Wie könnte deine disruptive Sprengeinheit aussehen? Es könnte simpel damit beginnen, dass du dich hin und wieder offen mit jemandem unterhältst, der die Welt krass anders sieht als du. Die Energiesparfunktion unseres Gehirns sucht nämlich bevorzugt nach gleichgesinnten Gesprächspartnern. Das hält uns im Zustand der Kohärenz. Unsere kleine Welt bleibt so in sich stimmig. Leider wird sie so nicht größer, sondern im Lauf der Zeit immer enger. Einem Menschen mit einer anderen geschlechtlichen Orientierung, Weltanschauung oder mit anderen Werten offen zuzuhören, beamt dich bereits, zumindest geistig, über deinen Tellerrand hinaus.

Durchbrich bewusst und immer wieder deine Routine: Lies neue Bücher. Betritt Orte, auf die du normalerweise keinen Fuß setzen würdest. Geh andere Wege zur Arbeit. Stelle dir Fragen, die deinen Geist für das Unerwartete öffnen. Was wolltest du schon immer einmal ausprobieren? Was würdest du sofort tun, wenn du keine Angst vor Fehlern hättest? Welche Menschen kennst du, die dich mit ihren unbequemen Fragen manchmal regelrecht erschüttern? Wie wäre es, wenn du ihnen nicht aus dem Weg gehst, sondern sie einmal im Monat sogar bewusst auf einen Tee einlädst?

Natürlich kann man es mit den Kräften der Befreiung auch übertreiben. Im unerlösten Zustand finden wir hier die notorischen Rebellen, die zwanghaft *gegen* alles Bestehende angehen, aber leider noch nichts gefunden haben, *wofür* es sich lohnt zu kämpfen. Oder die Himmelsstürmer, die sich die Flügel an der Sonne verbrennen, weil sie keinen stabilen Platz zum Landen haben. Mich zwangen die uranischen Kräfte einmal sehr radikal zu mehr Bodenständigkeit. Wir hatten ein Seminar mit dem Titel »Quantensprung« ausgeschrieben (Uranus liebt Quantensprünge! ;-). Der Höhepunkt sollte ein Fallschirmsprung sein. An diesem Tag waren für Mittag starke Winde vorhergesagt. Aus diesem Grund war es mir extrem wichtig, als Letzter zu springen. Ich wollte, dass alle Teilnehmer in Ruhe ihre Erfahrung machen können. Ich selbst genoss damals einen Höhenflug des Erfolgs. Ich fühlte mich geistig und körperlich extrem fit. Als ich dann zum Schluss in dem kleinen Flugzeug in Richtung Himmel abhob, schaukelte es schon heftig. Der Sprung selbst war genial. Ich fühlte mich so frei. Ich begegnete in der Luft noch meiner

Tochter, die zeitgleich mit mir gesprungen war. Begeistert winkten wir uns zu. Dann setzten unsere Begleiter (es war ein Tandemsprung) zur Landung an. Dabei gerieten wir überraschend in einen Fallwind, und ich crashte – nur wenig abgebremst – auf dem Boden auf. Dabei brach ich mir meine Wirbelsäule. Ich hatte unwahrscheinliches Glück. Zwar musste ich lange liegen, doch ich lernte langsam wieder laufen, und alles verheilte. Im Nachhinein bin ich dem Leben für diesen Un-Fall unendlich dankbar. Er lehrte mich so viel über die fragile Verletzlichkeit eines menschlichen Lebens, die Gnade, auf der Erde laufen zu können, und das Geschenk der Langsamkeit. Was wir definitiv brauchen, um gesund-uranisch abheben zu können, ist ein gutes Stück Boden zum Starten und Landen. Innen und außen.

Worin besteht denn nun der Reichtum dieses Prinzips? Uranus erinnert uns daran, dass das, was wir gerade als unser Leben erfahren, immer nur eine begrenzte Schulklasse ist. Da draußen ist immer noch so viel mehr. Aufwachen bedeutet, das Gegebene infrage zu stellen und deinem Bewusstsein zu gestatten, sich auszudehnen. Das ist nicht nur ein schöpferischer Luxus für ein paar Leute auf ihrem Selbstverwirklichungstrip. Es ist mittlerweile für uns alle überlebensnotwendig. Denn die Probleme, die wir auf unserer gegenwärtigen Entwicklungsebene kreiert haben, werden wir nur lösen, wenn wir unseren Geist aus den alten Strukturen von Angst und Mangel befreien. Wer seinen Blick nicht vor den Krisen verschließt, mit der die Menschheit in diesen Tagen konfrontiert ist, kann leicht in Angst oder Zynismus versinken. Umweltkatastrophen, Völkerwanderungen, verstärkte Rechtstendenzen, Terroranschläge als Normalität. Arm und Reich driften auseinander. Depressions- und Burnoutraten steigen signifikant. Viele Gründe, um den Kopf in den Sand zu stecken und zu verzweifeln. Und doch ... eine Krise bietet auch immer die Chance für eine radikale Wandlung. Für einen echten Quantensprung im Bewusstsein. Uranus!

Man könnte mir unterstellen, ich wäre deshalb so zuversichtlich, weil ich beruflich fast nur jenen begegne, die sich persönlich und beruflich ernsthaft für Lösungen einsetzen. Doch in den letzten Monaten habe ich mit einigen führenden Experten aus verschiedensten Disziplinen gesprochen – der Neurobiologie, Zukunftsforschung, Gemeinwohlökonomie, seriösen Glücksforschung oder der Internetbranche. Bei allen Gesprächen nahm ich neue, vorsichtig optimistische Töne wahr. Manche sprachen sogar von einem Zeitfenster, das sie gerade wahrnehmen. Ein Fenster, das uns, wenn wir es wach nutzen, in eine neue Entwicklungsebene führen kann – individuell und kollektiv.

Du könntest jetzt sagen: »Ja, ja, die Experten, die sitzen in ihrem stillen Kämmerlein und brüten neue Theorien aus.« Doch dem ist nicht so. Die meisten von ihnen ziehen ihre Schlüsse aus vielen Kontakten und Befragungen unterschiedlichster Bevölkerungsschichten.

Auch meine Arbeit lässt mich mit sehr vielen Menschen relativ nah und ehrlich kommunizieren. Bahnt sich ein echter Wandel an, höre ich dies meistens aus den Gesprächen heraus. Was mir im Augenblick besonders auffällt, ist die Vereinigung von scheinbaren Gegensätzen. Menschen nehmen sich zum Beispiel das Recht heraus, Ratio und Wissenschaft zu ehren *und* gleichzeitig zu glauben. Unternehmen suchen nach Wegen, wirklich fair und nachhaltig zu operieren *und* ökonomisch erfolgreich zu sein. Viele Megatrends der Zukunft gehen von einer Kombination aus starkem Individualismus *und* Community aus. So legen zum Beispiel die 7500 Mitglieder unserer Life Coaching Community starken Wert auf ihre persönliche Entwicklung *und* auf die Vernetzung mit Gleichgesinnten. Die Fragen »Was will ich in diesem Leben für mich?« und »Was kann ich zum Wohle aller beitragen?« gewinnen für viele gleichermaßen an Bedeutung.

Das ist keineswegs selbstverständlich. Bis hierher tendierte menschliches Bewusstsein dazu, zwischen dem *Ich*- und dem

Wir-Pol hin- und herzupendeln. Diese Erkenntnis geht unter anderem auf Clare W. Graves zurück, einen mittlerweile verstorbenen US-amerikanischen Professor für Psychologie. Graves gilt als Begründer der Ebenen-Theorie der Persönlichkeitsentwicklung. Er widmete sein Werk der Erforschung der folgenden Fragen:

- Warum verhalten sich Menschen so, wie sie sich verhalten?
- Woran erkennen Menschen, dass sie glücklich sind?
- Wie definieren sie sich selbst und ihre Werte?

Je nachdem, in welcher Entwicklungsphase sich dein Bewusstsein gerade befindet, wirst du diese Fragen verschieden beantworten. Du kannst neben einem anderen Menschen stehen, auf dieselbe Welt schauen und diese dennoch vollkommen anders als er interpretieren. Wenn du so ein Buch liest, wette ich, dass du dich mindestens schon einmal bewusst von einer Bewusstseinsebene in die nächste hineinentwickelt hast. Dann weißt du, wie es sich anfühlt, wenn du eines Morgens aufstehst und das, was du gestern noch als das Allerwichtigste angesehen hast, dich heute nicht mehr berührt. Stattdessen tauchen neue Werte und Bedürfnisse in deinem Bewusstsein auf. Willkommen in der nächsten Unterrichtsklasse der Evolution!

Graves stellte bei seiner Arbeit folgende Thesen auf:

- Menschliches Bewusstsein ist nicht statisch. Es pulsiert. Es reagiert. Es kann sich ausdehnen (vorwärtsentwickeln) oder sich in Krisen auch wieder auf eine frühere Stufe zurückziehen (regredieren). Es ist dabei immer auf der Suche nach der Lösung für unsere aktuellen Probleme und die Erfüllung unserer wesentlichen Bedürfnisse.
- Erreichen wir eine neue Entwicklungsstufe, wandelt sich unsere Sichtweise auf die Dinge. Wir fühlen und handeln

anders. Wir haben neue Prioritäten und stellen dazu passende Lebensregeln auf.

- Diese Evolution unseres Bewusstseins hat nach oben hin kein Ende. Mit anderen Worten: Du wirst über das, was du heute vehement als *die* Wahrheit verteidigst, morgen herzhaft lachen.
- Mit jeder neuen Stufe wächst unsere Kapazität, die Komplexität des Lebens zu erfassen und mit ihr zu kooperieren. Es findet im wahrsten Sinne des Wortes eine Bewusstseinserweiterung statt. Unser Verständnis von dem, wer wir sind, wo wir aufhören und die anderen beginnen, dehnt sich aus.

Ich erwähne diese Stufen, weil sie eben nicht nur auf einer Theorie, sondern umfangreichen Befragungen auf allen Kontinenten in verschiedensten Kulturkreisen basieren. Daher wissen wir, dass die Menschheit bis hierher sechs dieser Ebenen relativ gut ausgeprägt hat. Das Spannende an diesem Modell ist, dass es genauso auf die Entwicklungsstadien eines einzelnen Menschen wie auf ein Unternehmen oder ein Land angewendet werden kann.

Wenn wir also erkennen, in welcher Phase sich ein Einzelner, eine Firma, ein Staat oder die Menschheit als Ganzes befindet, können wir

- die aktuellen Probleme wesentlich besser herauskristallisieren,
- verstehen, von welchen Kräften dieses System bewegt beziehungsweise blockiert wird,
- und vor allem erahnen, welche nächste Entwicklung ansteht.

Wie schon erwähnt, pendelten die ersten sechs Ebenen zwischen einer starken *Ich*- oder *Wir*-Orientierung hin und her. Das macht auch Sinn, denn wir werden von zwei existenziellen Grundbedürfnissen angetrieben: Freiheit und Verbindung

Graves sagte zu seinen Zeiten einen regelrechten Quantensprung voraus, wenn sich die Menschheit für die siebte und achte Ebene öffnen wird. 25 bis 30 Jahre später befinden wir uns wahrscheinlich gerade mitten in ihren Geburtswehen.

Warum sprach er von einem Quantensprung? Weil die sechs ersten Stufen an einer entscheidenden Begrenzung leiden: Sie sind nicht fähig, die gesamte Spirale des Bewusstseins wertzuschätzen. Sobald du auf einer ankommst, glaubst du (wieder einmal), du hättest es geschnallt und die Wahrheit herausgefunden. Das führt dazu, dass sich die Anteile der verschiedenen Ebenen (zum Beispiel Regeln, Ehrgeiz und Empfindsamkeit) in dir bekämpfen und sich verschiedene Lager unserer Gesellschaft so unversöhnlich gegenüberstehen, anstatt voneinander zu lernen.

Stufe 7 heißt deshalb auch das integrale Selbst, weil wir hier zum ersten Mal fähig sind, scheinbare Paradoxien zu vereinen. Wir erkennen zum Beispiel, dass sich weltlicher Erfolg und Ideale nicht ausschließen und dass wir unsere individuelle Entwicklung nicht gegen unseren kollektiven Beitrag ausspielen müssen. Unser Bewusstsein dehnt sich so weit aus, dass wir zumindest erahnen, dass die fast 8 Milliarden Menschen mit all ihren Einzelschicksalen aus einer übergeordneten Perspektive auch als Nervenzellen eines großen kollektiven, den Globus umspannenden Bewusstseins betrachtet werden können. Jemandem, dessen Verständnis auf Stufe 7 angekommen ist, bereitet diese Vorstellung keine Angst mehr. Er sieht deutlich, dass er für die Erfahrung dieser Verbundenheit nicht seine Individualität aufgeben muss. Im Gegenteil. Er kann dem Ganzen viel wirksamer dienen, wenn er gleichzeitig Selbsterkenntnis und Wohlbefinden kultiviert. Da du im integralen Selbst die einzelnen Ebenen nicht mehr gegeneinander ausspielen musst, kommt es sowohl in dir als auch in deinen Beziehungen zu einer exponentiellen

Steigerung an Kreativität und Wirksamkeit. Stell dir vor, du kannst spielerisch und flexibel auf die Werte jeder der vorhergehenden Stufen zurückgreifen. Endlich arbeiten Disziplin und Freigeist, Spiritualität und Weltlichkeit, Feinfühligkeit und Effektivität, Ich und Wir in dir zusammen an einem Anliegen. Das scheinbare Chaos der Welt bereitet dir keine Angst mehr. Lustvoll und neugierig witterst du darin eine höhere Ordnung, die du vielleicht noch nicht begreifen, aber auf der du ekstatisch surfen kannst.

Don Beck, der in seinem System der Spiral Dynamics das Wissen von Graves aufgenommen hat, geht davon aus, dass sich gegenwärtig ca. 1 % der Menschheit auf dieser integralen Stufe befindet. Diese Minderheit ist hauptsächlich für die technologischen Innovationen der letzten zwei Jahrzehnte verantwortlich. Wenn du wissen willst, zu welcher Wirksamkeit Menschen auf dieser Stufe fähig sind, schau ins Silikon Valley. Während sich in Europa Regierungen und Unternehmen mit starren Regeln, altem Ehrgeiz und fast rührender Empfindsamkeit blockieren, gestalten exponentiell wachsende Unternehmen wie Facebook, Google oder Uber die Welt neu – und das in schwindelerregendem Tempo, verbunden mit verblüffender Selbstsicherheit. Womit wir auch bei der Schattenseite der siebten Evolutionsklasse wären. Der gewaltige Schub an Gestaltungskraft, gepaart mit den technischen Errungenschaften der vierten industriellen Revolution führt zu Arroganz und einer relativ unverhohlenen Verachtung für all jene, die »es« noch nicht checken und sich zu langsam entwickeln. Menschlich ausgedrückt: Dem integralen Selbst fehlt das mitfühlende Herz. Es ist von den eigenen neuen Möglichkeiten viel zu berauscht. Und diese Gefühlskühle bis -kälte ist typisch für Uranus.

Unsere Hoffnung für die gegenwärtigen Herausforderungen liegt deshalb in der Heranreifung der achten Stufe. Sie wird von vielen als Hüterbewusstsein oder Holistisches Selbst bezeichnet.

Ca. 0,1 % der Menschen haben ihre kognitiven Fühler bereits in diese Ebene ausgestreckt.

Die Verbundenheit, die wir zuvor hin und wieder in Meditation oder Gemeinschaftsritualen wie Fußball oder Tanz erleben, etabliert sich hier zur normalen Einsicht. Der Einzelne erfährt sich sowohl als hochentwickeltes Individuum als auch als Teil des Ganzen. Eine frische, moderne Form der Mystik stellt sich ein, die auch das weltliche Leben sanft durchdringt. Aus diesem sich immer tiefer verankernden Bewusstsein der Verbundenheit und des Alles-Seins reift ganz natürlich das Bedürfnis, das Ganze zu hüten. Und zwar nicht dort, wo ich die meiste Aufmerksamkeit erhalte, sondern wo mich das Ganze mit meinen Stärken am besten nutzen kann. Auf Stufe 4 haben wir schon einmal die Bereitschaft zum Aufopfern empfunden. Für die Familie. Für den Glauben. Doch dieses Opfer war da oft mit dem Verlust der Individualität verbunden. Ich opfere meine Bedürfnisse in der Hoffnung auf eine spätere Belohnung, zum Beispiel im Paradies. Kein Wunder, dass wir uns später, im ehrgeizigen Selbst, so radikal davon abwenden und lauthals »Jetzt komme ich dran!« rufen.

Im Hüterbewusstsein sind wir erneut bereit, etwas zu opfern. Zum Beispiel den Spieldrang des integralen Selbst zum Wohle der Gesamtheit. Doch es fühlt sich nicht mehr wie ein Verlust an. Zum einen, weil wir ein hohes Level an innerer Erfülltheit erlangt haben. Zum anderen, weil wir uns in allem wiedererkennen. Wenn ich der andere bin, kann ich nichts verlieren, wenn ich mich für sein Glück einsetze. Hüterbewusstsein kann nicht mehr ausgrenzen. Während sich der empfindsame Part unseres Verstandes noch über Donald Trump empört, empfindet der hütende Teil tiefes Mitgefühl und weiß, auch dieses Wesen sind wir selbst. Hüter dienen. Nicht um zu gefallen. Nicht weil sie müssen. Sondern weil Leben in der Tiefe einfach dient. Es sind Menschen, die still im Verborgenen oder in führenden Positionen dienen. Es gibt in einem holistischen System keine Hierarchie des Wirkens mehr. Alles ist wichtig. Alles ist unwichtig. Hüter speisen ihre Stille und ihr Mitgefühl an der für sie angemessenen Position in die Noosphäre, das geistige Entwicklungsfeld der gesamten Menschheit, ein.

Für alle, für die dies zu mystisch klingt, hier noch einmal pragmatischer: Vor einigen Wochen führte ich ein Interview mit dem Zukunftsforscher und Unternehmensberater Professor Thomsen. Ein Satz hat mich besonders aufhorchen lassen: Alle prognostizierten Megatrends der Zukunft haben eine Gemeinsamkeit. Sie verbinden hoch individualisierte Ichs mit wachen, an Werten ausgerichteten Gemeinschaften.

Die Hüter dieser Welt werden sich in globalen, Nationen und Religionen überschreitenden Tribes vereinen. Nicht, um ihr Ich aufzugeben, sondern um es freudvoll in einem starken Wir miteinander zu teilen.

Es gibt Hoffnung!

Uranus ist die Triebkraft dieser Bewusstseinserweiterung. Er sorgt dafür, dass du nicht einschläfst, wo du gerade angekommen bist. Das wäre auch schade. Denn da ist noch so viel mehr ...

Umsetzungsimpulse

- Genieße die geführte Meditation »Der große Geist« (herunterzuladen unter www.omega.guter-reichtum.de, Passwort: »ichbinjetztreich«).
- Durchbrich deine Routinen: Denke jeden Tag mindestens einen frischen, verrückten, frechen, großen Gedanken. Überrasche dich und deine Liebsten mit neuen Handlungen.
- Wann hast du das letzte Mal gelacht, bis du Bauchschmerzen bekommen hast? Welche Komödie könnte dich so zum Lachen bringen? Wird in deiner Umgebung Lachyoga angeboten? Sehr empfehlenswert!

- Wo in deinem Leben glaubst du, dich zwischen zwei Kompromissen entscheiden zu müssen, die dich beide nicht voll glücklich machen? Geh eine ganze Woche mit dem Gedanken »schwanger«: Es gibt eine völlig überraschende Möglichkeit, beide Pole/ Bedürfnisse so miteinander zu verbinden, dass du auf nichts verzichten musst. Du bist bereit, dich jetzt von dieser Lösung finden zu lassen.
- Suche bewusst immer mal wieder das Gespräch mit Querdenkern, Freigeistern, Andersdenkern, um deinen Verstand zu lockern.
- Lies Bücher, in denen du nicht sofort alles verstehst.
- Zenmeditation, besonders das Meditieren mit Koans, stärkt das Uranusprinzip.
- Ebenso Atemarbeit wie die »Quantum Light Breath«-Meditation.
- Nimm an einem Trance-Tanz-Kurs teil.
- Die Vertiefung meditativer Zustände durch Soundtechnologien, die bestimmte Gehirnfrequenzen stimulieren, stärken das Uranusprinzip (z. B. iAwake, siehe Anhang).
- Besuche überraschende, initiierende Seminare, bei denen du im Vorfeld nicht weißt, was geschieht (z. B. www.one-experience.de).
- Blind Dates: Bitte deine besten Freunde, dich mit Unbekannten zu einem Blind Date zu verabreden.
- Springe auf einem Trampolin oder springe einfach so im Raum, mache Abenteuerreisen.
- Beschäftige dich mit disruptiven Technologien und Ideen (die heutzutage oft aus dem Silikon Valley kommen).
- Berufung: Lade einige offen, kreativ denkende Freunde ein. Schreibe auf die linke Seite eines Flipcharts alles, was dir extrem viel Freude bereitet, auf die rechte Seite alles, was du sehr gut kannst. Dann geht für eine Stunde ins Brainstorming. Findet so viele Geschäftsideen wie möglich, die Kompetenz mit Freude verbinden. Schreibt alles auf, egal wie verrückt es erst einmal klingt.
- Zukunftsparty. Lade alle deine Freunde zu einer Zukunftsparty ein. Jeder soll sich der Frage widmen: »Wenn alles möglich wäre, wer

möchte ich in fünf Jahren sein? Was für ein leben möchte ich dann führen?« Jeder zieht sich dann entsprechend an, bringt Utensilien/Beweise aus der Zukunft mit und stellt sich auf der Party so vor, als wenn diese Zukunft bereits erreicht wäre.

12. Das Neptun-Fische-Prinzip: Der Ozean der Einheit

Licht	**Schatten**
Mystik, Auflösung	Unverstanden
Transzendenz, Grenzenlosigkeit	Ungreifbar, konturlos, nebulös
All-Einheit, All-Verbundenheit	Tatenlos, schlapp
Gespür für den allgegenwärtigen Hintergrund allen Seins	Schmachtend, sehnsüchtig
Reines Mitgefühl	Süchte, Alkohol, Coabhängigkeiten
Träume und Traumauflösung	Religion als Suchtersatz, Sekten
Ego wird dem Selbst geopfert	Die Idee der Egoauflösung als Vermeidung einer gesunden Reifung
Satori, Erleuchtung	Verwechslung von präpersonalem und transpersonalem Sein
Mitfühlend, einfühlsam	Abspacen, um konkrete Herausforderungen zu meiden
Ekstase, Rausch	Drogenmissbrauch, gerechtfertigt durch spirituelle Konzepte
Medialität, Channeln	Scharlatanerie, Pseudo-Medialität, eingebildetes Channeln
Dionysos, Der Narr, Hans im Glück	Illusion und Enttäuschung
Maria, die Weltenmutter	
Totale Hingabe	
Meditation	

Beim Symbol dieses letzten und archetypisch weiblichen Prinzips, das unseren Entwicklungsweg vollendet, kommt alles zusammen und steht die Seele über der Materie, die Mondschale über dem Kreuz. Mit diesem Archetyp endet nicht nur die Reise durch 12 Lebensprinzipien, sondern auch die durch vier Quadranten. Ging es im ersten vermehrt um den Körper, im zweiten um unsere Seele, im dritten um das Du und die Begegnung mit ihm, steht im vierten das übergeordnete Kollektive im Vordergrund, und dort endet mit Neptun nun alles im *Transzendentalen, Mystischen,* so wie die *spirituelle Wegsuche* in der *Auflösung des Egos* endet. Hier ist auch das Ziel unserer Pilgerreise durch vier Elemente erreicht mit der letzten Stufe des Wasserelementes, wo sich mit dem Ego alles auflöst.

Die ganze Schöpfung ist letztlich eine *Illusion,* und das belegen neben den Erfahrungen von *Mystikern, Sehern* und *Rishis* der alten Weisheitslehren nun auch moderne Quantenphysiker. Es gibt gar nichts Festes, keine kleinsten Atomkörperchen. Deren Kern ist im Verhältnis zu seinem Atom kleiner als ein Staubkörnchen im Verhältnis zum Petersdom, der größten Kirche der Christenheit. Die Elektronen haben nach Heisenberg keine festen Plätze auf bestimmten Bahnen wie noch vom Bohr'schen Atommodell unterstellt, sondern sind so unvorstellbar schnell, dass sie verschmieren und deshalb Teilchen und Welle zugleich und niemals lokalisierbar sind, was unsere Vorstellungskraft bei weitem übersteigt. Aber daran können wir uns bei Neptun gleich gewöhnen. Die festgefügte Welt ist *Illusion.* Stattdessen gibt es ein unsichtbares *Schwingungsfeld* unglaublicher Geschwindigkeit, das uns mit seinen Auswirkungen die *Illusion* einer gewissen Statik vorgaukelt. Wir sind wie alles um uns herum Schwingung – laut Physik – und damit *eins* – ein großes unvorstellbar schnelles Feld, das *Nullpunktfeld,* wie Lynne McTaggart es nennt. Ein Tanz von Energie, ein einziger Rhythmus, in dem *alles ineinanderfließt* und zusammenkommt, sich vereinigt. *Rudolf Steiner:* »Alles Leben ist Rhythmus«, Ram Dass: »Alles Leben ist Tanz«, und Heraklit: »Alles fließt – panta rhei« – alle *ahnten*, sahen oder wussten das schon.

Und hier in diesem 12. Feld findet auch die Achse Jungfrau-Merkur und Neptun-Fische ihre (Er-)Lösung. Die Schulmedizin mit dem Messen, Ausbessern, Erneuern, Ersetzen und Kontrollieren des Jungfrau-Merkur-Prinzips (6. Prinzips) vermag nichts ohne das *Wunder der Heilung* von Neptun.

Hier treffen sich alle Wege aller *Heiligen* in der einen und einzigen Einheit. Der heilige Franziskus besaß nichts und war nichts und hatte doch alles und war mit allem verbunden und eins. Der heiligen Teresa von Avila brach das Herz in einem schweren Infarkt, und in der folgenden zweijährigen Zeit zwischen Leben und Tod wuchs ihr Herz über seine und ihre Grenzen hinaus und verband sich mit allem. Wenn sie uns riet, gut zum Körper als dem Haus der Seele zu sein, ist das nur ein Schritt auf dem Weg zu jener *all(es)umfassenden Liebe*, die *den Nächsten liebt wie sich selbst*, aus der heraus der Hindu-*Heilige* sagen kann: *Tat twam asi – ich bin das und das und alles*. Diese *Allverbundenheit*, von der wir in seltenen Gipfelerlebnissen oder neudeutsch Peak Experiences einen Geschmack bekommen, ist allen Traditionen und Kulturen vertraut und als letztes Ziel des Weges beschrieben. Tatsächlich sind wir alle eins und in dem einen Feld untrennbar ohne Raum und Zeit, also in allen Räumen und für alle Zeiten verbunden. Das ist nur eine andere Beschreibung der Erfüllung und der Fülle. Und selbstverständlich ist großzügig, wer alles hat und mit allem verbunden ist. Andere Bilder für diese Vollständigkeit und *Vollkommenheit* im 12. Feld sind uns in den 12 Jüngern Christi, den 12 Rittern der Gralsrunde begegnet, und natürlich machen 12 Sonnenmonate das ganze Jahr aus – jedenfalls aus der archetypisch männlichen Perspektive. Aus deren weiblichem Pendant formen natürlich 13 Monde das Jahr.

Das ist die Situation, wo aus der unausgewogenen Entwicklungskartoffel (siehe Kapitel 4) unseres Anfangs nicht nur ein

Kreis, sondern der größte denkbare, der *alles umfassende* und einschließende Kreis wird. Wir drehen jetzt nicht nur ein großes Rad, sondern helfen mit, das eine Rad zu drehen.

Bis dahin sind wir auf dem Weg zur Erfüllung und können schon immer mal wieder eine Vorschau, einen Ausblick auf das Eine (Ziel) erhaschen, wie es die Zentradition *Satori* nennt und unsere eigene *Gotteserfahrung*. Wann immer wir an unserer Kartoffel arbeiten, um sie abzurunden, zu vergrößern und zu vervollkommnen, sind wir auf gutem Weg zu allem und jedem. Das ist die Erfahrung, von der Christus sagt: »Was du dem geringsten deiner Brüder tust, hast du mir getan.«

Und auch dieses 12. Zeichen der *Transzendenz* und *Vollkommenheit* hat in der Polarität einen Schatten und ist nur in erlöster Form *grenzenlos wundervoll*.

Auch wenn mythologisch Neptun wieder ein männlicher Gott ist, handelt es sich hier natürlich um ein urweibliches Prinzip. Seine (arche-)typische Vertreterin tritt oft als *Träumerin* auf, die in unserer materiellen Welt etwas eigenartig da(neben)steht und eigentlich mehr *schwimmt*, und gar nicht selten *schwimmen ihr alle* (materiellen) *Felle weg*, was sie oft zur *Schuldnerin* macht, eine Rolle, in der sie uns häufig begegnet. Sie kann so *verträumt* und naiv sein, dass sie mit staunenden großen Augen und nach Jahren *aufopferungsvoller Hilfe* für Bedürftige und oft *Hilfsarbeiten* in des Wortes Doppelsinn davon Kenntnis nehmen muss, dass der Staat Steuern verlangt, und nicht zu knapp und sogar von ihr. Das ist dann möglicherweise ein böses Erwachen, und der Schuldenberg erscheint groß. Dabei hat sie ihr Geld nicht für sich verbraucht oder gar verprasst, sondern das meiste davon an Bedürftige verschenkt oder auch gutgläubig und auf Nimmerwiedersehen an *Hilfesuchende* mit wundervollen Ideen und *Visionen zur Rettung der Welt* verliehen. Oder sie hat es für unterstützenswerte Projekte *gespendet* wie »Brot für die Welt«, denn was gäbe es Wichtigeres? So ist *Spenderin* auch eine ihrer archetypischen Rollen, in denen sie sich wohlfühlt.

Sind dann die *Schulden unübersehbar* und erdrückend, landet sie nicht selten in jener *leidvollen Opferrolle,* die ihr ebenfalls archetypisch wie auf den Leib geschrieben ist. Für sich braucht sie nichts, aber für andere umso mehr.

Am liebsten ist sie in ihrem wundervoll *mystisch* mit *spiritueller Kunst* eingerichteten und jahrelang *erträumten* und schon vorher *visionär geschauten Meditationszentrum,* auf einer *mythischen Insel,* fast *unerreichbar in der irischen See* mit ihren an *Avalon* erinnernden *wabernden Nebelfeldern* gelegen und kaum findbar. Und sie mag wirklich nicht gewusst oder jedenfalls nicht damit gerechnet haben, dass man und sogar *frau* Kredite nicht nur abzahlen, sondern auch Zinsen dafür zahlen muss, und zwar jedes Jahr, also auch in schlechten Jahren, an Banker, die anfangs so sympathisch und vertrauensvoll nett waren. Ihre *Meditationsgäste* haben oft und – natürlich aus Not – gar nicht zahlen können und einige vom selben Neptunprinzip auch gar nicht wollen. Die haben sich auf eine *Schwindelnummer* eingelassen und *Betrug* und *Schnorrerei* zu ihrem Lebensmodell erkoren. Andere leben als *Lebenskünstler, Penner, Sandler* und *Clochards* unter Brücken und jedenfalls außerhalb der bürgerlichen »Spießer«-Welt.

Irgendwie ist sie zu gut für die harte Finanzwelt der Moderne, und *Bank(st)er* erscheinen plötzlich als die Monster, die sie eigentlich von Anfang an waren. Zwar wollen sie das Geld noch fließen lassen wie ihre Vorgänger, aber heute bevorzugt in die eigenen Taschen über Boni, große *Guts*lis, die sie sich in einem geradezu unverschämten Ausmaß gönnen, sodass für die Kunden nur das Nachsehen bleibt und für Leute wie unsere Neptunierin nur eine *leidvolle Opferrolle* und Konkurs und noch mehr *Chaos.* Die Finanzhaie kommen zwar aus demselben *Meer* wie sie, aber doch aus einer ganz anderen Welt einer Ökonomie, die sie nicht versteht und von der sie nichts weiß und nichts hält und auch nichts wissen will, die sie nicht im Mindesten fasziniert und die für sie und ihresgleichen nur die *Opferrolle* übrig hat.

Die Welt der Wirtschaft und die Weltwirtschaft werden so leicht zum *(Alp-)Traum* für sie, und das führt zu manch blauem Auge und vielen verletzten ähnlich blauäugigen Seelen.

Aufgrund eines aber auch oft vorhandenen tiefen *Urvertrauens* kann es ihr trotzdem gelingen, selbst in der materiellen Welt aus ihren *Flossen* Wurzeln wachsen zu lassen, ähnlich wie es in ihrem Mythos die *Meerjungfrau Arielle* aus Liebe mit Füßen geschehen lässt. Unterstützend kommt noch hinzu, dass sie in der *Seelen-Bilder-Welt* geradezu heimisch ist, aus der sich nicht nur die Träume der Nacht speisen, sondern auch die *Mythen* und *Märchen, Fantasien* und *Visionen,* die ihr in allen Welten beistehen und weiterhelfen. In ihrem *Wildwuchs*-Natur*garten,* heute gern Permakultur genannt, braucht sie keine Maschinen, da sie mit den *Devas,* den *Pflanzenwesen,* befreundet ist und mit den *Feen, Elfen* und *Gnomen* und selbst den *Trollen* auf *vertrautem Fuß* und ebenso natürlich wie selbstverständlich zusammenlebt und -arbeitet, wobei das das falsche Wort in ihrem Zusammenhang ist. Sie teilt einfach die *Schwarmintelligenz* und das *Mitgefühl* mit allen fühlenden Wesen und weiß ihren Engel (schon) immer an ihrer Seite.

Ergibt sich auf unserem Weg der Entwicklung zu Fülle und Erfüllung zum Schluss der ganze Zusammenhang, erkennen wir, wie die Mythen des Anfangs sich mit unseren *Lebensträumen* und *Visionen* verbinden und die Schicksalsgesetze unseren Weg im Hintergrund bestimmen. Wie Archetypen sich in uns um *Erlösung* bemühen und uns das gesetzmäßig zufällt, was wir gerade lernen müssen, wie Fehler Fehlendes nahebringen und *Ent-täuschungen* aus Sackgassen befreien und der wirklich wirkenden Wirklichkeit näherbringen. Erkennen wir in allem Sinn und wie sich auf dem Weg zum Einen (Ziel) im Körper die Seele spiegelt und der Geist in ihr und sich alle drei mit der spirituellen Dimension unseres und allen Lebens vereinen, sind wir der Vollendung des 12. Raumes nahe.

Herausforderung und Lernaufgabe liegen wieder auf dem Gegenpol, wo die Neptunierin bei Jungfrau-Merkur nachsitzen könnte, um zu lernen, die Dinge auch zu (er-)messen und ihr Bankkonto ab und an zu kontrollieren, sich mit der irdischen Materie anzufreunden, denn selbst ihr Reich braucht einen (Meeres-)Grund und Boden. Lernt sie der archetypisch ähnlich weiblichen irdischen Welt der Materie, die in ihrem Symbol ja auch die Basis bildet, den gleichen Raum zu geben wie der Seelen- und Seelenbilderwelt, kann sie in der Mitte und bei sich selbst ankommen. Denn zwischen den Polen aller sechs Achsen gibt es immer die eine vereinigende Mitte.

Fragen an mich selbst

- Wie verbunden fühle ich mich mit dem Leben und all seinen Schatt(ierung)en?
- Wie verbunden auch mit all seinen Wesen und Erscheinungsformen?
- Bin ich in (m)einem Fluss und finde von hier Zugang zu allem, also allen 12 Lebensprinzipien?
- Oder habe ich die Welt der Materie aufgegeben, fühle mich schon zu gut und zu weit für sie? Das sollte sich dann daran zeigen, dass ich keine Probleme mehr mit Materie, dem eigenen Körper und so banalen Dingen wie Geld habe.
- Wie entwickelt ist meine mythisch-mystische Ader?
- Wie sehr erlaube ich Ahnungen und meinen Ahnen, eine Rolle in meinem Leben zu spielen?
- Wie steht es mit transzendentalen Erfahrungen von Allverbundenheit bei mir?
- Kann ich lieben? Was ist in Byron Katies Sinn mit den gesamten Schatt(ierung)en?

Entwicklungsstufen

1. Sucht statt Suche, Chaotentum, Selbstmitleid, amoralisch, haltlos
2. Mauschelei, spirituelle Lebensverweigerer, Selbstbetrug, Vernebelung, Chamäleon, bedürftig, verführbar
3. Helfersyndrom, Coabhängigkeit, unrealistische Träume, Mitläufer
4. Feinfühligkeit, Ahnungslosigkeit, Altruismus, Phlegma, Rückzug in die Einsamkeit
5. Hohe Sensibilität, Intuition, Urvertrauen, Kreativität, Seelsorge, Barmherzigkeit
6. Medialität, tiefe Spiritualität, visionäre Gesamtschau, Bedürfnislosigkeit, Selbstlosigkeit
7. Grenzenlosigkeit, reines Sein, All-Liebe, All-eins-Sein

Was, wenn dein Leben mit all seinen Stationen und Akteuren nur ein Traum wäre? Wäre es nicht ausgesprochen wohltuend, hin und wieder aus dem Traum zu erwachen? Wäre es nicht heilsam, sich daran zu erinnern, dass all das, womit du manchmal so schmerzhaft ringst, was dich ängstigt und verzweifeln lässt, in Wahrheit nur ein temporäres Lernspiel ist? Wie wäre es, wenn du dich ab und zu hinter der Traumbühne ausruhen und sammeln könntest, um dann erfrischt und gelassen in den aktuellen Akt zurückzukehren und deine Rolle wieder einzunehmen?

Wir begannen unsere Reise durch die zwölf Qualitäten mit der These, dass in uns allen eine tiefe und selbstverständliche Erfahrung der Fülle verankert ist – die Zeit des ozeanischen Friedens im Leib unserer Mutter. Nun schließen wir den Kreis mit Neptun und unser aller bewussten oder unbewussten Suche nach dem Ozean der Einheit. Ich behaupte, dass wir in allem, was wir tun, in jedem Weg, den wir beschreiten, in jeder Beziehung, die wir eingehen, letztendlich – unter allen oberflächlicheren Motivationen – unser Zuhause suchen.

Uns bewegt – ob uns das klar ist oder nicht – die Frage: Wer bin ich, und wo komme ich her?

Der Reichtum dieser zwölften Qualität ist nicht in Worte zu fassen, und doch übt er eine unvorstellbare Anziehungskraft auf uns aus. Wenn wir Berichte von Nahtoderlebnissen lesen, fällt auf, dass viele von ihnen von einem überirdisch schönen und liebevollen Licht berichten. Viele Zeugen gestehen, dass sie gar nicht wirklich in dieses Leben zurückwollten, so friedvoll und zuhause haben sie sich in dieser anderen Welt jenseits des Vorhangs gefühlt.

Wissenschaftler streiten sich bis heute mit persönlich Betroffenen, Priestern und Mystikern, ob dieses Jenseits tatsächlich existiert oder uns das Gehirn in solchen existenziellen Momenten eine Illusion vorgaukelt. Mein Interesse ist es nicht, mich hier in diese Diskussion einzumischen. Ich möchte über die heilsame Wirkung dieser Erfahrung schreiben. Als jemand, der selbst einige Male einen Kuss aus dieser Dimension empfangen durfte, weiß ich:

Wenn dich dieser ozeanische Frieden berührt, verwandelt er dich. Er entspannt die manchmal so bohrende Frage nach dem radikalen Gutsein der Existenz. Er erinnert dich an deine Unschuld. Er lässt diese scheinbar so solide Welt, in der wir tagtäglich kämpfen, lieben und leiden, in einem anderen Licht erscheinen. Wer durch ein Nahtoderlebnis, in der Meditation oder durch den Einfluss von Drogen die Welt jenseits des Vorhangs dieser Realität kennenlernt, versteht die Worte von Pierre Teilhard de Chardin:

»Wir sind keine menschlichen Wesen, die spirituelle Erfahrungen machen. Wir sind spirituelle Wesen, die menschliche Erfahrungen machen.«

Um die Anziehungskraft der neptunischen Qualität nachvollziehen zu können, lade ich dich – selbst wenn du ein überzeugter Atheist bist – zu einem Gedankenexperiment ein:

Lass uns annehmen, es stimmt, was die Mystiker aller Zeiten sagen, und wir sind viel mehr als ein kleines, verletzbares Fleischklöpschen mit Verfallsdatum. Stell dir vor, du wärest eigentlich unsterbliches und unbegrenztes Bewusstsein – Licht – temporär inkarniert in einem Körper. Eigentlich kein Problem. Eine spannende Erfahrung. Aber was, wenn du vergisst, wo du herkommst? Wenn du plötzlich glaubst, nur noch dieser Körper zu sein? Die alten Weisen nannten dies den *großen Schlaf.* Bewusstsein träumt sich in die irdische Welt hinein, und mit einem Mal werden die Gesetze dieser begrenzten Welt zu deiner bestimmenden Realität. Inklusive aller unangenehmen Begleiterscheinungen: Schmerz, Verlust, Krankheit, Mangel, Alter und Tod. Du gibst dein Bestes in diesem Traum, um dein Fleischklöpschen möglichst sicher durchzubringen. Du kleidest es nett. Du cremst es ein, damit die Faltenbildung hinausgezögert wird. Du sehnst dich nach einem anderen, warmen Fleischklöpschen, mit dem du kuscheln kannst. Ihr baut ein Haus für eure Sicherheit, zieht einen Zaum drumherum. Du tust alles, damit du in diesem Spiel möglichst sicher und bequem durchkommst. In den Zeiten, wenn es gut läuft, genießt du den Traum und das Gefühl, alles unter Kontrolle zu haben. Doch manchmal bricht etwas in diese heile Welt ein – eine Niederlage, ein Verlust, eine Krankheit –, und du fühlst Angst. Denn für einen kurzen Moment erkennst du sehr klar, wie fragil der Traum ist. Und er ist doch alles, was du hast. Oder ist da noch mehr?

Denn während du versuchst, dein Leben auf dieser Fleischklöpschen-Ebene, so gut es eben geht, zu meistern, spürst du manchmal eine mächtige, unbestimmte Sehnsucht. Eine Stimme ohne Worte flüstert dir in leisen Momenten zu: »Ist das wirklich alles? Ist da nicht noch mehr?« Du versuchst, diese Sehnsucht durch einen neuen Partner, den nächsten Urlaub oder Kaufrausch zu stillen. Doch nach einem kurzen Kick bist du wieder ent-täuscht.

Denn das, was du eigentlich suchst, wurde nicht einmal ansatzweise berührt. Denn der Witz ist: Das, was du suchst, ist das, was sucht. Du suchst nach der glückseligen, stillen Ekstase jenes unendlichen Meeres des Bewusstseins, aus dem die kleine Welle deines Lebens zu seiner Geburt entsprang. Du sehnst dich, ohne es wirklich zu verstehen, nach deinem wahren Zuhause.

Du suchst es am Sonntag in der Kirche und später zu Füßen eines indischen Gurus. Unbewusst suchst du die ganze Zeit nach einem Eingang in diese freie Dimension deiner Seele. Du suchst ihn durch Sex, im Suff, in der Meditation oder im Heroin. Und wenn du für dich einen Weg gefunden hast, auf dem die Tür sich für einen Moment öffnete, wirst du sehr viel dafür tun, um auf diesem Pfad zu bleiben. Selbst wenn er dich – wie im Fall mancher Drogen – sehr viel kostet. Denn der Frieden jenseits deines kleinen Fleischklöpschen-Traumes ist für dein wahres Wesen unbezahlbar kostbar. Deshalb sind Menschen, die ihn gekostet haben, oft bereit, ihre ganze Welt und alle darin angehäuften Reichtümer für ihn aufzugeben.

Konntest du mir bei dieser kleinen Gedankenreise folgen? Vielleicht verstehst du genau, von welcher Heimat ich schreibe. Oder dies erscheint dir viel zu irrational. Ein Neurobiologe könnte dir auch ganz sachlich erläutern, welche Substanzen dein Gehirn in Momenten der Ekstase produziert, warum diese so mächtig und heilsam wirken und dein Gehirn deshalb immer wieder danach sucht. Ein Psychologe würde diese tiefe Sehnsucht vielleicht mit der pränatalen, friedvollen, bedingungslosen Einheit erklären, die wir als Embryo neun Monate im Mutterleib erfuhren.

Völlig egal, ob du an weitere Realitätsdimensionen glaubst oder nicht – die Erfahrung dieses ozeanischen Friedens ist für unsere psychische und seelische Gesundheit essenziell. Sie nährt uns auf einer tiefen Ebene, heilt alte Wunden und entspannt den Krampf, in den wir uns manchmal auf der Bühne unseres persönlichen Dramas verrennen.

Jetzt kommt eine wichtige Einschränkung. All diese Grenzen auflösenden Erfahrungen tun uns dann gut, wenn wir über ein einigermaßen stabiles, gut entwickeltes Ego verfügen. Denn der Kontakt mit diesem Raum ist extrem verführerisch und kann unseren Reifungsprozess auf der weltlichen Bühne stagnieren lassen. Ich spreche da aus eigener Erfahrung. Zu den Hochzeiten meiner »spirituellen« Suche fühlte ich mich mehrere Male stark versucht, mich nur noch dem Licht, der Erleuchtung hinzugeben, und empfand eine tiefgreifende Verachtung für die irdische »Illusion«. Warum sich auf den zum Teil so öde langsam verlaufenden Lernprozess innerhalb der Welt einlassen, mit all seinen so anstrengend konkreten Herausforderungen wie Ehefrau, Kind, Beruf, Rechnungen ... wenn es doch diese andere Dimension ohne alle Grenzen gab? Mir war lange Zeit nicht bewusst, dass ich in all meinen Meditationen, Ritualen ... nicht die Reifung, sondern die Abkürzung ins Licht gesucht hatte. Bis ich eines Tages schmerzhaft-herzhaft von eben diesem Licht wachgewatscht wurde. Davon berichtete ich in meinem Buch »Heirate dich selbst«. Weil es so gut zu Neptun passt, hier ein Auszug:

»Splitternackt, schlammverschmiert und mit weit ausgebreiteten Armen stand er auf einer Waldlichtung am Bodensee, am Rande eines anthroposophischen Dorfes. Sein Körper war erschöpft, sein Geist hellwach. In dieser Vollmondnacht sollte seine Suche endlich ihr Ende finden. Er sehnte sich so stark danach. Die Welt ödete ihn an. Er wollte nur noch nachhause.

Seit seiner Kindheit empfand er einen stillen, namenlosen Verlustschmerz. Überall hatte er nach dem fehlenden Puzzleteil gesucht, im Sport, im Sex, in der Politik und der Religion. Er hatte oft genug seine Partnerinnen gewechselt, um schließlich zu kapieren, dass keine Frau ihm geben konnte, was ihm fehlte. Er heulte die Couch seines Therapeuten nass. Er versuchte, die Dämonen seiner Kindheit zu erschlagen. Er hüllte sich in Hippieklamotten und bemühte sich, die bessere Frau zu sein. Natürlich wendete er sich auch allen möglichen Lehrern zu, beamte sich in andere Sphären und redete sich ein, dass es ihm nur um Bewusstseinserweiterung gehe. Er verbog sich auf einer Yogamatte zu einer OM summenden Brezel. Während andere im See badeten und laue Sommernächte durchfeierten, schwitzte er seine Wut auf einem Meditationskissen im buddhistischen Kloster aus. Alles, was er wollte, war die Befreiung von diesem nervigen Ich.

Fünfzehn Jahre hatte ihn die quälende Sehnsucht nach Vollkommenheit umhergetrieben – in fremde Länder und in Depressionen. Er fahndete nach ihr im *Kapital* von Marx, bei Hesse und Dostojewski, in der Bibel, in Pornos, in seinem Horoskop und natürlich auch in seinen Fußreflexzonen.

Er wusste nicht viel, aber er wusste, dass etwas grundsätzlich nicht stimmte. Diese Welt war hässlich. Die Menschen taten sich furchtbare Sachen an. Aber er verachtete nicht nur die anderen, sondern an erster Stelle sich selbst für sein kleines, gieriges, ängstliches Ego.

Erst als sich sein bester Freund weigerte, mit ihm gemeinsam eine Ausbildung zu beginnen, wurde ihm bewusst: Er war unleidlich geworden. Er hatte sich in einem verbitterten NEIN verrannt, und sein Groll vergiftete seine Beziehungen. Irgendetwas war schiefgelaufen. Ganz sicher hatte er beim Inkarnieren die falsche Ausfahrt erwischt. Er wollte nicht hier sein; er wollte nicht sein, wie er war, verletzbar und unwissend. Viele menschliche Erfahrungen machten ihm Angst, vor allem der tiefe Schmerz der Einsamkeit. Er wollte heim. Er wollte zurück in jenes vollkommene Licht, von dem ihm eine unbestimmte Ahnung geflüstert hatte.

In dieser Vollmondnacht nun war es endlich so weit. Zugegeben, er hatte mit einer Dosis Magic Mushrooms nachgeholfen, doch in seinem ungeduldigen Zorn schien ihm jede Abkürzung legitim. Heute Nacht sollte es funktionieren.

Also stand er da, jede Zelle seines Körpers im Eifer des Wollens bebend, auf dieser kleinen Waldlichtung, als sich ihm ein überirdisch schönes Licht näherte. Es war anders als auf anderen Trips, das wusste er sofort. Es war echt. Das Licht hatte keine feste Form und war doch ein Wesen. Und dieses Wesen liebte ihn bedingungslos. Er spürte vollkommenes Angenommensein und

Vergebung, und ihm war jenseits aller Worte klar, dass es genau DAS war, wonach er all die Jahre gesucht hatte. Das Leuchten kam immer näher, und er badete in Glückseligkeit. Er war willens, jetzt und hier zu sterben, um in diesem Strahlen aufzugehen. Weib, Beruf, Karriere – alles war egal. Nur noch eine Handbreit war er von dieser überirdisch schönen Lichtquelle entfernt, bereit, alles loszulassen.

Und dann?

Ja, dann sprach das Licht zu ihm, und das klang ungefähr so: ›Alter, was soll denn das hier werden? Bist du wirklich so bescheuert? Meinst du, wir haben dich hier abgesetzt, damit du versuchst, so schnell wie möglich wieder wegzukommen? Wach auf!‹

Autsch. Er fühlte sich wie ein Liebender, der kurz vor dem Höhepunkt eine Ohrfeige verpasst bekommt; statt Verzückung nur noch nackte, verdutzte Blöße. Ein spiritueller Coitus interruptus. So nüchtern und klar wie noch nie lauschte er den liebevollen und gleichzeitig gnadenlos kompromisslosen Ansagen, die dann folgten:

›Du hast das Spiel noch nicht einmal eröffnet. Der Weg raus ist der Weg rein. Und das ist der Deal: Wir holen dich ab, wenn du hier wirklich fertig bist. Du bist fertig, wenn du gelernt hast, Menschlichkeit zu lieben und zu ehren. Wenn du die Schönheit im Hässlichsten erkennst und das Licht, nach dem du dich sehnst, in der dunkelsten Ecke leuchten siehst. Dann kommen wir wieder. Deine Lektion ist ganz einfach: Lerne, die Menschen zu lieben. Und fang am besten mit dir selber an.‹

Damit war die Show vorbei. Er erwachte abrupt und unromantisch. Das Licht war verschwunden und das Lagerfeuer erloschen. Es war kalt und feucht, und ihm war kotzübel. Doch er war voller Dankbarkeit, denn er fühlte sich gnadenvoll geohrfeigt.

Zum ersten Mal seit langer Zeit empfand er so etwas wie Frieden. Der erhoffte Fluchtweg aus der verhassten Welt war soeben zerstört worden, aber in dieser Wahllosigkeit schlummerte der Keim einer neuen Freiheit. Wenn es kein Raus gab, dann musste er eben rein. Hinein in das Leben. Hinein in seine Menschlichkeit. Er hatte nichts mehr zu verlieren. Entweder würde er als enttäuschter Zyniker sterben, oder die Prophezeiung würde sich erfüllen. Sein Ego war noch immer klein, ängstlich, gierig und ohne wirklichen Plan, und er ahnte, dass sich daran auch in Zukunft nichts Entscheidendes ändern würde. Doch erstaunlicherweise konnte er diesem Bild seiner selbst zum ersten Mal gelassen begegnen. Denn er hatte sich in jener Nacht selbst geheiratet. Und ein wahrer Bund gilt bekanntlich in guten wie in schlechten Tagen.«

Später, als ich die Bücher Ken Wilbers in die Hand bekam und von der Prä-Trans-Verwechslung las, verstand ich endlich auch intellektuell, vor welchen Verwirrungen ich damals bewahrt wurde. Auch wenn in spirituellen Kreisen gern auf dem armen Ego herumgehackt wird – es erfüllt seinen Zweck –, als Erfahrungsmanagementtool auf der Reise durch dieses Leben. Es hilft uns, uns in einem grenzenlosen Universum zu orientieren. Es mag nicht unser wahres Selbst sein. Doch es bietet uns einen relativ festen Bezugspunkt, von dem aus wir immer wieder zu neuen Ufern starten und zurückkehren können. Wenn unser Ego gesund reifen darf, durchlaufen wir eine präpersonale, personale und transpersonale Phase. Als Kinder und auch noch als Jugendliche ist unsere Persona noch nicht fest ausgebildet, geschweige denn gründlich erforscht und in seinen Licht- und Schattenseiten integriert. Im frühen Erwachsenenalter reift unser Ego, geprüft durch die normalen Teststationen – Regeln, Disziplin, Familie, Kinder, Job ... Irgendwann, bei manchen früher als bei anderen, bei einigen nie, wird das Ego uninteressanter. Gesättigt auf dieser Ebene, stellen wir neue, existenziellere Fragen.

- Wer sind wir jenseits unserer Persona?
- Was bleibt übrig, wenn alles geht?
- Worum geht es wirklich?

Wenn wir darauf bereits zu Lebzeiten wahre, unsere Seele berührende Antworten finden, bereitet uns dies wohl am besten auf den Tod vor.

Neptun erinnert uns an jenen weiten, ewigen Ozean der Existenz, aus dem sich die kleine Welle unserer Person für einen kurzen Moment erhebt, kämpft, liebt und leidet, um dann wieder in das große Meer zurückzusinken. Wenn wir uns im Bewusstsein der kleinen Welle verrennen und den Ozean vergessen, wird das Leben anstrengend. Denn zwangsläufig schleichen sich Angst und Mangel ein. Die kleine Welle weiß, dass sie nicht ewig existieren wird und dass sie verletzbar ist. Also fürchtet sie sich vor dem, was kommen könnte.

Sie ahnt auch, dass ihr irgendetwas fehlt. Also versucht sie, das gefühlte Loch durch all die Angebote dieser Welt zu stopfen. Doch es reicht nie. Denn das Gefühl des Mangels entspringt keinem realen Verlust, sondern einem Vergessen.

Wir brauchen den regelmäßigen Zugang zum Ozean des Seins, um uns an den wahren Reichtum zu erinnern. Diese Erfahrung lässt uns die Lektionen auf der Bühne nicht nur ertragen, sondern mit einem milden Lächeln genießen.

Ein unreifer Mensch kostet den ozeanischen Frieden und sieht keinen Sinn darin, wieder auf die manchmal so mühsame Übungsmatte dieser Welt zurückzukehren. Er verliert sich eventuell in neptunischen Abhängigkeiten. In coabhängigen Beziehungen, Träumereien, Drogenmissbrauch. Er findet heutzutage in der spirituellen Flachlandszene jede Menge blumige Konzepte, um seine Weigerung vollständig zu inkarnieren zu verklären.

»Das alles ist doch eh eine Illusion, warum soll ich darauf einsteigen? Ich bin ein hochsensibles Lichtwesen der neuen Zeit, deshalb

habe ich Schwierigkeiten mit dem alten System. Ich lass mich vom Leben führen. Ich bin einfach schon zu erleuchtet für diese Banalitäten.«

Doch in Wahrheit ist er der Welt wahrscheinlich nicht voraus, sondern steckt noch im pränatalen Geburtskanal fest.

Damit kein falscher Eindruck entsteht: Ich liebe Ekstase. Wir brauchen sie. Doch es bedarf der richtigen Dosis, zur richtigen Zeit, mit Respekt. Ein reifer Mensch muss die konkrete Welt nicht mehr gegen die mystische Dimension ausspielen. Er tanzt sein Leben zwischen beiden Ebenen. Ich möchte noch einmal betonen: Dafür musst du nicht an Gott glauben. Hin und wieder eine Stunde intensiv zu atmen beziehungsweise wild und frei zu tanzen bläst dein Hirn frei. Die Gedanken kommen zur Ruhe. Du schüttest körpereigene Endorphine aus. Und wie auch immer du die Freiheit und Ausdehnung interpretierst, die du in solchen Momenten erfährst ... das bist auch *du*.

Wenn du wissen willst, wie reich du wirklich bist, dann versuch nicht nur, die kleine Teetasse deines Egos mit ein bisschen Wasser aus dem Ozean zu füllen. Wirf die Tasse hin und wieder ganz ins Meer, und genieße es, wenn sie sich darin auflöst.

Willkommen zuhause!

Umsetzungsimpulse

- Führe die geführte Meditation »Der stille Bergsee« durch (herunterzuladen unter www.omega.guter-reichtum.de, Passwort: »ichbinjetztreich«).
- Widme dich feinstofflichen Ansätzen wie Auro-Soma, Reiki, Taiji, Geistheilung.
- Mache eine sanfte Musiktherapie.
- Nimm Bäder im warmen Salzbad, Meer, Floating-Tanks.
- Übe stille Meditationen, Gebet und Kontemplation.

- Lebe eine wache, reife, integrale Spiritualität, die transzendentale Zustände und eine bewusste Konfrontation mit der Welt vereint.
- Führe Ekstase initiierende Rituale wie Trance-Tanz, holotropes Atmen oder Sufi-Dance durch.
- Schwimme mit Delfinen.
- Arbeite mit Soundtechnologien, die Theta- und Deltawellen stimulieren (iAwake-Sounds, siehe Anhang.)
- Tantra ist ein wunderbarer sexueller Weg der Hingabe und der Ekstase.
- Erledige jede Arbeit bewusst, so als wäre dies die letzte und zugleich erste Stunde deines Lebens.

Unsere persönliche Entwicklung: Kreis oder Kartoffel?

Wir können und müssen davon ausgehen, auch persönlich, alle Mischungen aus diesen zwölf Lebensprinzipien zu sein. Jede(r) trägt etwas von jedem Prinzip in sich: entweder erlöst oder unerlöst oder wiederum in einer Mischung daraus. Unerlöst bedeutet, es fehlt noch Entwicklungszeit bis zur Erlösung dieser Thematik, so wie destruktiv ein Vorstadium von konstruktiv ist. Ein Fehler zeigt uns etwas (noch) Fehlendes, jeder darf und sollte also Fehler machen, nur bitte denselben nicht immer wieder und eigentlich nicht einmal zweimal. Aber auch das ist nicht wirklich schlimm, sondern nur eine Intelligenzfrage, und die ist wieder abhängig von entsprechendem Training und auch kein Grund für Vorwürfe.

Tatsächlich gibt es mindestens drei Formen von Intelligenz: diejenige, die wir als IQ messen und in der westlichen Kultur so überbewerten und -trainieren. Die Intelligenz-Bestien aus den US-Ivy-League-Universitäten beherrschen die moderne Welt, und ihnen fehlt dabei so viel. Weisheit bleibt dort vor lauter Wissen auf der Strecke. So viel Merkur- und so gar kein Jupiterprinzip, eine Achse, an deren Unausgeglichenheit wir besonders kranken. Wissen ist auf das Niveau von Wikipedia gesunken, einem auf bewusste Manipulation im komplementär-medizinischen und spirituellen Bereich ausgelegten Skeptiker-System, das von einem objektiven Lexikon nicht weiter entfernt sein könnte. Weisheit ist selten geworden – wie an der Zahl Erleuchteter in der westlichen Welt abzulesen.

Und dann ist da noch die emotionale Intelligenz, die wir heute mit dem EQ bezeichnen. Die können wir oft an den Neuankömmlingen in unserer Kultur erleben und dürfen hoffen, im Kontakt auch etwas davon abzubekommen. Sie wird in der Anima und im Mondprinzip spürbar.

Schließlich ist da noch die Körperintelligenz, die oft bei einfachen archaischen Völkern so viel ausgeprägter ist. Wunderbares Anschauungsmaterial bietet der französische Film *Bébé*, wo der Junge aus der Steinzeitgesellschaft der Ovahimba mit Abstand am meisten Körperintelligenz entwickelt und das frühgeförderte und intellektuell überforderte japanische Kind am wenigsten.

Körper, Seele und Geist haben also je ihre eigene Intelligenzform, und wir bräuchten von allen drei genug. Wo das (noch) nicht der Fall ist, besteht kein Grund zur Ent*täuschung*, denn diese will einfach (d)eine Täuschung beenden. Am Ende unseres Lebens wollen wir doch gar nicht in voller Täuschung auf dem Totenbett landen, sondern im Gegenteil die Welt der Täuschungen oder Maya, der beiden großen Täuscher des Ostens, Raum und Zeit, durchschaut haben. Das geht aber nur durch Beenden der Täuschungen, also durch Ent-täuschungen.

Wenn uns jemand folglich eine Enttäuschung bereitet, müssen wir ihm und auch uns selbst das nicht nachtragen. Das wäre völlig sinnlose Schlepperei, die die eigene mehr als die Entwicklung anderer behindert. Wo uns also Neuankömmlinge Enttäuschungen bereiten, könnten wir geradezu dankbar sein für die Fülle der Erfahrungen und Lernmöglichkeiten, die wir machen, und die Täuschungen, die wir beenden durften. Und an jeder könnten wir das Lebensprinzip oder deren Mischungen herausfinden, die hier noch der Erlösung harren. Erst wenn wir durch Eigenentwicklung alle 12 Lebensprinzipien von mehr oder weniger unerlöster auf die

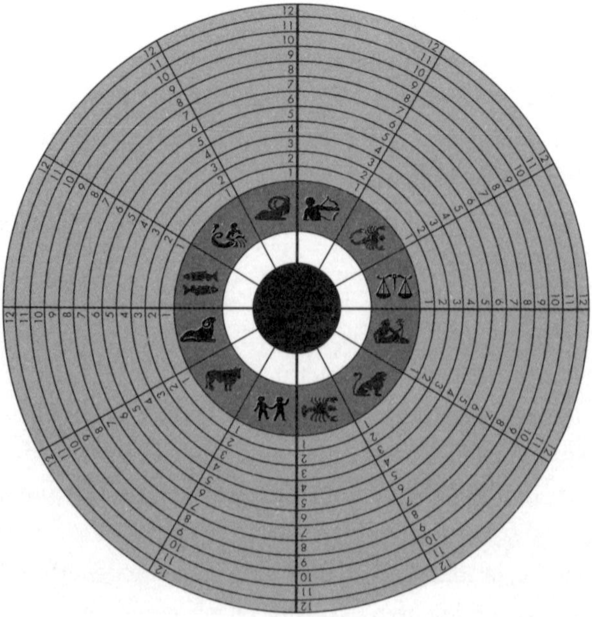

Abbildung 2:
Alle Lebensprinzipien sind erfüllt: der Kreis

erlöste Ebene gehoben haben, sind keine Fehler mehr möglich, weil uns nichts mehr fehlt und Fülle und Erfüllung vorherrschen. Wir haben und sind dann alles und in wirklicher letzter Fülle gelandet. Jetzt sind zugleich alle Täuschungen überwunden und Enttäuschungen überflüssig.

Würden wir das in eine Graphik übertragen, ergäbe sich der Kreis der 12 Lebensprinzipien mit jeweils einer von innen nach außen von 1 bis 12 markierten Skala in jedem Zeichen.

Für die Ganzheit der 12 Prinzipien ließe sich nun zu Anfang unserer Arbeit an Fülle und Erfüllung eine Einstiegsdiagnose erstellen. Dazu genügt es einzutragen, wo wir uns jeweils angekommen wähnen bezüglich jeden Lebensprinzips auf der Skala von 1 bis 12. Eins ist noch ganz nahe der Mitte und am Anfang des Weges und also unerlöst und destruktiv, ganz draußen in der

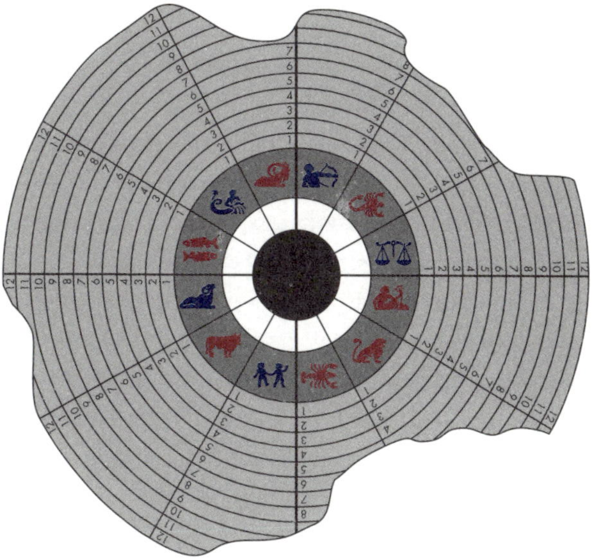

Abbildung 3:
Die einzelnen Lebensprinzipien sind in verschiedenem Grade erfüllt: die Kartoffel

Kreisperipherie repräsentiert die 12 eine erlöste konstruktive Entwicklung und Lösung.

Sind alle 12 Skalen entsprechend markiert und unsere Standpunkte oder besser Entwicklungspunkte gefunden, verbinden wir diese miteinander und können so einiges diagnostizieren: Ist das Ergebnis eher ein Kreis und unser Leben eine runde Sache oder (noch) mehr eine Kartoffel?

Unausgewogene Entwicklungen machen das Leben nicht gerade leicht, auch wenn sie in unserer modernen Gesellschaft oft Erfolg mit sich bringen. Diese bewertet Einzelspitzenleistungen sehr hoch, während sie ausgewogene Entwicklung wenig ehrt. Ein Steve Jobs, der sich auf dem Totenbett als auf der ganzen Linie für gescheitert erklärt außer im Geschäftsbereich, gilt trotzdem sehr viel und bleibt als Ikone unvergessen. Ein Boxweltmeister kann auch als seelischer Krüppel die Welt-Spitze der gängigen Werteskala erreichen. Wer dagegen in allen Bereichen viel zu bieten hat, wird in der Regel dem großen Publikum gar nicht bekannt, aber viel eher glücklich.

Ideal wäre nun das Ergebnis nicht zu werten, etwa wie in der Schule (des Lebens), wo wir den Abiturienten nicht über den Erstklässler stellen, weil wir wissen, dass sie lediglich auf verschiedenen Entwicklungsebenen sind und das so sein darf.

Tatsächlich gibt es mindestens zwei grundsätzlich verschiedene Arten von Schulen. Einmal die Volks- oder Hauptschule, wo wir alles gleichermaßen lernen müssen. Dann aber kommt mit dem Gymnasiumsschultyp schon die für die Moderne so typische Spezialisierung ins Spiel (des Lebens). Jetzt wird das entsprechende Kind in Österreich etwa ein Sport-Gymnasium und möglicherweise sogar ein Schi-Gymnasium wählen. Dort wird man vielleicht erkennen, dass es besonders für Abfahrtslauf begabt ist, und schon wird sich sein Leben von nun an vor allem im Oberschenkel abspielen. Wird es Abfahrtsolympia-Sieger, gilt das Leben als geglückt, aber ist es auch glücklich bei solch einer einseitigen Spezialisierung, die mehr auf Verarmung als auf Ausbildung hinausläuft? Seele und Geist kamen darin kaum vor und der Körper nur insofern seine Muskeln dem Abfahrtslauf dienen. Solch ein Ausbildungsprogramm könnte Geist, Seele und den größten Teil des Körpers nicht nur unterfordern, sondern sogar beleidigen.

Das mathematisch begabte Kind landet in Deutschland auf der Oberrealschule und an der Universität beim Mathematik- oder Physik-Studium, in den USA am besten sogar auf einer, die für diesen Bereich weltberühmt ist, wie etwa dem MIT, dem Massachusetts Institute of Technology. Und der Höhepunkt wäre dann ein Nobelpreis für eine Spitzenleistung in diesem Bereich.

Schauen wir uns aber an, welche Entwicklungswege mit Nobelpreisen gepflastert sind, landen wir zum Beispiel auch in

Hiroshima, Nagasaki, Tschernobyl und Fukushima. Ob diejenigen sich erfüllt und reich fühlen, die diese Desaster durch ihre außergewöhnlichen Spitzenleistungen möglich gemacht haben, sei dahingestellt. Hinzu kommt, dass nur sehr wenige Olympiasieger oder Nobelpreisträger(innen) werden. Der Rest bleibt im wahrsten Sinne des Wortes auf der Strecke. Die Abfahrerin, die nicht über den Europa-Cup hinauskommt, ist eine Spitzensportlerin, aber davon hat sie außer einem ruinierten Körper, der ihre Chancen an der Partner-Börse einschränkt, recht wenig.

Spezialisierung setzt auf einen Aspekt und möglicherweise ein Lebensprinzip, wie beim Abfahrtslauf auf das Aggressions- oder Marsprinzip. Abfahrer nehmen die Form eines Geschosses an und stürzen sich – so schnell es irgend geht – zu Tal. Das bringt kaum Fülle und Reichtum ins Leben oder nur sehr selten auf materieller Ebene und kaum je Erfüllung.

Für Leben(sglück) und umfassende Fülle und Erfüllung, Reichtum auf allen Ebenen wäre das Volksschulmodell viel geeigneter, also ausgeglichene harmonische Entwicklung auf allen Ebenen der Wirklichkeit. Tatsächlich gilt das auch für Kollektive, denn wir wissen heute aus der modernen Glücksforschung, dass nicht die reichsten, sondern jene Länder die glücklichsten Bürger haben, deren Entwicklung gleichmäßig verlaufen ist und die den Reichtum am gleichmäßigsten verteilt haben, wie Schweden und die Schweiz. Je größer die Polarisierung zwischen steinreich und bettelarm ist, desto unglücklicher die Bevölkerung.

Kehren wir zu unserem Entwicklungskreis zurück, so ist die glücklichste Lösung also nicht die Kartoffel-Form, sondern der Kreis beziehungsweise die Kugel, wenn wir die dritte Dimension dazunehmen. Tatsächlich sind Kreis, eben als Entwicklungskreis, und Kugel, etwa als Reichsapfel oder Weltkugel, Symbole der Einheit, die Kartoffel aber kaum. Sie ist eine natürliche Wachstumsform und als solche *natür*lich völlig okay, aber als Symbol der Vollendung taugt sie weniger.

Die tatsächliche Wichtigkeit der Schulmodelle spiegelt sich keineswegs in der Wertschätzung der Gesellschaft der Moderne, wie die Entlohnung der »Lehrer« der verschiedenen Schultypen deutlich macht. Der Lohn zeigt die Wertschätzung einer Gesellschaft, die weder an Fülle der Erfahrung noch innerem Reichtum interessiert ist, sondern an einsamen Spitzenleistungen. Der Zwang, diese zu erreichen, macht die entsprechenden Leistungsträger meist einsam und zu verschrobenen, eher kartoffelartigen statt runden Persönlichkeiten.

Wir wüssten aus Psychologie und Psychoanalyse und von den Schicksalsgesetzen, wie unglaublich viel wichtiger die Anfangszeit ist als die folgenden Jahre. Trotzdem bezahlen moderne Industriegesellschaften wie Deutschland und Österreich Kindergärtnerinnen – vergleichsweise – erbärmlich. Ohne Idealismus wird *frau* aber auch kaum Volksschullehrerin. Männer wählen diesen Beruf fast gar nicht mehr, weil sich mit den kläglichen Gehältern Familien nicht anständig ernähren lassen. Im Gymnasium, wo es gar nicht mehr so darauf ankommt, weil die Kinder über 10 sind und die einzelnen Lehrer nur noch stundenweise sehen, steigen Lehrergehälter schon deutlich wie auch der gesellschaftliche Status. An der Uni schließlich wird richtig gut verdient. Insofern steigt das Gehalt der Lehrpersonen umgekehrt proportional zu deren Wichtigkeit für die Entwicklung der Kinder. Das heißt, je wichtiger die Betroffenen für die Entwicklung der Kinder und Jugendlichen, desto schlechter werden sie bezahlt.

Menschen, die im Hinblick auf Erfahrungen von innerer Fülle und Reichtum und die Entwicklung zu Ganzheit und geistig-seelischer und körperlicher Gesundheit reich sind, sind also scheinbar unseren Gesellschaften nicht wichtig und jedenfalls nicht viel wert.

Wer für sich im Lebenskreis eine Kartoffel diagnostiziert hat, kann und muss sich entscheiden: Will er diese Entwicklung in Einseitig- und Unausgewogenheit im Sinne von gesellschaftlicher

Anerkennung und materiellem Reichtum weitertreiben, oder will er für Ausgewogenheit und Harmonie sorgen durch Ausgleich seiner Entwicklung? Im letzteren Fall ist danach zu trachten, die Kartoffel allmählich in Richtung eines Kreises zu verwandeln.

Wer für sich schon einen Kreis diagnostiziert hat, kann leicht erkennen, ob er ein kleines oder großes Rad in der Schule des Lebens dreht. Auch das ist wiederum gar nicht (groß) zu werten. Wer allerdings aus einem kleinen ein größeres Rad entwickeln möchte, hat wiederum die Wahl, ob er das durch harmonische Entwicklung auf vielen Ebenen oder durch einseitigen Impuls machen möchte. Und auch das ist idealerweise nicht zu werten, beides kann funktionieren.

In Beratungen ist immer wieder zwischen den beiden Extremen abzuwägen. Erfolg in dieser Gesellschaft liegt näher, wenn man schon vorhandene Fähigkeiten noch ausbaut und damit in Richtung Kartoffel arbeitet und wächst. Für die Seelenentwicklung wäre es meist besser, in die Breite zu gehen und, das Ganze ins Auge fassend, Schwachpunkte auszugleichen.

Die moderne Glücksforschung bestätigt heute, wie glücklich Lernen macht, wohingegen das Ausüben von Fähigkeiten bestenfalls Zufriedenheit schafft. Die von dort kommende Empfehlung lautet, egal was, Hauptsache lernen. Das entspricht dem östlichen Rat, wer irgendwo Meisterschaft erreicht habe, möge sogleich etwas beginnen, wo er ins Schülerbewusstsein zurückkehren könne.

Das geht in Richtung Entwicklung zur runden Sache, dem Kreis. Denn lernen können wir ja nur, was wir noch nicht können, was uns also (zur Ganzheit) fehlt. Tun wir es, werden wir vollständiger und dabei obendrein glücklicher und letztlich erfüllter.

Firmentrainings bringen Trainer oft in Zweispalt. Hat man das Wohl der Mitarbeiter im Auge, muss man oft gegen den Auftraggeber beraten. Für die Firma wäre es kurz- und mittelfristig besser, wenn der rhetorisch begabte Außendienstler noch ein weiteres Rhetorik-Training macht, während seiner Seele besser gedient wäre mit dem Erlernen eines Musikinstrument oder einem Tanzkurs, zumal wenn das alte Träume sind. Die Gesellschaft propagiert Einseitigkeit, die auf Reichtum schielt, unsere Seele zielt dagegen auf Erfüllung und will großzügig aus dem Vollen schöpfen.

Schluss

Die gute Nachricht zum Schluss ist: Du kannst es schaffen, das erfüllte Leben in innerem und äußerem Reichtum. Schon Jesus legte es uns ans Herz. Du kannst dich reich und glücklich schätzen, wenn du in diesem unserem materiell reichen Teil der Welt auf diese gekommen bist. Schon damit erfüllst du alle Voraussetzungen, auf dieser Basis glücklich zu werden. Und du kannst sogar noch glücklicher werden, wenn du dich für die Ärmsten in weniger begüterten Teilen der Welt starkmachst. Du liest richtig, du machst *dich* stark, wenn du dich für Schwächere einsetzt. Probier es aus, du wirst es sofort spüren! Sobald ich für Kinder oder erst recht behinderte Kinder oder gequälte Tiere, also die am meisten ausgelieferten Mitglieder unserer Lebensgemeinschaft, spreche, spüre ich sogleich diese Kraft. Wahrscheinlich mache ich das deswegen so gern und oft, und du kannst es auch! Es stärkt dich und hilft ihnen. Und es ist ein bekanntes Phänomen. Mütter, die sich für ihre Kinder oder Jungen starkmachen, können ungeheure, ja unglaubliche Kräfte entwickeln. Sie heben zur Not sogar LKWs hoch.

Jeder muss seine Welt bewältigen, und dir sind alle Mittel an die *Hand* gegeben. Du hast sogar zwei Hände, die dich an deine Möglichkeiten erinnern und sich – der Polarität entsprechend – ideal ergänzen. Jederzeit und überall kannst du zupacken und sich bietende Chancen ergreifen, um dein Leben und das Leben überhaupt in den Griff zu bekommen. Und du hast zwei Füße, die kannst du fast überall hinsetzen und die Welt erobern im Sinne von: sie erkennen. Tu es und schau sie dir gut an. Nach Alexander von Humboldt ist die schlimmste Weltanschauung die von Leuten, die die Welt nicht angeschaut haben. Schau dir also deine Welt und die ganze Welt gut an, und du wirst die bestmögliche Weltanschauung entwickeln. Die Erde ist überwiegend so unglaublich schön und wird dich begeistern, das heißt deinen Geist beflügeln und erfüllen. Und die beste sich aus deiner Weltbetrachtung ergebende Weltanschauung wird dieses zauberhafte Gefühl der Begeisterung noch verstärken. Du wirst verstehen, was du erlebst, auf dem Boden der schon eingangs erwähnten Spielregeln. So kannst du eingreifen, um etwas in deinem Leben zu verändern, und das Ganze wird Sinn ergeben und machen. Damit sind alle Regeln der Salutogenese, der Gesund- und Heilwerdung, erfüllt.

Du hast dieses wundervolle Gehirn, um all das, die ganze Welt, auf-, wahr- und wichtig zu nehmen – ein Gehirn, das ein Leben lang wachsen will und kann – dein ganzes Leben lang mit dir zusammen. Dass es das kann, ist inzwischen wissenschaftlich belegt. Erhalte es dir, dieses Zauberhirn, schütze und behüte es. Ernähre es gut – mit gutem Fett, denn es besteht zu über zwei Dritteln daraus, und verschon es vor Handy- und WLAN-Strahlungen. Leg deinen Laptop an die Leine beziehungsweise ans Kabel, und du machst aus einer gefährlichen Krankheitsquelle die Chance zu weltweiter Verbindung und Verbundenheit. Lebens-Gefahr und -Chance liegen oft so nah beisammen wie in dem chinesischen Doppel-Schriftzeichen für Krise. Es besteht aus den Bildzeichen für Gefahr und Chance als Ausdruck der Polarität und der Nähe von Licht und Schatten.

Und du hast dieses wundervolle Herz und öffnest dein physisches Herz jede Minute Dutzende Male, um es auszudrücken. Mach das einfach im übertragenen Sinn nach: Öffne dein Herz, schütte es aus, und es füllt sich anschließend wieder wie von selbst – ständig und seit du lebst und solange du lebst. Und schon eröffnet sich dir das Geheimnis der Liebe.

Ähnliches gilt für all deine Organe und ihre Themen. Sie entsprechen genau den Lebensprinzipien, die wir betrachtet haben und die in diesem Buch nun hinter dir liegen, aber nur im Buch – im Leben liegen sie vor dir und warten auf ihre Verwirklichung durch dich.

Veit und ich haben sie dir auf unsere jeweilige Art im Hinblick auf die Verwirklichung von Erfüllung und innerem und äußerem Reichtum nähergebracht. Dein Leben erwartet nun, dass du sie in ihm anwendest und verwirklichst und von der destruktiven auf die konstruktive, von der unerlösten auf die erlöste Ebene hebst und dich damit mit ihnen erhebst.

Die Polarität von Yin und Yang wechselt sich im Entwicklungskreis in den Lebensprinzipien ab. Auf den archetypisch männlichen Eroberer Widder-Mars folgt Stier-Venus, die seine Eroberungen auf archetypisch weibliche Art bewahrt, behütet und vielleicht einzäunt. Ihr folgt der männliche Zwilling-Merkur, der die Grenzen wieder öffnet und für Kontakt und Kommunikation, für Handel und Wandel sorgt, gefolgt vom urweiblichen Krebs-Mond-Prinzip, das Familiengründung und Nestbau und Mutter und Kind in den Mittelpunkt stellt. Darauf folgt das männliche Löwe-Sonnen-Prinzip mit seiner Aufgabe, sich vom Ego zum Selbst zu entwickeln. Ihm geht es um Autorität und Ausstrahlung. Ausgleichend folgt das weibliche Jungfrau-Merkur-Prinzip, das alles einordnet, misst und absichert. Nun folgt das männliche Waage-Venus-Prinzip mit den Themen Liebe, Frieden und Versöhnung, Schönheit und Ästhetik, Kunst und Kultur. Das ist tatsächlich archetypisch ein männliches Prinzip, dem das weibliche, alles zu verschlingen drohende Skorpion-Pluto-Prinzip folgt, das auf völlige Wandlung, auf Metamorphose, und Metanoia, tiefste Reue, zielt. Anschließend richtet sich das männliche Schütze-Jupiter-Prinzip wieder nach außen mit Wachstum und Expansion, während es dem folgenden weiblichen Steinbock-Saturn-Prinzip um Reduktion aufs Wesentliche, um Klarheit, Struktur und Disziplin geht. Das Wassermann-Uranus-Prinzip ist folglich wieder männlich mit seinem Bestreben zu entpolarisieren, wie es (Hof-) Narren auf humorvoll-witzige Art verstehen. Schließlich vervollständigt das weibliche, alles verbindende und vereinende Fische-Neptun-Prinzip den Entwicklungskreis und bringt das Numinose, Transzendente und Mystische ins Spiel (des Lebens).

Jede dieser 12 Stationen will erfüllt werden und bringt uns der Erfüllung näher, wie im Buch und noch detaillierter in »Lebensprinzipien« dargestellt. Erst wer jedes einzelne der 12 Prinzipien von der destruktiven zur erlösten Ebene wandelt, verwirklicht und vervollkommnet die Suche nach innerem und äußerem Reichtum.

Wer diesen Weg wählt, hat auch – wie nebenbei – die vier Elemente Wasser, Feuer, Luft und Erde auf seiner Seite, denn der wunderbare Kreis führt auch durch die jeweils drei Entwicklungsstufen der vier Elemente. Das lodernde Feuer des Anfangs findet sich im Mars- oder Aggressionsprinzip, das aus seiner Mitte strahlende Feuer im Sonnenprinzip, und das Jupiterprinzip spiegelt die innere Glut der Begeisterung. Das Fruchtwasser allen Anfangs entspricht dem Mondprinzip, das verschlingende Wasser der Moore verkörpert Pluto und die unendliche ozeanische Grenzenlosigkeit Neptun. Das Waageprinzip stellt das anfängliche Luftelement dar, während Uranus- und Zwilling-Merkur-Prinzip seine weiteren Stufen repräsentieren. Das Erdelement beginnt mit dem harten Saturnprinzip, gefolgt von Stier-Venus und Jungfrau-Merkur.

Im Ur- oder Lebensprinzipien-Kreis ist also alles enthalten. Er ist tatsächlich im wahrsten Sinne des Wortes ein wundervoller Kreis. Und »alles« steht für Erfüllung, Ganzheit und Vollkommenheit.

Packen wir es an!

Ich möchte mich von Herzen bei dir für deine Offenheit bedanken. Indem du dieses Buch gelesen hast, hast du einen deiner wertvollsten Schätze mit uns geteilt – deine Aufmerksamkeit. Denn da, wohin du deine Aufmerksamkeit richtest, folgt dein Leben. Möge dich dieses Buch dazu inspirieren, deinen Fokus entspannt und kontinuierlich auf wahren Reichtum auszurichten. Denn dann weiß ich, was geschehen wird. Du wirst Reichtum erfahren, Reichtum erschaffen und Reichtum großzügig mit anderen teilen. Ich hoffe, dir ist während der Lektüre noch bewusster geworden, dass Reichtum nicht primär ein Kontostand, sondern eine Lebenseinstellung ist. Dich nach einem reichen Leben zu sehnen und es zu verwirklichen ist kein Egoismus. Es ist dein Geschenk an uns alle.

Nachdem ich mehr als ein Jahrzehnt meiner Suche damit verbracht hatte, nach Perfektion zu streben und mir Reichtum hart verdienen zu wollen, wurde mir ein unschätzbares Geschenk zuteil. Ich durfte erkennen, dass die Schöpfung uns genauso liebt, wie wir sind, und dass wir nicht hier sind, um »richtig« zu werden, sondern um die natürliche Vollkommenheit des Lebens zu erkennen und mit unseren Taten zu feiern. Seitdem beseelt mich die Vision einer Menschheit, die sich aus der würdelosen Enge ihrer Angst und Gier zu der Größe emporschwingt, für die wir geschaffen wurden.

Mangel ist eine Illusion im Geist.

Lass sie uns gemeinsam berichtigen und dann gemeinsam feiern.

In Achtung für die kostbare Chance deines Lebens.

Dein Veit und Ruediger

Nachwort: Schicksalsgesetze und Lebensprinzipien am Beipsiel der Flüchtlingsproblematik

Die westliche Welt und besonders Deutschland erreichen heute Flüchtlingsströme ungeahnten Ausmaßes. Auch dabei geht es letztlich um Fülle und Erfüllung und äußeren und inneren Reichtum. Viele Flüchtende suchen bei uns mehr Fülle und einige sicher auch Erfüllung. Viele Europäer wissen gar nicht, wie ihnen geschieht, und für nicht wenige ist es offenbar am einfachsten, sich dagegenzustellen. Manche neigen aus gemachten Erfahrungen der Angst, Enge und des Mangelbewusstseins dazu, sich gegen jede Veränderung zu stemmen und sich allem Neuen – erst einmal – zu verweigern. Andere versuchen das ganze Drama weiter und mit vielen und am besten allen Facetten zu sehen. Wir nehmen uns dieses Thema beispielhaft vor und betrachten es mit den uns zur Verfügung stehenden Hilfsmitteln wie »Schicksalsgesetzen«, »Schattenprinzip« und »Lebensprinzipien« am Beispiel der Deutschen, die es am härtesten traf.

Nach dem Polaritätsgesetz, der wichtigsten Spielregel des Lebens, muss es auch noch eine andere Sicht geben als die der Heimsuchung, und die könnte so aussehen: Die Flüchtlinge wollen natürlich dorthin, wo sie das Beste für sich erwarten: nach Deutschland, und ist das nicht ein riesiges Kompliment? Fast überall auf der Welt habe ich Menschen erlebt, die von

Deutschland träumen. Ob in Peru oder Persien, in Bali oder auf dem Balkan. Wer versucht, ihnen diesen Zahn zu ziehen, und darauf hinweist, dass dort das Wetter meist schlecht und jedenfalls kaum besser als die Stimmung sei, hört staunende Gegenfragen wie: »Aber da haben doch alle ein Haus? Und ein Auto? Und sogar ein Haus fürs Auto?« Das zeigt, wie sehr es hier oft um materielle Träume von Fülle geht.

Integration ist in Deutschland zum Schlüssel- und Zauberwort geworden – tatsächlich geht es (immer) darum. Allerdings braucht sie Voraussetzungen. Als Arzt weiß ich, wie lebensbedrohlich bereits die Verbrennung von nur 10 % unserer Haut (-Grenze) ist. Aufgrund des paracelsischen Analogie-Denkens von Mikrokosmos Körper und Makrokosmos Welt kann ich keinesfalls zu einer unkontrollierten Grenzöffnung im großen Stil raten. Die Deutschen haben sich damit in Gestalt ihrer Kanzlerin, wenn auch mit bester Absicht, übernommen. Wir schaffen das! Was wohl? Die Integration offenbar!

Aber meinen auch alle, die das Wort Integration in den Mund nehmen, das Gleiche?

Tatsächlich müssen wir alle am Ende alles integrieren – auch alles, was uns heute noch gar nicht passt. Fülle und Erfüllung ergeben sich erst aus Integration, und insofern ist fast gleichgültig, woran wir üben. Schauen wir uns also an, wer und was da alles auf uns zukommt. Dafür ist die Flüchtlingssituation wie geschaffen. Und ich kann versprechen, da ist nicht nur für Integrationsgegner, sondern auch für -befürworter viel herausfordernder Lernstoff dabei. Und Schweizer und Österreicher haben es dabei nur scheinbar leichter, letztlich sitzen wir alle im selben europäischen Boot und eigentlich in dem noch viel größeren der Menschheit.

Die Deutschen haben sich diesen Schuh in Gestalt ihrer Politiker selbst angezogen und die herrschenden Politiker einer großen Koalition mit Mehrheit gewählt. Hätten sie so dichtgemacht wie die Verweigerer im ehemaligen Ostblock, wäre wohl eine Million Flüchtlinge an Grenzzäunen gestrandet und im Winter vielleicht sogar erfroren und verhungert. Dann wäre Europa so erschienen, wie es keinesfalls dastehen will, als egozentrisches Machtgebilde, dem es nur um eigene Vorteile geht und an dessen Grenzen Menschlichkeit und christliche Kultur enden. Das haben die Deutschen sich und dem Rest Europas erspart. Dafür ließe sich ihnen auch einmal danken.

Dabei erleben sie die eingetretene europäische Spaltung auch im eigenen Land. Denn ein gar nicht so geringer Teil der Deutschen sieht die Heimatsuche der Flüchtlinge als Heimsuchung. Darin ähneln sie der Mehrheit in den ehemaligen Ost*block*-Ländern, die dieser Herkunft alle (Un-)Ehre machend im Block(ier)-status verharren. Offensichtlich haben Wessis und Ossis andere Vorerfahrungen – in Deutschland wie in Europa. Ob wir das werten und verurteilen müssen, wie einige Politiker, sei dahingestellt. Jedenfalls bringt Wertung einer Lösung nicht näher, sondern polarisiert im Gegenteil. Wer als Pack beschimpft wird und sich dann selbst als Pack fühlt und wütend schreit: »Wir sind das Pack!«, ist der Lösung, der Sicht des Ganzen und dem Integrationsgedanken jedenfalls nicht nähergekommen.

Ähnliche Polarisierungen erfahren wir überall. Inzwischen besitzt 1 % der Weltbevölkerung materiell mehr als die übrigen 99 %. Das ist Ausdruck des Polaritätsgesetzes, aber weder hilfreich noch friedensstiftend. Wir wissen im Gegenteil aus der Glücksforschung, dass die Menschen eines Landes umso glücklicher sind, je geringer die materiellen Besitzunterschiede sind. Das Polaritätsgesetz ist aber nicht zufällig das wichtigste unter den Schicksalsgesetzen, den Spielregeln des Lebens. Polarisierung verlangt immer nach Ausgleich, und dessen Eintritt ist jeweils nur eine Zeitfrage. Und auch der Ausgleich ist – wie schon gesehen – wieder der Polarität unterworfen. Er kann freiwillig und friedlich erfolgen oder unfreiwillig und gewaltsam. Diese

Wahl haben wir, und sie hängt von unserem Bewusstseinsstand ab. Wer aus Mangelbewusstsein die Integration verweigert, wird dazu gezwungen werden. Wer allerdings Integration zu schnell zu sehr übertreibt, wird sich testen lassen müssen.

Betrachten wir das Geschehen weiter für das so zerrissene Deutschland als Modell für das ähnlich gespaltene Europa, dem es doch so um mehr Fülle und Reichtum ging. Das sollte durch rasante Integration gelingen, wie der rasche Expansionskurs offenbart. Nun ist die Mauer plötzlich wieder hoch, nicht nur in Deutschland, sondern der Eiserne Vorhang auch in Europa, und tatsächlich gehen diese Barrieren auch schon durch Familien und Köpfe.

In Deutschland begegnet eine Mehrheit Fremden offen und hilfsbereit, eine wachsende Minderheit aber auch zunehmend feindlich. Diese Polarisierung entspricht dem Polaritätsgesetz, und die Aufteilung in zwei Lager polarisiert die Gesellschaft, wenn es auch über das zweitwichtigste der Gesetze innerhalb derselben durch Resonanz eine gewisse Geborgenheit gibt.

Schauen wir uns die Welt aus Sicht der Flüchtlinge an. Die meisten suchen wohl Fülle bei uns, viele hier haben aber Angst, daraus könnte ihnen Mangel entstehen. Folgen wir – auf dem Boden der Spielregeln des Lebens – dem altbewährten Rat der Indianer, immer auch eine Zeit und ein Stück Weges in den Mokassins des anderen zu gehen. Offenbar haben Flüchtlinge Gründe, ihre Heimat zu verlassen. Die meisten verloren zuhause ihr Auskommen und erlebten Hunger oder Krieg und manche beides. Betrachten wir ihre Heimat, ob Syrien oder Irak, sind das Länder, die vorher ihr Auskommen hatten, ja wo die Landwirtschaft erfunden wurde wie im Zweistromland zwischen Euphrat und Tigris. Dass sich solche ärmeren Länder heute schlecht ernähren können, hat auch damit zu tun, dass reiche Länder wie die europäischen und besonders Deutschland große Mengen Futtermittel dort kaufen, um damit bei sich Masttiere in Massen-Tier-Zucht-Häusern unter entsetzlichen Umständen und Qualen zu mästen. Dabei vernichten wir – aus Kalorienperspektive – 90 % des Nährwertes, die zu Kot und Gülle werden.

Die nächste Frage: Wie kommt es zu den vielen Kriegen in der armen und besonders der armen und ölreichen Welt? Gibt es dort so viele Waffenfabriken, deren Produkte vernichtet werden müssen, um die Wirtschaft in Gang zu halten? Offenbar nicht. Die US-Amerikaner haben lange und intensiv im Irak danach gesucht, ohne irgendetwas zu finden. Und sie haben sicher gut gesucht, denn mit dem Nullergebnis war der Grund für ihren Überfall als Vorwand und Erfindung entlarvt. Die Waffen stammen praktisch ausnahmslos aus der reichen Welt, und Deutschland tut sich als drittgrößter Waffenproduzent und -verkäufer hervor. Diese Waffenexporte wirken – milde gesagt – destabilisierend auf die Empfängerländer. Und die größten Waffenexporteure sind zwar nicht die Deutschen, aber ausgerechnet deren beste Freunde, die USA. Zugleich sind die auch die Weltmeister der Destabilisierung. *Whom to invade next*? (»Wen als Nächstes überfallen?«) nennt Michael Moore selbstkritisch (s)einen Film über die Politik seines Landes USA.

Es geht hier nicht um Schuldprojektion, aber es gibt durchaus einen Bezug der reichen westlichen Welt zum Elend in den armen beziehungsweise ölreichen Ländern. Wo sollen die Flüchtlinge anders hin als dorthin, von wo die Waffen und der Hunger kommen? Dort ist nämlich weder Hunger noch Krieg, sondern fast schamloser Überfluss. Wer kann es ihnen eigentlich verdenken, wenn sie dorthin fliehen, wo am meisten Überfluss ist, von dem sie etwas abbekommen wollen?

Hinzu kommt: In ihren Ländern ist es schon vor den Kriegen immer enger geworden, weil sie ständig mehr werden und dadurch auch immer jünger und ihre Länder immer ärmer. Zumal ihre Glaubensbrüder in den schwerreichen Ölländern keinesfalls bereit sind, unter Brüdern zu teilen. Die Saudis schwimmen auf Öl und im Geld, aber statt ihre ärmsten Glaubensgenossen zu stützen, richten sie sie lieber hin, wenn sie der »falschen« Islamfraktion angehören oder Kritik an ihrer absolutistischen Diktatur üben. Ansonsten stiften sie Waffen für die sowieso schon brodelnde islamische Welt. Etwas peinlich, wenn diesen Musterschülern, was Demokratie, Menschenrechte und Gleichberechtigung angeht, ausgerechnet die Deutschen gerade eine ganze Fabrik zur Produktion automatischer Waffen verkauft und gebaut haben – offenbar um die lästigen Waffenexportkontrollen im eigenen Parlament leichter zu umgehen.

Die Flüchtlingsländer werden also immer voller, ihre Menschen immer jünger und ärmer, während Deutschland immer leerer wird, weil seine Menschen immer älter werden und trotzdem schneller wegsterben als nachkommen. Die Übrigbleibenden werden durchschnittlich immer reicher, wobei es diesbezüglich natürlich auch in Deutschland eine zunehmende Polarisierung gibt. Durch Erosion der Mittelschicht werden immer weniger Deutsche immer reicher, während immer mehr sogar hier ärmer werden. Aber insgesamt wird das Land doch noch reicher.

Nach dem Gesetz der Polarität erzwingt ein über lange Zeit zunehmendes derartiges Ungleichgewicht irgendwann den Ausgleich, und das scheint jetzt zu sein. Und man braucht schon Resonanz, um so viel von dem Problem abzubekommen. Und hat nicht Deutschland, das den Löwenanteil der Flüchtlinge (her-) einlässt, mit dem Zweiten Weltkrieg selbst riesige Flüchtlingsströme ausgelöst und anschließend selbst erlebt? Kommt da jetzt vielleicht etwas zurück? Wollen die Politiker mit ihrer »Willkommenskultur« vielleicht sogar etwas wiedergutmachen und dabei noch einiges Geschäft für ihre Sponsoren an Land ziehen? Denn tatsächlich müssen ja auch die in Deutschland gebauten Waffen verbraucht werden, sonst stagniert dieser Wirtschaftsteil.

Wir können nun noch das drittwichtigste der Schicksalsgesetze betrachten, wo der (Ur-)Anfang der ganzen Misere liegt, und stoßen aufs Alte Testament: Im Anfang liegt alles. Da hatte der von

Gott Jahwe ausersehene Abraham als Stammvater mit über 90 noch keinen Nachwuchs. Weil seine ebenfalls hochbetagte Frau Sarah diesbezüglich nicht weiterhelfen konnte, legte er sich – der Tradition entsprechend – zu seiner jungen Magd Haga, die ihm den Sohn Ismael gebar. Der wurde von Sarah und Abraham als Erstgeborener angenommen, und alles schien in Ordnung. Bald darauf aber schenkte die uralte Sarah wider alle Bio-logik Abraham auch selbst noch einen Sohn, Isaak, den Zweitgeborenen. Nun hetzte Sarah so lange, um dem eigenen Fleisch und Blut, Isaak, die Position des Erstgeborenen zu ergattern, bis Abraham nachgab und Ismael, den rechtmäßig Erstgeborenen, und seine Mutter Haga in die Wüste vertreiben ließ. Aber statt des zu erwartendes Todes wurde ihnen prophezeit, ihre Nachkommen würden zahlreich wie die Sterne am Himmel, müssten aber immer um Anerkennung ringen. Und das blieb von Anfang an bis heute so. Als beide zu Abrahams Beerdigung kamen, wurden sie von Sarah selbst bei dieser Gelegenheit noch vertrieben und gedemütigt.

Die Nachfahren von Ismael sind die Ismaeliten und heutigen Araber, die Quelle des Islam. Tatsächlich werden sie bis heute immer zahlreicher, überbevölkern ihre eigenen Länder und ringen weltweit um Anerkennung. Und diese seit über 2000 Jahren brodelnde Unruhe- und Kriegsquelle wird immer virulenter. Und wieder die schon bekannte Polarisierung. Je weniger sie freiwillig Anerkennung (von den Nachfahren Isaaks) bekommen, desto heftiger und auch unverschämter versuchen sie, sie zu erzwingen. Im Augenblick bekommen sie zwar keine Anerkennung, aber viel Aufmerksamkeit für die unglaublichen Reichtumsbauten in Abu Dhabi und Dubai, aber eben auch vor allem über die maßlosen Akte des Terrors. Dass sie anders könnten, zeigt ihre beeindruckende Geschichte, die ihre Hochkultur schon bis nach Europa brachte, als dort noch finsteres Mittelalter herrschte.

So ist es also in mancher Hinsicht nachvollziehbar, wenn Muslime als Flüchtlinge zu uns kommen – und Anerkennung wollen.

Aber wer kommt da tatsächlich? Darüber gehen die Meinungen weit auseinander. Während der Großteil der Bevölkerung wohl heimatsuchende Flüchtlinge sieht, die Menschen also, hoffen Regierung und ihre Financiers auf günstige Arbeitskräfte, die das nächste Wirtschaftswunder anschieben sollen. Ein wachsender Teil der Bevölkerung sieht aber auch eine Art islamische Armee auf sich zukommen und erlebt statt Heimatsuche einen Einmarsch mit unklarem Ausgang. Wer da wen integriert, ist für sie durchaus offen. Sie haben Angst, ihrerseits integriert zu werden in ein aggressives islamistisches System.

Und tatsächlich spricht einiges dafür, dass viele der jungen Muslime durchaus ihre muslimischen Interessen bei uns leben wollen. Und da gibt es statt Gleichberechtigung und Menschenrechten tatsächlich in vielen Köpfen das Korangesetz der Scharia, die für Fremdgehen die Todesstrafe durch Steinigung vorsieht. Wer den Koran liest und erfährt, dass die späteren Suren die ursprünglichen überschreiben, stellt möglicherweise entsetzt fest, dass die friedliebenden Zitate eher aus der Anfangszeit des Korans stammen, die brutalen aber aus der späteren – wie ein guter Islam-Kenner und -freund wie Todenhöfer, der ehemalige CDU-Staatsekretär, bestätigt, wenn er es auch anders, das heißt ungefährlich bewertet. Nach dieser eigenen Logik des Korans gelten die letzten aggressiven Anweisungen also mehr als die friedlichen? Das kann durchaus Angst machen.

Da könnte sich das Plutoprinzip in seiner unerlösten Weise anbahnen, und vor dem Kölner Hauptbahnhof gab es offenbar schon einen Vorgeschmack, auch wenn das erst einmal kaum zugegeben werden soll und darf. An den Pariser Attentaten waren Asylbewerber beteiligt, das ist unbestritten. Wer also (Argumente) sucht, der findet (sie) auch.

Wahrscheinlich haben alle recht, wie immer sie argumentieren, denn so verschieden die sind, die kommen, sind es auch diejenigen, die sie aufnehmen wollen, sollen, müssen. Jeder

Einzelne hat für sich und nach seiner Fasson, nach seiner Geschichte, seinem Muster recht. Wir leben alle in Resonanz zu den eigenen Symbolen und Mustern. Die werden aber keineswegs allem gleichermaßen gerecht. Das eigene Muster ist vielmehr eine Mischung der anfangs angesprochenen Archetypen beziehungsweise Ur- oder Lebensprinzipien. Allen aber, ob sie kommen oder schon da sind, geht es um Fülle und Erfüllung, um Reichtum auf der einen oder anderen Ebene.

Nach dem Polaritätsgesetz tritt jedes Prinzip mit zwei Polen und einem langen Übergang vom Destruktiven zum Konstruktiven auf.

Und darin liegt unsere Chance, hier können wir Einfluss nehmen. Einfach ganz vermeiden lässt sich kein Urprinzip, aber jedes von seinem unerlösten in seinen erlösten Pol wandeln. Wundervoll an unserer Aufgabe ist dabei, wie viel besser sich der erlöste Pol gegenüber dem unerlösten anfühlt, der konstruktive im Vergleich zum destruktiven. Diese Arbeit führt also zu einem sich mit jedem wesentlichen Schritt bessernden Lebensgefühl.

Jeder hat mit allen Lebensprinzipien zu tun, allerdings mehr oder weniger ausgeprägt. Um sie vom unerlösten zum erlösten Pol zu wandeln, müssen wir sie natürlich (er-)kennen lernen. Fülle und Reichtum haben jedenfalls mit Integration zu tun. Denn wer letzte Fülle anstrebt, muss sich letztlich mit allem verbinden und auch alles integrieren (lernen). Natürlich im Idealfall die erlöste Variante des jeweiligen Lebensprinzips, das heißt, wir müssen die destruktive in die konstruktive wandeln.

Dem Polaritätsprinzip entsprechend beginnen wir jeweils mit der materiellen Ebene, um uns dann in immaterielle ideelle Bereiche vorzuarbeiten.

So wollen wir den ganzen Kreis der 12 Lebensprinzipien am Beispiel der Flüchtlinge und unserer Reaktion auf sie nochmals erleben. Was uns an den Flüchtlingen gefällt, kann uns durchaus Aufgabe sein, etwa der Mut, aus der Heimat aufzubrechen und den

Schritt in eine neue Zukunft zu wagen. Da können wir uns fragen, wie es uns – in diesem Fall – mit dem Aggressions- oder Marsprinzip geht. Was uns an ihnen aber widerstrebt, ist besonders wichtig, enthüllt es uns doch nach dem »Schattenprinzip« eigene dunkle Seiten, die es nicht nur zu integrieren, sondern auch zu erlösen und aus der destruktiven in konstruktivere Lösungen zu wandeln gilt.

Wer beim Lesen über dieses so ungemein kontrovers diskutierte Thema wütend wird oder gar außer sich gerät, kann sicher sein, auf eigenen Schatten gestoßen zu sein, und die Chance einer so günstigen Schattentherapie gleich beim Schopf packen. Die Integration von Schatten auf dem Weg zu Fülle und Erfüllung ist sicherlich die schwierigste Aufgabe auf diesem insgesamt nicht leichten Weg – aber auch die größte Chance. Als Lohn winkt vollkommene Integration und das Geschenk echter Großzügigkeit aus der Erkenntnis von Fülle und Erfüllung.

Für das jeweilige Prinzip besonders typische Ausdrücke sind im Folgenden zum leichteren Erkennen kursiv gesetzt.

1. Mars-Widder-Prinzip

Alle Flüchtlinge brauchen offenbar *Mut,* um ihre angestammte Heimat zu verlassen und sich auf eine so lange, so *gefahrvolle* und jedenfalls unsichere Wanderschaft zu begeben. Mehrheitlich sind sie keine Weltenbummler, und für viele ist es wahrscheinlich sogar die *erste* Reise. Jeder *Neuanfang,* den sie doch alle beabsichtigen, braucht *Entscheidungsfähigkeit, Engagement* und *Courage.*

Einige kommen aber offenbar auch mit *aggressiven* Absichten im *destruktiven* Sinn – jedenfalls aus einheimischer Sicht – und wollen hier ihre islamistische Weltanschauung *durchsetzen* oder uns sogar als Ungläubige abstrafen oder mit *Gewalt* Aufmerksamkeit auf sich ziehen. Anzunehmen, dass eine *Heerschar* von einer Million Flüchtlingen aus lauter Engeln besteht, die nur das Bruttosozialprodukt steigern wollen, ist jedenfalls mehr als naiv. Ein sehr kleiner, aber offenbar zu allem *entschlossener* Teil offenbart sogar *aggressive* Absichten und *Kampfbereitschaft*, aber eigentlich ist Argumentation gar nicht die Sache des Aggressions- oder Marsprinzips, höchstens in sehr *schlagfertiger* und *offensiver* Form. Es folgt eher dem Slogan *»Just do it«* und handelt nach dem Recht des *Stärker*en.

Den *mutigen* Flüchtlingen, die ihr Leben *riskiert* haben, um ihr und das Leben ihrer Angehörigen zu retten und die ihre *erste* Reise *unternommen* haben, können wir mit Bewunderung ihres *Mutes* und ihrer *Entschlusskraft* begegnen. Dem *ersten Impuls* zu folgen, alles Vertraute aufzugeben und zu neuen Ufern *aufzubrechen* verdient Respekt und vielleicht sogar Nachahmung.

Wir brauchen uns ja nur »in ihren Mokassins« zu fragen, wie wir reagieren würden. Falls hier *Krieg ausbräche*, könnten wir uns einfach ohne alles auf- und davonmachen? Alles, was uns materiell bisher wichtig war, zurücklassen? Wie fühlte sich der *erste Schritt* ins *Neuland* an? Mehr *Mut* oder mehr Angst? Wie würde die Unsicherheit der Ernährungslage sich auf uns auswirken? Wie viel *Entschlossenheit* könnten wir aufbringen? Wie leicht fallen uns *Entscheidungen*? Wie leicht bekommen wir das *Schwert* aus der Scheide?

Der *Entschlossenheit* der Gewaltbereiten, die als *Eroberer* mehr *eindringen* als ankommen, und ihren unerlösten *Aggressionsabsichten* müssten wir unsererseits mit *Mut* und *Entschiedenheit entgegentreten* und *Zivilcourage* beweisen, indem wir ihnen *Widerstand leisten*, uns ihnen *stellen* und sie *in ihre Schranken weisen* und unsere Errungenschaften wie etwa Gleichberechtigung und *Gewalt*ächtung mit großer *Entschlossenheit verteidigen, Angriffen* gegen unsere Kultur *mutig, offensiv* und *schlagfertig entgegentreten*. Unsere Kultur wäre es ja durchaus wert, zu ihr zu stehen und für sie einzustehen. Und genau das würde auch verstanden und respektiert werden.

Auf wie viel *Zivilcourage* könnten wir uns da verlassen? Zu wie viel *Konfrontation* sind wir diesbezüglich bereit? Was ist uns unsere Kultur und vielleicht auch Religion wert? Wie viel sind wir bereit, dafür zu tun, zu geben, einzusetzen, dass sie erhalten bleibt und *Angriffen trotzen* kann?

2. Venus-Stier-Prinzip

In der *Gruppe* der Flüchtlinge finden sich sicher viele, die kommen, um bei uns eine neue *Heimat* und sich und den ihren einen neuen *Platz* zu *finden,* um ein Nest zu bauen, wo Kinder in Frieden aufwachsen, lernen und *heimisch werden* können. Wo sie sich *gut ernähren* lassen und wieder *Sicherheit* und sogar *Geborgenheit in sicheren Grenzen* finden. Und natürlich wollen sie ihre Angehörigen nachholen, um hier wieder den *eigenen Stallgeruch* um sich zu haben und ein *vertrautes Gruppengefühl* zu entwickeln. Das wenige, was ihnen geblieben ist, wie – hoffentlich – Familie und *Sippe,* ihr religiöses *Heimatgefühl* und ihre *Folklore* werden jetzt meist noch wichtiger für sie.

Wir könnten ihnen helfen, bei uns *Fuß* zu *fassen,* und *unsere Heimat* bewusst mit ihnen teilen, freiwillig abgeben lernen von unserem Reichtum und sie bei der *Platzsuche* unterstützen. Und erleben, wie viel seliger geben als nehmen ist.

Und bei dieser Gelegenheit könnten wir *Einheimischen* uns fragen, was für uns *Heimat* noch bedeutet? Und wie *heimisch* wir uns überhaupt zuhause fühlen. Wie gern sind wir noch zuhause? Wie sehr schätzen wir es? Haben wir ein *eigenes Revier,* in dem wir uns wohl und in jeder Hinsicht genährt fühlen?

Andere aus dieser *Gruppe* kommen wohl auch wegen des Geldes und Reichtums, den sie hier wissen oder jedenfalls wittern und den sie *sich* ebenfalls *sichern* wollen. Natürlich hat ein Land, das seit Generationen *Sattheit,* Reichtum und Frieden ausstrahlt, diesbezüglich hohe Anziehungskraft. Man muss durchaus keine Liebe zu unserer Kultur haben, um hier *heimisch werden* zu wollen und *sein eigenes Reich* zu *begründen.*

Ihnen müssten wir beziehungsweise unsere Politiker und Wirtschaftskapitäne, die ja von ihrer Arbeitskraft profitieren wollen, die Regeln genau und von Anfang an klarmachen, wie man sich Geld und ein *eigenes Revier* – in unserem System – durch Arbeit verdient. Das müssen beide Untergruppen dieses Urprinzips erst lernen, kommen sie doch zumeist aus Ländern, wo Bestechung und Nepotismus vorherrschen. Da sollten sie erfahren, dass diese bei uns Filz-, Klüngel-, Amigo- und Freunderlwirtschaft heißen und teilweise anderen Regeln folgen als in der bisherigen Heimat. Auch die harten Regeln des Neokapitalismus sollten wir ihnen vermitteln, denn sonst müssen sie in dessen *Revier* scheitern. Und die Politiker sollten lernen, sie rasch in Arbeit zu bringen, statt die Situation in ebenso end- wie sinnlosen Warteschleifen eskalieren zu lassen. Das wäre Integration statt Sabotage (Plutoprinzip). Vieles in Deutschland und Österreich sieht mir da wie Sabotage aus, vieles in der Schweiz schon wie Integration.

Und natürlich ist das eine gute Gelegenheit, uns selbst zu fragen, wie wir es mit *Besitz* und Reichtum halten, wie wichtig es uns ist, *Eigentum* zu erwerben, zu *erhalten* und in unserer *Sippe* zu vererben? *Besitzen* wir unseren *Besitz,* oder sind wir schon besessen davon? Interessiert uns die *Sippe* überhaupt noch, unsere Ahnen? Oder hat die *Blut- und Bodenideologie* unserer jüngeren Geschichte diesbezüglich nur unerlösten Widerwillen hinterlassen? Können und wollen wir unsere Lieder überhaupt noch singen? Oder sind sie und dann meist auch unsere ganze *eigene Tradition* uns schon völlig egal?

Hier sind unter den Einheimischen vor allem die *Zaun-* und *Mauerbauer* zu finden, die keinesfalls teilen, sondern das – in ihren Augen – Zuwenige wenigstens für sich behalten wollen. Sie sind nicht nur im alten Ostblock zu finden. Wobei viele heutige *Mauerbauer* aus dem alten Warschauer Pakt kommen, der auch schon an seiner *krankhaft übersteigerten Grenzsicherung* litt und schließlich daran zugrunde ging. Und auch die von einem ebenso wütenden wie unbewussten Wessi-Spitzen-Politiker als Pack Beschimpften kommen mehrheitlich daher. Vom urprinzipiellen Blickwinkel haben sie einfach so lange Mangel erlitten, dass sie noch nicht zum Teilen bereit sind.

Aber dieser Archetyp tritt überall auf. US-Präsident Donald Trump will eine *Mauer* gegen Mexiko errichten – 2500 km lang –, und sie soll *sehr schön* werden und seinen Namen tragen. Seinen Fremdenhass kann man xenophob nennen oder populistisch. Er richtet sich an die, die Angst haben zu teilen. Angst verrät immer schwache Menschen. Sie bräuchten Heilung und Hilfe statt Beschimpfung.

Die *Große Mauer in China* hatte wohl auch schon dieses gleiche archetypische Ziel: Ängstliche und Schwächere bauen ihre *Mauern* aus Angst vor Stärkeren. Reiche bauen ihre gegen Arme, wobei sie als Ängstliche auch oft die Schwächeren sind. Die Mauer, die die Juden gegen die Palästinenser durchs Land bauten, richtet sich gegen deren Terror: Natürlich sind die Juden die reichen und in diesem Fall zwar militärisch stärker, moralisch aber schon länger die Schwächeren. Letztlich sollen Mauern immer der *Absicherung* dienen, dahinter aber zeigen sie Angst und Schwäche. Reiche *Mauerbauer* haben Angst vor den Armen und davor, mit ihnen teilen zu müssen, und das macht auch sie schwach. *(Grenz-)Zaun-* und *Mauerbau* zur Abwehr von Menschen hat Papst Franziskus als unchristlich gegeißelt. Christen seien klassisch mutige Brückenbauer, sagt der Pontifex (Pontifex heißt »Brückenbauer«). Aber wie schwer ist das, wenn man noch im Mangelbewusstsein lebt. Das gilt es zu heilen.

Viele kommen wohl auch, um die hier übliche *Pressefreiheit* und unsere Bürgerrechte zu genießen und in einem im Vergleich zu ihrem sehr *offenen* und *freizügigen* Land mit ungeahnten Möglichkeiten *mitzureden* und *mitzumischen.* Vielleicht auch, um von hier aus für ähnlich *freie und liberale Verhältnisse* in ihrer Heimat zu arbeiten und zu sorgen. Sie sind die klassischen *politischen* Flüchtlinge, die ursprünglichen *Asylsuchenden.* Aber sind sie mehr wert als die sogenannten Wirtschaftsflüchtlinge? Da ist nur ein anderes Lebensprinzip betroffen, nämlich der andere Merkur-Aspekt von Jungfrau-Merkur und die damit zusammenhängende Berechnung, aber auch Voraussicht. Und warum eigentlich sollte eine Mutter, die zuhause ihre vom Krieg bedrohten Kinder nicht mehr ernähren konnte, gegenüber *politischen Asylsuchenden* zurückgesetzt werden?

Wir könnten uns bei dieser Gelegenheit fragen, wie wichtig uns *Pressefreiheit* ist und wie viel davon die bei uns herrschende Geldreligion noch übrig gelassen hat. Wie stehen wir dazu, dass die Anzeigenkunden inzwischen sehr oft auch den Inhalt der Artikel und Sendungen bestimmen oder die besten Freunde aus den USA, was immer sie gerade tun oder anrichten? Wie wichtig sind uns *Bürgerrechte*? Wie finden wir es, wenn Schweizer über jede Kleinigkeit *ab- und mitbestimmen* und Österreicher vergleichsweise schon weniger Chancen haben, ein *Volksbegehren* durchzubekommen, aber immerhin die Atomkraft auf diesem Wege stoppen konnten, für die Deutschen diese Möglichkeit aber überhaupt nicht existiert, außer theoretisch in Bayern und Württemberg? Wie finden Deutsche es, weder ihren Präsidenten *wählen* zu dürfen noch *zum Beitritt zur EU* überhaupt *befragt* worden zu sein? Wie geht es mir damit? Reicht mir das bisschen *theoretische Demokratie,* oder hätte ich gern mehr davon? Wie etwa die Schweiz, die damit immerhin am besten fährt in Europa, ohne wesentliche Schulden, die die geringsten Einkommensunterschiede aufweist und deren Bürger sich – laut Glückforschung – zusammen mit den Dänen am glücklichsten in Europa fühlen (dürfen)? Und was wäre ich bereit dafür zu tun, ähnliche Chancen zu bekommen?

Den *politischen Asylsuchenden* können wir leicht helfen, unsere *Sprache* zu *erlernen* und sie mit unseren *Sitten und Gebräuchen vertraut machen.* Und ein Staat, der *Integration* ernst meint, müsste da helfend, aber auch fordernd eingreifen. Wer die *Sprache* nicht *lernen* will, kann sich gar nicht integrieren. Ihm wäre am besten geholfen, wenn das – wie in der Schweiz – früh erklärt und später mit Ausreisetickets unterstützt würde. Wir könnten bei alldem unsere eigene *Sprache* sogar wieder schätzen lernen. Bei uns wäre so viel *Kultur* auch für Einheimische neuerlich zu entdecken. Neuankömmlinge würden hier vielleicht sogar zur Chance.

Andere aus dieser Gruppe kommen möglicherweise, um *Kontakte* zu *knüpfen* und ihre *Vorstellungen und Ideen* religiöser und *weltanschaulicher* Art zu verbreiten im Sinne von Mission. Wer hier missionieren im Sinne von informieren will, darf auch das. Wo wir Einheimischen es aber nicht über uns ergehen lassen wollen, wäre es gut, wir stünden zu unserer eigenen *Kultur* und Religion, so noch vorhanden. Für uns eine wundervolle Chance, unsere Kultur und deren Errungenschaften *wortgewandt* oder sogar -gewaltig verteidigen zu *lernen.* Das würde uns bereichern und Grenzen von Anfang an klären.

Eine Mission, wie sie etwa die islamische Minderheit gegenüber der Hindu-Mehrheit auf Bali betreibt, sollten wir uns nicht gefallen lassen. Tatsächlich haben die Muslime in grauer Vorzeit in Indonesien auch als Einwanderer und *Bittsteller* begonnen. Heute dominieren sie das Land und machen es den Anhängern der dort ursprünglich heimischen Religionen denkbar und auf unverschämte Art schwer. Dabei herrscht dort noch ein ausgesprochen moderater Islam, aber er herrscht.

Viele Flüchtlinge kommen offensichtlich, um *ihrer Familie* hier bei uns eine neue Heimat und Lebenschance zu geben, um in Ruhe und ohne Hunger *gemütlich* zusammenzuleben und ein neues sicheres *Nest bauen* zu können. *Frauen und Mädchen* könnten bei uns ein wirklich neues *angenehmeres,* weil gleichberechtigteres und vergleichsweise chancenreicheres Leben in ihrem eigenen *weiblichen Rhythmus* finden. *Das Weibliche* ist hier gegenüber ihren Heimatländern doch schon ungleich mehr geschätzt und *beschützt.*

Hier können wir helfen, ihnen unter die Arme greifen und es erleichtern, in diesem neuen *Lebensgefühl* bei uns anzukommen, sich einzugewöhnen und in unsere *Lebensrhythmen* allmählich *einzufühlen. Mädchen und Frauen* aus der muslimischen Welt könnten wir helfen, sich in hier selbstverständlich gegebene Chancen überhaupt einmal *hineinzuspüren* und *einzufühlen* und sie dann zu nutzen, um auf ungleich freiere und offenere Weise ihre *Weiblichkeit* zu leben und auszudrücken, statt sie hinter Burkas zu verstecken. Aber auch das dürfen sie, wenn sie wollen. Außer bei Demonstrationen, denn da besteht bei uns Vermummungsverbot, wie ich mich noch sehr gut erinnere.

Wir könnten aber auch von ihnen lernen, ein ganz anderes *Frauen-* und Menschenbild zu akzeptieren. Wer sich hinter Schleiern in eine viel *kleinere,* aber vielleicht ungleich *gemütlichere* und sogar reichere Welt der *Gefühle* zurückziehen und sein Leben auf die *Familie* beschränken will, muss auch das bei uns ohne Schikane dürfen. Das Mondprinzip hat heute nur so schlechte Karten bei uns, dass wir uns in diesen wesentlichen seiner Aspekte kaum noch einfühlen können oder wollen.

Und wir können auch umgekehrt von muslimischen Frauen lernen. So wie wir unseren jungen Mädchen und Frauen heute zugestehen, fast alle Geheimnisse ihrer Weiblichkeit so offen zu zeigen, wie sie wollen, sollte es doch wohl keinen Zwang dazu geben. Allerdings sollten sie dieses Recht ebenfalls behalten dürfen und nicht verklemmten, ausgehungerten Musel-Männern zuliebe darauf verzichten müssen. Und wenn sie belästigt oder gar vergewaltigt werden, sind sie keinesfalls selbst schuld, sondern die Männer gehören nach unserem bewährten Recht zu langen Bedenkzeiten ins Gefängnis und anschließend – wohl am besten – zu Resozialisierungsversuchen zurück in ihre ursprüngliche Heimat.

Einige Neuankömmlinge sind aber offenbar auch chronisch *beleidigt*, wenn wir ihnen nicht sofort das erwartete Paradies servieren. *Beleidigtsein* gehört wie *Launenhaftigkeit* zur Schattenseite des Mondprinzips. Zwar ist es aus der Ursituation mit Abraham, Sarah, Haga und Ismael verständlich, aber heute doch in der Flüchtlingssituation unangebracht, weil es Integration für beide Seiten so schwierig und fast unmöglich macht. Wir könnten aber *einfühlsam* und empathisch miteinander darüber reden.

Letzteren Einwanderern sollten wir frühzeitig und bestimmt die Illusion nehmen, hier ließe sich leicht und angenehm auf Kosten anderer leben. *Einnistung* in unser *Nest*, nur auf unsere Kosten ohne Gegenleistung, die das deutsche System – im Vergleich zum schweizerischen – leider ziemlich unbegrenzt ermöglicht, ist für beide Seiten *beleidigend*. Für uns, weil wir uns zu Recht ausgenutzt *fühlen* und für dumm verkauft vorkommen müssen. Für ihre *Seele* ist es eine *Beleidigung*, ihnen solch ein Schnorrer-Dasein zu ermöglichen beziehungsweise dazu geradezu einzuladen.

Und wenn uns dieser Punkt umtreibt oder gar verrückt macht, wäre es an der Zeit, sich zu fragen, wo eigene Schnorrer-Aspekte projiziert und in Fremden bekämpft werden. Wie steht es mit meiner *Launenhaftigkeit*, und wie wäre es, sie in Launigkeit zu wandeln, um allmählich den eigenen *Rhythmus* zu finden? Was habe ich von der Alma *Mater* erwartet? Was von Vater Staat? Habe ich mich als Beamte(r) unter seine Fittiche geflüchtet und bekämpfe das jetzt an echten notgedrungen bekennenden Flüchtlingen?

5. Löwe-Sonnen-Prinzip

Andere kommen offenbar als Verfolgte im Hinblick auf ihre *Selbstverwirklichung* zu uns. Sie wollen hier vergleichsweise freier endlich ihre *eigene Mitte* finden, etwa ihre Religion so leben, wie sie es sich vorstellen. Oder ihrer beruflichen oder auch partnerschaftlichen Orientierung und Selbstverwirklichung frei folgen dürfen. Vielleicht sind sie für ihr Anderssein von ihrem heimatlichen System gequält oder sogar gefoltert worden.

Selbstverwirklichung können sie hier leben, und unser System ermöglicht es jedem – seit Neuestem sogar meist auch partnerschaftlich. Aber große, sich christlich nennende Parteien im angeblich so freien Europa sind noch längst nicht so weit, homoerotischen Paaren Partnerschaft ohne Diskriminierung zu ermöglichen. Das könnte uns zeigen, wo wir selbst auf unserem *Entwicklungsweg* zur Integration aller Lebensprinzipien stehen.

Wir selbst könnten von Asylsuchenden wiederum lernen, wie wenig selbstverständlich unsere Errungenschaften in anderen und besonders muslimischen Ländern sind, und sie wieder neu und mehr schätzen lernen. Wer die Ehe von homosexuellen und lesbischen Paaren ablehnt, hat noch Integrationsbedarf – in diesem Fall beim 11. oder uranischen Lebensprinzip.

Und einige Neuankömmlinge wollen hier *die erste Geige spielen* und *groß herauskommen.* Das ist in unserem System möglich und wird sogar gefördert. Bei uns zählt fast nur noch die *Nr. 1* als *Gewinner* und *Champion,* die Nr. 2 ist schon der erste Verlierer. Wie das in Wirtschaft, Sport und Medien geht, könnten Flüchtlinge hier lernen, und wer mag, kann sie auch darin fördern. Hier ist es möglich, zu *glänzen* und sich in (un-)verdientem *Ruhm* zu *sonnen.* Diese Gesellschaft liebt das sogar, *Castingshows* gehören zu den *Lieblingssendungen.*

Und wer sich über derlei Wünsche bei Fremden ärgert, kann gleich bei sich selbst anfangen, ähnliche Bestrebungen – vielleicht auf anderen Ebenen oder anderem Niveau – bei sich zu entdecken.

Und natürlich gibt es auch besonders unter Männern nicht wenige, die das in unterentwickelter und sogar destruktiver Weise wollen und hier ihr hirnloses *Patriarchat* und ihren *Machismo* gegenüber (eigenen) Frauen und Töchtern weiter durchziehen wollen. Da das an unsere Grundgesetzgrenzen stößt, sollten wir sie dessen *Autorität* und die unseres Staates fühlen lassen. Sklavenhaltung, Zwangsverheiratungen, Beschneidungen von Mädchen und Fememorde an Töchtern und Schwestern gehören zum unerlösten Plutoprinzip und sollten bei uns – gesetzeskonform – direkt ins Zuchthaus führen und von da – falls je wieder freigelassen – am besten auf direktem Weg zurück in die alte Heimat. Denn wer so weit zurückgeblieben ist, hat dort sicher viel bessere Resozialisierungschancen.

Das erlöste Sonnenprinzip meint, dass das Licht der Sonne auf uns alle scheint, dass wir alle das Recht haben auf eine »sunny side of the street«.

6. Jungfrau-Merkur-Prinzip

Andere wollen hier offensichtlich *gesund werden* und kommen *krank,* gebrochen oder schon im Rollstuhl an. Sie erhoffen sich Hilfe von unserem *Gesundheitssystem.* Auch wenn das in den Augen vieler Einheimischer immer mehr zu einem *Krankheitssystem* verkommt, hat es für Menschen aus anderen Ländern doch immer noch Vorbildcharakter. Und gemessen an den Gesundheitssystemen dieser Welt stimmt das auch. Wir können immer noch stolz darauf sein und es ihnen gönnen, während wir es schonen, um es uns und allen zu erhalten. Und die Gefahr dafür durch Fremde ist tatsächlich gering, der deutsche Ärztepräsident Frank Montgomery sagt: »In der Regel sind es junge, dynamische Männer. Die durchschnittlichen Gesundheitskosten eines Asylbewerbers liegen bei 2300 Euro, das sind 600 Euro weniger als bei einem Deutschen. Das sind übernormal gesunde Menschen.«

Dass es sich hier – zumindest anfangs – um junge fitte Männer handelte, war – für mich persönlich – an den Grenzen unübersehbar, wurde nur von den Mainstream-Medien verschleiert. Das erschrickt natürlich wieder jene, die den Flüchtlingen böse Absichten unterstellen, aber das gehört zum übernächsten Lebensprinzip.

Wer sich darüber ärgert, dass Fremde dieses System *»ausnutzen«*, könnte sich gleich fragen, wie er es damit hält. Solidargemeinschaften wie Krankenkassen leben natürlich von Solidarität. Bin ich selbst solidarisch, oder versuche ich meine Krankenkasse auszunehmen, wo es geht?

Viele Asylsuchende suchen bei uns *Sicherheit, Ordnung, Verlässlichkeit* und einen *berechenbaren Staat*, Dinge, die sie aus ihrer bisherigen Heimat nicht kennen. Diese Chancen können wir ihnen – sogar mit einem gewissen Stolz – bieten, falls wir nicht gerade jetzt *Sicherheit und Ordnung* verspielen – und wahrscheinlich weniger durch Asylsuchende, wie es einige befürchten, und mehr durch die Transformation unseres Systems. Diese Zeit der Globalisierung, in der die Macht von Politikern auf Konzerne übergeht und die Bürger aus Angst oder mit dem Vorwand Terrorismus immer mehr entmündigt und entrechtet werden, macht die Schattenseite von *Sicherheit durch Ordnung* deutlich. Also gilt es, zusammen *aufmerksam* und *wachsam* zu bleiben, um nicht ausgerechnet ihretwegen jetzt zu verspielen, was sie gerade angelockt hat.

Wer *berechnend* kommt, um sich hier *behandeln* und etwa *die Zähne richten zu lassen*, könnte als Investition in eine gemeinsame Zukunft Hilfe erfahren. Wir könnten das gleichsam als Vorschuss eines *Gesundheitssystems* sehen, das später von den Neuankömmlingen auch mit erhalten wird.

Jene Politiker, die in Neuankömmlingen neue *Arbeitskräfte* für das neue *Wirtschaftswunder* sehen, *spekulieren* ebenso wie diese und reagieren dementsprechend *empfindlich* an diesem Punkt, erwischt er sie doch beim *Projizieren*. Wer aber Neuankömmlinge nicht *arbeiten* lässt, will eigentlich wohl keine Integration.

Wer andererseits auf *Angstmache* setzt, ist auch ganz in diesem Prinzip, allerdings auf dem unerlösten Pol. *Voraussicht* und *Planung* wären hier erlöstere und *konstruktivere* Beiträge. Integration will *geplant* sein, dabei auftretende Probleme sind *voraussehbar*. Ihnen kann mit Ängstlichkeit oder *durchdachten Konzepten* begegnet werden, selbstverständlich verstärkt Ersteres und löst Letzteres die Probleme eher.

7. Waage-Venus-Prinzip

Sehr viele aus den Kriegsgebieten wollen bei uns wohl einfach endlich *Frieden* finden und wieder ein *schöneres, sorgenfreieres Leben in Harmonie* und *Glück* leben und *genießen*.

Frieden können wir bieten und ihn mit ihnen *zusammen genießen* und *feiern* – *Frieden* und *Wohlstand* seit Jahrzehnten. Diesbezüglich bieten die Fremden auch uns die Chance, die Selbstverständlichkeit dieses begnadeten Zustandes zu überwinden und den *Charme* und die *Schönheit* unserer *friedlichen* und so himmlisch langen »Nachkriegszeit« wieder neu zu entdecken.

Und wir dürften uns fragen, ob und inwieweit wir diesen äußeren *Frieden* nutzen, um inneren zu finden. Was sind wir bereit, für den Erhalt des *Friedens* zu tun? Wagen wir es, unseren besten

Freunden in den USA auch einmal die Gefolgschaft zu verweigern, wenn sie – wie fast regelmäßig – auf den Kriegspfad gehen? Immerhin haben wir uns den Irakkrieg erspart, aber den in Afghanistan eingebrockt. Sind wir bereit für eine *ehrliche* Bilanz? Brauchen wir noch einen Krieg um die Ukraine mit Russland? Oder sind wir bereit, für *Frieden* einzustehen?

Möglicherweise *fasziniert* die Fremden auch die hier herrschende *Gerechtigkeit* im Vergleich zu dem System ihrer alten Heimat. Und tatsächlich sind sie weit dafür gegangen. Wie weit sind wir bereit zu gehen, um noch mehr *Gerechtigkeit* zu schaffen? Wie viel ist sie uns wert?

Nicht wenige unter den Neuankömmlingen wollen sich bei uns offenbar auch einfach *schöne Dinge* leisten, die es hier genügend gibt. Da könnten wir ihnen helfen, ihnen vieles zeigen, auch erklären, wie was geht und wie viel das *Kostbare* kostet.

Und wieder Gelegenheit, uns selbst zu fragen, ob wir all das *Schöne*, das wir kaufen, wirklich brauchen und ob es wert ist, was wir dafür tun und zahlen müssen. Wie ist unser Verhältnis zu äußerer und innerer *Schönheit* und *Harmonie*?

8. Skorpion-Pluto-Prinzip

Einige Flüchtlinge wollen hier sicher ihre Religion mit aller *Inbrunst*, Konsequenz und *Rigorosität*, sogar *fundamentalistisch* leben. Das erlaubt unser System, solange die Grenzen unserer Zivilgesellschaft nicht überschritten werden. Religionsfreiheit war auch bei uns lange nicht selbstverständlich, wie die *fanatischen Religionskriege* der Vergangenheit, etwa der 30-Jährige, zeigen. Diese Freiheit zu erhalten könnte uns Anliegen sein, selbst wenn sich viele bei uns zu keiner Religion mehr innerlich bekennen.

Hier wäre eine gute Gelegenheit, uns zu fragen, wie wir unseren Lebenssinn finden wollen. Ob wir ganz ohne *Religio*-n im

Sinne der Rückbindung und ohne Lebensphilosophie wirklich auskommen. Wie wollen wir Themen wie *Metamorphose, grundlegende Wandlung, Metanoia, tiefste Reue* und *Umkehr* leben?

Aus schlechten Verstärkern vor 5 Uhr morgens über eine Stunde plärrende Muezzine, mit denen sich die Hindus auf Bali von ihrer muslimischen Minderheit *terrorisieren* lassen (müssen), brauchen und wollen wir aber deswegen noch nicht. Auch dann nicht, wenn viertelstündliche Kirchenglocken die ganze Nacht über viele ebenfalls stören. Damit muss einerseits rechnen, wer aufs bayerische Dorf zieht, aber selbst dort ließe sich darüber abstimmen und diese Art von *Zwangsbeglückung und -erweckung* gegebenenfalls – mit Mehrheit – beenden. *Zwanghaftes Missionieren* ist unerlöstes Plutoprinzip und überall kritisch zu sehen, wie alles Unerlöste. Es ist auch *destruktiv*, denn es *(zer-)stört* den Schlaf, was es ja auch soll. Aber wir wollen und müssen uns längst nicht alles *Destruktive* und Unerlöste gefallen lassen.

Hier wären, sofern uns derlei *Beeinflussungsversuche* stören, die Fragen angebracht, wie es bei uns mit *zwanghaften* Tendenzen steht und wie *radikal* wir Einfluss nehmen (wollen), etwa auf Partner oder Mitarbeiter.

Und leider kommen als Flüchtlinge auch einige und hoffentlich wenige *Fanatiker* im Sinne von *Islamisten*, um uns zu attackieren, unsere Gesellschaft mit *brachialer Gewalt* zu ändern und sie und uns *skrupellos umzukrempeln*. Letztlich um ihr Gesetz hier mit *Gewalt* und aller Konsequenz durchzusetzen. Das bedeutet für nicht wenige Muslime auch die – in unseren Augen mittelalterliche – *Scharia*, die Gesetzesauslegung des Korans, die mit plutonischer *Vergeltungsgewalt* bis hin zu *Rache* Vergehen wie Fremdgehen besonders gegenüber Frauen ahndet, also Vergehen, die bei uns überhaupt keinen Strafbestand mehr darstellen. Viele Muslime und nicht nur *Radikale* lesen aus dem Koran den Auftrag heraus, überall die *Macht* zu übernehmen. Wir sollten Einwanderer – mit gutem Recht – fragen, ob sie solche Ambitionen haben, um sie dann nicht zu akzeptieren, weil das für uns nicht nur inakzeptabel ist, sondern auch mit unseren Grundgesetzen unvereinbar. Die stehen in den europäischen Staaten eindeutig über der Bibel und ihrem Alten Testament, wo es natürlich leider auch um *Vergeltung* im Sinne von »*Auge um Auge, Zahn um Zahn*« geht und die *Steinigung von Ehebrecherinnen* ein *plutonisches (Rache-)Thema* ist.

Nicht nur *Terroristen*, auch *Hassprediger* seien hier genannt, denn auch sie rufen zu Gewalt auf, *missionieren mit Gewalt* und wollen ihr System mit Gewalt durchsetzen und uns *aufzwingen*.

Warum erduldet eine Gesellschaft wie unsere etwa *Hassprediger*, wenn nicht aus *Masochismus*? Und auch der gehört natürlich zum unerlösten plutonischen Prinzip. Wieso lassen wir Tausende Muslime durch unsere Straßen *randalieren*, die dem Schriftsteller Salman Rushdie ein von einer *Fatwa, einem religiösen Fluch*, ausgesprochenes Todesurteil und eine Art *Verfluchung* an den Hals wünschen? Bei uns sind *Aufrufe zu Mord* verboten! Stehen wir doch einfach zu unserer Zivilisation.

Fanatikern müssten wir mit aller Konsequenz und Härte begegnen, ihnen standhalten und unsere Überzeugung entgegenschleudern und bei entsprechender Unbelehrbarkeit die Tür weisen. Auf der *destruktiven* Ebene des Plutoprinzips wird leider meist keine andere Sprache verstanden. Die Methoden des Rechtsstaates werden diesem Prinzip in seiner unerlösten Form leider kaum gerecht, und das nutzen *fanatische* Plutoniker häufig bewusst aus. Und dann entsteht auch hier bei uns die Gefahr ebenso *fanatischer* und manchmal sogar *faschistoider* Bewegungen, die als Bürgerwehren zum Schutz von Frauen und Kindern beginnen, aber beim *Ku-Klux-Clan* enden könnten.

Für uns wäre hier die Frage wichtig, ob überhaupt noch Überzeugung vorhanden ist, ob wir noch *Inbrunst* in uns haben und bereit sind, für unsere Errungenschaften einzustehen.

Einige, vor allem junge Männer wollen offenbar auch ihre sexuelle Frustration in Übergriffen bis zu *Vergewaltigungen* austoben. Bei männlichen Jugendlichen in muslimischen Ländern ist ungestillter, chronisch frustrierter *Sexhunger* geradezu üblich, weil die harten lustfeindlichen Gesetze nicht nur der *Scharia*, sondern auch profaner muslimischer Länder ihnen kaum Möglichkeiten des sexuellen Auslebens lassen. Auch wenn wir solche Hintergründe verstehen, warum sollten wir bei Straftaten Pardon geben auf dem Rücken unserer Frauen? Hier bräuchte es von Anfang an glasklare Information bezüglich der Konsequenzen, und eine Gesellschaft, die stark, entschlossen und *kompromisslos* genug ist, so harte Gegenmaßnahmen anzuwenden, wie sie längst nicht mehr zum Repertoire europäischer Frauen gehören, aber auch Polizisten inzwischen mangeln. Jene Polizisten, die 68 und später bei *Anti-Atomkraft-Demonstrationen* recht leidenschaftlich geprügelt haben, wären hier gefragt. Unerlöste plutonische Energie verträgt und versteht kaum eine andere Antwort. Erschreckend, wie wenig Hilfe im Ernstfall von deutschen Polizisten gegen *Gewalttäter* wie bei den Silvesterausschreitungen 2015 in Köln zu haben ist. Die Konsequenz ist dann ebenfalls plutonisch in Gestalt von Öl ins Feuer des *Fremdenhasses, mehr Brandstiftungen* in Ausländerheimen und – vom schwächelnden Rechtsstaat verlassen – Entwicklungen bis zu Bürgerwehren.

Als positives Resümee ergibt sich beim Plutoprinzip die Chance auf einen tiefgreifenden notwendigen radikalen gesellschaftlichen Wandel in einer neuen (globalisierten) Welt.

9. Schütze-Jupiter-Prinzip

Viele kommen wohl auch zu uns, um hier einfach unter dem Schirm der *Toleranz* zu leben und ihre *Religion* ausüben zu können – in aller Ruhe Sunniten oder Schiiten zu sein oder auch Sufis und Christen, denn Letzteres war in ihren Heimatländern noch viel bedrohlicher. Und das können sie hier zum Glück noch ganz für sich und miteinander ungestört und in aller Ruhe und weitgehender *Toleranz*. Und auf *Toleranz* müssen sich auch jene Frauen verlassen können, die hier einen freien selbstbestimmten Lebensstil verwirklichen wollen und lange unter dem Diktat eigener männlicher Landsleute gelitten haben.

Und wir könnten uns davon möglicherweise inspirieren und anregen lassen, unsererseits auch wieder Tiefe und Geheimnis unserer *Kultur* und *Religion* zu entdecken. Wir dürften uns mit ihnen der *Toleranz* erfreuen, die unsere Vorfahren durchgesetzt haben, von der erotisch-sexuellen über die *religiöse* bis zur Ebene der *Lebensphilosophie*. Wir dürfen heute glauben, was wir wollen. Das war lange nicht selbstverständlich.

Anderen Neuankömmlingen geht es vielleicht weniger um *Erfüllung*, sie wollen hier »nur« aus der *Fülle* leben, in ähnlichem *Luxus* und Überfluss wie wir. Ihnen könnten wir verraten, wie das ganz legal geht. Und wir könnten auch – ganz ehrlich – vermitteln, was das bringt und was dabei auch alles verlorengeht. Hier ist eben längst nicht alles Gold, was glänzt, was man uns und unseren großen Vorbildern, den Amerikanern, ja schon von weitem ansieht. Da wird aus *Erfüllung* leicht *Fülle* und wie schwer wir uns körperlich damit abschleppen! Wie immer mehr nicht nur ihr *Fett* abbekommen, sondern drohen, darin und daran zu ersticken. Bei spiritueller *Fülle* und *Erfüllung* wäre das Gegenteil der Fall, und dem sind viele von ihnen wohl noch näher als wir. Es wäre weise und fair zu versuchen, ihnen die von uns schon ausreichend gemachten Fehler zu ersparen.

Andererseits dürften wir auch von ihrer *Weisheit*, wie sie viele *Sufis* in sich tragen, leben und mitbringen, unsererseits in *spiritueller* Hinsicht etwas abbekommen. Neben allem materiellen Profit- und Wachstumsstreben und Überfluss wäre ein *spiritueller* Ausgleich so wichtig für uns.

Auf der unerlösten Ebene übertreiben wir das archetypisch weiblich Materielle zu sehr, wie sie das unerlöst männlich Patriarchale.

Wie erlösend für beide Seiten, würden wir bei beiden Polen die konstruktiven Ebenen ins Auge fassen und verwirklichen, die Anima und Seelenkräfte des Weiblichen und die *spirituelle* archetypisch männliche Ebene, und einander beim Ausgleich helfen.

Grund genug also, sich Fragen zu stellen: Wie steht es bei mir mit dem Verhältnis von Wissen (Merkurprinzip) und *Weisheit*? Habe ich meinen *spirituellen Weg* und meinen *Lebenssinn* gefunden? Von welcher *Philosophie* im Sinne von *Liebe zur Weisheit* lasse ich mich leiten?

10. Steinbock-Saturn-Prinzip

Viele sehnen sich nach den Erfahrungen in ihrer Heimat, dem Kriegs- und Hungerchaos am Ende und den Strapazen der langen (Aus-)Wanderung wahrscheinlich auch einfach nach *Recht und Ordnung*, für die unsere Staaten bekannt sind. Sie kannten vor allem *Unrecht*, aber immerhin *Ordnung* in ihren *Diktaturen*, die wir und vor allem unsere besten US-Freunde so erfolgreich destabilisiert haben. *Stabilität* können sie nun wieder bei uns finden, *Ruhe* wahrscheinlich weniger, als sie jetzt nach den *Strapazen* bräuchten.

Tatsächlich gibt es keine einzige muslimische Demokratie mit bürgerlichen Freiheiten, *Ordnung* und *Rechtssystem* wie bei uns.

(Unser) *Recht* und eine vergleichsweise freiheitliche *Ordnung* können sie hier hoffentlich erleben, und wir können sie *lehren*, damit umzugehen und sie zu nutzen, um Besseres zu lernen, als ihre *Systeme* sie lehrten. Und wir selbst könnten im Vergleich doch einmal herausfinden, wie viel besser andere wie etwa die Schweizer mit ihrer wirklichen Demokratie leben als wir mit unserer Farce davon.

Vor allem können sie hier von einem *Grundgesetz* profitieren, das allen die gleichen *Rechte* gewährt und dabei auch die Frauen einschließt. Das ist für muslimische Frauen eine große Chance und für ihre Männer ein *hartes* Erwachen. Es ist ihnen hier aber nicht zu ersparen. Im Gegenteil sollten wir alles daransetzen, dieses vergleichsweise menschliche (Grund-)Gesetz uns und ihnen zu erhalten, ohne irgendwelche *Abstriche* daran zu machen. Für die brutale *Härte der Scharia,* die die *alttestamentarische Härte* noch übersteigt und lieber *stein*igt als resozialisiert, ist hier kein Platz – weder in unseren Herzen noch in unseren Ländern. Insofern kommt auf muslimische Männer hier entweder eine *Umstellung* und *-erziehung* zu und in ihnen in Gang, oder die Dinge gehen schief, und das Ganze läuft aus dem Ruder. Was als *Härte* den Männern gegenüber erscheinen mag, ließe sich auch als *Verantwortung* uns selbst und muslimischen Frauen gegenüber erkennen. Diesen Schritt haben wir auch machen müssen und dabei viel lernen dürfen. Der Islam ist einfach eine viel jüngere Religion und dadurch in vielem auch später dran. Der Volksschüler ist ja nicht schlechter als der Mittelschüler, er ist nur auf einer anderen Ebene. Wenn er allerdings darauf *beharrt,* seine *Unwissenheit* zu *bewahren,* müssen wir ihm mit *hartem Druck* begegnen oder ihn in die Volksschule *zurückversetzen* in sein Heimatland, wo solche *Vorurteile* sogar *staatsrechtlich* abgesichert sind.

Wir sollten die Flüchtlinge, die um des besseren Lebens willen herkommen, auch lehren, dass *harte körperliche Arbeit* eigentlich eher Männer- als Frauensache ist und in unserem System – entgegen aller *Ideologie* – gerade nicht zu Erfolg führt, sondern auf untere gesellschaftliche Ebenen und dort festhält.

Sie könnten uns andererseits lehren, dass *weniger* auch *mehr* sein kann, in materieller Hinsicht, und dass *das Wesentliche* nicht im *Materiellen,* sondern im Spirituellen liegt.

Wir könnten uns bei dieser Gelegenheit fragen, ob wir es mit unserer *Härte* und der der *Arbeit* nicht auch oft übertreiben. Ob *Recht und Ordnung* und ihr unerlöster Schatten in der *Bürokratie* nicht zu oft Kreativität und bessere Lösungen verhindern.

Manche sind vielleicht auch der *Freiheit* wegen gekommen, insbesondere Frauen, denen hier ein ganz anderes Leben, *frei* von all den Beschränkungen und Einengungen der normalen islamischen Gesellschaft winkt, denen hier in beruflicher, partnerschaftlicher und allgemein gesellschaftlicher Hinsicht Selbstverwirklichung in ungleich offenerer und *freierer* Weise möglich ist, für die dieser Schritt in Neuland ein *Sprung* um Jahrhunderte vorwärts sein kann. Und das enthält auch *Sprengstoff* für diejenigen, die als Familien kommen, wo alle Betroffenen *Kulturschocks* erleiden können, wo Kinder und wiederum insbesondere Mädchen *aus ihrer einengenden Tradition ausbrechen* werden und ihres und das Leben der Familie bei ihrer *Selbstbefreiung auf den Kopf* stellen.

Wieder andere zieht vielleicht die Möglichkeit an, hier aus festgefügten Traditionen *ausbrechen* zu können und sich neue Möglichkeiten zu erschließen im Hinblick auf Lebensgestaltung und Karriere. Die hier gebotene *Abwechslung* und die *verrückten Möglichkeiten* unserer Gesellschaft mögen junge und *idealistische Außenseiter* und Künstler faszinieren, hier ihren Traum zu verwirklichen und mit ihren *Idealen* den *Himmel* zu stürmen oder wenigstens eine bessere *Zukunft* zu bauen, ihre *Originalität* zu *leben* und *Selbstverwirklichung in eigener Regie* zu betreiben, vielleicht eine *Karriere im Showgeschäft* anzustreben oder ihrer *außergewöhnlichen Kunst* zu leben, die ihre alte Heimat nicht zuließ.

Das ist hier alles relativ gut und ungleich ungestörter, *kreativer* und sogar *ausgeflippter* möglich als in der alten Heimat. In Bereichen wie Kunst und *Karneval* gilt es hier als ganz natürlich, über die Stränge zu *schlagen, aus der Reihe* zu *tanzen, verrückt* zu *spielen* und seinen ganz eigenen *originellen* Weg zu gehen. Hier darf man, wenn auch erst seit Neuestem uneingeschränkt, *schwul* und *lesbisch* sein und sogar *bisexuell* und *anderer Meinung*, kann sich in

Mode und Kultur *austoben* und hat die *Freiheit*, sich selbst auszudrücken, solange man die anderer nicht bedroht oder beschädigt. *Frau* darf auch die Burka tragen, wenn *frau* das wirklich will, wenn sich das bei uns auch kaum jemand vorstellen kann. *Außenseiter-Sein* ist hier immerhin möglich. *Jede(r) darf auf seine Fasson glücklich werden* – jedenfalls in der Theorie und nach dem Grundgesetz.

Und sollte das Neuankömmlinge beglücken, könnten wir an ihrem Glück teilhaben und unseres wieder wahrnehmen lernen. Wir haben einiges in diesem uranischen Bereich zu bieten und unseren Vorfahren zu verdanken und könnten uns selbst daran wieder mehr und mit Staunen und Genuss bedienen und erfreuen. Wir dürfen alle zusammen und jeder für sich *originell, außergewöhnlich* und einzigartig sein. Was für ein *Fest der Individualität* und der Individuation.

12. Fische-Neptun-Prinzip

Die ganze *Flüchtlingsthematik* und jede ihrer *Wellen* gehört archetypisch zum Neptunprinzip. Insofern lägen hier besondere Chancen der *(Er-)Lösung*. So müsste uns auch das zeitweilig entstandene *Chaos* gar nicht so schrecken. Aus dem *Chaos des Uranfangs*, dem *Tohuwabohu*, ist alles entstanden, und Nietzsche riet dringend, *Chaos* in sich zu bewahren, um das Besondere schaffen zu können.

Immerhin kommen einige, wenn auch wohl insgesamt ziemlich wenige, vielleicht als Sufis, die ihrer Bestimmung nachkommen wollen und sich hier zu Recht erhoffen, ungestört ihrem Weg als *Derwische* oder *Mystiker folgen* zu dürfen, um sich ihm ganz und ohne gesellschaftliche Gängelei *hingeben* zu können. Was für eine Bereicherung wäre es für uns, wenn hier *Sufi-Schulen* entstünden und tanzende *Derwische* sich in Orden organisierten, wie sie es in ihrer alten Heimat nicht durften. Wenn weise Sheiks ihre Weisheit jenen verkündeten, die bereits *offen* dafür sind, wenn die Grenzen zwischen muslimischen und christlichen *Suchern verschwämmen* angesichts der Tatsache, dass es nur ein und dieselbe *Einheit* gibt. Wie himmlisch, wenn uns ein tanzender *Derwisch* auf die dumme Frage, ob Mandala-Tänze auch bei Nichtmuslimen zur Erfüllung führten, mit staunenden Augen antwortete wie mir einst: »Selbstverständlich, werde einfach ein tanzender Christ.« Was wenn die Weisheit eines Pir Vilat Inayat Khan, die eines Rumi oder Ibn Arabi in unsere Gesellschaft einflößen? Wie wundervoll, wenn sich *Sufi-Mystik* und *franziskanisches Christentum* mit seinem *Armutsgelöbnis* und *Respekt vor allem Leben* verbänden. Beide Seiten könnten voneinander lernen, gerade weil die *Sufis*, die ich kenne, noch ungleich mehr Zugang zur *Mystik* ihrer Traditionen haben als mir bekannte Christen.

Und wir könnten uns fragen, wie steht es mit meinem Zugang zur *Mystik* meiner eigenen Tradition? Welche Rolle spielt *Transzendenz* in meinem Leben?

Andere und wahrscheinlich noch mehr wollen vielleicht auch nur unsere Sozialsysteme (aus-)nutzen und sich mit einer Karriere als geschickt-*bedürftiger Sozialfall* begnügen, wie es ja auch Einheimische immer wieder schaffen. Das mag aus einem traditionellen Vorurteil, dass Arbeit etwas für Frauen und Ungläubige sei, herrühren.

Unsere schwierige Aufgabe wird es dann, solchen *Betrug* zu verhindern – uns und vor allem ihnen *zuliebe*. Sonst werden sie zuletzt lachen und wir die Dummen sein und sie als dumme schmarotzende Machos sterben. Das wäre unverantwortlich von uns – ihnen und uns gegenüber. *Sandler, Penner, Clochards* wünschen sich wohl meist *Erlösung* aus ihrer *Misere*. Hier wäre *Misericordia*, das *Mitleid* und *Mitgefühl des Herzens*, gefordert und ein erfüllende Aufgabe für viele, die im Überfluss zu *ertrinken* drohen. Aber es ist eine Überforderung einer Gemeinschaft, solch unerlöste Neptunier einer ganzen Großreligion anzuziehen und durchzufüttern. Alle Flüchtlinge aufzunehmen ist eine ebenso schöne wie dumme *Illusion*, das ist zahlenmäßig völlig unmöglich, und um das zu erkennen, muss man nicht Mathematik studieren. Zumal die *epidemische* Wirkung sicher ist. In diesen Handy-Zeiten spricht sich alles mit funkender Geschwindigkeit ungleich schneller herum als früher, wo es auch schon in Windeseile geschah. So rasch zur *Minderheit* zu werden, das können sich Einheimische kaum gefallen lassen und werden da keinesfalls mitspielen. Es macht schon jetzt Probleme, wenn europäische Frauen muslimischen Machos im wahrsten Sinne des Wortes den Dreck wegräumen sollen.

Und zugleich ist das Anlass zur rückbezüglichen Frage für all jene, die sich von der Situation übervorteilt und ausgenutzt fühlen, wo sie dergleichen bei sich erleben, wo sie jemanden ausnutzen, und sei es »nur« den Staat?

Und natürlich können und sollen wir aus dieser Situation lernen, diejenigen mit Flüchtlingsberührung müssen das täglich, aber wir alle könnten es zu unserem und unser aller Vorteil. Kilian Kleinschmidt leitete eines der größten *Flüchtlingslager* an der syrisch-jordanischen Grenze. Er bekannte in einem Interview, wie er eine Lektion in Sachen Neptunprinzip annehmen und eine *Illusion* loswerden konnte: »Ehrlich gesagt haben wir die Kontrolle schlicht verloren. Die Leute haben sich von unseren Ordnungsvorschriften und Plänen knallhart befreit. Es hat bei mir ein bisschen gedauert, bis ich begriffen habe, dass der Mut zum *Chaos* ein menschlicheres Miteinander ermöglicht.« Oder wie es Nietzsche formulierte: »Du musst noch Chaos in dir haben, um einen tanzenden Stern zu gebären.«

Anhang

Bücher- und Filmtipps

Mars-Widder-Prinzip:

Filme: Kriegsfilme wie *»Der Soldat Ryan«* mit Tom Hanks, *»The Last Samurai«* mit Tom Cruise, *»Fight Club«* mit Brad Pitt

Bücher: *»Im Westen nichts Neues«* (Remarque), *»Wenn wir gegen uns selbst kämpfen«*, *»Die Kunst des Krieges«* von Sun Tzu

Stier-Venus-Prinzip:

Filme: *»Heidi«*, *»Alexis Sorbas«* mit Anthony Quinn, *»Die Hüterin der Gewürze«*, *»Chocolat«* mit Juliette Binoche, *»Ein gutes Jahr«* mit Russell Crowe

Bücher: *»Ewig singen die Wälder«*, *»Das Erbe von Björndal«*, *»Tantra oder Die Kunst der sexuellen Ekstase«* von Margot Anand, genussvolle Kochbücher, Heimat-Romane

Zwilling-Merkur-Prinzip:

Filme: *»Catch Me If You Can«* mit Leonardo di Caprio und Tom Hanks – der Zwilling-Merkur-Film schlechthin, *»Der Scheinheilige. Echte Wunder zu vernünftigen Preisen«*

Bücher: *»Der Zauberberg«*, *»Die Buddenbrocks«* (beide von Thomas Mann), Sherlock-Holmes-Romane von Arthur Conan Doyle, *»Krankheit als Symbol«* (Ruediger Dahlke), *»Silicon Valley: Was aus dem mächtigsten Tal der Welt auf uns zukommt«* von Christoph Keese, Kommunikationsbücher

Mond-Krebs-Prinzip:

Filme: »*The Kid*« mit Bruce Willis, »*Ich bin Sam*« mit Sean Penn, »*Tanguy, der Nesthocker*«, »*Drei Männer und ein Baby*« (französische Originalversion)

Bücher: »*Auf der Suche nach der verlorenen Zeit*« von Marcel Proust, »*Der kleine Prinz*« von Antoine de Saint-Exupéry, »*Zurück zur Natur*« (Jean-Jacques Rousseau), »*Die Nebel von Avalon*«

Sonnen-Löwe-Prinzip:

Filme: »*Lawrence von Arabien*« mit Peter O'Toole, »*Coco Chanel*«, »*Ein unmoralisches Angebot*« mit Robert Redford

Bücher: Bücher von C. G. Jung über die Individuation, »*Die Gralslegende*«, »*Heirate dich selbst*« von Veit Lindau

Jungfrau-Merkur-Prinizip:

Filme: »*Am Anfang war das Licht*« von P.A. Straubinger, »*We feed the World*«, »*Angsthasen*«, »*Der Arzt der Frauen*« von Michael Verhoeven

Bücher: Romane von Agatha Christie, sozialkritische Texte von Bob Dylan, »*Das Urteil*« von Kafka

Waage-Venus-Prinzip:

Filme: »*Pretty Woman*«, »*Vom Suchen und Finden der Liebe*« von Helmut Dietl, »*Dirty Dancing*« mit Patrick Swayze, »*Briefe an Julia*«

Bücher: »*Das Bildnis des Dorian Gray*« (Oscar Wilde), alle Liebesromane

Pluto-Skorpion-Prinzip:

Filme: »*Rosemary's Baby*« von Roman Polanski, »*Im Auftrag des Teufels*« mit Al Pacino, »*Belle du Jour*« mit Catherine Deneuve, »Matrix« mit Keanu Reeves; Horror- und Porno-Filme generell

Bücher: »*Die Schöne und das Biest*«, »*Dr. Jekyll und Mr. Hyde*«, »*Das Lied der Nibelungen*«, »*SeelenGevögelt*« (Veit Lindau)

Jupiter-Schütze-Prinzip:

Filme: »*Die Päpstin*«, »*Seide*«, »*Vom Winde verweht*«, »*Troja*«, Monumental-Filme wie »*Ben Hur*«

Bücher: Bücher von Osho, Thorwald Dethlefsen und des 16. Dalai Lama

Saturn-Steinbock-Prinzip:

Filme: »*Das Beste kommt zum Schluss*« mit Jack Nicholson und Morgan Freeman, »*An ihrer Seite*«, »*Die Herbstzeitlosen*«, »*Die Auslöschung*« mit Klaus-Maria Brandauer

Bücher: »*Die Totenbücher der Völker*«, »*Das Buch vom Leben und vom Sterben*« (Sogyal Rinpoche), die Bücher von Edgar Allan Poe

Uranus-Prinzip:

Filme: alle Science-Fiction-Filme wie die »Star-Wars«-Filme von George Lucas und »*Star Trek*«, »*Benny and Joon*« mit Johnny Depp

Bücher: »*Die Möwe Jonathan*«, »*Brücke über die Zeit*« (beide von Richard Bach), »*Jenseits von Afrika*«, »*Fänger im Roggen*« (Jerome David Salinger)

Neptun-Prinzip:

Filme: »*Hinter dem Horizont*« mit Robin Williams, »Der sechste Sinn« mit Bruce Willis, »*Fünf Menschen, die dir im Himmel begegnen*«

Bücher: Schriften von Nostradamus, Edgar Cayce und Rudolf Steiner

Adressen

iAwake – Soundtechnologie für das Training kreativer und meditativer Zustände sowie Innermetrix-Persönlichkeitstests: www.shop.lifetrust.info

Green Ethiopia: www.greenethiopia.org

Bücher von Veit Lindau

Werde verrückt. Wie du bekommst, was du wirklich-wirklich willst!, Kailash

Werde verrückt. Das Praxisbuch, Kailash

SeelenGevögelt. Manifest für das Leben, Goldmann

Heirate dich selbst. Wie radikale Selbstliebe dein Leben revolutioniert, Kailash

Liebe radikal. Wie du deine Beziehungen zum Erblühen bringst, Kailash

DVDs, Kurse und weiteres von Veit

... findest du in seinem Shop: www.shop.lifetrust.info

Bücher von Ruediger Dahlke

Neuerscheinungen 2017

Fasten-Wandern. Droemer • Fasten-Einstiege. ZS • Vegan – ist das ansteckend?. Königsfurter-Urania • Spiel-Film-Therapie, www.heilkundeinstitut.at

Neuerscheinungen 2016

Das Lebensenergie-Kochbuch: Vegan und glutenfrei. Goldmann • Tiere als Spiegel der menschlichen Seele (mit Irmgard Baumgartner). Goldmann • Bewusst Fasten. Königsfurt-Urania • Fußdiagnose-Buch mit 49 Analysekarten (mit Rita Fasel). Königsfurt-Urania

Neue Filme und Apps

Ruediger Dahlke – ein Leben für die Gesundheit • Körper – Tempel der Seele – der Fastenfilm • Video-Buch: Vegan (alle: www.heilkundeinstitut.at) • SymSym (»Krankheit als Symbol«) für I-Tunes, Android und Google • SymSym »Disease as a Symbol« (in English by Itunes)

Grundlagenwerke

Die Schicksalsgesetze. Spielregeln fürs Leben. Resonanz Polarität Bewusstsein. Arkana, 2009. • Das Schattenprinzip: Die Aussöhnung mit unserer verborgenen Seite. Arkana, 2010. • Die Lebensprinzipien: Wege zu Selbsterkenntnis, Vorbeugung und Heilung (mit Margit Dahlke). Arkana, 2011

Krankheitsdeutung und Heilung

Krankheit als Symbol. Bertelsmann, 2014 • Angstfrei leben. Arkana, 2013 • Wenn wir gegen uns selbst kämpfen: Die seelischen Muster hinter Infektionen, Allergien, Hyperaktivität bis zu Impfproblemen. Goldmann, 2015 • Die Schattenreise ins Licht: Wie wir Depressionen überwinden. Goldmann, 2014 • Seeleninfarkt. Zwischen Burn-out und Bore-out. Goldmann, 2013 • Krankheit als Sprache der Seele. Goldmann, 2008 • Krankheit als Weg (mit Thorwald Dethlefsen). Goldmann, 2000 • Frauen-Heil-Kunde (mit Margit Dahlke und Volker Zahn). Goldmann, 2003 • Krankheit als Sprache der Kinderseele. Goldmann, 2010 • Herz(ens)probleme. Goldmann, 2011 • Das Raucherbuch. Goldmann, 2011 • Verdauungsprobleme (mit Robert Hößl). Knaur, 2001

Weitere Deutungsbücher

Hör auf gegen die Wand zu laufen. Goldmann, 2017 • Die Spuren der Seele (mit Rita Fasel). GU, 2010 • Der Körper als Spiegel der Seele. www.heilkundeinstitut.at 2009 • Die Psychologie des Geldes. Goldmann, 2011 • Krankheit als Chance. GU, 2014 • Die 4 Seiten der Medaille (mit Christoph Hornik). Goldmann, 2015

Krisenbewältigung

Die Liste vor der Kiste. Terzium, 2014. •Lebenskrisen als Entwicklungschancen. Goldmann, 2002 • Von der großen Verwandlung. Crotona, 2011 • Mythos Erotik. Scorpio, 2013

Gesundheit und Ernährung

Das große Buch vom Fasten. Goldmann, 2009 • Mein Programm für mehr Gesundheit. Südwest, 2009 • Fasten: Das 7-Tage-Programm. Südwest, 2011 • Richtig essen. Weltbild, 2011 • Ganzheitliche Wege zu ansteckender Gesundheit – Medizinische Herausforderung – herausfordernde Medizin. beide: www.heilkundeinstitut.at, 2011 • Peace Food – das vegane Kochbuch GU, 2011 • Das kleine Buch vom Fasten. www.heilkundeinstitut.at • Peace Food – vegano-italiano. GU, 2014 • Vegan für Einsteiger. GU, 2014 • Vegan schlank. GU, 2015 • Peace Food – vegan einfach schnell. GU, 2015 • Geheimnis der Lebensenergie. Goldmann, 2015 • Veganize your life (mit R. Pichler). Riemann, 2015 • Wieder richtig schlafen. Goldmann, 2014 • Die Notfallapotheke für die Seele. Goldmann, 2009 • Vom Mittagsschlaf zum Powernapping. Nymphenburger, 2011 • Sinnlich fasten (mit Dorothea Neumayr). Nymphenburger, 2010 • Die wunderbare Heilkraft des Atmens (mit A. Neumann). Heyne, 2009 • Störfelder und Kraftplätze. Crotona, 2013

Meditation und Mandalas

Mandalas der Welt. Goldmann, 2012 • Schwebend die Leichtigkeit des Seins erleben. Schirner, 2012 • Arbeitsbuch zur Mandala-Therapie. Schirner, 2010 • Mandala-Malblock. Neptun, 1984

Worte der Weisheit

Weisheitsworte der Seele. Crotona, 2012 • Worte der Dankbarkeit und des Vertrauens. www.heilkundeinstitut.at, 2011 • Die Kraft der vier Elemente (mit Bruno Blums Bildern). Crotona, 2011

Roman

Habakuck und Hibbelig. Allegria, 2004

Geführte Meditationen

CDs: www.heilkundeinstitut.at – Downloads: Arkana Audio

Grundlagen

Das Gesetz der Polarität • Das Gesetz der Anziehung • Das Bewusstseinsfeld • Die Lebensprinzipien – 12 CD-Set • Die 4 Elemente • Elemente-Rituale • Schattenarbeit

Krankheitsbilder

Allergien • Angstfrei leben • Ärger und Wut • Depression • Die Wege des Weiblichen • Hautprobleme • Herzensprobleme • Kopfschmerzen • Krebs • Leberprobleme • Mein Idealgewicht • Niedriger Blutdruck • Rauchen • Rückenprobleme • Schlafprobleme • Sucht und Suche • Tinnitus und Gehörschäden • Verdauungsprobleme • Vom Stress zur Lebensfreude

Allgemeine Themen

Der innere Arzt • Heilungsrituale • Ganz entspannt • Tiefenentspannung • Energie-Arbeit • Entgiften – Entschlacken – Loslassen • Bewusst fasten • Den Tag beginnen • Lebenskrisen als Entwicklungschancen • Partnerbeziehungen • Schwangerschaft und Geburt • Selbstliebe • Selbstheilung • Traumreisen • Mandalas • Naturmeditation • Die Lebensaufgabe finden

Kindermeditationen

Märchenland • Ich bin mein Lieblingstier

Weitere geführte Meditationen und Übungen auf CD

7 Morgenmeditationen • Die Leichtigkeit des Schwebens • Die Psychologie des Geldes (Übungen) • Die Notfallapotheke für die Seele (Übungen) • Die Heilkraft des Verzeihens • Eine Reise nach innen • Erquickendes Abschalten mittags und abends • Schutzengel-Meditationen

Hörbücher (www.heilkundeinstitut.at)

Körper als Spiegel der Seele • Von der großen Verwandlung • Krankheit als Weg • Die Spuren der Seele – was Hand und Fuß über uns verraten

Vorträge von R. Dahlke auf CD (www.heilkundeinstitut.at)

die Buchthemen und mehr

Videobücher

DVD I: Geistige Gesetze – Spielregeln für ein glückliches Leben • DVD II: Krankheitsbilder – Sprache der Seele und ihre Bedeutung • DVD III: Integrale Medizin – Therapien aus ganzheitlicher Sicht

Filme über Ruediger Dahlke (www.heilkundeinstitut.at)

Die Schicksalsgesetze – auf der Suche nach dem Masterplan. Arenico, 2014 • Unser Biogarten

Filme mit Ruediger Dahlke (www.heilkundeinstitut.at)

Am Anfang war das Licht • Awake • Der Heiler • Hesse – sein erstes Paradies (alle über www.heilkundeinstitut.at)

Adressen

Für Informationen zu Seminaren, Ausbildungen, Trainings, Vorträgen:
Heil-Kunde-Institut Graz, Oberberg 92, A-8151 Hitzendorf,
Tel.: 0043 316 7198885, Fax: 0043 316 7198886,
Internet: www.dahlke.at; E-Mail: info@dahlke.at

Für Psychotherapien:
Heil-Kunde-Zentrum Johanniskirchen
Schornbach 22, D-84381 Johanniskirchen, Tel.: 0049 85 64-819,
Fax: 0049 85 64-1429

Seminar- und Gesundheits-Zentrum TamanGa (25 Minuten vom Airport Graz): Fasten-Wochen mit Ruediger Dahlke – DaseinsZeit (veganes Leben in der Gruppe)
Labitschberg 4, A-8462 Gamlitz, www.taman-ga.at

Informationen zur Arbeit von Ruediger Dahlke
www.dahlke.at
Dahlke-Seminar-Zentrum: www.taman-ga.at
Webshop: www.heilkundeinstitut.at

GUTER REICHTUM

Für alle, die mehr inneren und äußeren Reichtum in ihrem Leben manifestierten wollen

Das Online-Reichtums-Training passend zum Buch. Mit **Veit Lindau.**
Mit Erfolgs-Garantie!

Themen

* Wie erschließt du dir nun konkret die Quellen deines inneren und äußeren Reichtums?
* Wie baust du ein Mindset auf, welches mehr Reichtum anzieht und auch hält?
* Lerne, Geld als deinen Spiegel und Zenmeister zu nutzen.
* Lerne, den Energiefluss des Geldes intelligenter zu meistern.
* Vermehre deinen äußeren Reichtum auf eine würdevolle und integre Weise.
* Heile die ökonomische Wunde in dir.
* Stärke dein existentielles Vertrauen.

Inhalt

* 24 Lektionen (Video, Audio, Schriftliche Arbeitsunterlagen)
* 12 inspirierende Interviews mit Menschen, die mindestens ein wesentliches Geheimnis des Guten Reichtums entdeckt haben
* 6 geführte Meditationen, um deine Beziehung zum Geld zu heilen und vor allem deine inneren Quellen des Reichtums zu erschließen
* 4 Live Videos

Danksagung

Margit Dahlke danke ich für Anregungen und die Durchsicht meines Manuskriptes und vor allem dafür, dass sie mir schon zu Anfang unserer Zeit und meines Arbeitslebens die Lebensprinzipien nahegebracht hat, die meine Arbeit wie nichts anderes vertieft und erweitert haben.

Veit danke ich für seinen Schwung, seine Impulse, Begeisterung, Kooperationsbereitschaft – und -fähigkeit sowie seine Freundschaft.

Ruediger Dahlke

In diesem Buch über Reichtum fällt es mir schwer, einem spezifischen Menschen Dank zu sagen. Gerade nach dem Schreiben fühle ich eine tiefe Dankbarkeit für… alles! Für jeden Menschen, der mein Leben berührte, für die Engel, die Freunde und für die »Stinkstiefel« ;-). Jeder lehrte und beschenkte mich. Dankbar für jede Stunde, die hellen und die dunklen. Jede war und ist kostbares Leben. Fülle in allen Schattierungen. Ich danke zutiefst dem Wunder des Lebens, welches uns mit der Fähigkeit erschuf, zu fragen, zu erkennen und zu lieben.

Ich danke meinem Verleger Ulrich Ehrlenspiel und seinem großartigen und geduldigen Team, zum Beispiel Anja Schmidt. Ich habe mich vom ersten Buch an gut bei euch aufgehoben gefühlt. Gesehen, gefördert, geschätzt und kompetent begleitet. Ich möchte anerkennen, wie ihr die Herausforderung gemeistert habt, zwei krasse Individualisten, wie Ruediger und mich, die ständig auf Achse sind, so kreativ-konstruktiv zusammenzubringen und aus unserer Verschiedenheit ein so schönes Buch zu zaubern. Ihr steht nicht im Rampenlicht, aber ihr seid für die Geburt eines solchen Werkes genauso wichtig. Ich arbeite sehr gern mit euch zusammen.

Tausend und ein stiller Dank an meine Liebste, die mir in all den Stunden, wenn ich schreibe, den Rücken freihält. Dein verrückter Freigeist war und ist für mich der größte Wegweiser in den Reichtum des Lebens. Und an meine Tochter: Dass ich dich so lieben darf, hat mir gezeigt, wie viel Reichtum in mir ist.

Jetzt ist es doch etwas mehr geworden. Ich höre jetzt lieber auf.

Ich danke dir, der du diese Zeilen liest. Du schenkst mir das Kostbarste, was du hast – deine Aufmerksamkeit.

Ich wünsche dir alles Glück dieser Welt.

Veit Lindau

Bäume fürs Leben und seine Fülle

Nachdem unsere Bestseller über Jahrzehnte so viele Bäume das Leben gekostet haben – denn Papier war die längste Zeit aus Holz – wird vom Autorenhonorar jedes Omega-Buches ein Baum gespendet, und zwar über die gemeinnützige Schweizer Stiftung Green Ethiopia. Diese pflanzt jedes Jahr 5 Millionen Bäume auf erodierten Landflächen äthiopischer Hügel und Berghänge. Der große Nutzen der Wälder ist unter anderem die Wasserspeicherung, die es ermöglicht, aus neuen Quellen jährlich etwa 50 Hektar Land zusätzlich zu bewässern und darauf selbst während der Trockenzeit Gemüse anzubauen. In Zusammenarbeit mit Frauenorganisationen wird so auch die Stellung der Frauen verbessert.

Green Ethiopia, Postfach, CH-8405 Winterthur
www.greenethiopia.org

OMEGA – Das Hörbuch

Laufzeit: ca. 6 Stunden
978-3-442-34715-5

Das ist OMEGA:
Eine Revolution in unserem Denken und Fühlen, in unserem Bewusstsein und unserem Handeln. Ein Shift vom Mangel in die Fülle des Seins. Von der Angst ins Vertrauen. Vom Habenwollen in die Großzügigkeit. Vom Ge- trenntsein in die Verbundenheit.

Gelesen von den Autoren.

arkana
AUDIO